Joga i ajurweda

Joga i ajurweda

Bartosz Niedaszkowski

Przewodnik dla współczesnego człowieka

Wydanie drugie

GALAKTYKA

90-562 Łódź, ul. Łąkowa 3/5
tel. +42 639 50 18, 639 50 19, tel./fax 639 50 17
e-mail: info@galaktyka.com.pl; sekretariat@galaktyka.com.pl
www.galaktyka.com.pl
ISBN: 978-83-7579-409-0

Redakcja i korekta: Monika Buraczyńska
Redakcja techniczna: Marta Sobczak
Redaktor prowadzący: Marek Janiak

Fotografie: Piotr Rzepliński (okładka, str. 15, 85, 137), Arkadiusz Więcek
Modelka: Marta Szczerek
Projekt graficzny i skład: Sylwia Urbańska

Druk i oprawa: OZGRAF S.A.

Pełna informacja o ofercie, zapowiedziach i planach wydawniczych:
www.galaktyka.com.pl
info@galaktyka.com.pl; sekretariat@galaktyka.com.pl

Informacje zawarte w publikacji nie mogą być traktowane jako rzeczywista pomoc lekarska.
Osoby wymagające konsultacji medycznej powinny zwrócić się do wykwalifikowanego lekarza lub terapeuty.
Autor i wydawca nie ponoszą odpowiedzialności za niezgodne z intencją autora wykorzystanie informacji podanych w tej książce.

Spis treści

CZĘŚĆ II JOGA

CZĘŚĆ III Praktyka

Książka Bartosza Niedaszkowskiego stanowi źródło wiedzy o ajurwedzie, czyli praktycznej sztuce medycznej starożytnych Indii. Autor w prosty i trafiający do wyobraźni Europejczyka sposób zaprezentował w swym dziele wskazówki prowadzące do odzyskania zdrowia psychofizycznego. Ujęte w książce porady nie stanowią jednak gotowych rozwiązań dla wszystkich, ale każdy z nas dzięki tym informacjom może odkryć własną tożsamość i swoją drogę do zdrowia i szczęścia. Brak widocznych oznak poprawy stanu psychofizycznego po zastosowaniu tradycyjnego leczenia skłania nas do szukania alternatywnych rozwiązań.

Bartosz Niedaszkowski postawił przed sobą szczytny cel, przybliżając nam wiedzę medyczną starożytnych Indii, tak dla nas niezrozumiałą i daleką. Zachęcam do lektury w celu zapoznania czytelnika z metodami, które są skuteczne w trudnych sytuacjach zdrowotnych, ponieważ książka ta omawia szeroki wachlarz terapii stosowanych w określonych przypadkach.

Autor, przekazując w przystępny sposób tak obszerny i ciekawy materiał, spełnia oczekiwania czytelników. Dzieło uważam za ważną pozycję w literaturze dotyczącej zdrowia i leczenia, Panu Niedaszkowskiemu gratuluję głębokiej wiedzy i życzę dalszych sukcesów.

dr n. med. Maciej Wszelaki
specjalista medycyny integracyjnej

PRZEDMOWA

Kiedy kończyłem pisać to opracowanie w 2006 roku, na naszym rynku wydawniczym nie było praktycznie żadnej rodzimej pozycji z dziedziny jogi i ajurwedy. Moim zamiarem było podzielenie się z rodakami wiedzą, która w niezwykły sposób pomogła mi uzyskać równowagę w życiu i przywrócić zdrowie, jak również znaleźć właściwy punkt odniesienia w pracy zawodowej. Pierwsze wydanie już dawno zniknęło ze sklepów, a pytania, kiedy ukaże się wznowienie, zaczęły pojawiać się coraz częściej. Niezmiernie mnie to cieszy, że – mimo iż dzisiaj w księgarniach można już znaleźć spory wybór opracowań nie tylko z dziedziny jogi, ale i ajurwedy – niniejsza książka wciąż budzi zainteresowanie.

W związku z tym czułem się szczególnie odpowiedzialny, przygotowując korektę do drugiego wydania. Poprawiłem w niej pewne nieścisłości, które pojawiły się przy pierwszym, pionierskim wydaniu, wzbogaciłem książkę o sekwencje ćwiczeń dedykowane kilku najczęściej występującym problemom zdrowotnym. Tak więc czytelnik otrzymuje obecnie wydanie poprawione i uzupełnione, co, jak mam nadzieję, spełni całkowicie oczekiwania.

Życzę wszystkim bezpiecznej, owocnej i zdrowej praktyki ćwiczeń jogi w oparciu o znajomość zasad ajurwedy.

Bartosz Niedaszkowski
Warszawa 2015

PODZIĘKOWANIA

W pierwszej kolejności pragnę wyrazić niezmierną wdzięczność mojemu Nauczycielowi ajurwedy dr. Partapowi Chauhanowi za autentyczny przekaz i zachętę do napisania tego przewodnika. Dziękuję serdecznie również Neerji Chauhan za pomoc w przygotowaniu części poświęconej ajurwedzie i zgodę na udostępnienie materiałów Instytutu Jiva Ayurveda w Faridabadzie podczas tworzenia tego opracowania.

Dziękuję mojemu Nauczycielowi dr. n. med. Maciejowi Wszelakiemu za wszystkie rady, zarówno te profesjonalne, jak i przyjacielskie, a także za pozytywną ocenę mojej pracy.

Dziękuję Marcie Szczerek za pełne zrozumienie i zaangażowanie w sesji zdjęciowej do tej książki.

Dziękuję Sylwii Urbańskiej za wspaniały projekt układu książki i kreatywne podejście.

Dziękuję również Arkadiuszowi Więckowi i Piotrowi Rzeplińskiemu za niezwykle udane zdjęcia i najwyższy profesjonalizm.

WSTĘP

Obserwując rosnącą popularność jogi i ajurwedy na Zachodzie, trudno oprzeć się wrażeniu, że mamy do czynienia z szybką ekspansją tych dziedzin. Obecnie w każdym większym mieście łatwo znaleźć szkołę jogi, powstają także nowe kliniki ajurwedyjskie.

Z pewnością na rosnące zainteresowanie tymi dyscyplinami ma wpływ między innymi pogłębiający się kryzys medycyny alopatycznej, czyli takiej, jaką znamy od około stu lat. Okazuje się, że leczenie chemicznymi farmaceutykami czasami przynosi więcej szkody niż pożytku, a to w związku z efektami ubocznymi towarzyszącymi takiej terapii. Ludzie coraz częściej zwracają się więc ku naturalnym metodom uzdrawiania i utrzymywania zdrowia.

Czasami mamy wrażenie, że współczesna medycyna zachodnia najczęściej leczy wyłącznie objawy choroby, a nie jej przyczyny. Przedmiotowe podejście do pacjenta, sprowadzające go do roli przypadku chorobowego, budzi smutek i niepokój.

To wszystko stoi w opozycji do podejścia, jakie prezentuje ajurweda. Tutaj bierze się pod uwagę przede wszystkim indywidualność i niepowtarzalność każdego człowieka. Nie jest on postrzegany jako pacjent i kolejna jednostka w statystyce, ale jako żywa dusza posługująca się fizycznym ciałem, zmysłami, umysłem i inteligencją w celu osiągnięcia pełnej realizacji.

Techniki terapeutyczne stosowane w ajurwedzie są naturalne i nieinwazyjne, dostosowane do indywidualnej konstytucji człowieka. Nie wywołują skutków ubocznych i wykazują jednocześnie niezwykłą efektywność. Ta skuteczność jest wynikiem właściwej diagnozy, a tu ajurweda jest szczególnie precyzyjna.

Lekarze ajurwedyjscy twierdzą, że jeśli współczesna medycyna ma leczyć ludzi skutecznie i bez wywoływania niekorzystych efektów ubocznych, musi wziąć pod uwagę ajurwedę. Otwarci, nieskorumpowani przez koncerny farmaceutyczne lekarze Zachodu twierdzą z kolei, że przyszłość leży w połączeniu naturalnych systemów terapii (z ich niskim wskaźnikiem efektów ubocznych i indywidualnym podejściem do pacjenta) z dorobkiem współczesnej medycyny konwencjonalnej (szczególnie z jej rozwiniętą chirurgią i diagnostyką). Wielu lekarzy, którzy zetknęli się z ajurwedą, uważa, że jako system medyczny rozwiązuje ona wiele problemów związanych z leczeniem ludzi.

Ajurweda to jednak nie tylko system medyczny. Leczenie chorób przez odpowiednio wyedukowanych, zawodowych lekarzy ajurwedy to z pewnością bardzo ważny aspekt tej uniwersalnej wiedzy. Jej wyjątkowość wynika jednak z założenia, że człowiek powinien znać zasady, na jakich funkcjonuje wszechświat i jego własny organizm, po to, aby sam mógł zadbać o swoje zdrowie i osiągnąć samouzdrowienie. Nie ma powodu, aby taką wiedzę posiadali wyłącznie lekarze. **Chodzi o to, aby człowiek był świadomy odpowiedzialności, jaką ponosi za swój stan zdrowia, i miał szansę stać się swoim własnym uzdrowicielem.** Lekarz jest tylko przewodnikiem i nauczycielem, choć niezbędnym i nieocenionym. Zatem w dużym stopniu ajurweda jest nauką o samouzdrawianiu. Czy może istnieć bardziej humanitarna nauka medyczna?

To samo dotyczy jogi jako siostrzanej nauki w stosunku do ajurwedy. Ich najprawdopodobniej wspólne wedyjskie pochodzenie tłumaczy symbiotyczny związek zachodzący między nimi.

Joga to przede wszystkim nauka o samorealizacji. Została stworzona po to, aby człowiek przez duchową praktykę był w stanie wydostać się poza cierpienie, jakie jest udziałem istot żyjących w nieświadomości.

Hatha-joga uczy, jak poruszać się od zewnętrznej, cielesnej powłoki przez zniewoloną i uwarunkowaną osobowość w kierunku nieśmiertelnej duszy. **Joga dostarcza środków do duchowego rozwoju, który – według wedyjskiego rozumienia – polega na zdobywaniu wiedzy o swojej prawdziwej naturze.**

Techniki jogi są niezwykle skuteczne i dość szybko uświadamiają osobom stosującym je, co mogą osiągnąć, jeśli oddadzą się głębszej praktyce. W dzisiejszym skomplikowanym świecie joga pomaga wszystkim, którzy poszukują prawdy o sobie. Chyba tym należy tłumaczyć jej rosnącą popularność.

Uważa się, że joga zajmuje się duchową stroną życia, ajurweda zaś chorobami fizycznymi i umysłowymi. Ajurweda reguluje też przyzwyczajenia życiowe człowieka, aby mógł on osiągnąć doskonałe zdrowie, a co za tym idzie – szczęście. Rozdzielenie tych nauk nie do końca odpowiada jednak prawdzie, ponieważ ajurweda zajmuje się także duchowością człowieka, a joga bierze też pod uwagę bardziej praktyczne i przyziemne aspekty życia.

Od wieków jogę często zalecano w celach terapeutycznych, jednak zawsze w związku z ajurwedą. Klasyczna jogoterapia była na wskroś ajurwedyjska zarówno w teorii, jak i w praktyce. Dobrze jest o tym wiedzieć i dziś, kiedy coraz częściej stosuje się jogę jako formę terapii. Nie wystarczy bowiem analizowanie jej pod kątem stricte medycznym, gdyż wtedy wieczna nauka jogi zostanie wypaczona i sprowadzona do leczenia tkanek, organów itd.

Dobrze jest, gdy podstawę jogi stanowi ajurweda, a owocem ajurwedy jest joga. Ludzie praktykujący jogę powinni stosować ajurwedę. Dzięki temu ich duchowa praktyka zyska lepsze podstawy. Ajurweda doskonale uzupełnia hatha-jogę, tłumacząc procesy zachodzące w ciele człowieka i otaczającym go wszechświecie. Każdy praktykujący jogę musi wziąć pod uwagę swoją dietę, powinien także rozważyć stosowanie odpowiednich dla siebie ziół, aby przygotować ciało i umysł.

Chcąc rozwijać się harmonijnie, sprawnie i bezpiecznie, możemy z powodzeniem posłużyć się tym sprawdzonym przez tysiąclecia systemem.

Niniejsze opracowanie z pewnością nie wyczerpuje tematu, chciałbym więc zachęcić wszystkich zainteresowanych uprawianiem jogi do pogłębiania wiedzy na jej temat przez poznawanie tekstów źródłowych. Najlepiej byłoby czytać je w oryginale, co może być jednak bardzo trudne, zważywszy że niewiele osób zna sanskryt. Dlatego dobrze studiować tłumaczenia angielskie, których jest znacznie więcej niż opracowań w języku polskim. Dlaczego warto sięgać do tekstów źródłowych? Przede wszystkim dlatego, że wtedy w mniejszym stopniu jesteśmy skazani na interpretacje osób trzecich, które, niestety, zawsze niosą ze sobą ryzyko zniekształceń przekazu. Tłumaczenia klasycznych tekstów zazwyczaj są opatrzone specjalnymi komentarzami ich autorów. W takim wypadku najlepiej wybierać te, które są dziełem joginów, a nie wyłącznie scholastyków, ponieważ wtedy zwiększają się szanse, że oryginalny tekst został zinterpretowany na podstawie praktycznych doświadczeń. Starajmy się zarazem poznawać różne interpretacje, ponieważ te same teksty są różnie tłumaczone, a co za tym idzie – interpretowane w różny sposób, niejednokrotnie więc wprowadzają czytelnika w zakłopotanie. Jednak taki sposób poznawania wiedzy, mimo że trudniejszy, umożliwia ustosunkowanie się do danego tematu i zmusza zarazem do myślenia. Dzięki temu łatwiej jest później weryfikować swoją wiedzę. Do takich studiów nad hatha-jogą polecam szczególnie (oprócz oczywiście *Jogasutr* Patańdżalego) *Hatha Joga Pradipikę* (Hatha Pradipikę).

Hatha Joga Pradipika zaleca na wstępie pełne oczyszczenie ciała fizycznego przez stosowanie określonych i opisanych technik. Dopiero gdy ciało zostanie całkowicie oczyszczone, rozpoczyna się na dobre praktyka asan i pranajamy, a potem kolejnych stopni. Uważa się bowiem, że aby oczyścić umysł, w pierwszej kolejności niezbędne jest całkowite oczyszczenie ciała. Dzięki temu *nadi* mogą funkcjonować bez blokad, a *prana* może płynąć bez przeszkód.

Chciałbym zaznaczyć, że niezależnie od technik oczyszczających opisanych w *Hatha Joga Pradipice* doskonałymi technikami w tym zakresie dysponuje ajurweda. Dzięki odpowiednim zabiegom można pokonać niemal każdy problem zdrowotny utrudniający praktykę hatha-jogi. Co więcej, metodyka zabiegów całkowicie współgra z hatha-jogą, gdyż opiera się na tych samych założeniach systemowych. Nie bez znaczenia dla współczesnego człowieka pozostaje również to, że z zabiegów tych można skorzystać w wyspecjalizowanym ośrodku ajurwedyjskim, oddając się pod opiekę profesjonalistów i w związku z tym nie ryzykując, że samemu popełni się jakieś błędy. Niniejszą książką staram się zachęcić osoby praktykujące hatha-jogę do stosowania ajurwedy nie tylko jako przygotowania do praktyki asan, ale również jako nauki wspierającej hatha-jogę na każdym etapie jej praktyki. Na koniec moja rada: **Żadna książka nie zastąpi nauczyciela, tak jak studiowanie pism nie zastąpi praktyki.**

Pracując nad książką, musiałem podjąć decyzję dotyczącą pisowni wyrażeń pochodzących z sanskrytu. Ponieważ gros publikacji na temat jogi i ajurwedy ukazało się w języku angielskim, większość terminów podana jest w sposób charakterystyczny dla obszaru anglojęzycznego. Jednak niektóre terminy na dobre zadomowiły się w języku polskim, dlatego zastosowałem ich spolszczoną pisownię (np. joga, ajurweda, weda). Dotyczy to także wyrażeń, które może jeszcze nie są zbyt popularne, ale ich przyswojenie w języku polskim jest tylko kwestią czasu (np. satwa – sattva, radżas – rajas, odżas – ojas).

Na końcu książki znajduje się słownik wyjaśniający znaczenie tych słów z ich angielską i polską pisownią.

CZĘŚĆ I

AJURWEDA

Człowiek jest zdrowy, jeżeli elementy (dosze) i trawienie są zrównoważone, formowanie tkanek, usuwanie toksyn i wszelkie cielesne procesy są właściwe, a osoba ta doświadcza szczęśliwości w duszy, zmysłach i umyśle.

Charaka Samhita

WPROWADZENIE DO AJURWEDY

Ajurweda (*ayurveda*) to wiedza o życiu (*Ayu* – życie, *veda* – wiedza). Jednak ajurweda nie jest wyłącznie nauką medyczną, jak powszechnie się sądzi. Oferuje ona znacznie więcej. Pokazuje i uczy bowiem, na czym polega związek między ciałem, umysłem, duszą i zmysłami. Dosłownie tłumaczy się ajurwedę jako naukę o długim życiu, jednak długie życie ma sens jedynie wtedy, gdy jesteśmy szczęśliwi. Dlatego ajurweda to nauka o szczęśliwym życiu.

Ludzie są tacy sami na całym świecie. Ich ciała pełnią te same funkcje, a komórki są tak samo zbudowane. Przyczyny chorób również są takie same, u ich źródła leży łamanie praw natury.

Ajurweda uczy, jak żyć w harmonii z naturą i jej cyklami. Brak tej harmonii prowadzi do nierównowagi, wywołuje ból i choroby. Naszym naturalnym stanem jest w istocie zdrowie. Ajurweda uczy nas, że jedynie zrównoważony umysł i zadowolona dusza mogą nam dać prawdziwe zdrowie i szczęście, ponieważ ciało jest podporządkowane umysłowi, a umysł duszy.

Wybierany przez ludzi sposób życia z dala od natury i nieuprzemysłowionych terenów stanowi główny powód ogólnego zagubienia i poczucia braku satysfakcji w życiu.

Życie wydaje się ciągłą walką, gdy ignorujemy jego naturalne prawa, zamiast żyć w zgodzie z nimi.

Ajurweda pomaga nam zrozumieć świat, w którym żyjemy, i daje narzędzia, aby żyć z nim w harmonii i osiągać cele życiowe. Przestrzegając zasad ajurwedy, możemy tworzyć własne życie na miarę naszych potrzeb, życie zgodne z naszą wrodzoną naturą. Pomagają w tym między innymi: odpowiednia dieta, ćwiczenia fizyczne, medytacja.

Ajurweda nie zajmuje się wyłącznie ciałem fizycznym. Rozpatruje całą istotę ludzką jako powiązane ze sobą ciało fizyczne, zmysły, umysł i duszę. Kiedy wszystkie te elementy składowe współpracują harmonijnie i spełniają swoje ściśle określone zadanie, odsłania się światło duszy, co prowadzi do osiągnięcia prawdziwego szczęścia i spełnienia duchowego.

To wewnętrzne zadowolenie jest tajemnicą prawdziwego zdrowia i witalności. Prowadząc tryb życia odpowiedni dla naszego umysłu, ciała, zmysłów i duszy, możemy osiągnąć prawdziwe, długotrwałe zdrowie i szczęście.

HISTORIA AJURWEDY

Trudno określić początki ajurwedy z powodu braku zapisów, które nie przetrwały do naszych czasów. Ajurweda tworzy część Wed, które są najstarszymi zapisami cywilizacji ludzkiej. Ponieważ manuskrypty wedyjskie pochodzą z okresu między 3000 a 6000 rokiem przed naszą erą (chociaż niektórzy badacze twierdzą, że są znacznie młodsze), z pewnością ajurweda istniała już w tamtych czasach od bardzo dawna. Wiemy, że wiedza zawarta w Wedach funkcjonowała w formie przekazów ustnych. Przekazywano ją z pokolenia na pokolenie przez wiele tysięcy lat, zanim pojawiła się zachowana do dziś w formie pisemnej tak zwana literatura wedyjska.

W ciągu wieków większość podstawowych koncepcji została zapisana w antycznym języku Indii – sanskrycie. Dlatego istota tych nauk pozostała niezmieniona do dziś. Kiedy Wedy zostały spisane, mądrość ajurwedy, która się dzięki temu rozprzestrzeniła, została dodatkowo przetworzona przez nauczycieli ajurwedyjskich i zebrana w tak zwane *samhity*, czyli książki, traktaty. Są one zbiorem istotnych informacji uporządkowanych odpowiednio przez autorów.

Trzy z tych traktatów istnieją do dziś. Są to:

- *Charaka Samhita,* która omawia fundamentalne koncepcje, choroby i leki na nie,
- *Sushruta Samhita,* która omawia anatomię i chirurgię,
- *Astanga Hridaya,* która zawiera przegląd prac – Charaki, Sushruty oraz innych znanych lekarzy i nauczycieli ajurwedy.

CELE AJURWEDY

Celem ajurwedy jest utrzymać zdrowie zdrowych i leczyć choroby chorych.

Charaka Sutra Samhita

Ajurweda ma dwa uzupełniające się cele:

- **Utrzymanie zdrowia tych, którzy są zdrowi.**
  Dotyczy to zasad odżywiania, higieny, trybu życia, ćwiczeń i innych technik stabilizujących. Przestrzeganie odpowiednich zaleceń pozwala ludziom zdrowym kontrolować zdrowie i pozostać zdrowymi długo i niezależnie od okoliczności, jak również okresowo przechodzić proces odmładzania zwany *rasayana*.

- **Leczenie chorób tych, którzy są chorzy.**
  Odnosi się to do różnych chorób, ich możliwych przyczyn, diagnozy, środków zaradczych oraz terapii, co ma na celu leczenie i zapobieganie nawrotom. Jednak nadrzędnym celem ajurwedy jest pomoc ludziom w utrzymaniu zdrowia. Dzięki przestrzeganiu odpowiedniej diety i trybu życia sprawiamy, że ciało i umysł pozostają czyste i niezakłócone. Dzięki temu choroba nie rozwija się.

  Pacjenta leczonego zgodnie z ajurwedą traktuje się integracyjnie. Oznacza to, że postrzega się go jako połączenie ciała fizycznego, umysłu, zmysłów i duszy. Lekarz ajurwedy stara się przywrócić zdrowie pacjentowi na wszystkich poziomach, a nie tylko złagodzić objawy choroby ciała fizycznego. Najważniejsze jest zdiagnozowanie przyczyny choroby i wyeliminowanie jej, dzięki czemu może wystąpić u pacjenta naturalne leczenie i powrót do pełni zdrowia i harmonii.

  Niezbędny element leczenia ajurwedyjskiego stanowi osobisty związek lekarza z pacjentem oparty na współczuciu i zrozumieniu. Uzdrowienie nie jest możliwe bez tego osobistego powiązania.

  Lekarz stara się jak najlepiej poznać pacjenta i zrozumieć wszystkie czynniki, które mają wpływ na aktualny stan jego zdrowia, aby uzyskać jak najlepszy wgląd w źródło zaburzenia.

GAŁĘZIE AJURWEDY

Ajurweda opisuje osiem wyspecjalizowanych gałęzi medycyny (*Astanga Ayurveda*).

- ***Kayachikitsa* – medycyna wewnętrzna**
  Jest to główna gałąź medycyny ajurwedyjskiej. Zajmuje się ona chorobami, które mają wewnętrzne lub po prostu organiczne pochodzenie, w przeciwieństwie do chorób wynikłych z urazu, uszkodzenia czy zatrucia toksyczną substancją. Zewnętrzne czynniki patogenne, takie jak bakterie czy wirusy, nie są uznawane w ajurwedzie za bezpośrednią przyczynę chorób. Przyczyną są wewnętrzne czynniki i zaburzenia, które – osłabiając system odpornościowy – wywołują chorobę. W rzeczywistości kryje się za nią kondycja wewnętrzna człowieka. Tym właśnie zajmuje się ta gałąź.

- ***Shalakya tantra* – choroby uszu, nosa, gardła i oka**
  Jest to wyspecjalizowana dziedzina leczenia narządów głowy i szyi. Opisane przez lekarza Sushrutę techniki obejmują zabiegi chirurgiczne (Sushruta w czasach antycznych z powodzeniem wykonywał zabiegi laryngologiczne i operacyjne, na przykład korekcję przegrody nosowej) i zastosowanie ziół.

- ***Shalyatantra* – chirurgia ogólna**
  Chirurgia znakomicie rozwijała się w systemie ajurwedyjskim już tysiące lat temu. Wykonywano nawet skomplikowane operacje wymagające narkozy. Posługiwano się przy tym naturalnymi substancjami znieczulającymi, a po zabiegach podawano pacjentom odpowiednie zioła w celu zapobieżenia infekcjom pooperacyjnym. Mimo że współczesna medycyna osiągnęła niezwykle wysoki poziom w dziedzinie chirurgii, co powszechnie uznawane jest przez lekarzy ajurwedyjskich, to jednak ajurweda utrzymuje, że chirurgia musi być w pełni zintegrowana z innymi gałęziami medycyny, aby zapewnić pacjentowi naprawdę holistyczne leczenie.

- ***Agada tantra* – toksykologia**
  Ta gałąź zajmuje się toksynami i ich oddziaływaniem na organizm człowieka oraz środowisko, w którym człowiek żyje. Już w czasach, gdy spisywano Wedy, brano pod uwagę zatrucie powietrza, wody i ziemi. Ajurweda uznaje tego rodzaju skażenia za przyczynę chorób cywilizacyjnych. Ta gałąź zajmuje się również terapeutycznym zastosowaniem różnych trucizn, które w małych dawkach mogą leczyć.

- ***Bhutavidya* – psychologia i psychiatria**
  Bhuta oznacza dosłownie wpływ przeszłości. Ajurweda uznaje, że przeszłe życia, a więc nasza karma i doświadczenia zgromadzone w umyśle, mogą obciążać obecne życie. Ta gałąź ajurwedy zajmuje się czyszczeniem nagromadzonych obciążeń. Stosuje przy tym wiele metod, w tym metod jogicznych, takich jak medytacja, mantra, pranajama. Ajurwedyjscy lekarze wydają zazwyczaj kilka zaleceń, które mają wspomóc się nawzajem, aby efekt był najgłębszy.

- ***Kaumarabhritya* – pediatria**
  Ta gałąź jest bardzo szeroka, obejmuje bowiem okres prenatalny i postnatalny dziecka, a także opiekę nad matką przed poczęciem dziecka, w czasie ciąży oraz połogu. Są w niej również zawarte metody i techniki służące planowaniu

dziecka pod każdym względem. Można zaplanować płeć dziecka, jego inteligencję i konstytucję. W tej dziedzinie zawarta jest też oczywiście opieka nad dziećmi i leczenie chorób dziecięcych.

- ***Rasayana* – geriatria i długowieczność**
  Ajurweda nie pomija niczego w swoim holistycznym podejściu do ludzkiego zdrowia. Dużo uwagi poświęca utrzymaniu najwyższej jakości życia osób w podeszłym wieku. Ta gałąź wiedzy ajurwedyjskiej zajmuje się sprawami przedłużania życia, opóźniania efektów starzenia i ogólnego odmładzania. Przyjmuje się, że w sprzyjających okolicznościach człowiek z powodzeniem może żyć sto lat, a gdy tkanki ciała są silne, to nawet sto dwadzieścia.

- ***Vajikarana* – prokreacja i reprodukcja**
  Ta gałąź ajurwedy zajmuje się zwiększaniem seksualnej sprawności i efektywności dla szczęścia, zdrowia i prokreacji. Tutaj dziedziny vajikarana i rasayana są ze sobą ściśle powiązane. Zasadniczo uważa się, że energia seksualna jest podstawą zdrowia ciała fizycznego.
  Techniki vajikarany są uznawane za najskuteczniejsze na świecie obok medycyny chińskiej.

Wiedza medyczna, zawarta we wszystkich opisanych wyżej gałęziach medycyny ajurwejdyjskiej, jest wyczerpująca i nadal pozostaje bogatym źródłem mądrości. Odnosi się ona nie tylko do chorób, ich symptomów i leczenia, właściwości ziół i receptur leków, ale również do wszystkich innych aspektów zdrowia i leczenia w ogóle. Zawiera wszystko – informacje o tym, jak traktować i pielęgnować pacjenta, o cechach dobrego lekarza, o całej etyce leczenia, o wskazaniach co do długości życia i nieuchronnej śmierci, o preparatach farmaceutycznych, a nawet o sposobach budowania szpitali. Gałęzie medycyny ajurwedyjskiej nieustannie przenikają się, a więc nie powinny być nigdy rozpatrywane osobno.

PIĘĆ ELEMENTÓW

Ziemia i wszystkie jej zasoby są wynikiem różnych kombinacji podstawowych elementów: ziemi (*prithvi*), wody (*jala*), ognia (*agni*), powietrza (*vayu*) oraz eteru (*akasha*). Oczywiście nazwy tych elementów są w zasadzie kategoriami opisowymi i umownymi. Wszystko, co znajduje się na Ziemi, może być zaliczone przynajmniej do jednej z tych pięciu kategorii.

Tak jak w naukach ścisłych używa się określonych technicznych terminów do klasyfikowania materii, tak w ajurwedzie używa się charakterystyki pięciu elementów (*pancha mahabhutas*) do sklasyfikowania różnych obiektów. Jeśli coś zostało zaliczone do elementu wody, to nie oznacza to dosłownie wody. Oznacza to po prostu, że obiekt przejawia takie właściwości, jak na przykład chłód i gęstość. Podobnie jeśli obiekt zostaje zaklasyfikowany do elementu ziemi, oznacza to po prostu, że jest on chłodny i ciężki, solidny i stabilny.

Miejscem, w którym zachodzi wzajemne oddziaływanie pięciu elementów, nie jest pokój alchemika, lecz ludzkie ciało. Używamy naszych zmysłów, tj. słuchu, smaku, dotyku, wzroku, powonienia, aby zidentyfikować otaczające nas elementy i określić ich jakość. Teoria pięciu elementów może wydawać się dziecinnie prosta, ale w rzeczywistości jest to genialna metoda klasyfikacji nie tylko wszystkiego, co znajduje się na Ziemi, ale również zachodzących na niej naturalnych cykli, takich jak: dni, pory roku czy rytmy dobowe. Dzieje się tak, ponieważ określone elementy dominują w określonym czasie, w zależności od panujących warunków w przyrodzie.

Na przykład rok podzielony jest na cztery pory roku:

- **zima** to czas, kiedy jest zimno i wilgotno, a czasem także sucho (kiedy jest silny mróz) – dominuje zatem element ziemi i wody, a przy silnym mrozie dodatkowo powietrza;
- **wiosna** – rozpoczyna się wzrost roślin i zwiększona aktywność przyrody, stopniowo robi się cieplej; to czas dominacji elementu wody i ognia;
- **lato** – kiedy jest sucho i gorąco; to czas dominacji ognia i powietrza;
- **jesień** – jeśli jest sucha, chłodna i wietrzna, to znaczy, że dominuje element powietrza i eteru, a jeśli jest dżdżysta, to dodatkowo mamy do czynienia z elementem wody.

Cykl ludzkiego życia jest podzielony na:

- **dzieciństwo** – kiedy ma miejsce wzrost fizyczny i dominuje w związku z tym element ziemi oraz wody, co umożliwia wytworzenie się tkanek,
- **okres dorosłości** – kiedy dominuje aktywność i zmiana, co jest związane z elementem ognia, oraz
- **starość** – kiedy ruchliwość zmniejsza się i ciało fizyczne słabnie – zaczyna wtedy dominować element powietrza i eteru.

VATA	KAPHA	PITTA
Porą energii vata jest **jesień** i **zima**. Sok znika z liści, które wysychają i są zrywane przez wiatr.	Najzimniejsza część zimy, kiedy wszystko jest zamrożone i zestalone. Podczas tej pory roku kapha jest przytłumiona w sposób naturalny. Płynnej cechy energii kapha doświadcza się wczesną **wiosną** wraz z topnieniem lodów i pojawieniem się wody.	Energia pitta wzrasta późną wiosną wraz ze wzrostem temperatury i trwa przez **lato**, kiedy jest najcieplej, a słoneczne dni są najdłuższe.

Taki system klasyfikacji stanowi doskonałe narzędzie w ocenie sposobu, w jaki środowisko oddziałuje na człowieka, a człowiek na najbliższe środowisko.

Piękno ajurwedy polega na prostocie jej podstawowych koncepcji i wszechstronności narzędzi, których dostarcza dla oceny środowiska wewnętrznego (ciało – umysł) i zewnętrznego (środowisko).

BUDOWA ISTOT LUDZKICH

Teoria pięciu elementów wyjaśnia podobieństwa pomiędzy ludźmi a światem natury, który ich otacza. Fizycznie ludzie składają się ze specyficznej kombinacji tych pięciu elementów. Wszechświat i środowisko naturalne również zbudowane są z tych samych elementów. Jako istoty ludzkie jesteśmy w rzeczywistości mikrokosmosem – odzwierciedleniem wszechświata, który nas otacza i ma w nas swoje odwzorowanie w skali mikro. Dlatego właśnie teoria stworzenia wszechświata i Ziemi jest paralelą stworzenia istoty ludzkiej.

RÓWNOWAGA ELEMENTÓW

Ajurweda skupia się na tym, jak zachować równowagę pomiędzy tymi różnymi elementami w ciele fizycznym i mentalnym. Pragnie zapobiec niezgodnościom i wynikającym z tego fizycznym oraz psychologicznym zaburzeniom.

Tylko harmonia umysłu, ciała i duszy – jakkolwiek górnolotnie to zabrzmi – jest uznawana za stan zdrowia, podczas gdy brak równowagi prowadzi do dysharmonii i w efekcie do choroby.

W praktyce wygląda to tak, że niedobór jakiegoś elementu lub elementów w organizmie można zrównoważyć przez przyjmowanie określonych terapeutyków i pożywienia, w których dominuje brakujący element czy elementy. W przeciwnym wypadku możemy ograniczyć spożycie określonych pokarmów, aby zmniejszyć poziom elementu, który stał się zbyt dominujący. Wtedy przyjmuje się element, który jest przeciwny w naturze. Jest to podstawowa zasada ajurwedy w leczeniu nierównowagi.

Gdy przykładowo w organizmie występuje nadmiar elementu ognia (np. nadkwaśność, ból oczu, kolka wątrobowa), powinniśmy ograniczyć spożycie produktów kwaśnych, słonych i ostrych (takich jak pikle, cebula, czosnek, kiszonki) oraz ziół i minerałów o tych właściwościach. Zamiast nich należy spożywać takie produkty, w których dominuje element przeciwny ogniowi, czyli woda.

Podobnie osoba, która ma kaszel lub katar, co wywołuje przekrwienie i zaśluzowanie górnych, a czasem także dolnych dróg oddechowych (nadmiar elementu wody i ziemi), powinna spożywać imbir, pieprz, kurkumę i goździki. W produktach tych dominuje bowiem element ognia, co pomaga zwalczyć symptomy przeziębienia.

TYPY KONSTYTUCYJNE

Nie możemy funkcjonować efektywnie, gdy żyjemy oddzieleni od natury, ponieważ wszystko, co istnieje, składa się z tych samych elementów. Wszystko, co znajduje się na zewnątrz nas, w naszym środowisku, znajduje odzwierciedlenie w naszych ciałach. U zdrowego człowieka elementy te są zrównoważone, a – jak już wspomniano – brak równowagi prowadzi do dysharmonii, która w efekcie staje się przyczyną choroby.

Wszystkie aspekty natury można wyjaśnić dzięki zasadzie pięciu elementów, włączając w to pory roku, pory dnia, geograficzne rejony świata, a nawet tak subtelne aspekty jak emocje.

KONSTYTUCJA CIELESNA

Zgodnie z ajurwedą pięć elementów jest reprezentowanych w ciele ludzkim jako vata, pitta oraz kapha, znane jako *doshas,* czyli dosze – energie biologiczne.

Vata składa się z elementów powietrza i eteru. Dosza ta jest odpowiedzialna za cały ruch i związane z nim funkcje w ciele, takie jak oddychanie, krążenie i myślenie. Na poziomie emocjonalnym odpowiada za takie pozytywne emocje, jak kreatywność i elastyczność, natomiast jej negatywnym aspektem są strach i niepokój.

Pitta składa się z ognia oraz wody i jest odpowiedzialna za metabolizm, trawienie pokarmu, głód i pragnienie. Emocjonalnie dosza pitta wiąże się z odwagą, ambicją, gniewem i dumą.

Kapha składa się z wody oraz z ziemi, jest odpowiedzialna za wiązanie i strukturę. Cała konstrukcja cielesna opiera się na tej doszy, to znaczy kości, ścięgna, mięśnie, płyny itd. Kapha odpowiada za takie emocje, jak miłość, poświęcenie, chciwość i zazdrość.

Każdy człowiek rodzi się z określoną konstytucją, to znaczy z unikalną kombinacją tych trzech dosz. W ajurwedzie nazywa się to *prakriti*. Prakriti pozostaje niezmienna przez całe życie, chociaż w wyniku ciężkiej, przewlekłej choroby może czasem ulec zmianie. Ta kombinacja dosz dostarcza nam specyficznej mieszanki zalet i wad, sił i słabości.

Różne działania, tryb życia, dieta czy emocje wzmacniają poszczególne dosze. Podstawowa zasada mówi, że podobne zwiększa podobne. Oznacza to, że dosze są obciążane przez czynniki podobne do ich natury. Zatem chcąc zrównoważyć daną doszę, należy przestać obciążać ją podobnym do niej elementem i dostarczyć coś, co w naturze jest jej przeciwne.

CHARAKTERYSTYKA OGÓLNA GŁÓWNYCH TYPÓW

LUDZIE VATA

To osoby szczupłe, o lekkiej budowie. Ich kości są cienkie i długie, a mięśnie, ścięgna i żyły najczęściej bardzo dobrze widoczne. Mogą to być albo ludzie bardzo wysocy, albo bardzo niscy. Dłonie i stopy są u nich najczęściej chłodne, a nawet zimne. Osoby te mają ogólną tendencję do szybkiego wychładzania organizmu, dlatego źle się czują w chłodnym klimacie, zwłaszcza gdy jest on dodatkowo wietrzny i suchy, tak jak to bywa w Polsce w okresie jesienno-zimowym.

Osoby te cechuje zmienny apetyt i zmienne trawienie. Jest to jednak jedyny typ konstytucyjny, który może jeść wszystko i nie przybierać na wadze. Ludzie vata wydzielają stosunkowo mało moczu, również stolec nie jest zbyt obfity. Pocą się najmniej ze wszystkich typów konstytucyjnych. Charakterystyczną cechą vata jest tendencja do zaparć, często chronicznych.

Są to ludzie twórczy, czujni i aktywni, a gdy trwają w pełnej równowadze – zawsze radośni, pełni entuzjazmu i energiczni. Szybko mówią i chodzą, ale równie szybko się męczą.

Charakteryzuje ich zdolność łatwego rozumienia i zapamiętywania, ale ich pamięć jest krótka. Przy braku równowagi tendencja vata do impulsywności powoduje, że tacy ludzie przepracowują się, podekscytowanie zamienia się w zmęczenie, a następnie w chroniczne wyczerpanie, co najczęściej prowadzi do depresji. Wtedy mogą być nerwowi, nieufni, mało tolerancyjni i nieśmiali.

Dominanta powietrza i eteru sprawia, że ludzie vata mają bardzo zmienną naturę. Dlatego podstawowym zaleceniem dla tego typu jest uregulowany tryb życia, regeneracja i dostateczny wypoczynek na co dzień.

LUDZIE PITTA

To osoby o średniej budowie ciała. Odznaczają się solidniejszą budową niż vata. Ich kości są grubsze, mają więcej tkanki mięśniowej o dość dobrze widocznej rzeźbie. Pitta charakteryzują się stosunkowo dużą siłą fizyczną. Są to ludzie, którym zawsze jest gorąco, a więc mają prawie zawsze ciepłe stopy i dłonie. Zasadniczo wykazują tendencję do przegrzewania się, dlatego najlepiej się czują, gdy jest chłodno. Gorące lato może być dla nich koszmarem.

Mają wilczy apetyt i bardzo dobre trawienie, którego jednak często nadużywają, co prowadzi u nich do problemów gastrycznych. Pitta pocą się obficie i wydzielają dużo moczu, nie miewają kłopotów z wypróżnieniem.

To ludzie bardzo inteligentni, szybcy i przedsiębiorczy, często o wielkim talencie oratorskim. Wszystko, co robią, starają się wykonywać perfekcyjnie. Jednak gdy nie są w równowadze, mają tendencję do gniewu, impulsywności i nienawiści.

Dominanta elementu ognia w tej konstytucji sprawia, że główną jej cechę stanowi intensywność. Dlatego podstawowym zaleceniem zdrowotnym dla tej doszy powinno być umiarkowanie w każdej sferze życia.

LUDZIE KAPHA

To osoby o solidnej i mocnej budowie ciała. Ich kości są grube i mocne, mają dużo tkanki mięśniowej, ale słabo widocznej lub w ogóle niewidocznej, ponieważ przykrywa ją dość obficie tkanka tłuszczowa. Są to osoby najczęściej bardzo silne, ale powolne. Mimo takiej solidnej struktury mogą mieć okresowo chłodne dłonie i stopy, jeśli jest zimno i wilgotno. W polskich warunkach klimatycznych osoby te źle czują się w okresie jesienno-zimowym (tak jak vata, jednak z innych powodów), a zwłaszcza gdy jest mokro i wilgotno, co silnie obciąża ich doszę.

Mają raczej dobry apetyt, ale ponieważ trawią powoli, może on się rozregulowywać, szczególnie gdy się przejadają. Pocą się zazwyczaj umiarkowanie, chyba że cierpią na nadwagę, co stanowi charakterystyczną cechę rozregulowania kapha. Stolec jest raczej luźny, ale wydalany powoli.

Kapha to osoby o największej wytrzymałości i witalności spośród wszystkich typów.

Zwykle cechuje je zrelaksowanie i spokój. Bardzo rzadko wybuchają gniewem. Jednak gdy nie są w równowadze, mają tendencję do zawiści, zachłanności, żądzy, ospałości i lenistwa.

Dominanta elementu wody i ziemi w tej konstytucji sprawia, że jej głównymi cechami są stałość i stabilność. Tak więc podstawowym zaleceniem zdrowotnym dla tej doszy musi być ruch i aktywność na każdym poziomie, co zapewnia ludziom kapha doskonałe zdrowie na całe życie.

PODWÓJNA DOSZA

Jak już napisano, każdy człowiek rodzi się ze specyficzną kombinacją dosz. Oznacza to na przykład, że człowiek o konstytucji vata ma w sobie również i inne elementy, inaczej jego ciało nie mogłoby w ogóle funkcjonować. Ponieważ jednak vata (powietrze i eter) dominuje u niego znacząco nad innymi elementami, jego konstytucja wyznaczona jest jako vata.

W praktyce jednak rzadko się zdarza, aby ktoś reprezentował sobą cechy wyłącznie jednej doszy. Najczęściej ludzie rodzą się z tak zwaną podwójną doszą. Mamy zatem do czynienia dodatkowo z trzema typami konstytucyjnymi: vata-pitta (inaczej pitta-vata), vata-kapha (inaczej kapha-vata) oraz pitta-kapha (inaczej kapha-pitta).

Typy o podwójnych doszach stanowią swoistą mieszankę obu dominujących dosz. Proporcje elementów różnią się u poszczególnych ludzi i w ten sposób wyznaczają indywidualną, unikalną kombinację dosz.

SAMA DOSZA PRAKRITI

Ostatnim i najrzadszym typem konstytucyjnym jest sama dosza prakriti, czyli typ o wyrównanych proporcjach między doszami vata-pitta-kapha. Ludzie o tym typie cieszą się zazwyczaj najlepszym zdrowiem, ponieważ najłatwiej jest im zachować równowagę. W zasadzie służy im wszystko, co równoważy zarówno vata, pitta, jak i kapha. Z drugiej jednak strony, kiedy się rozregulują, trudno im poskładać wszystko z powrotem, ponieważ muszą uwzględniać aż trzy dosze.

Według czystej ajurwedy istnieje więc siedem podstawowych typów konstytucyjnych, a każdy człowiek musi być jednym z nich.

Ajurwedyjska koncepcja dosz ma kluczowe znaczenie dla zrozumienia, na czym w praktyce polega stosowanie zasad ajurwedy. Dlatego każdy człowiek powinien poznać swoją indywidualną konstytucję, a także proporcje pomiędzy pięcioma elementami tworzącymi jego organizm. Dotyczy to zwłaszcza osób praktykujących jogę.

Potrzebne jest tu jeszcze dodatkowe wyjaśnienie. Dosze nie mogą tłumaczyć wszystkich aspektów ludzkiego bytu, który nie stanowi w istocie fizycznej egzystencji. Nie ma więc potrzeby popadać w skrajność i szufladkować siebie czy innych, przypisując im wyłącznie atrybuty odpowiednich dosz. Chodzi tutaj w istocie o możliwość kompensacji błędów popełnianych w związku z niebraniem pod uwagę swojej indywidualnej prakriti. Koncepcja doszy to zatem przede wszystkim instrukcja, jak dostrajać swoje życie do prakriti. Jednak pełne dostrojenie jest indywidualną sprawą każdego człowieka.

TEST NA DOSZE

Poniżej znajduje się test na dosze. Testu tego nie należy jednak traktować bardzo poważnie. Jego wynik nie może być w pełni prawdziwy, jako że oceniając sami siebie, nie jesteśmy obiektywni. Warto jednak spróbować, a pomóc może ktoś, kto nas dobrze zna i ocenia obiektywniej niż my sami. Wtedy jest większa pewność, że test zostanie wypełniony poprawnie. Niezależnie od testu, w praktyce należy po prostu zacząć obserwować siebie wnikliwiej, zwłaszcza gdy dysponujemy już podstawową wiedzą o doszach. Dzięki temu będziemy mogli odpowiednio zweryfikować swoją konstytucję. Można też o to poprosić osobę praktykującą ajurwedę – konsultanta lub lekarza.

JAK INTERPRETOWAĆ WYNIK TESTU?

Jeśli któraś z dosz zdecydowanie dominuje w punktacji nad innymi, jesteś typem z pojedynczą doszą. Jeśli pomiędzy dwoma dowolnymi doszami jest stosunkowo niewielka różnica w punktacji, jesteś typem o podwójnej doszy. Jeśli proporcje między trzema doszami są prawie identyczne, być może jesteś rzadkim typem z potrójną doszą.

CECHY CHARAKTERYSTYCZNE	VATA	PITTA	KAPHA
Wzrost	wysoki albo bardzo niski	średni	zwykle niski, ale może być wysoki
Budowa	szczupła, koścista, mięśnie dobrze widoczne	średnia, dobrze rozwinięta muskulatura	solidnie, dobrze zbudowany
Masa ciała	niska, trudno przybiera na wadze	umiarkowana	ciężka, trudno traci na wadze
Wygląd skóry	matowa, ciemna	błyszcząca, rumiana	jasna, blada
Skóra w dotyku	sucha, szorstka, cienka	ciepła, tłusta	zimna, wilgotna, gruba
Oczy	małe, nerwowe	przeszywające, skłonność do stanów zapalnych	wielkie, białe
Włosy	suche, cienkie	cienkie, przetłuszczające się	grube, przetłuszczające się, falowane, błyszczące
Zęby	nierówne, słabo uformowane	umiarkowane, krwawiące dziąsła	wielkie, dobrze uformowane
Paznokcie	szorstkie, łamliwe	delikatne, różowe	delikatne, białe
Stawy	sztywne, strzelające	luźne	mocne, stabilne, duże
Krążenie	słabe, zmienne	dobre	umiarkowane
Apetyt	zmienny, nerwowy	duży, nadmierny	umiarkowany, ale stały
Pragnienie	niewielkie	duże	umiarkowane
Pocenie się	niewielkie	obfite, ale nie nadmierne	trudne do wywołania, ale bardzo obfite
Stolec	twardy, suchy	miękki, luźny	normalny
Mocz	niewiele	obfity, żółty	umiarkowany, przejrzysty
Wrażliwość na	zimno, suchość, wiatr	gorąco, promienie słoneczne, ogień	zimno, wilgoć
System odpornościowy	słaby	umiarkowany, wrażliwy na ciepło	silny
Skłonność do chorób	ból, zapalenia	gorączka, wypryski	przekrwienie
Podatność na choroby	układ nerwowy	krew, wątroba	śluz, płuca
Aktywność życiowa	wysoka, niespokojna	umiarkowana	niska, powolne poruszanie się
Wytrzymałość	słaba, szybko się męczy	umiarkowana, ale skoncentrowana	wysoka
Sen	słaby, przerywany	zmienny	nadmierny
Marzenia senne	częste, kolorowe	umiarkowane, romantyczne	nieczęste, przerywane
Pamięć	szybko się uczy, ale łatwo zapomina	szybko się uczy i dobrze pamięta	wolno się uczy, ale długo pamięta
Mowa	szybka, częsta	ostra, tnąca	wolna, melodyjna
Temperament	nerwowy, zmienny	zmotywowany	zadowolony, konserwatywny
Pozytywne emocje	łatwość adaptacji	odwaga	miłość
Negatywne emocje	strach	gniew	przywiązanie
Wiara	zmienna	silna, zdeterminowana	stała, trudna do zmiany
SUMA			

BRAK RÓWNOWAGI W ENERGIACH BIOLOGICZNYCH (DOSZACH)

Brak równowagi w doszach jest przyczyną wszystkich chorób. Ten dysharmoniczny stan u człowieka nosi nazwę *vikriti,* co dosłownie oznacza przeciwieństwo prakriti.

Każda terapia ajurwedyjska jest ukierunkowana na łagodzenie obciążonych dosz w celu odzyskania naturalnej równowagi. Również praktyka hatha-jogi może być ukierunkowana na równoważenie doszy.

Siła ajurwedy tkwi w nastaweniu na odkrycie prawdziwego źródła choroby i usunięcie jej przyczyny, a nie tylko na leczenie jej objawów. Na przykład zastosowanie leku od bólu głowy znosi ból, ale nie jego przyczynę, która może być bardzo różna u różnych ludzi. Przyczyna choroby pozostaje w dalszym ciągu nierozpoznana.

Najprostszy sposób na zachowanie równowagi stanowi po prostu niedoprowadzanie do rozregulowania wiodących elementów w naszej konstytucji. Na przykład jeśli ktoś ma konstytucję, w której dominuje vata, musi szczególnie troszczyć się o to, aby nie obciążać tej doszy. Zasadę tę stosuje się dla wszystkich dosz.

Poniżej podajemy wykaz czynników obciążających poszczególne dosze.

CZYNNIKI, KTÓRE ZWIĘKSZAJĄ (OBCIĄŻAJĄ) VATA

- Spożywanie dużych ilości pożywienia, które jest lekkie, suche, napompowane – dmuchane (np. prażona kukurydza, dmuchany ryż), zimne i gazotwórcze. Jednym słowem chodzi o pożywienie, w którym dominuje element powietrza. Do tej grupy zalicza się kabaczki, kalafiory, brokuły, fasolę, suszone owoce, brukselkę, kapustę, grzyby, surowe produkty, wszystkie snacki (oprócz orzechów) oraz żywność mrożoną.
- Nieregularny, krótki sen i pozostawanie na nogach do późnych godzin nocnych.
- Za częste oglądanie telewizji i zbyt długa praca przy komputerze lub innym urządzeniu elektrotechnicznym.
- Nadmierna praca w sferze wyobraźni, nadmierna aktywność fizyczna i przepracowanie.
- Spożywanie dużych ilości lekarstw chemicznych i używek, zwłaszcza opartych na kofeinie i innych stymulantach.

Obciążenie doszy vata osłabia układ nerwowy i może prowadzić do odczuwania niepokoju, depresji i emocjonalnej niestabilności. Taka sytuacja może wystąpić u wszystkich typów konstytucyjnych, ponieważ vata zawsze rozregulowuje się najłatwiej. Typy z dominującą vata są oczywiście na to najbardziej podatne. Inne symptomy wywołane przez obciążoną vata to bóle stawów, zatwardzenie, suchość skóry, zaburzenia pamięci, palpitacje, bezsenność, sztywność mięśniowo-stawowa, utrata masy ciała, migrena, zawroty głowy i drgawki.

CZYNNIKI, KTÓRE ZWIĘKSZAJĄ (OBCIĄŻAJĄ) PITTA

- Spożywanie dużych ilości pożywienia, które jest ostre, gorące, mocno przyprawione, kwaśne i marynowane, a tym samym zawiera dużo elementu ognia, gorąca. Do tej grupy pokarmów zaliczają się na przykład: kwaśne pomidory, papryka, chilli, bakłażany, cebula, czosnek, potrawy smażone w głębokim tłuszczu, owoce cytrusowe, ananasy, gotowe sosy, pikle, musztarda, ocet.
- Spożywanie posiłków w złości i gniewie.
- Zbyt długie przebywanie na słońcu lub w gorącym pomieszczeniu.
- Spożywanie nadmiernych ilości napojów zawierających kofeinę i alkohol, palenie tytoniu.
- Angażowanie się w czynności wymagające współzawodnictwa.

Niektóre z symptomów spowodowanych przez obciążoną doszę pitta to: nadkwaśność, choroby skórne, odczuwanie pieczenia jakiejkolwiek części ciała, gorączka, infekcje, wrzody, problemy z wątrobą oraz drogami żółciowymi.

CZYNNIKI, KTÓRE ZWIĘKSZAJĄ (OBCIĄŻAJĄ) KAPHA

- Spożywanie pokarmów, w których dominuje element wody i ziemi, a więc ciężkich, gęstych, słodkich i wilgotnych. Do tej grupy zalicza się mięso, produkty mleczne, orzechy, awokado, banany, melony, makarony, ryż, ciasta, pieczywo, puddingi i kremy.
- Przejadanie się i spożywanie posiłków w stanie przygnębienia i smutku.
- Prowadzenie siedzącego trybu życia oraz zbyt mała aktywność fizyczna.
- Zbyt długi sen i spanie w ciągu dnia.

Symptomy nadmiaru kapha to przede wszystkim nadwaga, astma, kaszel, przeziębienie, obrzęki, zaflegmienie.

Wymienione czynniki należy analizować pod kątem dominujących w danym momencie dosz lub doszy. Wiedza ta jest niezbędna, ale daje korzyści dopiero wtedy, gdy zostanie zastosowana w praktyce, gdyż zalety ajurwedy można poznać dopiero w praktyce.

TYPY MENTALNE

Dosze odnoszą się do ciała fizycznego, ale przez związek ciała i umysłu wpływają również na działanie umysłu. Jednak poznanie konstytucji mentalnej oraz predyspozycji duchowych nie jest związane z funkcją dosz. Może ono zostać osiągnięte przez zastosowanie – specyficznej dla nauki ajurwedy i jogi – koncepcji trzech gun (*gunas*):

- satwa (*sattva*) – harmonia, czystość, równowaga,
- radżas (*rajas*) – pobudzenie, witalność, ruch,
- tamas (*tamas*) – ciemność, ignorancja, stagnacja.

Są one obecne we wszystkich aspektach naszego życia. Nie mogą zostać dostrzeżone bezpośrednio, lecz można je wydedukować dzięki obserwacji naszych działań i postępowania. Sprzyja temu staranne przyglądanie się między innymi takim czynnościom jak: odżywianie, koncentracja, pamięć, higiena, kreatywność, duchowe predyspozycje, samodyscyplina, uczciwość i mowa.

Tak jak w przypadku dosz, ludzie zazwyczaj stanowią kombinację tych czynników. Rzadko się zdarza, żeby ktoś miał cechy psychologiczne charakterystyczne wyłącznie dla jednej guny. W praktyce wyróżnia się takie same kombinacje gun, jak dosz. A więc mamy do czynienia z siedmioma typami: satwicznym, radżasowym, tamasowym, satwiczno-radżasowym, satwiczno-tamasowym, radżasowo-tamasowym oraz satwiczno-radżasowo-tamasowym. Jednak w przeciwieństwie do dosz, które pozostają niezmienione przez całe życie, możemy wpływać na naszą konstytucję mentalną. W pewnym stopniu możemy ją kontrolować i kształtować, co też powinniśmy starać się robić. Jest to warunkiem naszej wewnętrznej ewolucji.

Motorem działania w tej materii powinno być ograniczanie cech charakterystycznych dla gun radżasu i tamasu przy jednoczesnym zwiększaniu guny satwy.

Satwa dostarcza nam prawdziwego zdrowia, zadowolenia i niezmąconego szczęścia. Ponieważ ta koncepcja jest często trudna do uchwycenia, poniżej podajemy charakterystyczne przykłady.

RADŻAS

Wyobraźmy sobie wpływowych polityków lub biznesmenów. Są oni ambitni, dynamiczni, porywczy i najczęściej dominują nad innymi. Ludzie, u których dominuje radżas, pragną władzy, bogactwa, wysokiego statusu społecznego oraz powszechnego uznania w społeczeństwie. Tacy ludzie szybko się nudzą i łatwo irytują, potrzebują ciągłej stymulacji czy to przez seks, szybkie samochody czy przyjęcia. Jeżeli uprawiają sport, także potrzebują stymulacji i wyzwań. Dotyczy to również ich praktyki jogi.

Mogą oni wyrażać pozytywne emocje – siłę, dzielność, zdolności przywódcze, ale mogą mieć takie negatywne cechy, jak okrucieństwo, manipulacja, egocentryzm i gniew.

Radżas zwiększają potrawy smażone, ostro przyprawione, tłuste.

Wszystkie działania, które zwiększają radżas, są związane ze współzawodnictwem. Ludzie, u których dominuje ta guna, powinni rozwijać takie satwiczne cechy, jak przebaczanie, współczucie i pokorę. W ten sposób wydostaną się z pułapki umysłu radżasowego.

TAMAS

A teraz wyobraźmy sobie kogoś, kto cały wolny czas spędza na kanapie, oglądając telewizję, popijając piwo i pochłaniając pizzę zamawianą przez telefon.

Ludzie, u których w konstytucji mentalnej dominuje tamas, są często apatyczni, leniwi, nieuczciwi i skłonni do uzależnień. Starają się unikać pracy, brakuje im siły woli i samodyscypliny, interesuje ich wyłącznie spanie, jedzenie, picie i seks. Są próżni i niezainteresowani samodoskonaleniem w żadnej formie. Takie osoby zwykle bywają nieszczęśliwe i ciągle mają depresję.

Dieta, która zwiększa gunę tamasu, zawiera żywność przetworzoną i śmieciową (ang. *junk food*), nadmiar mięsa, produkty mrożone, alkohol i inne używki, w tym narkotyki.

Niezdrowy i siedzący tryb życia oraz życie bez celu zwiększają tamas.

Ludzie, u których ta guna dominuje w konstytucji mentalnej, powinni rozwijać przede wszystkim takie cechy satwy, jak samodyscyplina i motywacja, aby udało im się poprawić jakość życia.

SATWA

Osoba mająca cechy tej guny jest postrzegana jako osoba przepełniona dobrocią. Jakości satwiczne to inteligencja, współczucie, hojność i łagodność. Ludzie, u których dominuje satwa, zajmują się głównie działaniami humanitarnymi i rozwojem duchowym. Mają oni takie cechy psychologiczne, jak jasność myśli, pokorę, entuzjazm i radość.

Dieta, która zwiększa gunę satwy, zawiera świeże owoce i warzywa, pełne ziarna, orzechy i nasiona, mleko organiczne, ghee i maślankę.

Pożywienie satwiczne powinno być świeżo ugotowane i spożywane w spokojnej atmosferze.

Samodyscyplina, czystość, rozwój duchowy i bezinteresowne działania zwiększają satwę.

Jak już wiemy, każdy z nas należy do typu będącego kombinacją tych trzech gun, a dodatkowo – z upływem lat i w różnych okresach życia może się to zmieniać. Stres

TEST NA KONSTYTUCJĘ UMYSŁOWĄ

GUNA	SATWA	RADŻAS	TAMAS
Dieta	wegetariańska	z niewielkim dodatkiem mięsa	ciężka, mięsna
Używki, alkohol i inne stymulanty	nigdy	czasami	często
Doznania zmysłowe	spokojne, czyste	mieszane	zakłócone
Potrzeba snu	niewielka	umiarkowana	duża
Aktywność seksualna	niska	umiarkowana	duża
Kontrola zmysłów	dobra	umiarkowana	słaba
Mowa	spokojna, pokojowa	agitująca	ospała
Czystość (higiena)	wysoka	umiarkowana	niska
Praca	bezinteresowna	do celów osobistych	leniwy
Gniew	rzadko	czasami	często
Strach	rzadko	czasami	często
Pożądanie	małe	umiarkowane	duże
Duma	skromny	trochę ego	próżny
Depresja	nigdy	czasami	często
Miłość	uniwersalna	osobista	brak miłości
Zachowania gwałtowne	nigdy	czasami	często
Przywiązanie do pieniędzy	nigdy	czasami	często
Zadowolenie	zazwyczaj	częściowo	nigdy
Łatwość przebaczania	łatwo	z wysiłkiem	długo chowa urazę
Koncentracja	dobra	umiarkowana	słaba
Pamięć	dobra	umiarkowana	słaba
Siła woli	silna	zmienna	słaba
Prawdomówność	zawsze	najczęściej	rzadko

GUNA	SATWA	RADŻAS	TAMAS
Szczerość	zawsze	najczęściej	rzadko
Spokój umysłu	zazwyczaj	częściowo	rzadko
Kreatywność	wysoka	umiarkowana	niska
Duchowe poszukiwania	codziennie	okazjonalnie	nigdy
Modlitwa, mantra	codziennie	okazjonalnie	nigdy
Medytacja	codziennie	okazjonalnie	nigdy
Służba	duża	czasami	żadna
SUMA	**SATWA:**	**RADŻAS:**	**TAMAS:**

i wymagania współczesnego świata mogą utrudnić pełne wdrożenie jakości satwicznych w naszym życiu. Ale z biegiem czasu i zależnie od naszej fizycznej konstytucji, jeśli poczynimy odpowiednie kroki w celu poprawienia naszego życia, z pewnością osiągniemy zdrowie, szczęście i zadowolenie na każdym poziomie życia. Ajurweda i joga zakładają, że jest to najlepsza podstawa dla duchowej praktyki.

AJURWEDA A ROZWÓJ WEWNĘTRZNY

Ajurweda przekazuje nam wiedzę, jak żyć w stanie naturalnej równowagi. W tym rozumieniu równowaga nie jest ograniczona do odpowiedniego funkcjonowania organizmu, ale oznacza również prawidłowe relacje ze wszystkimi ludźmi oraz z Matką Ziemią.

Niestety, większość naszych dążeń do osiągnięcia szczęścia i równowagi odnosi się wyłącznie do ciała fizycznego i jego potrzeb materialnych. Staramy się osiągnąć stan fizycznej perfekcji lub zdobyć upragnione cele (takie jak szybka kariera zawodowa, samochód, dom, drogie ubrania, biżuteria, a nawet odpowiedni przyjaciele czy partnerzy), które mają nam zapewnić poczucie bezpieczeństwa i przyjemności.

Rzadko zwracamy uwagę na stan naszego umysłu, a jeszcze rzadziej zastanawiamy się nad tym, czy nasza dusza jest usatysfakcjonowana, mimo że to właśnie te czynniki są odpowiedzialne za stan naszego zdrowia. Tryb życia i dieta, które uważamy za przyjemne i dające nam poczucie szczęścia, nie muszą być koniecznie zdrowe dla naszego umysłu i duszy. Oto dlaczego, osiągając nawet satysfakcjonujący poziom materialny oraz zdrowie ciała fizycznego, często czujemy się niespełnieni.

Coraz więcej czasu upływa nam na zwiększaniu swojego stanu posiadania. Ale im bardziej staramy się osiągnąć sukces w dziedzinie materialnej, tym większe ogarnia nas poczucie pustki i braku zadowolenia. Starając się osiągnąć te – przejściowe w rzeczywistości – korzyści, nie zawsze zdajemy sobie sprawę, że nie mogą one zapewnić nam wiecznego szczęścia i zadowolenia. W czasie tego procesu zaburzamy nasze zmysły, wywołując tym samym fizyczne i psychologiczne choroby.

Przypomina to sytuację, w której trzymamy pięknego ptaka (duszę) w klatce (ciało), lecz zamiast pielęgnować go i słuchać jego śpiewu, całą energię kierujemy na polerowanie i czyszczenie klatki. Jesteśmy tak zajęci opiekowaniem się klatką (ciałem), że zapominamy o ptaku (duszy) w środku i nie zauważamy, że ptak zaczyna chorować z zaniedbania.

Dlaczego upieramy się przy działaniach, które czynią nas nieszczęśliwymi i w efekcie chorymi – również fizycznie? Dzieje się tak, ponieważ nie wiemy – bo nikt nas tego nigdy nie uczył – jak mamy wsłuchiwać się w nasze psychologiczne i duchowe potrzeby oraz jak je zaspokajać. We współczesnej cywilizacji pokutuje pogląd, że jeśli zgłębimy naszą fizyczność, reszta sama się jakoś ułoży. Niestety, pomimo najlepszych chęci i podejmowanych starań mających na celu zaspokojenie naszych wszystkich fizycznych potrzeb, nie jesteśmy w stanie osiągnąć trwałego szczęścia i spokoju, ponieważ ignorujemy coś, co nazywa się duchowym i psychologicznym zdrowiem. Przeoczenie spraw umysłu i duszy oznacza po prostu, że większość naszych wrodzonych potrzeb jest ignorowana.

Pełne zdrowie i naturalne zadowolenie można osiągnąć dzięki stosowaniu nauki ajurwedy, która dostarcza praktycznych wskazówek dotyczących wszystkich aspektów życia człowieka: fizycznego, psychologicznego i duchowego.

Ajurweda uczy, jak żyć w społeczeństwie oraz w całym wszechświecie bez zakłócania naturalnej równowagi, a także jak żyć w harmonii w związkach.

Opisuje też dietę, zwyczaje higieniczne oraz tryb życia, sposób prowadzenia się i kształtowania określonej postawy życiowej, co ma prowadzić do osiągnięcia doskonałego zdrowia.

Rozwój duchowy, spokój mentalny oraz utrzymywanie dobrostanu w ciele fizycznym są celami komplementarnymi i tak samo ważnymi w tej wspaniałej nauce. Gdy zaczynamy dążyć do osiągnięcia doskonałego zdrowia, jest niezwykle ważne, aby rozumieć zarówno potrzeby umysłu, jak i stojącej ponad tym wszystkim duszy. Dusza i umysł są najważniejszymi partnerami ciała warunkującymi jego dobrostan.

Zrozumienie tych aspektów pozwoli przynieść szczęście i spokój. Materialne czynniki mogą dać chwilowe szczęście ciału, a nawet umysłowi, ale nie wychodzą naprzeciw potrzebom duszy. Może dlatego obecnie na świecie jest tyle cierpienia i udręki, pomimo niemal powszechnego dostępu do wielu dóbr. W rzeczywistości dieta, czyli pokarm dla ciała, jest tylko jednym czynnikiem wykorzystywanym do utrzymania zdrowia. Duchowość oraz harmonia umysłu są równie istotne.

AJURWEDA A TWOJE ZDROWIE

Ajurweda podaje sprecyzowaną definicję zdrowia, które oznacza nie tylko brak fizycznego bólu i symptomów choroby. Uznaje się, że najważniejszy czynnik w ogólnej ocenie zdrowia to stan umysłu. W zasadzie można powiedzieć, że człowiek cieszy się zdrowiem jedynie wtedy, gdy jego umysł jest czysty, spokojny i zrównoważony (zadowolony) i ten stan przekazuje ciału fizycznemu.

W wielu przypadkach ludzie nie mają żadnych fizycznych problemów ani symptomów choroby, ale są bardzo nieszczęśliwi i niespokojni na poziomie mentalnym. Zgodnie z nauką ajurwedy ci ludzie nie są zdrowi. W każdym społeczeństwie żyje coraz więcej ludzi cierpiących z powodu chronicznej depresji, poczucia beznadziejności, braku bezpieczeństwa, zagubienia, bezsenności, ciągłego rozdrażnienia mającego ujście w agresji wobec świata zewnętrznego. Tego typu objawy są spowodowane przez niezrównoważony umysł i tylko na tym poziomie mogą zostać usunięte.

Ajurweda propaguje zasadę naturalnej równowagi wewnętrznej i harmonii z otaczającym nas środowiskiem, ponieważ wszyscy jesteśmy integralną cząstką natury.

Życie w harmonii z naszym środowiskiem i wrodzoną naturą, zgodnie z odwiecznymi jej prawami, zapewnia doskonałe zdrowie i spokój umysłu.

Niestety dzisiejsze życie w miastach jest dalekie od tego, jakie powinniśmy prowadzić i do jakiego jesteśmy stworzeni. Wydaje się, że to cena postępu cywilizacyjnego. Coś za coś. Jednak najczęściej jakość życia wcale nie rekompensuje ceny, jaką za nią płacimy. Pracujemy w nienaturalnych warunkach – zamkniętych pomieszczeniach, w których nie można otworzyć okna, by odetchnąć świeżym powietrzem. Biegamy w pośpiechu po mieście, by wszędzie zdążyć na czas i nie spóźnić się do pracy, w której siedzimy tak długo, że gdy już wracamy do domu, to nawet nie mamy siły się z tego cieszyć. Jemy posiłki, które przyrządza nam ktoś inny, bo sami nie mamy na to czasu. Zamawiamy jedzenie do biura, a w domu dzwonimy po pizzę, bo nie mamy kiedy zrobić zakupów. Zaczynamy dzień od kawy, bo brak nam energii, i wypijamy jej tyle, że przestaje na nas działać. Gdy przychodzi weekend, nie jesteśmy w stanie odpowiednio wypocząć. W efekcie tej ciągłej gonitwy wielu z nas czuje się coraz bardziej nieszczęśliwymi.

W wyniku utraty kontaktu z prawdziwą naturą otaczającego nas świata i nas samych, czujemy się puści w środku, nieusatysfakcjonowani, fizycznie chorzy z powodów, których sobie nie uświadamiamy. Zapomnieliśmy o tym, że podobnie jak wszystko, co żyje na Ziemi, jesteśmy jej częścią.

Ludzie nie czują działania własnych ciał, nie wiedzą, jak należy się o siebie prawidłowo troszczyć i że w ogóle trzeba to robić, bo nikt za nas tego nie uczyni. Nie da się bez końca używać ciała, nie dając mu się zregenerować i traktując je w sposób niewłaściwy. Ajurweda jest jak instrukcja obsługi naszego organizmu i katalog praw nim rządzących. Dzięki nim dowiadujemy się, jak należy obsługiwać swoje ciało, żeby działało sprawnie przez całe życie, jakiego paliwa dostarczać, jakimi płynami się nawilżać, kiedy należy wyłączyć silnik, kiedy dodać gazu i kiedy dojechać do garażu. Studiując ajurwedę, stopniowo budzimy naszą wewnętrzną inteligencję i dostrzegamy, co jest dobre dla naszego zdrowia, a co nie. Niezwykle istotne staje się to, że dzięki życiu zgodnemu z podstawowymi zasadami natury możemy w bardzo łatwy sposób zapobiec zarówno wydatkom na leki i usługi medyczne, jak i niepotrzebnemu cierpieniu w przyszłości.

Starożytna mądrość ajurwedy jest ponadczasowa i w pełni uniwersalna. Można ją z powodzeniem stosować tak w Indiach, jak i w Polsce, a jej zasady wcale nie są trudne do zrozumienia, jak może się wydawać na początku. Przyswajając sobie jej podstawy, zaczynamy dostrzegać, że mamy bezpośredni wpływ na nasze zdrowie już na poziomie świadomych zakupów w sklepie. Wybieramy te produkty, które są dla nas odpowiednie i zdrowe (to zawsze sprawa indywidulna). Stopniowo uczymy się nawet wykonywać podstawowe leki na niektóre dolegliwości z produktów z naszej własnej kuchni.

Ajurweda kładzie silny nacisk na codzienne czynności. Mówi się, że nieważne jest to, co robisz raz na jakiś czas. Istotne jest natomiast to, co robisz na co dzień. Tak więc profilaktyka to codzienne ćwiczenia jogi i odpowiedni tryb życia zawsze dostosowany do pory roku. W ten sposób można osiągnąć bardzo dużo, a nasze promieniujące zdrowie stanie się widoczne dla otoczenia. Energia, witalność, siła są w tym wypadku efektem naszych ukierunkowanych starań, a nie dziełem przypadku. Dzięki dobremu zdrowiu i życiu w równowadze stajemy się bardziej efektywni w pracy i w życiu. Można powiedzieć, że robiąc mniej, robimy więcej. Jednocześnie przejmujemy kontrolę nad naszym życiem, bo rozumiemy, jak ono działa.

Wreszcie podejście ajurwedyjskie oparte na teorii pięciu elementów umożliwia diagnozę każdej choroby i zaburzenia, jak również ich leczenie. Jest ono nastawione na wykorzenienie przyczyny, a nie leczenie objawów, dlatego osiąga bardzo wysoką skuteczność. Wszystkie potrzebne lekarstwa wytwarza się z naturalnych substancji występujących w przyrodzie według odpowiednich formuł. Leczenie w ajurwedzie nie niesie za sobą żadnych skutków ubocznych i jest całkowicie bezpieczne nawet dla osób w podeszłym wieku.

Zrozumienie filozofii ajurwedyjskiej sprawia, że człowiek staje się swoim własnym uzdrowicielem. Zdobywając wiedzę o funkcjonowaniu ciała, umysłu i potrzebach duszy, jesteśmy w stanie w najbardziej optymalny sposób wykorzystać dietę, zioła oraz zaadaptować odpowiednio do swoich potrzeb i możliwości praktykę jogi.

DIETA

W ajurwedzie pożywienie (*ahara*) jest podstawowym środkiem służącym utrzymywaniu zdrowia. Odpowiednia dieta i właściwe nawyki żywieniowe uważa się za źródło zdrowia zarówno fizycznego, jak i mentalnego. Dzięki odpowiedniej diecie można nie tylko poprawić zdrowie, ale również leczyć wiele zaburzeń. Do tego wszystkiego dochodzi jeszcze wspomaganie praktyki jogi, która zyskuje nowy wymiar dzięki stosowaniu diety opartej na gunie satwy. Kiedy już zrozumie się właściwości poszczególnych pokarmów i ziół, można zastosować tę wiedzę w codziennej diecie oraz w sytuacji braku równowagi.

Ajurweda zakłada, podobnie jak joga, że abyśmy pozostawali w równowadze, dobrym zdrowiu i mieli spokojny umysł, w naszej diecie i pokarmie powinna dominować guna satwy. Należy także starać się ograniczać pożywienie o jakościach radżasowych i tamasowych. Regularne spożywanie pokarmów satwicznych pomaga w znacznej mierze zapobiegać chorobom i utrzymywać dobre zdrowie fizyczne, mentalne oraz duchowe.

Zgodnie z ajurwedą, spożywanie żywności o naturze satwicznej oraz prowadzenie trybu życia opartego na tej gunie (zawiera się w tym również praktyka jogi) są najlepszym sposobem na doskonałe zdrowie i długowieczność.

POŻYWIENIE SATWICZNE

Jest zawsze świeże, czyste i wegetariańskie. Składa się ze świeżych owoców i warzyw, pełnych ziaren zbóż, sałat, czystych soków owocowych i warzywnych, herbat ziołowych, świeżej wody źródlanej, niewielkich ilości świeżego mleka, orzechów, nasion oraz miodu. Satwiczne posiłki powinny być spożywane zaraz po przyrządzeniu. Produkty przetworzone, specjalnie preparowane (na przykład dania w pięć minut), konserwowane, fermentowane, puszkowane i paczkowane, mrożone, z mikrofali, głęboko smażone, długo grillowane, wysoko słodzone i mocno przyprawione wzmacniaczami smaku, zawierające sztuczne barwniki, aromaty i smaki powinny być spożywane w jak najmniejszej ilości albo najlepiej wyeliminowane z diety. Należy spożywać jak najmniej grzybów, cebuli i czosnku, ponieważ mają one naturę tamasową i radżasową (jednak w polskim klimacie cebulę i czosnek można jadać w rozsądnych ilościach, szczególnie gdy jest zimno i wilgotno, ponieważ zmniejszają element wody). Spożycie alkoholu, kofeiny i mięsa powinno z tych samych powodów być niewielkie lub całkowicie wyeliminowane.

Pokarmy naturalnie słodkie są satwiczne. Należy wykluczyć produkty oparte na rafinowanym cukrze. Stwierdzenie to odnosi się do wszystkiego, co ma słodki smak bez jakichkolwiek dodatków. Są to zwłaszcza zboża (ryż, orkisz, jęczmień), pieczywo naturalne, miód i dojrzałe owoce.

Do tej grupy zalicza się również mleko, herbaty ziołowe, czyste soki owocowe i warzywne oraz wodę. Preferuje się pokarmy pochodzenia organicznego, ponieważ wszystkie chemiczne środki uprawy i hodowli mają naturę tamasową i zanieczyszczają pożywienie.

Badania kliniczne prowadzone w Indiach wykazały, że zwiększenie ilości satwicznych pokarmów powoduje wzrost jakości satwicznych u spożywających je ludzi czy zwierząt. Zwierzęta karmione w laboratoriach przede wszystkim pokarmami pochodzenia roślinnego stawały się spokojne, pokojowo nastawione do otoczenia i uważne. Zwierzęta karmione przetworzoną, mrożoną żywnością opartą w przeważającej części na mięsie oraz innych tamasowych i radżasowych produktach stawały się agresywne, niespokojne i pobudzone. Hipoteza, że rodzaj pożywienia sprzyja określonym zachowaniom emocjonalnym i psychologicznym, została potwierdzona również na Zachodzie, gdzie przeprowadzano badania na grupach kontrolnych złożonych z dzieci.

TRYB ŻYCIA

Tak jak można zwiększyć element satwy dzięki odpowiedniej diecie, tak też można równoważyć umysł i zwiększać satwę, preferując różne, z natury satwiczne, zachowania: medytację, praktykę asan, słuchanie spokojnej, kojącej muzyki, przebywanie na łonie natury, uprawianie ogrodu, twórcze, artystyczne poszukiwania czy też czytanie odpowiedniej, wartościowej literatury.

Szczególnie korzystna jest medytacja, ponieważ ma ona dużą siłę wyciszania i pomaga zrównoważyć emocje (jeśli jest prawidłowo wykonywana). Dzięki temu gniew, strach, pasja i inne ekstremalne emocje są minimalizowane.

Funkcją umysłu jest uporanie się ze stresem i niepokojem. Zarządzanie stresem przez stosowanie klasycznych technik ajurwedyjskich i jogicznych, takich jak wspomniana już medytacja, wykonywanie asan i pranajamy, oraz technik głębokiej relaksacji, bardzo pomaga w kontrolowaniu umysłu i wyciszaniu go w miarę potrzeby. Techniki te zyskały uznanie, a ich skuteczność została potwierdzona współczesnymi badaniami naukowymi. Okazuje się bowiem, że tego rodzaju praktyki prowadzone regularnie pomagają powstrzymać produkcję hormonów stresu, zwalniają rytm serca i obniżają ciśnienie. Z kolei czynniki te wywierają znaczący pozytywny wpływ na zdrowie człowieka.

Na styl życia proponowany przez ajurwedę składają się duchowe i psychologiczne aspekty. Podstawowe zalecenia opierają się na zasadach satwy, z włączeniem całej etyki (*yama, niyama* – patrz: część poświęcona jodze) i moralności. Chodzi tu o mówienie prawdy, służbę ludzkości, niewykorzystywanie innych, szacunek dla starszych czy poświęcenie rozwojowi duchowemu.

Praktyka asan i medytacji, uregulowanie snu, kontrola nad negatywnymi emocjami (takimi jak chciwość, złość, gniew i przemoc) dodatkowo wzmacniają człowieka.

Tryb życia proponowany przez ajurwedę opiera się na równowadze we wszystkim, co robimy. Naturalne czynności życiowe, takie jak jedzenie, spanie, seks, powinny być podejmowane jedynie w granicach naturalnych potrzeb, a takie czynności jak praca, socjalizowanie się, ćwiczenia i relaksacja – w sposób zrównoważony.

Żadnej aktywności nie należy podejmować w nadmiarze, tak jak żadna dziedzina życia nie powinna być rozwijana kosztem innej.

Umiar jest kluczem do zdrowia i szczęścia.

CZYNNIKI CHOROBOTWÓRCZE

Ajurweda wymienia sześć podstawowych czynników odpowiedzialnych za powstawanie chorób. Są to:

- niewłaściwe używanie ciała, na przykład powstrzymywanie naturalnych potrzeb;
- niewłaściwe używanie umysłu (chodzi tu przede wszystkim o angażowanie się w działania mentalne o jakościach radżasowych i tamasowych zamiast satwicznych);
- niewłaściwe korzystanie z daru mowy (zadawanie słowem cierpienia innym, mówienie nieprawdy itp.) – powstała w ten sposób negatywna energia działa również przeciw osobie wypowiadającej złe słowa;
- czas, rozumiany jako upływ czasu i związane z nim procesy starzenia;

- niewłaściwe korzystanie ze zmysłów – w tym pojęciu mieści się zarówno sposób, w jaki korzystamy z naszych zmysłów (czyli do czego je wykorzystujemy), jak i sytuacje, w których zmysły poddawane są zbyt dużym obciążeniom przez czynniki patogenne (takie jak nadmierny hałas, toksyczne zapachy);
- ***prajnaparadha*** – jednak jedną z najważniejszych ról odgrywa z pewnością czynnik związany z niewłaściwym używaniem woli. W ajurwedzie nazywa się on *prajnaparadha*, co dosłownie oznacza niepowodzenie inteligencji. W praktyce sprowadza się to do sytuacji, w której ludzka słabość zwycięża nad rozsądkiem. Kiedy człowiek podejmuje czynności, które są dla niego szkodliwe, a przekonał się już o tym wcześniej i doświadczył ich negatywnych skutków, wtedy z pewnością mamy do czynienia z niewłaściwym użyciem woli. Takim przykładem może być ktoś, kto permanentnie się przejada, ma coraz większą nadwagę, ale nie robi nic, aby naprawić sytuację. Prajnaparadha ma związek z zaburzeniami w głębokiej warstwie umysłu i, niestety, często pociąga za sobą niewłaściwe korzystanie z ciała, zmysłów, mowy i umysłu. Niestety, prajnaparadha jest jednym z najczęstszych czynników wywołujących chorobę.

W kontrolowaniu większości czynników mogących wywołać chorobę niezwykle ważna jest regularna praktyka hatha-jogi.

ODŻYWIANIE

Pożywienie jest życiem. Jeśli jest przyjmowane odpowiednio, przedłuża młodość i zwiększa długowieczność. Niewłaściwie przyjmowane pożywienie wytwarza toksyny i w efekcie odbiera życie.

Caraka Sutra Sthana

Ajurweda uznaje pożywienie za podstawową formę leku. Właściwa dieta i zwyczaje żywieniowe uznawane są także za źródło zarówno fizycznego, jak i mentalnego zdrowia. Dlatego pierwszym krokiem do osiągnięcia i utrzymania zdrowia jest zawsze prawidłowa dieta rozumiana jako spożywanie właściwych produktów we właściwej kombinacji i ilości. Przyjmowanie pokarmu to podstawowa metoda utrzymywania wewnętrznej równowagi w pięciu elementach. Dzięki znajomości właściwości poszczególnych pokarmów i umiejętnemu ich zastosowaniu można odzyskać i utrzymać zdrowie.

Jednak zanim zajmiemy się szczegółowo tym tematem, powinniśmy chociaż w podstawowym zakresie zapoznać się z fizjologią w świetle nauki ajurwedyjskiej.

TKANKI

Fizjologiczne aspekty ciała są podstawowymi miernikami naszego zdrowia. Tkanki (*dhatus*) – takie jak skóra, mięśnie czy tkanka tłuszczowa – w razie wystąpienia zaburzeń w funcjonowaniu organizmu szybko dają o nich znać. Kanały (*srotas*), służące do transportu tlenu, krwi, pokarmu i produktów przemiany materii, również odgrywają istotną rolę w funkcjonowaniu ciała. Zarówno tkanki, jak i kanały mają swój istotny wkład w formowanie się odżywczej esencji, zwanej w ajurwedzie odżas (*ojas*) – odpowiada ona za naszą odporność, siłę i długowieczność.

Ciało ludzkie składa się z tkanek, czyli materii komórkowej, w formie zarówno stałej, jak i płynnej. Słowo *dhatu* oznacza to, co podtrzymuje i odżywia. Podstawową funkcją tkanek jest podtrzymywanie organów i całych systemów ciała, a zatem prawidłowe formowanie się i zrównoważone procesy w obrębie tkanek są najważniejsze dla utrzymania zdrowia.

Występuje siedem tkanek, które tworzą się w ciele w określonej sekwencji:

- *rasa* – plazma (limfa),
- *rakta* – hemoglobina,
- *mamsa* – tkanka mięśniowa,
- *meda* – tkanka tłuszczowa,
- *asthi* – tkanka kostna,
- *majja* – tkanka nerwowa i szpik kostny,
- *sukra* – tkanka rozrodcza.

NAZWA	RODZAJ	FUNKCJA	ODPOWIEDNIK ANATOMICZNY
Plazma (*rasa dhatu*)	plazma, osocze i błony śluzowe	odżywianie	skóra
Krew (*rakta dhatu*)	hemoglobina	natlenowanie	naczynia krwionośne
Mięśnie (*mamsa dhatu*)	tkanka mięśniowa	ruch	mięśnie i organy wewnętrzne
Tłuszcz (*meda dhatu*)	tkanka tłuszczowa	nawilżanie i wyścielanie	struktury otaczające narządy wewnętrzne
Kości (*asthi dhatu*)	tkanka kostna i chrząstka	wsparcie i ochrona	kości i szkielet
Nerwy (*majja dhatu*)	szpik kostny	przewodzenie impulsów nerwowych	mózg i rdzeń kręgowy
Tkanka reprodykcyjna (*shukra dhatu*)	tkanka reprodukcyjna i wydzieliny	reprodukcja	jądra, macica

ODŻAS (OJAS)

Odżas oznacza esencję siedmiu tkanek. Niektórzy autorzy utrzymują, że jest to ósma tkanka, najbardziej subtelna. Jednak bez niej ciało człowieka nie może funkcjonować. Nawet jeśli dosze dobrze działają, z chwilą gdy dostarczanie odżas ustaje, następuje natychmiastowa śmierć.

Sushruta Samhita tak opisuje obecność odżas w ciele: „Tak jak ghee (złoty, przezroczysty tłuszcz powstały wskutek procesu klarowania masła, uznawane przez ajurwedę za najszlachetniejszą i najbardziej odżywczą formę tłuszczu) obecne jest w mleku, lecz nie może zostać dostrzeżone, tak samo odżas obecna jest w dhatus w bardzo subtelnej formie".

Esencja odżas odnawia przez spożywanie satwicznych pokarmów i satwiczny tryb życia. Odżas jest nośnikiem prany i stabilizuje tkanki. Dlatego najczęściej siła i odporność są również synonimami odżas. Dzięki odżas prana może krążyć w ciele.

Podstawowym celem służącym utrzymaniu zdrowia lub jego odzyskaniu w wyniku odpowiedniego leczenia powinno być zwiększanie odżas, możliwe na wiele sposobów. Ajurweda zaleca odpowiednie zioła, diety, techniki. Jednym z najlepszych sposobów jest praktyka jogi. Ponieważ odżas zwiększa się, gdy umysł osiąga stan zadowolenia i zrelaksowania, uważa się, że medytacja i pranajama w sposób szczególny przyczyniają się do zachowania i budowania odżas. Tradycyjnie ajurweda twierdzi również, że odpowiednio pozyskane i przygotowane mleko, ghee oraz *rasayanas* (regenerujące zioła) zwiększają esencję. Przyczyniają się do tego także wszystkie działania satwiczne.

Z drugiej strony odżas ulega zniszczeniu na skutek nieodpowiedniej diety i trybu życia. Należy zwracać uwagę na negatywne emocje, takie jak złość, niepokój, stres, smutek, które wraz z przejadaniem się, nadmiernym poszczeniem, nadaktywnością seksualną i przepracowaniem niszczą odżas.

Negatywny wpływ na poziom odżas mają także:

- spożywanie tamasowych pokarmów,
- nadmierna aktywność życiowa,
- za mała ilość snu,
- nieregularny tryb życia,
- zatrucie środowiska,
- nagłe zmiany temperatury,
- przewlekłe choroby.

Kiedy poziom odżas osiąga patologicznie niski poziom, człowiek traci odporność immunologiczną. Dlatego niektórzy współcześni specjaliści ajurwedy porównują symptomy niedoboru odżas do symptomów AIDS – są one bardzo do siebie podobne.

Świadomość poziomu odżas i jego fluktuacji związanych z naszą indywidualną aktywnością życiową pozwala podjąć na czas odpowiednie środki zaradcze.

TRAWIENIE

W ajurwedzie funkcjonuje powiedzenie: jesteś tym, jak trawisz – to parafraza innego sformułowania: jesteś tym, co jesz. Pierwsze stwierdzenie jest związane z funkcją metaboliczną ludzkiego organizmu. Pożywienie nie zapewni dobrego zdrowia, jeśli nie zostanie strawione prawidłowo. Nawet jeśli pokarm jest dobrej jakości i czysty, będzie szkodliwy dla organizmu, jeśli nie zostanie w pełni strawiony. Trawienie pokarmu ma miejsce w żołądku (*jathar*) i nosi nazwę ognia (*agni*), co jest metaforyczną nazwą jego funkcji spalania pożywienia. Oprócz *jatharagni*, czyli ognia żołądkowego, występuje jeszcze dwanaście innych rodzajów agni odpowiedzialnych za różne funkcje metaboliczne organizmu. Istnieje siedem *dhatu agni* odpowiedzialnych za formowanie się tkanek i pięć *bhuta agni*, które działają na rzecz integracji pięciu elementów. Wszystkie rodzaje agni są kategoriami opisowymi – w istocie chodzi o różne rodzaje enzymów i procesów metabolicznych. Jednak ze wszystkich trzynastu agni najważniejszy jest jatharagni – ze względu na główną rolę procesu trawienia w funkcjonowaniu i formowaniu płynu odżywczego (produktu trawienia pokarmu), elementów fizycznych, czyli dosz, tkanek (*dhatus*) oraz produktów przemiany materii, które noszą w ajurwedzie nazwę *malas*.

Od zrównoważonego funkcjonowania jatharagni zależą wszystkie pozostałe agni, więc również od niego zależy odżywianie tkanek. Zanim rozpocznie się jakąkolwiek terapię, należy zawsze najpierw odkryć defekt agni i naprawić go. W tym celu stosuje się specjalne ziołowe formuły oraz odpowiednie zabiegi. Taka stymulacja zwiększa aktywność agni, umożliwiając prawidłowe formowanie się tkanek, oraz pomaga w usuwaniu zbędnych produktów przemiany materii i toksyn (*ama*). Stymulacja ma miejsce dopiero po zidentyfikowaniu miejsca, w którym kanał (*srotas*) został zablokowany, co ma wpływ również na rodzaj medykamentu (zioła), który powinien zostać użyty dla danego agni. Kiedy odpowiednie agni zostanie poddane stymulacji, staje się z powrotem aktywne i pomaga w wydaleniu blokady i produktów przemiany materii.

CZTERY STANY AGNI

Kiedy dosze są obciążone (zwiększone), funkcjonowanie wszystkich wewnętrznych układów i agni ulega zaburzeniom. Wyróżnia się cztery stany, w jakich może funkcjonować agni: trzy z nich występują z powodu obciążenia poszczególnych dosz (vata, pitta, kapha), a czwarty jest zrównoważonym stanem, w którym trawienie przebiegaa optymalnie.

- ***Visamagni***
  Jest to niestabilny i radykalnie zmienny stan agni, powstający na skutek obciążenia vata. Funkcjonowanie agni jest zmienne. Jatharagni czasami trawi pożywienie normalnie, a czasami bardzo wolno. Ten rodzaj zaburzenia można często zaobserwować, gdy vata jest obciążona. Symptomami visamagni są: zatwardzenie, rozwolnienie, kolki i wzdęcia, odgłosy burczenia dochodzące z jelit.

- ***Tikshagni***
  W tym wypadku działanie agni staje się zbyt szybkie i intensywne, co jest związane z obciążeniem doszy pitta. Zaburzenie to można często zauważyć u osób, u których dominuje właśnie ta dosza, lub u innych, gdy jest ona obciążona. Jatharagni staje się nadaktywny w tym stanie i trawi nawet duże ilości pożywienia w ponadprzeciętnie krótkim czasie, co powoduje, że człowiek jest ciągle głodny. Objawami tego stanu agni są: pieczenie w żołądku, nadmierne pragnienie i uczucie gorzkiej suchości w ustach.

- ***Mandagni***
  W tym stanie agni działa na bardzo niskim poziomie, co często można zauważyć u osób z dominującą kapha w konstytucji, lub wtedy, gdy dosza ta jest obciążona, co zdarza się nawet u ludzi typu vata. Jatharagni nie jest w stanie strawić nawet zdrowego i lekkiego pożywienia. Symptomami tego zaburzenia są: nudności, wymioty, ciężkość w żołądku, ociężałość, kaszel, bardzo obłożony język oraz nadmierne wytwarzanie śliny. Jest to charakterystyczny stan u osób z tak zwaną nietolerancją pokarmową.

- ***Samagni***
  Tutaj działanie agni jest w pełni zrównoważone, co wskazuje na harmonijne funkcjonowanie trzech dosz. Jatharagni z łatwością trawi przy normalnej i właściwej diecie. Wszystkie tkanki, komórki i organy są dzięki temu prawidłowo odżywiane. Ciało dosłownie wibruje zdrowiem. Do tego stanu agni dąży się zarówno w terapii, jak i profilaktyce.

PROCES TRAWIENIA

W jamie ustnej odbywa się ważny proces smakowania i przeżuwania pokarmu. Gruczoły ślinowe dostarczają wilgoci i enzymów w celu wstępnego przygotowania pokarmu do trawienia. Te procesy są możliwe dzięki działaniu vata. Kiedy więc pożywienie dociera do żołądka, jest już rozdrobnione na papkę. To ważny element całego procesu trawienia, dlatego ajurweda zaleca powolne i bardzo dokładne żucie pożywienia (nawet do 30 razy przed połknięciem). W żołądku pokarm zostaje wystawiony na działanie jatharagni.

Jatharagni podgrzewa pokarm i z pomocą pitta wytwarza odżywczy płyn zwany *ahara rasa*. Pitta jest główną siłą metabolizmu, ponieważ odpowiada za wytworzenie odpowiedniej ilości ciepła, energii, kwasowości i wszystkich procesów trawienia pokarmu, które zachodzą dzięki udziałowi żołądka, wątroby i dróg żółciowych.

Ahara rasa odżywia i formuje siedem tkanek. Ten płyn odżywczy jest przenoszony do tkanek dzięki udziałowi vata. Ta część pożywienia, która nie ma żadnych wartości odżywczych, nosi nazwę *mala*, czyli produktu przemiany materii. Mala są transportowane przez vata (a ściślej mówiąc subdoszę *apana vata*) do jelita grubego, skąd przez odbytnicę zostają wydalone z organizmu.

ZNACZENIE JATHARAGNI

To, co jemy, odżywia nasze tkanki. Na poziomie energetycznym pożywienie jest również niezbędne dla wytworzenia odżas (życiowej esencji), która jest nośnikiem prany, czyli energii życiowej. Optymalny poziom prany przynosi witalność, wolność od chorób i radość z życia. Jednak bez sprawnie i harmonijnie działającego jatharagni substancje dostarczane z pożywieniem nie mogą być optymalnie przetworzone i wykorzystane.

Według ajurwedy, jeśli jatharagni działa w sposób dysfunkcyjny, np. trawi za szybko lub za wolno, to substancje powstające w wyniku trawienia nie będą miały odpowiedniej jakości, a więc ciało nie otrzyma właściwego odżywienia na poziomie tkanek. Nie powstanie również odżas lub będzie ono niskiej jakości. Od jakości trawienia zależne są również funkcje innych układów, dlatego one także nie otrzymają dostatecznej porcji energii.

Tak więc dopóki jatharagni działa optymalnie, dopóty cieszymy się dobrym zdrowiem. Każde przewlekłe zaburzenie funkcji jatharagni wpływa niekorzystnie na dosze, tkanki i narządy. Ta obserwacja lekarzy ajurwedyjskich wpłynęła na sformułowanie zasady, według której niemal każda choroba rozpoczyna się od zaburzeń trawienia. Dlatego też powstał specjalny dział medycyny zajmujący się głównie korektą działania wszystkich trzynastu agni – *Kaya chikitsa.* Każdy profesjonalny *vaidya,* czyli lekarz ajurwedy, zawsze w diagnozie i leczeniu kieruje się naczelną zasadą rozpoznania poziomu zaburzenia jatharagni. Wydaje się logiczne, że dopóki trawienie nie zostanie przynajmniej częściowo skorygowane, to ani pożywienie przyjmowane w celach leczniczych, ani odpowiednie leki przepisane w danej chorobie nie mogą zadziałać. Tak więc jatharagni odgrywa kluczową rolę w ajurwedzie.

AMA

Jeśli jatharagni działa w swojej zaburzonej formie, co, jak już wiemy, może przejawiać się w różny sposób, powstaje toksyczny produkt o nazwie *ama.* Lekarze ajurwedy powiadają, że ama jest matką wszystkich chorób. W istocie są to szkodliwe metabolity powstałe na skutek niewłaściwego trawienia. Problemem nie jest tutaj sama ama, tylko fakt, że organizm nie ma możliwości pozbycia się tej substancji w sposób samodzielny. Trzeba mu w tym pomóc, ponieważ – jak uważa ajurweda – w ciele nie ma odpowiednich kanałów, szlaków (*srotas*) do pozbycia się ama. W związku z tym należy zastosować środki takie jak zabiegi pancha karmy, dieta, zioła i odpowiednia praktyka ćwiczeń jogi, która potrafi eliminować ama.

Ajurweda precyzuje, z jakich głównie powodów może powstawać w organizmie ama. Po pierwsze, kiedy jatharagni jest za słaby. W takiej sytuacji pokarm nie jest trawiony kompletnie i zaczyna zalegać w jelitach w postaci toksycznych złogów. Jeśli stan ten trwa zbyt długo, toksyny są wchłaniane z jelit do organizmu w postaci zmienionej z ama w *amavisha.* Wtedy dochodzi już do przeniesienia problemu do innych narządów wewnętrznych, np. nerek, gdzie mogą tworzyć się tzw. kamienie nerkowe.

Po drugie, do wytworzenia się ama prowadzą po prostu złe nawyki żywieniowe. Chodzi tutaj np. o odżywianie się niezgodnie ze swoją konstytucją, przyjmowanie zbyt dużej ilości pokarmu czy jadanie o niewłaściwych porach. W takiej sytuacji nawet jeśli jatharagni działa właściwie, ama może się wytworzyć. Ponadto zawsze należy wziąć pod uwagę siłę własnego trawienia w momencie przyjmowania pożywienia. Spożywanie odpowiednich rodzajów pokarmu – biorąc pod uwagę poziom agni – jest niezbędne dla pełnego trawienia. Taka wrażliwość na płynące z ciała sygnały wykształca się z czasem, kiedy stosujemy zasady ajurwedy i praktykujemy ćwiczenia jogi. Okazuje się wtedy, że symptomy, które wysyła ciało, są tak oczywiste, że aż dziw bierze, że nie widzieliśmy tego wcześniej.

W związku z tym, że ama jest kluczowym czynnikiem chorobotwórczym, należy na co dzień robić wszystko, aby minimalizować ryzyko jej powstania. Niestety, większość żywności ogólnie dostępnej w sklepach, jak również typowe dania restauracyjne sprzyjają powstawaniu ama. Jest przecież oczywiste, że produkty przetworzone i zapakowane, konserwowane, dosładzane, rafinowane itd. nie są zdrowe. To samo dotyczy dań odgrzewanych, smażonych w głębokim tłuszczu, przetrzymywanych wiele godzin od chwili przygotowania. Tych rzeczy powinno się po prostu unikać, przygotowując posiłki samodzielnie.

Objawy towarzyszące obecności ama

Obecność ama w ustroju sygnalizują następujące dolegliwości:

- obłożony język,
- nieświeży oddech,
- brak apetytu,
- ciężkość w żołądku,
- gazy,
- zatwardzenie,
- nadmierna potliwość,
- mętny mocz,
- matowe skóra i oczy,
- ostry zapach potu,
- śluz w stolcu,
- stolec, który nie chce się spłukiwać,
- ociężałość, letargiczność, słabość,
- depresja, łatwość irytacji,
- bolesność ciała,
- przewlekły stan podgorączkowy.

Środki służące zmniejszeniu poziomu ama

Aby zmniejszyć poziom ama w organizmie, konieczne jest usprawnienie trawienia. W tym celu należy nie tylko spożywać odpowiednie produkty, ale też uregulować pory posiłków i przestrzegać podstawowych zasad związanych z przyjmowaniem pożywienia, jak chociażby nieprzejadanie się. Aby usprawnić pracę jatharagni, należy:

- stosować zioła – niektóre zioła działają tonizująco na jatharagni, na przykład kolendra, mięta czy kmin. Korzystnie działa domowej roboty mikstura ze startego świeżego imbiru i soku z cytryny wymieszana ze szczyptą soli. W małym szklanym pojemniczku utarty kawałek imbiru zalej świeżo wyciśniętym sokiem z cytryny w proporcji objętościowej 1:1, a następnie dodaj szczyptę soli kamiennej lub morskiej. Miksturę można przechowywać w lodówce około trzech dni. Należy spożywać pół łyżeczki na pięć minut przed posiłkiem;
- używać przypraw podczas przygotowywania posiłków – doskonałe są: kurkuma, kmin, pieprz kajeński, asafetida, kolendra, imbir oraz niewielkie ilości świeżo zmielonego czarnego pieprzu dodane bezpośrednio przed podaniem posiłku;
- regularnie ćwiczyć – najlepsze są asany ze względu na ich silnie detoksykacyjne i stymulujące jatharagni działanie;

- dbać, aby ilość i rodzaj pożywienia nie osłabiały ani zbytnio nie stymulowały jatharagni, co powoduje uczucie ciężkości i ospałości po spożyciu posiłku, gromadzenie się gazów i niestrawność. Najprostszym sposobem na wzmocnienie agni jest nieprzejadanie się;
- przestrzegać diety opartej na produktach lekkich, świeżych i głównie pochodzenia roślinnego – należy wyeliminować z diety żywność przetworzoną, smażoną, białą mąkę, biały cukier, kofeinę i alkohol;
- zwiększyć spożycie owoców, odpowiednio ugotowanych warzyw, gorzkich w smaku produktów, zup warzywnych, świeżych soków owocowych i warzywnych oraz maślanki (rozcieńczony wodą w proporcji przynajmniej 1:1 jogurt lub maślanka z dodatkiem rozgrzewających przypraw);
- regularnie masować ciało ciepłym olejem (przynajmniej raz na dwa tygodnie);
- czasami pościć – podczas postu można spożywać owoce, jeść lekkie zupy warzywne, pić soki warzywne, napary ziołowe i wodę z sokiem z cytryny.

Istnieją specjalne ziołowe formuły ajurwedyjskie służące wzmocnieniu i naprawie uszkodzonego jatharagni dostępne już w polskich sklepach internetowych i zielarniach (np. triphala, trikatu).

SZEŚĆ SMAKÓW

Smak (*rasa*) pełni bardzo istotną rolę w ajurwedzie. Wszystko, co spożywamy, czy to żywność, czy zioła, ma jakiś określony smak, na który składa się specyficzna kombinacja pięciu elementów. W istocie każdy smak stanowi kombinację pięciu elementów, aby zaś smak był odczuwalny, zawsze jest potrzebny element wody (jako nośnik).

Specyficzny efekt, jaki pożywienie i zioła wywierają na organizm, wiąże się właśnie ze smakiem. W ten sposób rozpatruje się rodzaj oddziaływania pokarmów na określone dosze.

Każda substancja, zioło, produkt spożywczy zawierają w sobie sześć smaków, tylko w różnych proporcjach. Tworzą one unikalny charakter danego produktu. Gdy produkt jest słony, oznacza to, że słony smak dominuje, jednak pozostałe smaki też są obecne. Według ajurwedy poszczególne sześć smaków tworzone jest zawsze przez dwa dominujące elementy. W przypadku smaku słonego są to elementy ognia i wody. W związku z tym smaki muszą oddziaływać na dosze, czyli składowe naszego organizmu. To oddziaływanie będzie albo obciążające, albo wyrównujące. Dotyczy to każdego smaku i każdej doszy. Zasada jest bardzo prosta:

Podobne zwiększa podobne.

Chcąc ustalić najlepszą dietę, należy zapamiętać tę zasadę i starać się stosować jej odwrotność. Jeśli więc na przykład dominuje u nas dosza pitta, zamiast zwiększać jej poziom przez spożywanie pokarmów zawierających smaki o naturze pitta (czyli zawierających dominujące już u nas elementy), należy spożywać produkty z elementami przeciwnymi.

Jednak w praktyce istotne jest to, aby dieta zawierała wszystkie sześć smaków, chociaż z określoną dominantą smaków równoważących naszą konstytucję. Tylko taka kompozycja może zapewnić organizmowi optymalne odżywienie i zdrowie. Ajurweda zakłada, że zrównoważona pod względem smaków dieta może zapew-

SMAK	SŁODKI	KWAŚNY	SŁONY	OSTRY	GORZKI	CIERPKI
Przykłady	cukier, mleko, miód, melon, ziemniak, ryż, pieczywo	cytryna, grejpfrut, jogurt, ser, ocet	solone orzechy, sosy, sól, żywność przetworzona, glony	imbir, cebula, czosnek, chili, rzodkiew, większość przypraw	kurkuma, rabarbar, aloes, neem	niedojrzałe owoce, herbata, malina, pigwa, śliwki
Elementy	ziemia, woda	ziemia, ogień	woda, ogień	powietrze, ogień	powietrze, eter	powietrze, ziemia
Obciąża	kapha	kapha, pitta	kapha, pitta	vata, pitta	vata	vata
Łagodzi	vata, pitta	vata	vata	kapha	kapha, pitta	kapha, pitta
Jakości (guny)	zimny, ciężki, wilgotny, oleisty	gorący, lekki, wilgotny, oleisty	gorący, ciężki, wilgotny, oleisty	gorący, lekki, suchy	zimny, lekki, suchy	zimny, ciężki, suchy
Virya (oddziaływanie)	chłodzący (lekko)	rozgrzewający (średnio)	rozgrzewający (lekko)	rozgrzewający (mocno)	chłodzący (mocno)	chłodzący (średnio)
Vipak (posmak)	słodki	kwaśny	słodki	ostry	ostry	ostry
Działanie	zwiększa masę ciała, siłę, toksyny	zwiększa apetyt, kwasowość, zmniejsza libido	zwiększa trawienie, elastyczność, zmniejsza tkankę rozrodczą (*sukra*)	zwiększa metabolizm, pragnienie i temperaturę, zmniejsza ama	zwiększa chłodzenie, zmniejsza gorączkę, zmniejsza toksyny	zwiększa sztywność, wychudzenie, skurcze
Główny organ	trzustka	wątroba	nerki	płuca	serce	okrężnica
Choroby, zaburzenia	cukrzyca, kaszel, astma	nadkwaśność, wrzody, żółtaczka	łysienie, zmarszczki, bezpłodność	słabość, drgawki, bóle stawów	odwodnienie	ból brzucha, zapalenie okrężnicy
Emocje	miłość, przywiązanie, satysfakcja	zazdrość, irytacja, pesymizm	chciwość, użalanie się nad sobą, upór	nienawiść, gniew, uraza	smutek, zmartwienie, rozpacz	strach, niepokój, ascetyzm

nić organizmowi wszystkie niezbędne do życia substancje. Nie trzeba więc liczyć kalorii i zastanawiać się, ile aminokwasów czy węglowodanów zawierają produkty, tylko wystarczy wziąć po uwagę ich smak, co w istocie jest znacznie prostszym i praktyczniejszym rozwiązaniem.

Podsumowując: związek pomiędzy smakami a doszami powinien zostać wykorzystany dla utrzymania zdrowia. Wybór pokarmów zgodnych z naszą konstytucją jest jednym z aspektów zachowania równowagi wewnętrznej. Drugi aspekt stanowi komponowanie diety zawierającej wszystkie smaki. Dzięki temu zarówno tkanki, jak i dosze będą mogły pozostać w równowadze, co pozwoli zapobiegać chorobom.

JAKOŚCI

Oprócz smaków istotną funkcję w opisie i działaniu produktów spożywczych pełnią ich atrybuty (jakości). Nazywa się je gunami, tak jak satwa, radżas i tamas. Jest dziesięć par tych atrybutów. Każda para składa się ze swoich przeciwieństw:

- ciężki – lekki,
- gorący – zimny,
- wilgotny (oleisty) – suchy,
- tępy – ostry,
- gładki – szorstki,
- stały – ciekły,
- miękki – twardy,
- sztywny – elastyczny,
- subtelny – ordynarny,
- rzadki – gęsty.

Jednak z tych wszystkich gun najważniejsze są trzy pierwsze, ponieważ używa się ich na co dzień podczas komponowania posiłku. Te trzy guny mają bezpośredni związek z doszami:

- vata jest obciążana przez guny suchą, lekką i zimną, a wyrównywana przez ciężką, oleistą i gorącą;
- pitta jest obciążana przez guny gorącą, lekką, oleistą, a wyrównywana przez zimną, ciężką i suchą;
- kapha jest obciążana przez guny ciężką, oleistą i zimną, a wyrównywana przez gorącą, suchą i lekką.

Wniosek z tego taki, że oprócz smaków istotną funkcję w odżywianiu pełni również stan skupienia i właściwości przygotowanego posiłku. Na przykład owies w postaci płatków uważa się za niezwykle korzystny w równoważeniu vata – ale tylko po ugotowaniu, gdy stanie się ciężki, wilgotny i gorący. Owies nieugotowany będzie miał działanie obciążające vata.

POZOSTAŁE ZASADY ZWIĄZANE Z ODŻYWIANIEM

Oprócz wymienionych powyżej istotną funkcję w odżywianiu pełnią także inne czynniki:

- prawidłowe przygotowanie pokarmu,
- prawidłowa kombinacja pokarmów,
- prawidłowa ilość spożytego pożywienia,
- prawidłowa częstotliwość posiłków,
- prawidłowa pora posiłków,
- prawidłowo wybrane miejsce spożycia posiłku,
- prawidłowe emocjonalne i mentalne nastawienie podczas posiłku – jest to szczególnie istotne, ponieważ nawet dobry pokarm spożyty w czasie wzburzenia emocjonalnego czy odczuwania niepokoju może być bardzo szkodliwy,
- prawidłowe nastawienie osoby przygotowującej się, że stan umysłu i emocji osoby przygotowującej posiłek przenika do niego.

Łącząc potrawy, należy brać pod uwagę ich smak, wpływ na proces trawienia oraz uzupełnianie się wartości odżywczych. Ryż i inne zboża dobrze komponują się z warzywami. Produkty mleczne przetworzone (ser, jogurt, maślanka itp.) pasują do warzyw i zbóż, ale świeżego mleka nie należy łączyć z warzywami.

Powinno unikać się łączenia warzyw i surowych owoców. Owoce najlepiej spożywać oddzielnie (jako osobny posiłek).

Niekorzystne jest łączenie owoców kwaśnych ze słodkimi i mleka słodkiego z produktami z mleka sfermentowanego.

ZALECENIA DIETETYCZNE DLA DOSZ

DIETA RÓWNOWAŻĄCA DOSZE

Kiedy rozumiemy już, że istotne jest nie tylko to, co wkładamy do ust, ale w jaki sposób to robimy, w jakich okolicznościach i – co może najważniejsze – w jakim stanie jest nasz ogień trawienia, możemy przyjrzeć się bliżej określonym produktom, które zalecane są dla poszczególnych dosz. Należy jednak zaznaczyć, że zaprezentowany system stanowi jedynie orientacyjne zalecenia. Wśród praktyków ajurwedy istnieją bowiem różnice w opiniach na temat jakości, a co za tym idzie oddziaływania określonych produktów, w tym ziół.

Produkty wymieniane w ramce na „tak" równoważą daną doszę, a więc są zalecane. Produkty w ramce na „nie" obciążają doszę, a więc należy ich unikać. Nie da się wymienić wszystkich produktów żywnościowych, w tym opracowaniu uwzględniono jedynie podstawowe, a te, których nie wymieniono, zasadniczo mogą zostać sklasyfikowane przez porównanie ich z wymienionymi.

DIETA RÓWNOWAŻĄCA VATA

Poleca się ciepłe i umiarkowanie solidne posiłki. Należy dodawać masło i tłuszcze. Dieta powinna być wilgotna, odżywcza i łagodząca.

Wyrównuje vata: smak słony, kwaśny i słodki oraz stan (guna) ciężki, oleisty i gorący.

Obciąża vata: smak ostry, gorzki i cierpki oraz stan lekki, zimny i suchy.

- **Zboża**

  Większość tak zwanych pełnych zbóż jest dobra dla vata. Jednak należy starać się unikać zbóż o właściwościach wysuszających, takich jak żyto, kukurydza czy proso, a także zbóż dmuchanych, jak np. popularne wafle ryżowe.

TAK: ryż basmati, brązowy ryż, orkisz, kuskus, owies, pszenica, quinoa.

NIE: granola i suche zboża, jęczmień, gryka, kukurydza, proso, żyto.

- **Warzywa strączkowe**

  Niestety, większość strączkowych bardzo silnie obciąża vata z uwagi na ich cierpkość. Jednak większość osób, u których dominuje ta dosza, powinna czasami spożywać strączkowe ze względu na ich wartość odżywczą. Aby zmniejszyć ich gazotwórcze działanie, należy używać dużo odpowiednich dla vata przypraw i doprawiać potrawy sokiem z cytryny tuż przed podaniem.

TAK: mung, czerwona soczewica, tofu.

NIE: jaś, zielona i brązowa soczewica, adzuki, ciecierzyca, bób, kidney, pinto, lima, soja, urid dal, żółty groch.

- **Warzywa**

  Surowe warzywa nie są zalecane, jednak ugotowane, uduszone z olejem i przyprawami są bardzo dobre. Należy zawsze brać pod uwagę ewentualne gazotwórcze działanie niektórych warzyw na vata, które można zmniejszyć, używając oleju, przypraw czy soku z cytryny, jak w przypadku roślin strączkowych.

TAK: por, awokado, papryka, buraki, marchew, cilantro (świeża kolendra), świeża kukurydza, fasolka szparagowa, czosnek, cebula (tylko gotowana), pietruszka, świeży groszek, rzodkiewki, dynia, cukinia, słodkie ziemniaki, wodorosty, rzepa, rzeżucha, zasadniczo wszystkie warzywa korzeniowe.

NIE: szparagi, brokuły, kabaczki, brukselka, kapusta, kalafiory, selery, karczochy, sałata.

- **Owoce**

Zasadniczo owoce dobrze wpływają na vata z wyjątkiem tych zbyt cierpkich i kwaśnych. Jednak owoce są z natury zbyt lekkie, aby dobrze równoważyć vata, tak więc nie powinny być spożywane w nadmiarze. Często poleca się je podpiec lub nawet podgotować.

TAK: jagody, dojrzałe jeżyny, morwa, jabłka (tylko upieczone lub ugotowane), morele, banany, jagody, czereśnie, daktyle (suche i moczone), świeże figi, winogrona, cytryny, limonki, mango, pomarańcze, papaja, brzoskwinie, gruszki (miękkie i dojrzałe), persimona, ananasy, śliwki, granaty, maliny, truskawki, śliwki suszone (suche i namoczone), aronia.

NIE: suszone owoce (z pewnymi wyjątkami), jabłka (niepoddane obróbce termicznej), melony.

- **Orzechy i nasiona**

Większość tego typu produktów działa korzystnie na vata, gdyż są one ciężkie, wilgotne i łagodnie ogrzewające. Jednak są również ciężkostrawne, a więc nie powinny być spożywane w dużych ilościach. Dobry sposób poprawienia ich przyswajalności w diecie regulującej vata stanowi lekkie podprażenie i dodanie niewielkiej ilości soli.

TAK: migdały, orzechy brazylijskie, nerkowce, kokosy, pekan, orzeszki piniowe, orzechy laskowe, pistacje, nasiona dyni, sezam, nasiona słonecznika, orzechy włoskie.

NIE: orzechy ziemne.

- **Tłuszcze**

Większość olejów pozytywnie wpływa na vata. Olej jest główną substancją wskazaną dla obniżania vata ze względu na swój wilgotny i ogrzewający charakter. Ponieważ oleje są również ciężkostrawne, najlepiej stosować je w rozsądnych ilościach, pamiętając o tym, które oleje nadają się do obróbki termicznej, a które absolutnie nie (oleje z pierwszego tłoczenia).

TAK: migdałowy, awokado, masło, kokosowy, ghee, lniany, z gorczycy, oliwa, sezamowy, dyniowy, słonecznikowy, rzepakowy.

NIE: kanola, kukurydziany, margaryna, sojowy, krokoszowy.

- **Nabiał**

  Zasadniczo produkty nabiałowe są dobre dla vata, ponieważ są ciężkie, odżywcze, słodkie i wilgotne. Odznaczają się też jednak ciężkostrawnością i ich spożycie powinno być dostosowane do siły jatharagni, inaczej będą się przyczyniać do powstawania ama i reakcji alergicznych (patrz następny rozdział). Vata powinny spożywać nabiał z odpowiednimi przyprawami i najlepiej na ciepło. Bardzo dobre są produkty mleczne wstępnie sfermentowane, gdyż zawierają więcej enzymów i dobroczynnych bakterii i w związku z tym są lżej strawne.

TAK: masło, ser, serek wiejski (bardzo dobry), haloumi, śmietana, panir (indyjski ser domowej roboty), ghee (doskonałe), mleko kozie, kefir, maślanka, mleko (gorące z kardamonem lub innymi przyprawami), mleko roślinne (migdałowe, ryżowe), jogurt, kwaśna śmietana.

NIE: lody, mleko sojowe.

- **Produkty mięsne**

  Ajurweda zaleca dietę bezmięsną, wegetariańską jako najbardziej odpowiednią dla człowieka.

  Mięso jest nośnikiem guny tamasu i jego spożywanie ma wiele skutków ubocznych. Jest ciężkostrawne, zwiększa ama i otępia umysł. Tak więc dieta oparta na mięsie nie nadaje się dla praktyki jogi. Wiele osób, zwłaszcza o konstytucji vata, twierdzi, że mięso im służy, szczególnie czerwone. Niedobory energetyczne można z powodzeniem usunąć, stosując specjalne toniki ziołowe i odpowiednio komponując dietę, co będzie z pewnością zdrowszym i bardziej odpowiednim rozwiązaniem.

- **Słodziki**

  Większość produktów słodzących jest dobra dla vata. Typy vata mają większe zapotrzebowanie na tego typu produkty – są im potrzebne dla prawidłowego odżywienia tkanek. Należy jednak pamiętać, że ajurweda uznaje tylko naturalne produkty, to znaczy nierafinowane i nieprzetworzone. Nawet typy vata nie powinny nadużywać słodzików. Nadmiar słodkiego smaku jest równie szkodliwy jak jego niedobór. Najlepiej więc dostarczać tego smaku w naturalnie słodkich produktach, takich jak zboża, owoce.

TAK: fruktoza, miód, syrop klonowy, melasa, cukier nierafinowany (trzcinowy lub inny), stewia, ksylitol.

NIE: cukier rafinowany.

- **Przyprawy**

  Przyprawy są niezbędne dla typów vata. Pomagają uregulować trawienie i poprawić zmienny apetyt. Rozgrzewające przyprawy szczególnie korzystnie działają zimą, chociaż należy uważać na te, które dodatkowo mają właściwości wysuszające, na przykład czarny pieprz, czarna gorczyca, chili. Typy vata potrzebują również więcej soli niż inne typy. Najlepsza jest sól kamienna pochodząca z głębokich kopalni. Nie należy jednak jej nadużywać, ponieważ nadmiar soli jest również bardzo szkodliwy. Powoduje blokowanie się kanałów (*srotas*) i obciąża wszystkie trzy dosze.

TAK: lubczyk, majeranek, rozmaryn, cząber, tymianek, asafetida, bazylia, liść laurowy, czarny pieprz, kardamon, pieprz kajeński, goździki, kolendra, kmin, cynamon, koper włoski, koperek, kozieradka, czosnek, imbir, oregano, mięta, gorczyca, papryka, chrzan, gałka muszkatołowa, sól kamienna, szafran, szałwia, sól morska, sos sojowy, tamarynda, kurkuma, łagodne mieszanki curry.

- **Napoje**

  Typy vata szczególnie potrzebują odpowiedniej ilości płynów z uwagi na naturalną suchość tej doszy. Najlepsze są ciepłe i gorące herbaty ziołowe, zwłaszcza zawierające rozgrzewające dodatki w postaci goździków czy imbiru. Napoje zawierające mleko w różnej formie również są bardzo dobre, pod warunkiem że nie występują problemy z trawieniem. Korzystne są też kwaskowe w smaku soki owocowe i naturalna lemoniada. Należy unikać napojów z kofeiną i zimnej wody oraz lodu. Typy vata często muszą podgrzać wodę przed spożyciem, szczególnie zimą.

DIETA RÓWNOWAŻĄCA PITTA

Typy pitta potrzebują diety, która będzie chłodząca, lekko osuszająca i umiarkowanie ciężka.

Osoby z dominantą pitta zazwyczaj bardzo dobrze trawią, co w połączeniu z ich temperamentem często doprowadza do problemów ze zdrowiem: mają problemy z wątrobą, drogami żółciowymi, toksynami we krwi i cierpią na różnego rodzaju stany zapalne. Zaleca się więc przede wszystkim umiar. Typy pitta nie powinny się przejadać i spożywać mocno przyprawionych i tłustych dań.

Wyrównuje pitta: smak słodki, gorzki i cierpki oraz stan (guna) zimny, ciężki i suchy.

Obciąża pitta: smak słony, ostry i kwaśny oraz stan gorący, lekki i oleisty.

- **Zboża**

  Większość pełnych zbóż jest dobra dla pitta.

  TAK: ryż basmati, ryż jaśminowy, kuskus, proso, granola, owies, quinoa, orkisz, pszenica, jęczmień, amarantus.

  NIE: ryż czerwony, brązowy (krótkie ziarna), gryka, kukurydza, żyto.

- **Warzywa strączkowe**

  Pitta najlepiej trawią ten rodzaj pokarmów ze wszystkich typów. Jednak muszą być one dobrze ugotowane (do miękkości) i z dodatkiem odpowiednich przypraw (np. kmin, kolendra).

  TAK: fasola jaś, biała fasola, groch, adzuki, ciecierzyca, fasola kidney, mung, soja, tofu.

  NIE: soczewica.

- **Warzywa**

  Zasadniczo warzywa są bardzo dobre dla pitta. Ze względu na dobre trawienie ludzie o tej konstytucji mogą spożywać je na surowo, chyba że istnieją jakieś zaburzenia lub zimą – wtedy lepiej zjeść ugotowane. Dobrze jest je przyrządzić w sposób ajurwedyjski, tzn. z odpowiednimi przyprawami na chłodzącym oleju lub ghee. Pitta powinni unikać warzyw głęboko smażonych lub długo duszonych, o oleistej konsystencji. Niektóre warzywa o kwaśnym smaku również nie są wskazane. Dotyczy to szczególnie warzyw z rodziny psiankowatych.

TAK: karczochy, szparagi, karela, brokuły, brukselka, kalafiory, kabaczki, selery, świeża kolendra i pietruszka, świeża kukurydza, ogórki, bakłażany (ostrożnie), zielona fasolka, kapusta, wszelkie odmiany sałat, okra, świeży groszek, ziemniaki, bataty, topinambur (dziki ziemniak), dynia, wszystkie kiełki, np. słonecznika, lucerny, cieciorki, awokado, grzyby.

NIE: buraki, marchew, chilli, warzywa zielonolistne, cebula, czosnek, rzodkiew, szpinak, glony, pomidory, rzepa, rzeżucha.

- **Owoce**

Owoce są bardzo dobre dla pitta, ponieważ ich działanie jest chłodzące, łagodzące i tonizujące. Można spożywać nawet stosunkowo kwaśne gatunki, jeśli dosza jest w równowadze.

TAK: jabłka, wszelkie owoce leśne, daktyle, figi, winogrona, limonki, mango, melony, pomarańcze (tylko bardzo słodkie), gruszki, słodkie wiśnie, ananasy, śliwki, granaty, suszone śliwki.

NIE: banany, kwaśne wiśnie, grejpfruty, papaja, brzoskwinie i morele, truskawki.

- **Orzechy i nasiona**

Orzechy zasadniczo są za ciężkie i zbyt oleiste, a więc nieodpowiednie dla pitta. Jednak jeśli są świeże (bez soli i prażenia), mogą być okazjonalnie spożywane ze względu na swoją dużą wartość odżywczą (np. zamiast mięsa). Bardzo dobrym sposobem na spożywanie orzechów przez pitta jest ich wcześniejsze moczenie (do kilku godzin). To sprawia, że stają się one lżejsze i mniej oleiste.

TAK: kokos (bardzo dobry), nasiona słonecznika, nerkowce i orzechy włoskie w małych ilościach.

NIE: migdały, orzechy brazylijskie, laskowe, pekan, orzeszki piniowe, nasiona dyni, sezam.

- **Tłuszcze**

Oleje, podobnie jak pitta, mają gorącą naturę, a więc zasadniczo należy ich unikać, z wyjątkiem tych, które są chłodzące. Najbardziej chłodzące właściwości wykazują masło i ghee oraz oleje pozyskane z roślin. Oleje z pestek i nasion oraz tłuszcze pochodzenia zwierzęcego zaliczają się do ciężkich i gorących.

TAK: masło, ghee, olej kokosowy, słonecznikowy, sojowy, migdałowy.

NIE: oliwa, olej kukurydziany, lniany, dyniowy, rzepakowy, z gorczycy, z orzeszków ziemnych, krokoszowy, sezamowy.

- **Nabiał**

  Pitta ma najlepsze wrodzone możliwości trawienia tego typu pokarmów. Ludzie o tej konstytucji powinni jednak unikać produktów fermentowanych, które zawierają enzymy wywołujące efekt rozgrzewający i zakwaszający, a więc mocno obciążający energię pitta.

TAK: serek wiejski, śmietana, niesolony ser domowej roboty, mleko, mleko ryżowe, sojowe i migdałowe, lody w małych ilościach (szczególnie latem).

NIE: jogurt, kefir, maślanka, sery solone, kwaśna śmietana.

- **Produkty mięsne**

  Mięso ma właściwości obciążające pitta i spożywane przez osoby o tej konstytucji mocno zaburza ich energię. Za to typy pitta często bardzo lubią spożywać mięso. Jednak gdy spróbują dobrej kuchni bezmięsnej, stosunkowo łatwo zostają wegetarianami.

- **Słodziki**

  Słodki smak znakomicie schładza gorącą pitta, jednak łatwo popaść w przesadę. Dobrze jest wiedzieć, że miód wykazuje większe działanie chłodzące, gdy jest świeży (szczególnie chłodzące są miody o jasnym kolorze, natomiast ciemne, jak np. gryczany, mają działanie rozgrzewające).

TAK: miód (świeży), syrop klonowy, cukier nierafinowany (w małych ilościach), melasa ryżowa.

NIE: miód (stary), melasa, biały cukier.

- **Przyprawy**

  Nadmiar i nieodpowiednie przyprawy są wrogiem pitta. Chociaż niektóre neutralne i chłodzące przyprawy będą dobre, zwłaszcza do cięższych dań. Należy ograniczyć spożycie soli. Nie należy jej jednak wykluczyć, ponieważ pomaga w utrzymaniu prawidłowej gospodarki wodnej ustroju.

TAK: kardamon, świeża kolendra, goździki (tylko w małych ilościach), kolendra, kmin, kozieradka, koper włoski, czarny pieprz (tylko w małych ilościach), mięta, rozmaryn, szafran, kurkuma, słodka papryka, koperek.

NIE: asafetida, bazylia, liść laurowy, ziele angielskie, czarny pieprz w nadmiarze, pieprz kajeński, cynamon, czosnek, oregano, gorczyca, gałka muszkatołowa, papryka, szałwia, sos sojowy, tamarynda, chrzan.

- **Napoje**

  Typy pitta muszą zapewnić sobie wystarczającą ilość płynów. Latem powinna to być chłodna woda źródlana i mineralna. Mogą pić herbatę, zwłaszcza zieloną, lecz kawy już nie. Korzystnie działają herbaty ziołowe o cierpkim smaku, na przykład herbata z liści malin, hibiskusa, żywokostu czy niewielka ilość mięty.

DIETA RÓWNOWAŻĄCA KAPHA

Typy kapha potrzebują diety opartej na jakościach gorąca, lekkości i suchości. W tym wypadku należy unikać pożywienia ciężkiego, zimnego i tłustego. Naturalną tendencją osób o tej konstytucji jest akumulacja ama, co następuje bardzo szybko w wyniku niewłaściwej diety.

Podstawowym zaleceniem jest jeść mniej i spożywać pokarmy dobrze przyprawione. Typy kapha, jako w zasadzie jedyne typy konstytucyjne, mogą zrezygnować ze śniadań i okazjonalnie pościć.

Wyrównuje kapha: smak ostry, gorzki, cierpki oraz stan (guna) lekki, suchy, gorący. Obciąża kapha: smak słodki, słony, kwaśny oraz stan ciężki, zimny i oleisty.

- **Zboża**

  Większość zbóż nie jest dobra dla kapha, gdyż są ciężkie i powodują zwiększenie masy ciała. Te, które się nadają, muszą być rozgrzewające i osuszające. Dobrym połączeniem jest zestawienie tego typu zbóż i ugotowanych na parze warzyw.

TAK: gryka, proso, jęczmień, kukurydza, komosa ryżowa, żyto.

NIE: biały, czerwony i brązowy ryż, owies, kuskus, orkisz, pszenica.

- **Warzywa strączkowe**

  Większość strączkowych jest odpowiednia dla kapha, ponieważ zwiększają element powietrza i mają właściwości osuszające. Warzywa strączkowe są najlepszym źródłem protein dla typów kapha.

TAK: biała fasola, adzuki, fasola kidney, soczewica, mung, soja, tofu tylko w małych ilościach.

NIE: ciecierzyca, urid dal, czanna dal.

- **Warzywa**

  Większość warzyw jest bardzo dobra dla kapha ze względu na to, że najczęściej są lekkie, suche i cierpkie w smaku. Jednak powinno się je spożywać ugotowane, najlepiej na parze, z dodatkiem rozgrzewających przypraw, aby były mniej wychładzające. Można dodawać niewielką ilość oleju i soli, ale dopiero po ugotowaniu.

TAK: karczochy, szparagi, buraki, papryka, karela, brokuły, brukselka, kabaczki, marchew, kalafiory, selery, chilli, świeża kolendra i pietruszka, bakłażany, warzywa zielonolistne, fasolka szparagowa, kapusta, sałata, grzyby, pietruszka, groszek, rzodkiew, szpinak, rzepa, rzeżucha.

NIE: awokado, kukurydza (świeża), ogórki, okra, glony, dynie, bataty, pomidory.

- **Owoce**

  Zasadniczo owoce zwiększają u osób kapha element wody i znacznie obciążają tę doszę, należy więc ich raczej unikać. Jednak ze względu na to, że są lekkie z natury, mogą być spożywane w niewielkich ilościach. Niektóre owoce, takie jak cytrusy, pomagają nawet w rozpuszczaniu śluzu i pomagają zmniejszyć masę ciała (nadwaga to częsty problem kapha), a więc mogą być niekiedy stosowane.

TAK: większość suszonych owoców, świeże jabłka, żurawiny, granaty.

NIE: banany, owoce leśne, czereśnie, truskawki, wiśnie, daktyle, figi, winogrona, grejpfruty, cytryny, limonki, mango, melony, pomarańcze, papaja, gruszki, brzoskwinie, ananasy, świeże i suszone śliwki.

- **Orzechy i nasiona**

  Większość tego typu produktów nie jest odpowiednia, ponieważ są to pokarmy ciężkie i oleiste. Dopuszcza się jednak ich spożycie zamiast produktów mlecznych i mięsa, szczególnie po uprzednim lekkim podprażeniu.

  TAK: nasiona dyni i słonecznika, orzechy włoskie w niewielkich ilościach.

  NIE: siemię lniane, migdały, orzechy brazylijskie, nerkowce, kokosy, orzechy laskowe, pekan, orzeszki piniowe, sezam.

- **Tłuszcze**

  Tłuszcze jako ciężkie i wilgotne (oleiste) nie stanowią najlepszego pokarmu. Jednak są niezbędne dla zdrowia, a więc należy ich używać w rozsądnych niewielkich ilościach, kierując się ich działaniem. Najlepszym tłuszczem jest olej z gorczycy, z powodzeniem stosowany także do masażu.

  TAK: kanola, kukurydziany, lniany, rzepakowy, z gorczycy, krokoszowy, sojowy, słonecznikowy, oliwa z oliwek extra vergine (w niewielkich ilościach).

  NIE: masło, olej sezamowy, migdałowy, awokado, ghee (w niewielkich ilościach jest dobre), oliwa, olej z orzeszków ziemnych.

- **Nabiał**

  Tych produktów osoby o konstytucji kapha powinny zasadniczo unikać, z wyjątkiem maślanki, kefiru i mleka koziego. Produkty te dobrze jest rozcieńczać w proporcji 1:1 ze świeżo przegotowaną wodą, dodając nieco rozgrzewających przypraw i odrobinę soli kamiennej. Nabiał jest w zasadzie najgorszym rodzajem pokarmu dla kapha i często wywołuje u nich efekt śluzotwórczy. Mleko sojowe, migdałowe, ryżowe może stanowić dobry substytut mleka pochodzenia zwierzęcego.

  TAK: maślanka, kefir, mleko kozie, mleko roślinne.

  NIE: wszelkie sery, jogurty, świeże mleko krowie, śmietana, lody, kwaśna śmietana.

- **Produkty mięsne**

  Typy kapha doskonale czują się na diecie bezmięsnej, ponieważ rzadko cierpią na niewystarczające odżywianie tkankowe.

- **Słodziki**

  Słodki smak jest najgorszym smakiem dla kapha, ponieważ wykazuje on największe podobieństwo do tej doszy. Spożycie słodkich produktów, z wyjątkiem miodu, może być bardzo niekorzystne dla kapha.

TAK: miód (stary).

NIE: cukier brązowy, miód (świeży), melasa, syrop klonowy, biały cukier.

- **Przyprawy**

  Wszystkie przyprawy są dobre dla kapha, szczególnie silnie rozgrzewające, jak chilli, imbir, pieprz czarny. Ostry smak jest bowiem silnie rozpraszający i osuszający wilgotną kapha. Jednak z solą trzeba postępować ostrożnie. Dopuszcza się niewielkie ilości, szczególnie latem, dla zachowania równowagi metabolicznej.

TAK: kurkuma, czarny pieprz, kardamon, pieprz kajeński, asafetida, bazylia, liść laurowy, świeża kolendra, cynamon, goździki, kolendra, kmin, koper włoski, kozieradka, czosnek, imbir, chrzan, mięta, gorczyca, gałka muszkatołowa, oregano, papryka, pietruszka, rozmaryn, szafran, szałwia.

NIE: sól kamienna, sól morska.

- **Napoje**

  Osoby o konstytucji kapha mogą ograniczać spożycie płynów. Należy unikać zimnych napojów. Najlepsze są gorące, ziołowe herbaty z imbirem czy goździkami oraz z dodatkami nadającymi herbacie cierpki smak. Należy unikać dodatku cukru i mleka.

JAK USTALIĆ DIETĘ DLA PODWÓJNEJ DOSZY

Jak już wiemy, niektóre osoby mają przede wszystkim cechy charakterystyczne dla jednej doszy, na przykład wtedy, gdy w teście na konstytucję jedna z dosz uzyskała znacznie więcej punktów niż pozostałe. Taki typ nazywamy czystym typem. Występują trzy typy czyste: vata, pitta, kapha. Dla osób o takiej czystej konstytucji jest stosunkowo łatwo ustalić dietę, ponieważ bierze się pod uwagę przede wszystkim dominującą doszę i to najczęściej wystarcza, aby przy takiej diecie zachować równowagę. Jednak większość ludzi ma cechy dwóch dosz – są typami mieszanymi o tak zwanej podwójnej doszy. Dzieje się tak wtedy, kiedy dwie dosze występują w podobnych proporcjach. Istnieją trzy typy konstytucyjne o podwójnej doszy: vata-pitta, vata-kapha i pitta-kapha. Nie oznacza to jednak, że osoby o takiej konstytucji mają gorsze zdrowie. Trudniej jest im jednak zrównoważyć swoje dominujące dosze, gdyż często aby zrównoważyć jedną doszę, obciążają drugą. Jednym ze sposobów zaradzenia temu może być zwiększanie trzeciej doszy, która w danym przypadku ma niski poziom. Zwiększenie oznacza używanie obciążających ją produktów i działań. Na przykład typ vata-pitta (powietrze-ogień) mogą starać się zwiększać kapha (woda), pitta-kapha (ogień-woda) mogą zwiększać vata (powietrze), vata-kapha (powietrze-woda) mogą zwiększać pitta (ogień).

Jak kierować się smakiem w przypadku podwójnej doszy?

Należy zwrócić uwagę, że decydujące i najważniejsze są pierwsze trzy smaki.

- vata-pitta – smaki od najlepszego do najgorszego: słodki, cierpki, kwaśny, słony, gorzki, ostry;
- vata-kapha – smaki od najlepszego do najgorszego: ostry, kwaśny, słony, cierpki, słodki, gorzki;
- pitta-kapha – smaki od najlepszego do najgorszego: gorzki, cierpki, ostry, słodki, kwaśny, słony.

Typ o potrójnej doszy, czyli tak zwany *sama dosza prakriti*, zdarza się niezwykle rzadko. Nawet jeśli test wykazał, że w danym przypadku istnieje taka możliwość, należy podchodzić do tego ostrożnie i obserwować siebie przez dłuższy czas. Często okazuje się, że był to błąd i decydujące są jednak dwie dosze.

Niezależnie od tego typy o wyrównanej proporcji między trzema doszami są w bardzo dobrej sytuacji, ponieważ zachowując umiar, mogą odżywiać się tak, jak każda dosza z osobna i pozostawać w równowadze.

W tym rozdziale omówiliśmy zalecenia ajurwedy dla poszczególnych typów konstytucyjnych. Często ich stosowanie wystarcza, aby uzupełnić praktykę jogi, ponieważ zachowanie równowagi w doszach oznacza zdrowie. To istotna informacja dla osób traktujących praktykę jogi jako uzupełnienie swojego życia, a nie jego cel, co szczególnie często ma miejsce w początkowym etapie praktyki. Taki sposób odżywiania, jaki proponuje ajurweda, jest bowiem doskonały dla poprawy jakości życia.

Jednak dla osób traktujących praktykę jogi jako drogę do samorealizacji może to być niewystarczające. Tym osobom ajurweda i joga mają coś więcej do zaoferowania.

PORY ROKU A TWOJA RÓWNOWAGA

Pory roku w sposób jak najbardziej naturalny korespondują z doszami. Każda pora roku ma swój dominujący element. Szczególnie dobrze widać to w Polsce, gdzie podział na cztery pory roku jest wyraźnie zarysowany. Pozwala to swobodnie przejawiać się wszystkim trzem doszom. Wiedza o tym, który element dominuje o określonej porze roku, jest tak samo ważna jak znajomość własnej konstytucji. Według ajurwedy, jeśli dieta i tryb życia są dostosowane do zmiennych warunków przyrody, siła i odporność człowieka rosną. Pamiętajmy więc o zasadzie „podobne zwiększa podobne" i dostosujmy swój tryb życia do pory roku, która w sposób oczywisty dzieli właściwości z naszymi dominującymi doszami. Przykładowo, jeśli dominującą w naszej konstytucji jest pitta, musimy szczególnie uważać w lecie (które jest czasem pitta). Stosowanie w tym czasie diety wzmacniającej pitta wraz z oddziałującą na nas cały sezon gorącą pogodą z pewnością doprowadzi do nadmiernego obciążenia naszej doszy i w konsekwencji do choroby, która może ujawnić się nawet wiele tygodni później. Wiele osób czuje to intuicyjnie. Typy pitta często nie znoszą otwartego słońca, a najlepiej czują się jesienią i zimą.

WIOSNA

Wiosna kończy czas kapha, którym jest zima, ale jej wpływy nadal są widoczne, szczególnie w trakcie przedwiośnia. Zazwyczaj w naszym klimacie przejście z zimy do wiosny następuje stopniowo i wiąże się ze stałym wzrostem energii pitta (czyli słonecznej). Ta ciepła energia powoduje rozpraszanie się w ciele energii kapha, szczególnie elementu wody. To z kolei bardzo osłabia jatharagni i często wywołuje typowe schorzenia kapha, takie jak problemy z górnymi drogami oddechowymi. O tej porze roku jest to bardzo częste nawet u osób ze znikomym poziomem kapha. Dlatego na przedwiośniu i wczesną wiosną należy jeszcze stosować typową dietę antykapha, czyli rozgrzewającą i stymulującą. Jednak ta stymulacja nie powinna być tak intensywna jak zimą. Ponieważ poziom energii słonecznej rośnie stopniowo w naszym klimacie, należy przejść na chłodniejsze i lżejsze produkty, które zaczną równoważyć element ognia. Ajurweda zaleca także w tym czasie unikanie wszelkich aktywności zwiększających kapha, takich jak spanie w ciągu dnia.

LATO

Latem słońce najsilniej oddziałuje na Ziemię. To szczyt energii pitta w przyrodzie, a co za tym idzie – wzmocnienia pitta w naszych ciałach. Zaleca się w tym czasie, aby nie przebywać zbyt długo na słońcu. Jednak unikanie słońca też nie jest dobre. Osoby typu pitta powinny raczej przebywać w cieniu, ale zarówno kapha, jak i vata bardzo skorzystają z kąpieli słonecznych. W naszym kraju słońce to nieczęste zjawisko, zatem pozwalajmy sobie trochę się nim nasycić. Pamiętajmy przy tym, że najważniejsze są umiar i znajomość naszej konstytucji. Nadmierne wystawianie się na działanie promieni słonecznych może wywołać poparzenie, a nawet udar, niezależnie od naszej budowy. Należy ubierać się w jasne i przewiewne ubrania wykonane z naturalnych materiałów, jak len czy bawełna, i nosić nakrycie głowy. Korzystnie jest stosować w domu i na sobie naturalne zapachy o działaniu chłodzącym, np. olejek różany lub lawendowy. Dieta powinna być łagodnie chłodząca w działaniu, ale nie wychładzająca. Dobrze, aby dominowały smaki słodki, cierpki i gorzki. Zaleca się spożywanie ziaren, zbóż, produktów nabiałowych, warzyw, owoców i dużych ilości wody (nawet 2,5 litra, jeśli jesteśmy vata lub pitta). Należy unikać pożywienia zbyt kwaśnego, ostrego i słonego. Dlatego powinniśmy całkowicie wyeliminować lub zminimalizować spożycie pokarmów zbyt mocno przyprawionych, kiszonek, marynat, pikli, mocnej cebuli, czosnku. Pamiętajmy również, że kawa, herbata, alkohol mają działanie silnie rozgrzewające, którego latem powinniśmy unikać.

JESIEŃ

W Polsce wczesna jesień to jeszcze czas energii pitta. Czasami nawet w październiku jest wciąż bardzo ciepło. Wówczas można odczuć, że w organizmie nagromadziło się już bardzo dużo ciepła. Ludzie pitta często dopiero teraz odczuwają skutki lata. Pojawiają się typowe objawy przeciążenia tej doszy, np. nawrót choroby wrzodowej żołądka. Ten nadmiar ciepła w organizmie próbuje znaleźć ujście i dociera do skóry, wywołując uczucie suchości, gorąca, swędzenia, a nawet stany zapalne. Należy w tym czasie cały czas pić dużo wody i wspomagać się masażami łagodnie chłodzącymi olejami, np. migdałowym, kokosowym. To będzie tonizować pitta, a gdy zrobi się chłodniej, można zacząć używać bardziej rozgrzewających olejów, co z kolei będzie tonizować vata. Na początku jesieni jatharagni nie jest jeszcze bardzo silny, dlatego nie należy go zbyt obciążać. Polecane są lekkie i słodkie pokarmy, podobnie jak latem, ale z uwzględnieniem pogody. Czasem przecież dzień jest już zimny i wilgotny. Wtedy zaleca się stosować rozgrzewające dodatki. Wraz z ochłodzeniem nastaje czas vata. Gdy zrobi się już naprawdę chłodno i wilgotno, pożywienie powinno stać się bardziej rozgrzewające i cięższe, ale bez przewagi smaków kwaśnych, które w tym czasie mogą bardzo szybko rozregulować pitta. Spożywajmy warzywa i owoce sezonowe, których o tej porze roku jest u nas dostatek, uzupełniając dietę o naturalne zboża, orzechy, tłoczone na zimno oleje.

ZIMA

To najbardziej solidna pora roku z uwagi na przewagę elementu ognia i ziemi, które tworzą energię kapha. Odczuwamy to w postaci zimna i wilgoci, które gromadzą się w przyrodzie i w naszych ciałach. Zatem zima w polskich realiach obciąża nie tylko kapha, ale i vata, a osoby o podwójnej konstytucji vata-kapha przeżywają w tym czasie prawdziwy koszmar, bo ich dosze są mocno obciążone. W związku z tym głównym działaniem o tej porze roku powinno być ogrzewanie i osuszanie organizmu w zależności od potrzeb i konstytucji. Dobrze działa w tym wypadku sauna, gorące kąpiele czy po prostu grzanie się pod kocem w domu. Polecane są ciepłe masaże, dla vata i pitta – olejowe, dla kapha – suche. Oczywiście należy się ciepło ubierać i unikać przemoczenia, które o tej porze roku może zakończyć się ostrym przeziębieniem. Dieta powinna składać się z cięższych produktów i mieć charakter ogrzewająco-stymulujący. Należy unikać zimnych i wychładzających pokarmów. Zimą standardowo jatharagni funkcjonuje na wysokich obrotach po to, by organizm mógł trawić i asymilować cięższe, bardziej odżywcze pożywienie, takie jak tłuszcze, produkty nabiałowe, białkowe. O tej porze roku trawimy takie rzeczy łatwiej, a więc mogą one stanowić większą część diety.

ROZKŁAD DNIA

Zdrowie i postęp w duchowym rozwoju zyskuje się dzięki samodyscyplinie i regulacji pewnych czynności, które powinny być wykonywane codziennie ze względu na higienę czy w związku z ustanowieniem duchowej praktyki. Osiągnięciu tego, co zamierzamy, zawsze sprzyja element samodyscypliny. Nie powinno to być jednak rozumiane jako przykry obowiązek, ale jako czynnik potrzebny do osiągnięcia zamierzonego celu. Nie chodzi tu o mozolne i mechaniczne powtarzanie jakiegoś programu.

W początkowym okresie wdrażania nowych nawyków i postanowień człowiek często odbiera regularne wykonywanie pewnych praktyk jako trudne i męczące. Jednak przy odrobinie determinacji i konsekwencji można doprowadzić do sytuacji, w której odpowiednie czynności, w tym również praktyka jogi, staną się czymś zupełnie naturalnym. Dodatkową zachętą do kontynuowania wysiłku są pozytywne skutki tego, co robimy. W tym wypadku nowe zastąpi stare, a w naszym życiu nastąpi zmiana na lepsze.

Zarówno ajurweda, jak i joga kładą nacisk na regularność praktyki bez względu na to, czy jest to praktyka asan, pranajamy, medytacji, czy to masaż lub po prostu regularny sen. Dzięki wewnętrznej dyscyplinie można osiągnąć następujące efekty:

- Ciało i umysł człowieka działają według pewnych cykli, a więc wiedza o tym, kiedy dobrze jest spać, kiedy jeść, kiedy się wypróżniać, a kiedy medytować pozwala na uzyskanie pozytywnego efektu tych czynności. Dotyczy to również praktyki duchowej. Dzięki wykonywaniu odpowiednich czynności w odpowiednich porach wszystko przychodzi łatwiej, ponieważ działamy zgodnie z naturą.
- Dzięki regularności i samodyscyplinie wzmacniamy się mentalnie, dlatego możemy łatwiej osiągać zamierzone cele. Dzięki skupionemu wysiłkowi w naszym życiu zacznie dominować jakość satwiczna, która daje prawdziwą satysfakcję duszy.

Ajurweda twierdzi, że aby osiągnąć idealne zdrowie, przede wszystkim należy uzyskać kontrolę nad swoim życiem. Leczenie i terapie ajurwedyjskie są nastawione na odnowienie równowagi energii biologicznych składających się na konstytucję człowieka. Na tym opiera się również uzdrawianie za pomocą jogi.

Aby więc działać efektywniej, należy pewne codzienne czynności dostosowywać do indywidualnej konstytucji człowieka. Znając swoją konstytucję fizyczną i mentalną, należy przestrzegać odpowiedniej diety, trybu życia, używać odpowiednich ziół, stosować odpowiedni rodzaj masażu oraz w odpowiedni sposób wykonywać praktykę jogi: zarówno asany, pranajamę, jak i medytację.

- **Wstawanie**

  Najlepiej jest budzić się w czasie, który zwie się *brahma muhurta* – jest to czas przed świtem, który w Polsce nosi nazwę brzasku (zazwyczaj między godziną 5 a 6, ale w zależności od pory roku czas ten jest zmienny). Pod względem biologicznym to najlepszy moment na budzenie się ze snu, dodatkowo zwiększający spokój umysłu. O tej porze doby jeszcze dominuje vata, dzięki temu wstawanie w tym czasie sprawi, że będziemy odczuwać lekkość i rześkość zarówno w ciele, jak i umyśle.

- **Higiena**

  Zaraz po wstaniu z łóżka należy umyć twarz ciepłą wodą. Nawykiem powinno stać się dokładne mycie oczu, oczyszczenie nosa ze śluzu, a także dokładne umycie zębów i oczyszczenie języka specjalną skrobaczką lub szczoteczką (usuwa to z języka toksyczny nalot z poprzedniego dnia). Bardzo korzystne jest dokładne płukanie ust przez przynajmniej jedną minutę olejem sezamowym lub oliwą z oliwek – oczyszcza to dodatkowo jamę ustną z toksyn i wzmacnia dziąsła. Osoby pragnące głębiej oczyścić jamę nosową i zatoki, powinny regularnie płukać nos (*jala neti*).

- **Wypróżnienie**

  Po umyciu twarzy należy wypić jedną lub dwie szklanki wody – zimą powinna to być woda ciepła, natomiast latem może mieć temperaturę pokojową (nigdy nie należy pić zimnej wody). Jeśli nie odczuje się potrzeby wypróżnienia, należy wypić kolejną szklankę wody i przejść się szybko po pokoju. Woda i ruch powinny zmobilizować jelita do pracy i pomóc w wypróżnieniu. Prawidłowe wydalanie ma duże znaczenie dla zdrowia i dobrego samopoczucia. Jeśli cierpi się na chroniczne zaparcia, należy poszukać pomocy u terapeuty ajurwedyjskiego.

- **Ćwiczenia**

  Poranek to świetna pora na praktykę asan, czyli pozycji jogi, szczególnie zalecanych przez ajurwedę. Jeśli rano nie ma dużo czasu, wystarczy dwadzieścia minut do pół godziny. Ważne jest, to aby uczynić z tego codzienny rytuał, który pozwoli wejść głębiej w rytm jogi. Dzięki połączeniu porannej praktyki jogi z wieczorną praktyką w grupie można odnaleźć jej nowy wymiar. Poranna, indywidualna praktyka jest idealna dla wzmocnienia i skoordynowania poszczególnych części organizmu. Pomaga zrelaksować umysł i ciało, co jest bardzo ważne zwłaszcza dla ludzi mieszkających w miastach. Do porannej sesji bardzo dobrze jest włączyć elementy pranajamy, kiedy już umie się wykonywać ją poprawnie. Dodaje to energii i głęboko uspokaja umysł, ponieważ pranajama usprawnia przepływ siły życiowej – prany.

- **Masaż olejowy**

  Po ćwiczeniach można zrobić sobie szybki masaż olejem. Ajurweda zaleca zasadniczo ciepły olej sezamowy, ale w przypadku konstytucji pitta lub jeśli zapach tego oleju odbierany jest jako nieprzyjemny (co ma miejsce dość często), można użyć innego. Istotne jest to, aby był to olej najwyższej jakości, bez chemicznych dodatków. Latem bardzo dobry jest olej kokosowy, który można już kupić w Polsce.

Olej należy nałożyć na głowę i delikatnie przez kilka minut masować czaszkę. Wzmaga to porost włosów, stymuluje krążenie skóry głowy, zapobiega bólom głowy i działa niezwykle korzystnie na układ nerwowy. Następnie za pomocą waty bawełnianej umoczonej w oleju należy nałożyć olej do uszu i nosa i wciągnąć go głęboko. To całkowicie bezpiecznie i dobrze oczyszcza, nawilża, a także wzmacnia śluzówkę nosa, a tym samym zmniejsza szansę złapania kataru i infekcji. Następnie należy wymasować olejem całe ciało, zwłaszcza stawy i podeszwy stóp. Stawy masuje się okrężnymi ruchami, a kończyny podłużnymi. Po masażu można położyć się w *savasanie* i głęboko się zrelaksować. Najlepiej pozostawić olej na skórze tak długo, jak to jest możliwe – zależy to oczywiście od indywidualnych potrzeb i czasu. Przynajmniej raz na dwa tygodnie masaż z użyciem dużej ilości oleju powinien być wykonany przez drugą osobę.

- **Medytacja**

  Każdego ranka powinno znaleźć się czas na poranną medytację. Można poświęcić temu nawet tylko pięć minut – pomaga to oczyścić umysł i usuwa napięcie oraz stres. To najbardziej efektywna praktyka sprzyjająca zachowaniu zdrowia mentalnego i duchowego. Należy wybrać najwygodniejszą pozycję siedzącą i medytować w czystym i przyjaznym miejscu – może to być po prostu miejsce, w którym wykonuje się praktykę jogi. Należy oddychać spokojnie i równomiernie, oczyścić umysł z myśli i skupić się na procesie oddychania lub mantrze. Jeśli chcesz, możesz włączyć medytację na sam koniec cyklu asan i pranajamy. Łagodną pranajamę można zakończyć krótką medytacją. Ważne jest to, żeby po zakończeniu tego rodzaju praktyk położyć się jeszcze na chwilę w *savasanie,* czyli w pozycji relaksowej.

- **Kąpiel**

  Teraz można wziąć kąpiel (prysznic). Woda nie powinna być ani za zimna, ani za gorąca. Należy używać wyłącznie mydeł i szamponów naturalnych. Ajurweda odradza stosowanie nowoczesnych, chemicznych kosmetyków, ponieważ mogą one zatruwać ustrój człowieka.

  Poranek zazwyczaj dla większości ludzi stanowi nerwową porę dnia. Może się więc wydawać, że podanych zaleceń nie da się zrealizować. Jeśli tak jest, należy spróbować to zmienić. Nikt i nic nie zastąpi własnej troskliwości o dobre samopoczucie.

Dalszą część dnia można układać dowolnie. Można nie zjeść śniadania, ale nie wolno przeoczyć pory obiadu (zawsze w południe, kiedy słońce jest w zenicie, a ogień trawienny płonie najmocniej). W tym czasie metabolizm człowieka działa najbardziej efektywnie i można dobrze strawić nawet obfity posiłek. Ludzie pracujący powinni zrobić sobie wtedy przerwę. W tym czasie nie ma ważniejszej rzeczy niż to, żeby dobrze zjeść.

- **Po zakończeniu pracy**

Po powrocie z pracy dobrze jest się zrelaksować przynajmniej przez pięć minut. Najlepsza jest *savasana* wykonana w spokojnym miejscu. Rozmowa lub zabawa z członkami rodziny także rozluźnia i zmniejsza stres zgromadzony w czasie dnia. Zmęczenie najlepiej usuwa prysznic i delikatny masaż głowy z olejem lub bez. Można też użyć wyłącznie kilku kropel ulubionego olejku aromatycznego. Dobrze jest przebrać się w luźne i wygodne ubranie.

- **Kolacja**

Kolację należy jeść możliwie wcześnie, najlepiej przed zachodem słońca, ale nie później niż dwie godziny przed udaniem się na spoczynek. Wieczorny posiłek powinien być lekkostrawny. Należy unikać potraw głęboko smażonych, tłustych, zimnych, produktów mlecznych i słodyczy, a także ryżu i jogurtu. Idealny wieczorny posiłek składa się z lekkich sałatek, sałat, ugotowanych warzyw, zup warzywnych i różnego rodzaju pieczywa.

Jeśli wieczorem czyta się lub pisze, należy zadbać o dobre oświetlenie i odpowiednie krzesło, aby chronić kręgosłup. Jednak nie należy czytać, pisać, używać komputera i oglądać telewizji zbyt długo lub do późnych godzin nocnych. W tym czasie również nadużywanie seksu będzie działać niekorzystnie, ponieważ obciąży doszę vata.

Jeśli czeka nas następny pracowity dzień, należy kłaść się wcześnie do łóżka, najpóźniej między 22 a 23. Przed snem należy dokładnie umyć zęby, można też wziąć krótki prysznic, co pozwala zmyć pozostałości dnia i działa bardzo relaksująco.

AJURWEDA A PRAKTYKA ASAN

Asanom, czyli pozycjom jogi, poświęcona jest trzecia część niniejszego opracowania. Jednak ze względu na wzajemne powiązania jogi i ajurwedy nie sposób pominąć tego aspektu przy omawianiu ajurwedy.

Definicję asany i filozofię praktyki wyjaśniono w następnych częściach. W tym rozdziale omówimy asany w aspekcie ajurwedy, co może bardzo wzbogacająco oddziaływać na praktykę hatha-jogi. Oczywiście punktem wyjścia do tego rodzaju rozważań jest znajomość swojej konstytucji (*prakriti*), tak jak jest to niezbędne w przypadku ustalania diety.

Ajurweda zaleca praktykę asan jogi jako najlepszy system ćwiczeń. Przepisuje się również konkretne asany jako element terapii określonych zaburzeń i schorzeń. Przyjmuje się, że połowę terapii ajurwedyjskiej stanowi to, co dociera do ciała i jest przez nie asymilowane, a więc przede wszystkim pożywienie, drugą połowę zaś to, co ciało wykonuje przez ekspresję na zewnątrz, to znaczy właśnie odpowiednie ćwiczenia. Asany najlepiej nadają się do tego celu. Tak więc asany i pożywienie to dwa najważniejsze czynniki w terapii zaburzeń funkcjonowania ciała i umysłu.

Asany pomagają w leczeniu wszelkich schorzeń. Same jednak na ogół nie mogą stanowić kompletnej terapii (z wyjątkiem schorzeń mających podłoże strukturalne lub dotyczących aparatu ruchu). Asany usprawniają krążenie w obszarach zmienionych chorobowo i pomagają oczyścić te miejsca z toksyn, dzięki czemu może się rozpocząć proces uzdrawiania i prawidłowego odżywienia tkanek. Ta specyficzna funkcja umożliwia organizmowi rozpoczęcie uzdrawiania na innych, głębszych poziomach.

Jednak aby lepiej rozumieć, dlaczego ajurweda zaleca asany w profilaktyce i terapii, trzeba wiedzieć, jak usytuowane są dosze w ciele człowieka.

Vata (powietrze) jest ulokowana w okrężnicy, udach, biodrach, uszach, kościach i organie dotyku. Jednak jej główną lokacją jest okrężnica.

Pitta (ogień) jest ulokowana w jelicie cienkim, żołądku, gruczołach potowych i łojowych, krwi, limfie i organie wzroku. Jednak jej główną lokacją jest jelito cienkie.

Kapha (woda) jest ulokowana w klatce piersiowej, gardle, głowie, trzustce, bokach tułowia, żołądku, limfie, tkance tłuszczowej, nosie i języku. Jednak jej główną lokacją jest żołądek.

Astanga Hridaya

Należy zwrócić uwagę przede wszystkim na podstawowe umiejscowienie dosz, to znaczy na to, że trzy dosze są usytuowane w kolejnych odcinkach układu trawiennego. Ma to znaczenie dla oddziaływania poszczególnych asan na dosze.

Na skutek działania czynników patogennych obciążone dosze mogą się przemieszczać i opuszczać miejsca, w których są naturalnie umiejscowione, co prowadzi do zasiedlenia innych tkanek i rozpoczęcia procesu chorobowego. Jednym z czynników wywołujących tego rodzaju przemieszczenie doszy są nadmierne ćwiczenia fizyczne, a więc również niewłaściwa praktyka asan.

Proces ten jest oczywiście odwracalny. W takich wypadkach stosuje się specjalne techniki oczyszczające, mające na celu otwarcie specyficznych kanałów (srotas) i skierowanie dosz z powrotem na miejsce. Osiąga się to głównie przez stosowanie specjalnych zabiegów olejowania, parowania oraz technik pranajamy.

CEL ASAN

Asana, czyli pozycja, jest jednym z podstawowych narzędzi w hatha-jodze, służącym przede wszystkim równoważeniu ciała fizycznego, ale również umysłu. **Asana to statyczna pozycja wykonywana w celu usunięcia napięcia i wzmocnienia ciała, zwiększenia elastyczności i usunięcia blokad, co ma służyć wytworzeniu wolnego przepływu energii i skierowaniu umysłu oraz zmysłów do wewnątrz, czyli do źródła.** Jednak asanę można również wykorzystać czysto terapeutycznie, ze względu na stan zdrowia osób rozpoczynających praktykę.

W związku z tym terapeutyczne zastosowanie asan powinno być domeną nie tylko lekarzy ajurwedyjskich, lecz także nauczycieli jogi, którzy, jeśli znają ajurwedę, najlepiej orientują się w zagadnieniu. Z kolei jeśli spojrzymy na asany wyłącznie przez pryzmat anatomii i fizjologii, to okaże się, że można je również z powodzeniem wykorzystywać leczniczo we współczesnej fizjoterapii (rehabilitacji).

SYSTEM NERWOWY

System nerwowy, zgodnie z ajurwedą, wiąże się z układem kostnym, ponieważ według ajurwedyjskiej fizjologii tkanka nerwowa powstaje ze szpiku. Tak więc system nerwowy łączy się z doszą vata, która pełni nadrzędną funkcję w stosunku do pozostałych dosz. Ponadto układ nerwowy i vata są związane z funkcją umysłu. Umysł wyraża się w działaniu przez układ nerwowy.

Zatem niewłaściwe ustawienie ciała w asanie, obciążając doszę vata, obciąża również pracę umysłu. Vata akumuluje się w kościach i stawach, i zamiast do poprawy stanu zdrowia, prowadzi do jego pogorszenia. Pojawia się sztywność i ograniczenie ruchu w stawach oraz drżenie ciała. Napięcie pojawiające się w wyniku zaburzenia vata jest przenoszone do układu nerwowego, a to z kolei prowadzi do typowych symptomów obciążonej vata.

System nerwowy, jak wiemy, jest związany z kręgosłupem (przez rdzeń kręgowy). Wszelkie schorzenia kręgosłupa będą miały również swoje odzwierciedlenie w układzie nerwowym, a więc również w zaburzeniach o naturze vata.

Zasada ta oczywiście działa także w drugą stronę. Dzięki prawidłowemu ustawieniu ciała w asanach, napięcia – w postaci zakumulowanej vata – są usuwane z układu kostnego i nerwowego. Dzięki regularnej praktyce poprawia się zdrowie i świadomość na wszystkich poziomach. Funkcja ciała i umysłu zostaje skoordynowana i zintegrowana. Asany mają wpływ na funkcjonowanie ciała, umysłu i prany (energii życiowej).

Biorąc pod uwagę te zależności, nauka jogi – a w tym wypadku nauka technik wykonywania asan – może być przekazywana wyłącznie w czasie bezpośredniego kontaktu nauczyciel – uczeń. Tylko w ten sposób można uniknąć problemów i powikłań wynikających z niewłaściwego wykonywania asan.

ASANY I MASAŻ OLEJOWY

Masaż olejowy (*abhyanga*) to jeden z głównych zabiegów fizykoterapeutycznych stosowanych przez ajurwedę. Stanowi bardzo istotne narzędzie służące do oczyszczania ciała z toksyn (dotyczy to zwłaszcza układu kostnego i mięśniowego), jest więc bardzo użyteczny dla osób wykonujących regularnie asany. Masaż z wykorzystaniem dużej ilości oleju rozluźnia stawy, odżywia kości i nerwy. Jeśli połączy się go z innymi zabiegami, takimi jak parowanie (*svedana*) czy innym rodzajem sauny, osiąga się jeszcze głębsze oczyszczanie i usuwanie toksyn przez skórę i drogi trawienne. Połączenie masażu i parówki, czyli tradycyjnej ajurwedyjskiej terapii przygotowującej do *pancha karmy* (głębokiej terapii oczyszczającej), stanowi doskonały dodatek do praktyki asan. Po masażu olejowym łatwiej jest wykonywać asany. W trudnych przypadkach chorobowych, gdy w organizmie zalega dużo toksyn (ama), zaleca się nawet praktykę asan bezpośrednio po masażu. W takim wypadku doprowadza się do intensywnego wypocenia, co umożliwia otwarcie porów i wnikanie oleju do ustroju. W ten sposób ciało oczyszcza się szybciej. Jednak w normalnej praktyce nie zaleca się bezpośredniego łączenia technik fizykoterapeutycznych i praktyki asan.

Cały program detoksykacyjny przez pancha karmę (*vamana* – indukowane wymioty, *virecana* – przeczyszczanie, *basti* – lewatywy ziołowe, *nasya* – oczyszczanie poprzez górne drogi oddechowe oraz *rakta moksana* – oczyszczanie krwi) może usunąć wiele przeszkód stojących na drodze do swobodnej praktyki asan, jak wszelkiego rodzaju przewlekłe schorzenia. Jednak masaż ani inne zabiegi nigdy nie zastąpią praktyki asan.

JAK PRAKTYKOWAĆ

Oprócz konkretnych asan, które mogą (ale nie muszą) być użyte w celu równoważenia dosz, istnieje ważniejsza kwestia: sposób, w jaki powinno się wykonywać asany, aby ukierunkować ich działanie na równoważenie dosz.

Nieznajomość swojej indywidualnej konstytucji często bardzo szkodzi osobom wykonującym asany regularnie, aczkolwiek nie powinien być to jedyny czynnik kształtujący ich praktykę.

Bardzo często ludzie wykonujący asany regularnie robią to w sposób nieodpowiedni, koncentrując się na przykład na celu (pełnym wykonaniu asany), zamiast na procesie dochodzenia do niego. Skutkuje to urazami ciała i może zmusić do zaprzestania wykonywania ćwiczeń przez dłuższy czas. Zwykle bowiem na początku nie każdy może wykonać tę samą asanę w tym samym zakresie czy w ten sam sposób. Tłumaczy to właśnie ajurweda, a kluczem do zrozumienia tego jest znajomość ograniczeń, jakie niosą ze sobą określone dosze. Ograniczenia te ujawniają się zwłaszcza w początkowym etapie praktyki, mogą jednak o sobie przypomnieć również u osób dłużej praktykujących, ale wykonujących praktykę w sposób niewłaściwy i nienaturalny.

Poniżej podano wskazówki dla osób pragnących bardziej zindywidualizować swoją praktykę asan, aczkolwiek powinni zapoznać się z nimi wszyscy praktykujący hatha-jogę.

ASANA A KONSTYTUCJA

Niezależnie od tego, czy jesteśmy tego świadomi, czy nie, asany oddziałują na nasze dosze. Jeśli zaś są praktykowane świadomie i odpowiednio, mogą oddziaływać na nie równoważąco. Ajurweda zakłada, że każda dosza i każdy typ konstytucyjny potrzebuje praktyki asan z nieco innych powodów i w innym celu. Osoby o konstytucji pitta potrzebują asan, aby chłodzić swoje ogniste temperamenty, typy kapha – w związku z ich wrodzoną tendencją do siedzącego trybu życia – potrzebują aktywnej, stymulującej i rozgrzewającej praktyki. Z kolei osoby o konstytucji vata potrzebują asan ze względu na wrodzoną skłonność do wad postawy i zaburzeń w funkcjach układu nerwowego.

Klasyczna ajurweda zaleca nawet konkretne pozycje dla doszy. Na przykład dla doszy vata zaleca się *padmasanę, sukhasanę, siddhasanę* i w ogóle pozycje siedzące, dla doszy pitta – *sarvangasanę, halasanę, viparita karani, bhujangasanę,* a dla doszy kapha – *paschimottanasanę, virabhadrasanę.*

Dobrze jest o tym wiedzieć, jednak nie oznacza to wcale, że nasza konstytucja musi nas tak ograniczać. W rzeczywistości człowiek praktykujący hatha-jogę powinien – o ile nie ma przeciwwskazań zdrowotnych – praktykować wszystkie asany. Najważniejszy z punktu widzenia ajurwedy jest za to sposób, w jaki powinny praktykować odpowiednie typy konstytucyjne, chcąc uzyskać równowagę w doszach. Różne pozycje będą wywierały określony wpływ na konkretne dosze z powodów wymienionych na początku tego rozdziału. W związku z tym w części poświęconej technice wykonywania asan do każdej asany dołączona jest adnotacja o jej oddziaływaniu na dosze. Trzeba to jednak potraktować wyłącznie jakowskazówkę i dodatkową informację, a nie zalecenie czy przeciwwskazanie dla określonych dosz.

Praktyka asan a dosza vata

Osoby o konstytucji vata mają zazwyczaj lekką budowę. Typ ten odpowiada typowi leptosomicznemu (astenicznemu) w medycynie zachodniej. Osoby vata mają cienkie kości i niewielką masę mięśniową z dobrze widocznymi żyłami i ścięgnami. Zdarzają się w tej grupie ludzie bardzo niscy, ale i bardzo wysocy. Osoby typu vata są zazwyczaj elastyczne i zwinne za młodu, jednak często brakuje im energii i wytrzymałości. Z wiekiem ich ciała sztywnieją. W związku z tym, że vata kontroluje kości, typy vata najczęściej cierpią z powodu zmian zwyrodnieniowych stawów, nierzadko już w średnim wieku. Mają słabe krążenie, co objawia się chłodnymi stopami i dłońmi, suchą skórą i strzelającymi stawami. Dominanta eteru i powietrza sprawia, że ludzie vata są nerwowi i raczej bojaźliwi. Przejawia się to zwykle zapadnięciem się klatki piersiowej i napięciem okolicy obręczy barkowej. Mają również skłonność do skoliozy. Praktyka asan jest dla tych osób po prostu koniecznością.

Osoby vata, jako bardzo wrażliwe, powinny wykonywać asany w sposób, który redukuje vata, co wymaga również odpowiedniej postawy mentalnej. Ważne, aby praktyka była niespieszna i niegwałtowna. Ciało vata potrzebuje ciepła, jednak powinno być rozgrzewane stopniowo.

Praktyka asan powinna być ukierunkowana przede wszystkim na miednicę i okolicę okrężnicy – główne umiejscowienie tej doszy. Należy dążyć do zmniejszenia napięcia w odcinku krzyżowo-lędźwiowym. To oznacza praktykę ukierunkowaną na odblokowanie stawów międzywyrostkowych kręgosłupa lędźwiowego i rozluźnianie stawów krzyżowo-biodrowych oraz stawów biodrowych. Zablokowania te są bardzo charakterystycznym symptomem obciążonej vata. Jak już zaznaczono, doszy vata często towarzyszy sztywność, a więc praktykę asan warto kierunkować na zwiększanie zakresu ruchu w obszarach o nadmiernym napięciu, jednak w sposób łagodny i z zachowaniem zasady wyrównania (prawej i lewej strony). Z drugiej strony nierzadko się zdarza, że osoba vata jest już za bardzo elastyczna w momencie rozpoczynania praktyki lub przejawia taką tendencję. W takim wypadku działanie powinno polegać raczej na powściągnięciu tendencji do hipermobilności określonych części ciała, zamiast do zwiększania ich ruchomości, bo może to doprowadzić do nadmiernego rozciągnięcia więzadeł i utraty siły. W takim wypadku stabilizowanie będzie priorytetem i główną wytyczną w praktyce.

Najlepszymi pozycjami równoważącymi vata są pozycje siedzące, zwłaszcza te, które rozluźniają dno miednicy, dolną część jamy brzusznej i rozciągają biodra, np. *baddhakonasana, upavisthakonasana.*

Ponieważ vata łatwo akumuluje się w kręgosłupie i usztywnia go, bardzo dobrymi pozycjami przeciwdziałającymi temu są wszelkie pozycje z rotacją kręgosłupa, ale zwłaszcza te, które są wykonywane na stojąco i siedząco, np. *marichyasana.* Pozycje ze zgięciem kręgosłupa wyciszają natychmiast obciążoną vata z uwagi na obniżenie napięcia w części współczulnej układu nerwowego. Wymagają one jednak dobrej elastyczności stawów biodrowych i mięśni kulszowo-goleniowych, co nie zawsze występuje na początku praktyki jogi. Jeśli pozycje te wykonane są prawidłowo, usuwają nadmiar vata (sztywność) z okolicy krzyżowo-lędźwiowej, jeśli zaś nie, zwiększą obciążenie w tym rejonie. Aby zapewnić prawidłowość praktyki, trzeba szczególną uwagę zwrócić na stopniowe i anatomiczne dochodzenie do pełnych pozycji. Pozycje z wyprostem kręgosłupa (popularnie zwane wygięciami do tyłu) razem z pozycjami ze zgięciem kręgosłupa są w stanie doskonale usuwać nadmiar vata z uwagi na ich komplementarny charakter. Muszą być jednak wykonywane powoli i uważnie. Nadmiar vata często wywołuje tzw. zablokowania segmentarne w odcinku piersiowym kręgosłupa i wtedy nie należy stosować od razu technik powodujących pełny wyprost kręgosłupa, jakkolwiek problem ten poddaje się doskonale terapii asanami. Pozycje z wyprostem kręgosłupa – jeśli wykonywane są niezbyt forsownie, za to precyzyjnie i z wyczuciem – rozgrzewają, równoważą rozproszoną energię vata i tonizują okrężnicę (jelito grube), w której jest ona umiejscowiona. Pozycje stojące bardzo dobrze wpływają na vata, ponieważ dają poczucie uziemienia. Wmacniają i uelastyczniają zarazem, a więc przynoszą wyciszenie dryfującym umysłom vata.

Jest bardzo ważne, aby kończyć praktykę asan odpowiednio głęboką relaksacją w *savasanie.* Osoby vata powinny kończyć praktykę w poczuciu stabilności, wewnętrznej spójności i wyciszenia. Ciało powinno być ciepłe, a w okolicy dołu brzucha i stawów biodrowych nie powinno wyczuwać się napięcia.

Praktyka asan a dosza pitta

Osoby o konstytucji pitta odznaczają się zazwyczaj średnią budową. Typ ten odpowiada typowi atletycznemu w medycynie zachodniej. Najczęściej takie osoby mają dość dobrze rozwiniętą muskulaturę i dobrą elastyczność ciała w związku z bardzo dobrym krążeniem oraz smarowaniem stawów. Osoby te powinny więc uważać, aby na skutek nadmiernej i zbyt forsownej praktyki asan nie rozluźnić zbytnio stawów, co w istocie może stać się poważniejszym problemem niż zwykła sztywność. Ćwicząc jogę, pitta częściej niż inni doprowadzają swoje stawy do hipermobilności (nadmiernej ruchomości). Zatem pamięć i wiedza o tym powinny stale towarzyszyć ludziom pitta podczas ćwiczeń. Zawsze łatwiej jest usunąć sztywność, niż ustabilizować rozchwiany staw.

Od strony psychologicznej występuje kilka czynników, o których ludzie pitta powinni wiedzieć, a które bezpośrednio mogą wpływać na ich praktykę asan. Przede wszystkim pitta z natury odznaczają się agresywnością i łatwo przenoszą swój ognisty temperament na sposób wykonania asan. Chcą szybko osiągać cele w asanach, a to niestety nie najlepsza droga. Rzeczywiście stosunkowo szybko robią postępy w praktyce asan, jednak tracąc przy tym cały sens tej praktyki, który nastawiony jest na równoważenie energii. Dlatego właśnie osoby o konstytucji pitta powinny zwrócić szczególną uwagę, aby praktyka asan sprowadzała na nich kojącą energię lunarną na poziomie zarówno fizycznym, jak i emocjonalnym, a nie stanowiła kolejne pole współzawodnictwa, czy to z innymi uczestnikami zajęć jogi, czy z samym sobą. Pozwala to zachować równowagę wewnętrzną i ułatwia prawdziwe zrozumienie swojej natury. Zatem należy tak wykonywać asany, aby oddziaływały chłodząco, kojąco, relaksująco i pozwalały bardziej rozszerzyć oraz rozciągnąć skoncentrowane umysły pitta.

Typy pitta mają naturalną skłonność do zamiany praktyki asan w ciężką pracę, co sprawia, że ich ciało wytwarza przy tym dodatkowe (najczęściej zbędne) ciepło, czego wyrazem jest nadmierna ilość wydzielanego potu. Jednak zasada ta nie oznacza, że pitta nie mogą wykonywać intensywnych ćwiczeń. Chodzi tu raczej o świadome pokierowanie swoją praktyką asan w taki sposób, aby wyrównać nadmiar ciepła, biorąc pod uwagę całą sekwencję ćwiczeń w trakcie jednej sesji. W związku z tym ćwiczenia nie mogą kończyć się rozgrzewającymi technikami. Na koniec zawsze należy wykonać odpowiednie ćwiczenia o efekcie ochładzającym, wyciszającym i tonizującym, co ma szczególne znaczenie dla pitta.

Zgodnie z nauką jogi, energia solarna (ciepła, słoneczna) skupia się w okolicy pępka (co odpowiada funkcji jatharagni), skąd ogrzewa całe ciało. Z drugiej strony, w okolicy podniebienia miękkiego wytwarzana jest energia lunarna (zimna, księżycowa). To miejsce powstawania chłodzącej energii, która następnie rozprzestrzenia się po całym ciele. Dlatego właśnie uważa się, że jedną z najkorzystniejszych asan dla osób o konstytucji pitta jest *sarvangasana* wraz z *halasaną*. W tych odwróconych pozycjach następuje odwrócony ruch obu typów energii i tym samym zostaje zachowany balans. Jeśli techniki są wykonywane prawidłowo, można to fizycznie odczuć jako chłód promieniujący z podniebienia w kierunku głowy i klatki piersiowej.

Bardzo korzystnie działają również takie pozycje, jak *dhanurasana*, *bhujangasana*, *salabhasana*, które usuwają napięcie z okolicy środkowej jamy brzusznej, wątroby i jelita cienkiego. Dzięki zrównoważonej praktyce tych asan, namiar ciepła (pitta) zostaje usunięty przez układ trawienny. Korzystnie działają też pozycje ze skrętem kręgosłupa, zwłaszcza takie, w których masowana jest jama brzuszna, np. *marichyasana*. Zwiększają one przepływ krwi przez główny organ pitta, czyli wątrobę, i tym samym usuwają nadmiar ciepła oraz toksyn, które mogą gromadzić się w tym organie.

Pozycje ze zgięciem kręgosłupa są równie dobre, ponieważ odżywiają one rejon umiejscowienia pitta w jamie brzusznej (*janusirsasana, paschimottanasana*). Działają one chłodząco, jeśli praktykowane są w zrównoważony sposób. Dobre są także pozycje siedzące, a szczególnie te, w których rozciągane są biodra. Usuwają one nadmiar ciepła (*badhakonasana, upavisthakonasana*).

Pozycje z wyprostem kręgosłupa najczęściej rozgrzewają, zwłaszcza takie asany jak *ustrasana, urdhva dhanurasana*. Należy wykonywać je w taki sposób, aby nie powstawało żadne napięcie w gardle, szyi i głowie. Koniecznie należy wykonać po nich pozycje, które schłodzą ciało. Jednak nie bezpośrednio. Zawsze należy wykonać ćwiczenia, które sprawią, że przejście ze skrajnego ruchu wyprostu do zgięcia kręgosłupa będzie stopniowe, np. po *urdhva dhanurasanie* dobrze jest wykonać *supta padangusthasanę*.

Na koniec koniecznie trzeba zwrócić uwagę na sposób wykonywania *sirsasany*, czyli stania na głowie. Zasadniczo pozycja ta silnie rozgrzewa i stymuluje. Teoretycznie więc nie jest to wskazana pozycja do praktyki dla osób pitta. Z obserwacji wynika, że osoby te często mają problemy z odpowiednio długim i komfortowym wykonaniem *sirsasany*. Wiąże się to właśnie z gorącą naturą pitta, która w takich przypadkach w konfrontacji z silnie rozgrzewającą i stymulującą pozycją gwałtownie wzrasta. Doprowadza to w krótkim czasie do przegrzania organizmu pitta i w konsekwencji do niemożności wykonania pozycji nawet we względnie krótkim czasie. Nie oznacza to oczywiście, że pitta nie mogą praktykować *sirsasany*, jednak sugeruje, że nie powinny jej wykonywać w ogóle lub wykonywać ją krótko, dopóki nie osiągną umiejętności równoważenia ciepłej i zimnej energii generowanej w praktyce asan.

Reasumując: typy pitta powinny kończyć praktykę asan z uczuciem schłodzenia, satysfakcji z wykonanej pracy, wyciszenia i „rozpuszczenia" umysłu oraz poczuciem wolnej od napięć przestrzeni środkowej części jamy brzusznej.

Praktyka asan a dosza kapha

Osoby o konstytucji kapha mają zazwyczaj masywną budowę. Typ ten odpowiada typowi eurysomicznemu (piknicznemu) w medycynie zachodniej. Najczęściej są to osoby dość niskie, a nawet niższe od przeciętnej, chociaż zdarzają się wysokie. Niezależnie od wzrostu ich kości są grube i masywne, a także krótsze niż u innych typów. Kapha raczej nie są elastyczni. Ze względu na to często nie mogą oni w ogóle wykonać asan, które z łatwością wychodzą długonogim vata i elastycznym pitta. Ludzie kapha powinni zrozumieć, gdzie leżą ich granice anatomiczne i nie wykonywać pewnych asan na siłę, bo może to doprowadzić do urazów. Jednak każdy przypadek należy rozpatrywać oddzielnie. Kapha nigdy nie będą wyglądać szczupło, chociaż w młodzieńczym wieku może tak się zdarzać. Dlatego należy zaakceptować swoją naturę i budowę, która także ma zalety, i nie starać się dążyć do osiągnięcia kształtów, które są nienaturalne. Dotyczy to szczególnie osób kapha ciągle odchudzających się. Rozumiejąc te zależności, należy jednak zadbać o to, aby nadwaga się nie zwiększała. Niestety, jest ona bowiem charakterystyczna dla kapha. Przejawia się zazwyczaj odkładaniem nadmiernej ilości tkanki tłuszczowej w okolicy ud i brzucha. To powoduje powstawanie nierównowagi pomiędzy ciężkimi dolnymi partiami ciała a słabą obręczą barkową. Stąd właśnie rodzą się częste problemy z wykonywaniem ćwiczeń obciążających klatkę piersiową i obręcz barkową, takich jak stanie na głowie, stanie na rękach, świeca, a nawet pies z głową w dół czy pozycja kija. Nie jest to, co prawda, regułą, ale jednak aby móc wykonać tego rodzaju pozycje, niezbędne jest zrzucenie zbędnych kilogramów i wzmocnienie ciała. Dotyczy to w największym stopniu kobiet. W ciałach kapha z łatwością gromadzi się nadmiar śluzu w rejonie klatki piersiowej (siedzibie kapha). Problemy z płucami i drzewem oskrzelowym to częste przypadłości kapha. Kiedy kapha jest już zanadto obciążona, wywołuje ograniczenie ruchu w stawach, przerosty tkanki łącznej, obrzęki, a stopniowo zmiany zwyrodnieniowe stawów.

Wrodzona tendencja do siedzącego trybu życia sprawia, że kapha potrzebują najczęściej zewnętrznej stymulacji, aby rozpocząć aktywną praktykę asan. Jednak gdy już wezmą się do tego, mogą wykonywać ćwiczenia nawet bardzo intensywnie. Taka intensywność jest niezbędna dla stymulacji wolnego metabolizmu i słabego krążenia kapha. Jednak w przypadku nadwagi należy stopniować intensywność ćwiczeń, aby nie doprowadzić do przeciążenia układu oddechowego i układu krążenia. W takiej sytuacji szczególne znaczenie ma konsekwentne stosowanie diety obniżającej kapha. Takie podejście jest niezbędne, aby stopniowo ułatwić praktykę ćwiczeń jogi, gdyż w przypadku osób o tej konstytucji same ćwiczenia to za mało.

Tak więc kapha najbardziej korzystają z intensywnej praktyki asan, która wywołuje obfite pocenie się, a głównym zaleceniem dla nich powinno być stałe dążenie do osiągnięcia tego, co wydaje się im niemożliwe do osiągnięcia. To nie zawsze im się podoba, zwłaszcza na początku, ale pod wpływem odpowiedniej stymulacji z zewnątrz stanowi dla nich jedyne skuteczne rozwiązanie.

Dominanta elementu ziemi i wody sprawia, że kapha jest doszą obdarzoną dużą inercją. Tak więc spokojna i zrównoważona praktyka oraz pewne asany nie sprawdzają się najlepiej. Zasadniczo za nieodpowiednie uważa się pozycje siedzące, chociaż są one niezbędne i jeśli ich wykonanie będzie połączone z ruchem oraz rozciąganiem, spełnią swoją rolę. Bardzo dobrze działają pozycje stojące, zwłaszcza te, w których klatka piersiowa jest rozciągana i otwierana, np. *virabhadrasana, utthita parsvakonasana, utthita trikonasana.* Doskonałe są pozycje z wyprostem kręgosłupa, zwłaszcza *urdhva dhanurasana, ustrasana, viparita dandasana,* ponieważ w nich całkowicie otwiera się klatka piersiowa i usuwana jest stagnacja w krążeniu w okolicy serca. W ten sposób leczy się problemy z płucami i drogami oddechowymi. Pozycje ze zgięciem kręgosłupa, takie jak *paschimottanasana*, również wpływają korzystnie. Jednak nie w przypadku problemów z układem krążenia. Należy pamiętać, że w chorobie wieńcowej najpierw należy skupić się na usuwaniu kapha z obrębu klatki piersiowej. Skłony do przodu mogą być wykonywane tylko po ustabilizowaniu tego schorzenia. W związku z tym, że kapha często cierpią z powodu słabego i powolnego trawienia, sprawdzą się znakomicie wszystkie asany wyprostne, które stymulują jatharagni, np. *dhanurasana, urdhva dhanurasana,* ale i skłony do przodu, takie jak *paschimottanasana.*

Najlepsze efekty w zwalczaniu inercji ciała i umysłu daje w przypadku kapha połączenie praktyki asan i pranajamy o działaniu rozgrzewającym.

Osoby o konstytucji kapha powinny kończyć praktykę asan z uczuciem naenergetyzowania, wewnętrznego ciepła i lekkości, a także otwarcia klatki piersiowej. Stan umysłu powinien wykazywać oznaki jasności i ostrości, co jednoznacznie wskazuje na rozproszenie nadmiaru kapha (jej tamasowej formy).

KONKLUZJA

Ajurweda to wspaniała nauka, która uczy metod samouzdrawiania i prowadzi do osiągnięcia doskonałego zdrowia i szczęścia, przygotowuje tym samym do osiągnięcia wyższych celów.

Ajurweda nie jest trudna do zrozumienia, ale czasami na początku sprawia nieco problemów, gdyż wymaga od praktykującego przejęcia odpowiedzialności za swój stan obecny, w tym stan zdrowia. Również normy etyczne i moralne, które wyznacza jako bezpośrednio związane z naszym poczuciem szczęścia i dobrym zdrowiem, mogą niekiedy być trudne do spełnienia. Jednak szczególnie w tym przypadku ajurweda wykazuje duże podobieństwo do jogi. Ich założenia są wspólne. Pomimo pewnych trudności można jednak stopniowo zacząć wprowadzać w życie te zasady, a widząc, że one działają – przekonać się do kolejnych działań, przybliżających nas do doskonałej równowagi. Nikt tak dobrze nie odczuwa efektów stosowania ajurwedy, jak osoba praktykująca jogę. *Hatha Joga Pradipika* w jednym z wersów (wers 21, rozdział II) zaleca wykonywanie technik oczyszczających ciało przed rozpoczęciem bardziej zaawansowanych technik, zwłaszcza pranajamy. Człowiek praktykujący hatha-jogę, u którego dosze są zrównoważone, nie musi stosować tych technik.

Celem życia jest moksza (*moksha*), czyli wyzwolenie. Osiągnięcie mokszy sprawia, że stajemy się w pełni świadomi swojej egzystencji, jaźni czy też duszy – jak zwykło się ją nazywać w naszej kulturze. Jednak tak długo, jak powłoka fizyczna jest najważniejsza dla ludzi, starają się oni tylko zadowolić umysł, zmysły i ciało fizyczne.

Moksza powinna być postrzegana również jako samorealizacja, czyli zrozumienie prawdy, że to nie ciało fizyczne jest osobą, ale dusza. Wtedy stanie się jasne, kogo naprawdę należy karmić i o kogo dbać. Pokarmem dla duszy nie są oczywiście substancje materialne, ale takie uniwersalne zasady jak prawda, pomaganie innym, niewykorzystywanie bliźnich, łagodność, brak agresji oraz po prostu życie w miłości i harmonii. Duszę karmi praktyka jogi.

Oczywiście ciało fizyczne, zmysły i umysł odgrywają kluczową rolę, ale nie można zapomnieć o duszy. Zapominanie o jej potrzebach sprawia, że ludzie są nieszczęśliwi.

W stanie samorealizacji wszystkie działania, jakie podejmuje człowiek, wytwarzają jedynie dobrą karmę (efekty). W wyniku tego człowiek jest zawsze szczęśliwy. Dlaczego zatem, pomimo że każdy chce być szczęśliwy, niewielu ludzi tego doświadcza? Ajurweda i joga tłumaczą to w ten sam sposób. Dzieje się tak, ponieważ zazwyczaj ludzie są pogrążeni w stanie radżasu (pasji) i tamasu (ignorancji), a z tych jakości nie da się stworzyć działań, które choćby zbliżały nas do szczęścia.

Spośród czterech składników ludzkiej istoty, czyli umysłu, ciała, zmysłów i duszy, tylko ta ostatnia jest prawdziwą i czystą świadomością, podczas gdy pozostałe są materialne z natury (nawet umysł). Materialne składniki dążą do przyjemności, a przez to łatwo przywiązują się do materialnych obiektów. Z kolei świadomość zawsze chce połączyć się ze świadomością. Widać to wyraźnie w codziennym życiu. Kiedy człowiek wykonuje jakąś czynność materialną, choćby była ona najprzyjemniejsza, po jakimś czasie po prostu się nudzi. Można to zaobserwować, gdy na przykład mamy już dość oglądania telewizji, czy jesteśmy już zmęczeni naszym hobby. Z drugiej strony cieszą nas związki i relacje ze wszystkimi świadomymi i żywymi istotami.

Dzieje się tak, ponieważ każdy tak naprawdę jest duszą i żywym, świadomym bytem, który pragnie łączyć się tylko z podobnymi bytami.

Jeśli człowiek rozumie, że prawdziwe szczęście można osiągnąć tylko poprzez umożliwienie swojej jaźni samorealizacji i życia opartego na niekrzywdzeniu, pomocy bliźnim, prawdzie, miłości i harmonii, znajduje się na drodze jogi, czyli procesu integracji swojej osobowości i połączenia z uniwersalną świadomością wszechświata.

Jak już zostało powiedziane, stosunkowo łatwo można zrozumieć proces stawania się szczęśliwym człowiekiem, jednak nie oznacza to łatwości podążania tą drogą. Ale ponieważ na tym świecie dostępne są techniki umożliwiające nauczenie się w zasadzie wszystkiego, istnieją również metody na osiągnięcie samorealizacji. Jedną z takich metod jest joga, która tłumaczy ten proces podobnie jak ajurweda.

Obie nauki propagują stosowanie w głównej mierze działań opartych na atrybutach satwicznych. Prowadzi to do zwiększenia kontroli ciała, zmysłów i umysłu przez naukę rozróżniania tego, co dobre, a co złe.

Przejdźmy zatem do drugiej części opracowania, w której przyjrzymy się bliżej nauce jogi.

CZĘŚĆ II

JOGA

I gdy swe zmysły odciąga, tak jak żółw kurczy swe członki,
Od świata rzeczy zmysłowych, ten umocnił się w mądrości.

Bhagawad Gita

WPROWADZENIE DO FILOZOFII JOGI

JOGASUTRY I PATAŃDŻALI

Za najważniejsze i najpełniejsze źródło wiedzy o jodze powszechnie uważa się *Jogasutry* spisane przez Patańdżalego. Ustalono dość nieprecyzyjnie, że Patańdżali żył między 500 a 200 rokiem przed naszą erą. Prawdopodobnie był lekarzem, który doskonale znał ajurwedę. Pozostawił po sobie trzy dzieła. Jako pierwsze powstało dzieło o gramatyce sanskrytu *Mahabhyasya,* jako drugie – dzieło o medycynie ajurwedyjskiej (jest to komentarz do dzieł lekarza ajurwedyjskiego Charaki). Trzecie w kolejności powstały *Jogasutry* – uważane za jego najważniejszą pracę. W zasadzie tyle tylko o nim wiadomo, jeśli chodzi o prawdę historyczną. Reszta pochodzi z legend. Jogini uważają go za *svayambhu,* czyli w pełni rozwiniętą duszę, która zstąpiła na Ziemię, aby pomóc ludzkości w rozwoju duchowym. Wiedzę o tym zawarł właśnie w *Jogasutrach*, które składają się ze 196 zwięzłych, ponadczasowych sentencji (*sutr*). Patańdżali spisał i usystematyzował to, co było praktykowane od tysiącleci. *Jogasutry* zawierają szeroką wiedzę na temat psychiki i anatomii człowieka. Mówią o tym, jak pokonać słabości ciała, poruszenia umysłu oraz stać się wysoko rozwiniętą i cywilizowaną istotą, której wewnętrzna jaźń może swobodnie wyrażać się przez ciało i umysł. W istocie oznacza to osiągnięcie samorealizacji – celu wszystkich dusz, które rodzą się na Ziemi, efekt dostrzeżenia swojej indywidualnej jaźni. Kiedy dusza (*atman*) ma do dyspozycji zdrowe ciało, spokojny umysł i zdyscyplinowane zmysły, zdaje sobie sprawę ze swojej indywidualnej misji, jaką ma do wypełnienia w materialnym świecie. Dzięki temu staje się ona niezwykle pożyteczna dla całej ludzkości. Urzeczywistniając bowiem całkowicie swoją boską naturę, staje się doskonałym kanałem dla energii Boga. Studiowanie *Jogasutr* pozwala zauważyć, że tylko skoncentrowana praca nad sobą może przynieść prawdziwe wyzwolenie (*moksha*).

DEFINICJA I CEL JOGI

Słowo „yoga" wywodzi się z rdzenia „yuj", co oznacza „łączyć", „nakładać jarzmo". Przyjęło się tłumaczyć jogę jako integrację, zjednoczenie. Chodzi o zjednoczenie z Absolutem, Bogiem. **A więc słowo „joga" zawiera jednocześnie cały sens i cel tej praktyki.** To ważna wiedza dla wstępujących na drogę jogi, niezależnie od tego, czy stawiają sobie taki cel świadomie, czy też nie. Patańdżali definiuje jogę krótko i zwięźle już w drugiej sutrze całego zbioru. Mówi on, co następuje:

Yogah cittavṛtti nirodhah
(Joga jest zaprzestaniem poruszeń świadomości).

Oznacza to, że nie można osiągnąć celu jogi z rozedrganym i niestabilnym umysłem. *Citta,* czyli świadomość, składa się z umysłu (*manas*), intelektu (*buddhi*) oraz ego (*ahamkara*). Z punktu widzenia nauki jogi, wszystkie trzy sprawiają kłopoty, gdy są poruszone. W takiej sytuacji dusza (*atman*) nie może swobodnie się realizować. Dlatego z czysto praktycznego punktu widzenia do samorealizacji niezbędne jest ucywilizowanie całej ludzkiej świadomości. Oznacza to, że cała świadomość musi zostać oczyszczona i zaangażowana w proces poznania wewnętrznej jaźni. Joga uznaje umysł i pozostałe składniki świadomości za największą przeszkodę w osiągnięciu pełnej integracji wewnętrznej i zjednoczenia z Absolutem. Z drugiej jednak strony, uważa się, że bez pomocy citta ta integracja nie jest możliwa, ponieważ nie jest możliwe jakiekolwiek poznanie. Citta stanowi po prostu narzędzie, które dzięki technikom jogi można udoskonalić i rozwinąć tak, aby stało się najlepszym sprzymierzeńcem na drodze do zjednoczenia. Praktyka jogi integruje człowieka na wszystkich jego poziomach, co skutkuje nabyciem cennej umiejętności rozróżniania tego, co służy rozwojowi, od tego, co jest (lub może się stać) dla niego przeszkodą.

Rozwijanie umiejętności wyciszania citta prowadzi do stanu satwa (harmonii). Jednak aby ten stan osiągnąć, potrzebne jest działanie, siła woli, świadomy wysiłek, czyli radżas. Nazywa się to radżasową satwą, czyli działaniem aktywnej, transformującej siły satwa oraz duchowych aspiracji radżas. Daje to w efekcie rozwój i postęp, dzięki czemu możliwe staje się osiągnięcie wyższego poziomu egzystencji. Osiągnięcie stanu satwa w świadomości (citta) prowadzi do wyciszenia zjawisk (poruszeń) tej świadomości, co – jeśli zostanie utrzymane w dłuższym okresie – prowadzi do osiągnięcia całkowitego spokoju. Kto przynajmniej raz doświadczył choćby przebłysku tego uczucia, będzie już zawsze dążył do jego trwałego osiągnięcia.

ASTANGA-JOGA

Astanga-joga, zwana jogą ośmiostopniową, to nauka, która została wyłożona w *Jogasutrach* Patańdżalego. Na tym systemie opierają się wszystkie liczące się metody jogi.

„Asta" oznacza osiem, „anga" – część. Osiem stopni jogi tworzą: *yama, niyama, asana, pranayama, pratyahara, dharana, dhyana* oraz *samadhi.*

W astanga-jodze stopnie te następują po kolei, a więc kulminacją oraz celem praktyki jogi jest samadhi. W tym stanie człowiek uwalnia się całkowicie od wpływu świata materialnego i łączy z Absolutem. Jednak osiągnięcie go zależy od praktykowania wszystkich stopni, nie ma drogi na skróty. Pominięcie któregokolwiek ze stopni uniemożliwia pójście dalej i wejście w ten najwyższy stan jogi. Potrzebna jest intensywna, długa i oddana praktyka.

Adept, czyli *sadhaka,* rozpoczyna drogę rozwoju od kultywowania dwóch pierwszych stopni jogi, czyli *yama* i *niyama.*

Yama

Yama zawiera zasady rządzące zarówno jednostką, jak i całym społeczeństwem, wprowadzające ład i harmonię w życiu tych, którzy je stosują:

- ***Ahimsa*** – czyli niekrzywdzenie i brak przemocy. Uważa się, że na drodze duchowego rozwoju nie powinno się krzywdzić żadnych żywych i czujących istot. Innymi słowy nie można osiągnąć prawdziwego rozwoju duchowego kosztem cierpienia innych istot. Zasada niekrzywdzenia dotyczy również nas samych. Nie powinniśmy więc zadawać sobie cierpienia.
- ***Satya*** – czyli prawdomówność. Kto podąża drogą jogi, nie kłamie, jego myśli, słowa i czyny są szczere. Należy być szczerym nie tylko w stosunku do innych ludzi, ale również w stosunku do siebie samego.
- ***Asteya*** – czyli niedopuszczanie się kradzieży. To zalecenie dotyczy nie tylko przywłaszczenia bądź kradzieży, ale wszystkich nadużyć. Niedopuszczanie do kradzieży powinno być kultywowanie już na poziomie umysłu. Znaczy to na przykład, że pragnienie posiadania tego, co mają inni, może prowadzić do niewłaściwych czynów. Dlatego wszystkie zasady yama powinny być przede wszystkim i w pierwszej kolejności kultywowane na poziomie umysłu. Zdrowy umysł rodzi zdrowe czyny.
- ***Brahmacarya*** – czyli wstrzemięźliwość. Często tłumaczy się to po prostu jako celibat, ale nie jest to trafne określenie. Brahmacarya oznacza wstrzemięźliwość ciała, mowy i myśli. Nie musi wcale oznaczać jakiejś surowej, sztucznej dyscypliny. Dla osoby praktykującej jogę staje się oczywiste, że wszystko w nadmiarze szkodzi. Dotyczy to każdej sfery życia: jedzenia, seksu, rozmowy, snu, pracy. A więc będzie dobrze, jeśli zrozumiemy brahmacaryę po prostu jako umiar. Oto cytat z *Bhagavad Gity*, świętej księgi Indii: „Nie można zostać joginem, o Arjuno, jeśli je się zbyt mało lub zbyt dużo, czy też śpi się za długo lub nie śpi wystarczająco".

- ***Aparigraha*** – czyli niegromadzenie, niezbieranie. Ta zasada oznacza odrzucenie posiadania i gromadzenia rzeczy, które są nam niepotrzebne, a tym bardziej przywiązania do nich, gdyż stanowi ono ogromny ciężar i przeszkodę na drodze rozwoju. Dotyczy to również przyjmowania rzeczy czy innych korzyści materialnych bez zapracowania na nie. Życie człowieka podążającego drogą jogi powinno być możliwie proste, a więc wolne od gromadzenia niepotrzebnych rzeczy. To pozornie proste i zrozumiałe, ale jeśli się nad tym głębiej zastanowić, to czy na pewno spełniamy ten warunek? Ta zasada nabiera szczególnej aktualności w dzisiejszych czasach. Obecnie, zwłaszcza na Zachodzie, występuje nadmiar niemal wszystkiego, nawet jedzenia. Wiele osób robi duże zakupy, a później wyrzuca je na śmietnik, bo produkty się psują, kupuje coraz to nowe sprzęty, podczas gdy poprzednie są jeszcze sprawne itd. Tak właśnie objawia się nieprzestrzeganie aparigraha. Na pierwszy rzut oka może się to wydawać błahym problemem, jednak takie podejście prowadzi do zahamowania rozwoju i stanowi duże obciążenie.

Niyama

Niyama skupia zasady rządzące zachowaniem jednostki:

- ***Santosa*** – czyli zadowolenie. Oznacza, że powinniśmy odczuwać i kultywować zadowolenie z każdego aspektu życia. Kluczowe jest uświadomienie sobie możliwości odczuwania satysfakcji z siebie i swojego życia. Niemal każdy człowiek ma więcej powodów do odczuwania zadowolenia niż niezadowolenia. Jednak na skutek gry umysłu wpadamy w pułapkę pragnień i przywiązań. Kultywowanie santosy ma przypominać o tym, że bez względu na sytuację, w jakiej się znajdujemy, wszystko, czego potrzebujemy do życia i duchowego rozwoju, jest nam dane. Człowiek praktykujący jogę, nawet jeśli czasem boryka się z trudnościami, zawsze otrzymuje od życia to, co jest mu w danej chwili niezbędne. Więc po co się martwić?
- ***Sauca*** – czyli czystość. Zakłada utrzymywanie czystości na każdym poziomie – ciała, mowy, umysłu i ducha. Osoba praktykująca jogę dba o swoje ciało, aby jej dobrze służyło, wypowiada się rozważnie, aby niepotrzebnie nikogo nie krzywdzić, kontroluje swoje myśli, aby nie zanieczyszczać umysłu, kultywuje dobro, aby utrzymać czystość ducha.
- ***Svadhyaya*** – czyli studiowanie. To ciągłe dążenie do nauki, wykorzystywanie każdej sposobności, aby dowiedzieć się czegoś nowego o sobie i drodze, po której się poruszamy. Zawiera się w tym zarówno studiowanie filozofii jogi, jak i zgłębianie swojej prawdziwej natury. Kultywowanie svadhyaya wiedzie do ciągłej ewolucji aż do osiągnięcia celu.

- ***Tapas*** – czyli zapał, wytrwałość. Bez intensywnej praktyki, tak jak bez wytrwałości, niemożliwe jest osiągnięcie jej celu. Kultywowanie tapasu ma zatem kluczowe znaczenia dla osiągnięcia pełnego sukcesu w jodze.
- ***Isvara Pranidhana*** – czyli poddanie się Stwórcy. Osoba podążająca duchową drogą jogi poświęca własne czyny i myśli Istocie Najwyższej. Cokolwiek robi, pamięta, że naprawdę wszystko zależy od Niej, a więc nie przywiązuje się do owoców swojej pracy. Żyje i pracuje z pełną świadomością i miłością, bo wierzy, że wszystko, co się dzieje w życiu, ma sens i zmierza w dobrą stronę. Bardzo dobrze odzwierciedla tę niyamę sentencja: „Niech się dzieje wola Twoja". Zasada ta nieustannie przypomina nam, po co jesteśmy na świecie i że nie ma potrzeby się martwić, bo przecież i tak kiedyś wszystko trzeba będzie zostawić i udać się na spotkanie z Nieuniknionym.

Asana

Praktyka asan przynosi stabilność ciała i umysłu,
wolność od chorób i lekkość kończyn.

Hatha Joga Pradipika

Asana oznacza postawę, pozycję. Asany są jedynie częścią całego systemu, chociaż mogą być wykonywane niezależnie lub stosowane wyłącznie jako terapia w określonych schorzeniach oraz wykorzystane przez zachodnią fizjoterapię. Większość ludzi na Zachodzie wykonuje asany po prostu jako ćwiczenia gimnastyczne, myśląc, że praktykuje jogę. Oczywiście można mieć korzyści ze stosowania wyłącznie tego elementu jogi, jednak nie powinno się go mylić z jogą jako systemem, ponieważ rola asan w klasycznej jodze daleko wykracza poza fizyczność.

Pranajama

Pranajama oznacza kontrolę oddechu. Dosłownie zaś tłumaczy się ją jako „prana" – energia witalna oraz „ayama" – rozciąganie, rozszerzanie, wydłużanie.

Chodzi tutaj o coś więcej niż kontrolę oddechu, bowiem istotny jest nie tylko sposób oddychania i pobierania energii, ale też jej dalszego wykorzystania. W procesie pranajamy energia (*prana*) jest rozprowadzana w całym ciele człowieka i odżywia każdą jego część, nawet najmniejszą. Jednak i tutaj w grę wchodzi coś więcej niż fizjologia i energetyka. Praktyka pranajamy głęboko uspokaja umysł, gdyż umysł jest bezpośrednio związany z oddechem. W ten sposób adept przygotowuje się do wejścia głębiej w praktykę jogi i osiągnięcia kolejnego stopnia. Jednak tak jak kolejne stopnie astanga-jogi następują po sobie, tak praktyka pranajamy powinna na dobre rozpocząć się dopiero wtedy, gdy nabierze się doświadczenia w asanach, chociaż pewne proste techniki mogą być wykonywane wcześniej. Ajurweda bardzo często wykorzystuje te proste techniki w terapii.

Pratyahara

To chyba niestety najczęściej pomijana gałąź jogi. Jednak właśnie tutaj na dobre rozpoczyna się etap, który ma przynieść upragniony spokój umysłu. *Pratyahara* oznacza kontrolę wszystkich zmysłów przez skierowanie ich do wewnątrz i w ten sposób oderwanie od przedmiotów, których się pragnie. Do pratyahary zaliczają się wszystkie techniki i metody, które pozwalają skupić zmysły na pracy wewnętrznej i obserwacji. Jest to bardzo ważny element praktyki, gdyż energia, która została zebrana dzięki stosowaniu poprzednich stopni jogi, musi zostać odpowiednio skupiona i wykorzystana. Aby nie marnować jej na sprawy niemające związku z rozwojem duchowym, kieruje się cały wysiłek na poznanie siebie. Ajurweda uważa, że większość chorób bierze się z niewłaściwego wykorzystania zmysłów, ponieważ sposób, w jaki z nich korzystamy, ściśle determinuje rodzaj i jakość energii, jaką pobieramy z otoczenia. W tym kontekście pożywienie oznacza wszystko, co do nas dociera, również na poziomie umysłu.

Dharana

Dharana oznacza koncentrację. Polega na kontroli umysłu przez świadome skupienie uwagi na jakimś punkcie, przedmiocie, idei. Wynika z niej też zdolność do skupienia całej swojej wewnętrznej energii na wybranym zadaniu. Istnieje wiele technik koncentracji, które można stosować w zależności od potrzeb. Istotne jest to, co osiągamy dzięki koncentracji, czyli zwolnienie lub nawet zatrzymanie pracy umysłu. Jeśli uda się wydłużyć to zatrzymanie, wtedy spontanicznie doświadczamy medytacji, czyli kolejnego stopnia jogi.

Dhyana

Dhyana, czyli medytacja, oznacza zdolność do utrzymania uwagi, koncentracji bez zakłóceń przez dłuższy czas. Głębokie wejście w praktykę tego stopnia jogi umożliwia wejście w całkowicie nowy stan świadomości. Medytacja nie zalicza się już do technik. Techniki dotyczą niższych stopni jogi, na przykład pratyahary. Dhyana to całkowicie naturalny stan świadomości, w którym nie ma fluktuacji umysłu, jest tylko cisza. Oczywiście osiągnięcie tego poziomu wymaga dużo pracy na poprzednich poziomach praktyki. Zasadniczo mamy do czynienia z dwoma rodzajami medytacji:

- *sabija dhyana* – kiedy medytujący skupia całą uwagę na jakimś konkretnym obiekcie lub punkcie oraz

- *nirbija dhyana* – kiedy medytacja zachodzi bez koncentracji na żadnym konkretnym obiekcie. Zazwyczaj ten rodzaj medytacji poprzedza wejście w ostatni stopień jogi – *samadhi.*

Samadhi

Mówi się, że *samadhi* oznacza oświecenie. Bardziej odpowiedni jest jednak termin absorpcja. W stanie samadhi zmysły i umysł kierują się ku duszy (atman) i zostają przez nią wciągnięte, zaabsorbowane. Z kolei dusza, wolna od ich ciężaru, łączy się z Absolutem. W tym stanie znika samoświadomość, a zamiast niej pojawia się nieskończona wiedza i poznanie całej rzeczywistości. Dusza odczuwa jedność z wszechświatem. Jest to stan poza słowami. Słowa są ograniczone i nie mogą w związku z tym oddać nieskończonej rzeczywistości, jaka staje się udziałem kogoś pogrążonego w stanie samadhi. Samadhi jako efekt medytacji znajduje się już poza wysiłkiem. To stan łaski, można powiedzieć – nagroda za wysiłek włożony w praktykę. Nic więcej osiągnąć już nie sposób.

Samadhi jako zjednoczenie i integracja z Pierwotnym stanowi cel jogi.

DHARMA, BRAHMAN I INNE ISTOTNE ZAGADNIENIA

Z nauką jogi wiążą się także inne pojęcia nieobecne w kulturze zachodniej. Ponieważ ich znajomość jest ważna dla zrozumienia filozofii jogi, należy wyjaśnić naistotniejsze z nich.

DHARMA

To określenie odnosi się do podstawowych praw rządzących wszechświatem, a przede wszystkim do prawdy. Dharma jest podstawą, na której wszystko się opiera. Podtrzymuje ona harmonię, rozwój i ewolucję. Dharma jest taka sama dla wszystkich. Trudno sobie wyobrazić na przykład, aby takie dharmiczne zasady jak prawa fizyki były inne dla każdego. W szerokim kontekście dharma ukazuje prawa i zasady, na których należy oprzeć swoje działania, aby działać w harmonii ze światem, a nie marnować czas na walkę z nim.

Yama i niyama stanowią fundament dharmy, na którym opierają się joga i ajurweda. Zarówno joga, jak i ajurweda zakładają, że oprócz uniwersalnej dharmy istnieje indywidualna dharma, którą każdy powinien odnaleźć. Joga wymaga, aby odnaleźć swoją właściwą ścieżkę duchową, by zrozumieć swoje miejsce i rolę w życiu. Ajurweda zakłada, że nasze zdrowie zależy od odkrycia swojej prawdziwej natury i życia w zgodzie z nią.

Najważniejszą uniwersalną dharmą jest prawo karmy. Prawo to nie jest zakorzenione w naszej zachodniej cywilizacji, chociaż wykazuje niezwykłą racjonalność i logikę. Można je porównać z fizycznym prawem przyczyny i skutku. Jednak karma dotyczy bardziej subtelnych aspektów życia. We wszechświecie obowiązuje absolutna sprawiedliwość. Ponieważ niemożliwe jest życie bez działania, dlatego zawsze doświadczamy skutków swoich czynów. Skutki te wcale nie muszą ujawnić się od razu. Czasami nie ujawniają się nawet w ciągu jednego życia. Ale kiedyś na pewno ujawnią się każdemu. W zasadzie obecne życie jest wynikiem naszych czynów z przeszłości, czasem bardzo zamierzchłej. Działania dharmiczne, czyli oparte na uniwersalnej i indywidualnej dharmie, rodzą pozytywną karmę. Działania niedharmiczne, oparte na pogwałceniu dharmy, rodzą negatywną karmę.

Jednak karmy nie należy rozumieć jako kary za grzechy czy inne niewłaściwe czyny, lecz jako proces rozwoju świadomości, prawo natury. Rozpoznając swoją karmę, mamy szansę kształtować świadomie swoje życie. I o to właśnie chodzi.

Najważniejszą etyczną dharmą jest z kolei *ahimsa* – zasada yamy.

Ahimsa, czyli niekrzywdzenie, stanowi postawę, która powinna obowiązywać na poziomie czynów, myśli i mowy.

W praktyce ahimsa ma swoje źródło w umyśle, gdyż tu rodzą się wszystkie czyny. A więc ahimsa w istocie jest postawą umysłu. Niekrzywdzenie oznacza świadome unikanie działań, które mogą przynieść cierpienie wszystkim żywym istotom, również samemu sobie.

Wszystkie zalecenia ajurwedy oparte są na ahimsie.

Ahimsa jest też najważniejszym zaleceniem jogi, ponieważ tworzy najlepszą podstawę dla spokoju umysłu i zdrowia psychicznego. Stosowanie ahimsy usuwa przyczyny negatywnych emocji zatruwających umysł.

Ahimsa nie powinna być jednak postrzegana jako uległość, rezygnacja i bezkrytyczne przestrzeganie niedziałania w celu niekrzywdzenia. Należy ją traktować również jako obronę życia, zwłaszcza jego wyższej formy. Życie człowieka jest bezsprzecznie cenniejsze niż na przykład życie kota. Jeśli będziemy kiedyś w sytuacji, gdy jadąc samochodem, będziemy musieli wybrać, czy przejechać kota, czy uderzyć w drzewo, lepiej się nie zastanawiajmy.

Ahimsa to także aktywna obrona w słusznej sprawie, ale nie bezkrytyczny pacyfizm. Jeśli trzeba bronić ojczyzny przed najeźdźcą, to należy chwycić za broń i działać. Stosowanie ahmisy jawi się jako najlepszy sposób na zdrowie społeczne, ponieważ zapobiega przyszłym konfliktom.

BRAHMAN

Brahman to wieczna i niepodzielna rzeczywistość, która stoi za całym wszechświatem, a także pustka, przestrzeń lub to, co zawiera w sobie wszystko.

To duchowa substancja będącą podstawą każdej egzystencji.

W terminologii wedyjskiej określa się go jako *Sacchidananda,* co można przetłumaczyć jako byt–świadomość–błogość. Byt musi mieć świadomość, inaczej byłby tylko pustką. Z kolei świadomość musi być szczęśliwa, inaczej nie miałaby powodu, aby istnieć.

Doświadczyć brahmana możemy jedynie przez zjednoczenie się z nim, roztopienie w nim. Cała praktyka jogi prowadzi właśnie do tego. Wedy mówią, że zjednoczenie z brahmanem oznacza osiągnięcie nieśmiertelności. Chodzi tu o prawdziwą nieśmiertelność, czyli nieśmiertelność poza ciałem, zatopienie się w kosmicznej świadomości i wiecznej błogości.

W rzeczywistości wszyscy ludzie mają takie ciche pragnienie, które ujawnia się wtedy, gdy osiągają wyższy stopień rozwoju duchowego.

ATMAN

Brahman przenika wszystko, również człowieka. Można powiedzieć, że atman to ludzkie, jednostkowe odbicie brahmana. Atman, nazywany także wyższą jaźnią, zamieszkuje ludzkie serca.

Brahman i atman nie są czymś różnym, ale dwoma sposobami spojrzenia na tę samą rzeczywistość. Bowiem w gruncie rzeczy człowiek i wszechświat jest tym samym. Brahman i atman są czystą świadomością. Charakteryzuje je stwierdzenie: Jestem tym, czym jestem. Jednak atman to nie to samo, co jakiekolwiek mentalne stworzenie. Atman nie jest umysłem ani niczym, co można sobie wyobrazić, ale czystym doświadczeniem, całkowicie poza słowami, poza czasem, poza miejscem i jednostką.

PURUSZA (PURUSHA)

Atman i purusza (*purusha*) występują czasem zamiennie w literaturze wedyjskiej. W rzeczywistości są również tym samym, ale w związku ze złożonością sanskrytu pojęcia występujące pod tymi nazwami mają nieco inne zabarwienie i znaczenie. Posługując się terminem „purusza", mamy najczęściej na myśli czystą świadomość, którą każdy człowiek w różny sposób odczuwa. Każdy z nas odczuwa siebie jako żyjącą i niezależną jednostkę (nie mówimy tu o ego), a nie jako pusty przedmiot – ciało. To jest właśnie subtelne połączenie z puruszą.

Purusza wykorzystuje ciało fizyczne i umysł do poruszania się w świecie materialnym i zbierania potrzebnych doświadczeń. Według Wed cała zewnętrzna rzeczywistość istnieje właśnie ze względu na puruszę. Pomimo że żyje ona w ciele i posługuje się umysłem, jest całkowicie od nich niezależna i wolna. Nie składa się z żadnej formy materii, nic nie może jej zniszczyć.

Celem jogi jest powrót do czystej świadomości puruszy, a celem ajurwedy – połączenie fizyczności i mentalności z tym źródłem szczęścia i błogości.

ISHVARA

Ishvara to Bóg, Stworzyciel. Od strony filozoficznej koncepcja ta przypomina kocnepcje zachodnie. Jednak w koncepcji wedyjskiej Ishvara działa dodatkowo poprzez trzy inne formy: Brahman, Wisznu i Sziwę, które są jego mocami tworzenia, podtrzymywania i niszczenia.

Ishvara to najwyższy nauczyciel, guru, który prowadzi wszystkie światy i stworzenia, pomaga im w ewolucji duchowej, wiodąc ku całkowitemu oświeceniu. Uważa się, że Ishvara jest pierwotnym źródłem nauk zawartych w Wedach.

TATTVAS – DWADZIEŚCIA CZTERY KOSMICZNE ZASADY

Tattvas są to uniwersalne czynniki tworzące strukturę całego wszechświata. Tworzą one również podstawę dla trzech ciał, pięciu powłok i siedmiu czakr indywidualnej ludzkiej egzystencji.

- ***Prakriti***

  Jest jedna podstawowa substancja, która ponosi odpowiedzialność za wszystko, co istnieje w świecie materii i umysłu. Prakriti sama w sobie nie jest świadoma, dlatego potrzebuje puruszy, która ją ożywia. Dlatego prakriti nie należy mylić ani z brahmanem, ani z atmanem, ani z puruszą.

  Brahman stoi ponad prakriti i puruszą oraz poza nimi. Jest on substancją dla prakriti i czystej świadomości. Prakriti to inaczej pierwotna moc działania. Dostarcza ona po prostu surowego materiału, z którego tworzone są światy i nasze ludzkie ciała. Stanowi nośnik karmy i tak zwanych *samskar,* czyli tendencji, dzięki którym żywe istoty rodzą się i tworzą swoje umysły. Prakriti uznawana jest za formę żeńską, matkę świata. W istocie prakriti istnieje ze względu na puruszę. Manifestacja prakriti daje puruszy możliwość doświadczania i doskonalenia się w celu zrozumienia swojej prawdziwej natury. Prakriti składa się z trzech jakości, które – jak już wiemy – zwą się satwa, radżas i tamas. Te trzy jakości dają podstawę wszystkim pozostałym tattvas i mają kluczowe znaczenie dla systemu jogi i ajurwedy.

- ***Mahat***

  To kosmiczna inteligencja, przez którą przejawia się wszystko, co istnieje we wszechświecie. Zawiera wszystkie prawa, zasady i dharmy, których wszystko i wszyscy muszą przestrzegać. *Mahat* jest w istocie ujawniającą się formą prakriti – prakriti w działaniu, ukształtowaną przez Stwórcę. Słowo „mahat" oznacza „wielki", co odzwierciedla w tym wypadku wielką zasadę stojącą za każdym stworzeniem. Mahat jest Kosmicznym Umysłem. Jednak nawet mahat nie ma samoświadomości i musi działać przez odbite światło puruszy – czystej świadomości człowieka. U ludzi mahat przybiera formę *buddhi* – intelektu, dzięki któremu mamy zdolność rozróżniania. Buddhi to główny czynnik naszej natury, dzięki któremu możemy odkrywać prawdę. Jest on więc inteligencją indywidualnej duszy oraz tą częścią struktury umysłu, która może zostać oświecona i odkryć prawdziwą jaźń, pod warunkiem że zostanie prawidłowo ukierunkowana.

  W praktyce jogi i ajurwedy chodzi właśnie o dostrojenie buddhi i mahatu, czyli indywidualnej inteligencji z kosmiczną, przy czym joga kładzie specjalny nacisk na oczyszczanie inteligencji w celu osiągnięcia równowagi umysłu, a ajurweda na kultywację buddhi w celu zrozumienia, jak działa umysł i ciało, byśmy mogli używać ich prawidłowo.

- ***Ahamkara***

  Ahamkara to ego – tworzenie – Ja. Jest to w istocie proces, a nie substancja, potrzebna i naturalna moc dzielenia (oddzielenia), ale nie reprezentuje prawdziwej natury stworzenia. Ahamkara pozwala duszy identyfikować się z różnymi ciałami, ale nie jest tożsama z prawdziwą jaźnią, czyli czystą, świetlistą świadomością.Dzięki ego, prakriti (materia) i mahat (kosmiczna inteligencja) przybierają specyficzne formy. Ego stwarza także umysł i zmysły, dzięki którym człowiek może funkcjonować na Ziemi. Dlatego ego reprezentuje część umysłu ukierunkowaną na zewnątrz, podczas gdy buddhi kieruje się do wewnątrz. Niestety, buddhi pozostaje najczęściej zdominowany przez ego, dopóki nie zagłębimy się w praktykę medytacji w celu rozpoznania natury umysłu.

  Złudzenia wytwarzane przez ego są uznawane za główną przeszkodę w rozwoju duchowym i przyczynę zaburzeń również na polu mentalnym i fizycznym. Przez ego prakriti może przybrać formę vikriti, czyli patologii i choroby. Joga i ajurweda zgodnie więc przyjmują, że pozbycie się ego leczy wszystkie choroby i zaburzenia.

- ***Manas***

  Manas można nazwać umysłem zewnętrznym, zasadą formułowania (formowania). Pochodzi od słowa „man" oznaczającego właśnie formowanie, tworzenie. Świat przejawia się i działa przez mentalność jednostek ukierunkowanych na zewnątrz umysłów. Ahamkara tworzy automatycznie tę formę umysłu. Dzięki temu umysł pozwala zaistnieć pięciu organom zmysłów i pięciu organom działania. Uważa się, że manas to szósty zmysł i szósty organ działania – organ nadrzędny i zawiadujący. Manas jest wytwarzany przez satwiczne i radżasowe jakości ahamkary, obydwie bardzo potrzebne w procesie tworzenia. Satwa daje manasowi moc iluminacji i zrozumienia, a radżas – zdolność do działania, czyli moc poznawczą, która jednak może stać się ogromnym ciężarem, jeśli nie jest kontrolowana przez satwę.

  Cztery zasady w postaci prakriti, buddhi, ahamkary oraz manasu tworzą razem indywidualną formę stworzenia. Działają one wspólnie, tworząc ludzką osobowość. W normalnym stanie świadomości ludzie w zasadzie nie potrafią ich rozróżnić. Dopiero regularna medytacja przynosi zdolność dostrzeżenia różnic pomiędzy nimi.

  Umysł stanowi subtelną formę materii. Nie jest więc prawdziwym źródłem świadomości. Dzięki praktyce medytacji i samoobserwacji możemy stać się na tyle wrażliwi, że będziemy mogli dostrzec działanie i granice umysłu, a nawet ego. Z tych obserwacji wyłoni się – na zasadzie eliminacji – coś, co nie będzie podlegało zasadom nawet subtelnej materii. Będzie to czysta świadomość. Rolą jogi jest właśnie pokazanie ludziom, jak poruszać się od umysłu i jego zainteresowań w kierunku wewnętrznej jaźni.

  W tym miejscu potrzebne jest dodatkowe wyjaśnienie. System jogi opisany przez Patańdżalego wprowadza czwarty aspekt umysłu (oprócz ahamkary, buddhi i manas), który nosi nazwę *citta* lub *chitta*. Termin ten jest użyty dla oznaczenia całego pola mentalnego wytworzonego przez ahamkarę, buddhi i manas, gdzie te trzy składniki są po prostu poszczególnymi jego funkcjami. W tym znaczeniu citta może być uważana za mentalną prakriti człowieka. Jednak niektórzy myśliciele widzą ją tylko w manasie lub buddhi.

- ***Pancha tanmatras* (pięć elementów subtelnych)**

  Trzy guny: balans (satwa), ruch (radżas) i inercja (tamas) wytwarzają zestaw nowych substancji (form). Są to źródłowe energie dźwięku, dotyku, wzroku, smaku oraz zapachu. Nazywane są tanmatrami (*tanmatras*), czyli pierwotnymi wymiarami:

- *Shabda tanmatra* – tanmatra dźwięku – związana z eterem,
- *Sparsha tanmatra* – tanmatra dotyku – związana z powietrzem,
- *Rupa tanmatra* – tanmatra wzroku – związana z ogniem,
- *Rasa tanmatra* – tanmatra smaku – związana z wodą,
- *Gandha tanmatra* – tanmatra smaku – związana z ziemią.

Tanmatry są czymś bardziej subtelnym od odczuć fizycznych. Stanowią bazę dla nich i bezpośrednio wiążą się z praną, która stoi za poszczególnymi elementami. Te pierwotne energie warunkują koordynację pomiędzy organami zmysłów a ich obiektami.

- ***Pancha jnanendriyani* (pięć organów zmysłów)**

Pięć organów zmysłów reprezentuje pięć potencjalnych sposobów doświadczania świata obecnych w umyśle każdego człowieka. Rozwijają się one w wyniku ewolucji kosmicznej, a każdy koresponduje z odpowiednią tanmatrą i elementem:

- ucho – organ słuchu – eter,
- skóra – organ dotyku – powietrze,
- oko – organ wzroku – ogień,
- język – organ smaku – woda,
- nos – organ węchu – ziemia.

Organy te nazywa się często organami wiedzy, gdyż ich funkcja jest odbiorcza. Ich aktywność, czyli ekspresja, przejawia się dopiero przez organy działania.

- ***Pancha karmendriyani* (pięć organów działania)**

Dzięki tym organom mogą zaistnieć działania. Ciało fizyczne jest po prostu narzędziem, dzięki któremu różne działania mogą być doskonalone, a przez to wzbogacają i uczą umysł. Należą do nich:

- usta (ekspresja) – eter – dźwięk,
- ręka (chwytanie) – powietrze – dotyk,
- stopy (ruch) – ogień – wzrok,
- genitalia (emisja) – woda – smak,
- odbyt (eliminacja) – ziemia – zapach.

Oprócz tych fizycznych organów istnieją ich subtelne odpowiedniki. Pozwalają one na przeprowadzanie działania z pominięciem organów fizycznych, bezpośrednio z umysłu. W ten sposób możliwa jest na przykład telepatia, czyli przekazywanie myśli na odległość. Organy te, w przeciwieństwie do organów działania, mają funkcję wyłącznie sprawczą. Recepcja może nastąpić wyłącznie w wyniku współdziałania z organami zmysłów. Organy działania są odbiciem energii życiowej.

- ***Pancha mahabhutani* (pięć elementów)**
  Pięć elementów w postaci ziemi, wody, ognia, powietrza i eteru omówiono już w części poświęconej ajurwedzie.

JOGA W DZISIEJSZYM ŚWIECIE

Żyjemy w trudnych czasach, jednak zastosowanie nauki jogi może dzisiaj przynieść takie same efekty, jakie przynosiło joginom tysiące lat temu, gdy świat nie był tak skomplikowany. Co więcej, wszyscy jogini, przepowiadając nadejście naszych czasów, zgodnie stwierdzili, że właśnie wtedy będzie najbardziej potrzebne, aby jak najwięcej ludzi podjęło praktykę jogi. Jest to możliwe, ponieważ nauka jogi jest wieczna i zawsze aktualna. Musimy jedynie osiągnąć głębsze zrozumienie tej niezwykłej wiedzy, abyśmy mogli ją lepiej wykorzystać dla powszechnego dobra i pożytku. Oczywiście są tu potrzebne pewne wyjaśnienia i adaptacje, jednak bez naginania i fałszowania wiedzy. Zajmują się tym już miliony osób praktykujących jogę na świecie. Wszyscy odkrywamy coraz to nowe zastosowania starożytnej wiedzy opartej na jodze w nowoczesnym świecie kosmicznych technologii.

Okazało się bowiem, że rozwijająca się w niezwykłym tempie cywilizacja, którą stworzyliśmy, zamiast ułatwić nam życie, w większym stopniu je skomplikowała. Dzisiejszy świat nie przypomina już tego sprzed dwóch tysięcy lat. Jednak człowiek właściwie się nie zmienił. Ma takie same pragnienia, takie same lęki. Różnica polega jedynie na tym, że jest ich więcej. Nie zmienia tu chyba zbyt wiele fakt, że żyjemy coraz dłużej, ponieważ cena, którą często płacimy za to długie życie, jest bardzo wysoka. Czujemy się samotni, coraz bardziej wyobcowani, porzuceni. Przestaliśmy rozumieć samych siebie i dostrzegać bliźnich. Coraz więcej młodych ludzi w wieku produkcyjnym cierpi na poważne choroby, takie jak choroba wieńcowa, nadciśnienie, stany lękowe, depresje, bezsenność. Niemal wszyscy mają już kłopoty z układem pokarmowym. Stres związany z życiem w ciągłym biegu i pod ogromną presją zbiera swoje żniwo. Młode kobiety mają zwyrodnienia kręgosłupa i problemy z narządami rodnymi skutkujące niepłodnością.

Kupujemy sprzęt, który ma nam ułatwić codzienne życie, a później okazuje się, że nie mamy czasu, aby w domu porozmawiać z żoną, mężem i dzieckiem.

Czy po to osiągnęliśmy obecny poziom rozwoju cywilizacyjnego?

Odpowiedź na dręczące nas problemy jest zawarta w nauce jogi. Nie możemy cieszyć się tymi wszystkimi dobrami i osiągnięciami bez stabilnego rozwoju duchowego. To dlatego tak wiele osób, pomimo osiągnięcia wysokiego poziomu życia, pozostaje wciąż niespełnionych i czuje ogromną pustkę. Joga mówi, że największym złem jest brak wiedzy. I tak zapewne jest. Zapominamy, że świat materialny i jego skarby są nam dane dla rozwoju duchowego. To rozwój duchowy stanowi przeznaczenie każdego człowieka, a nie apartament w drogiej dzielnicy czy najnowszy model luksusowego samochodu.

Zdrowe ciało, spokojny umysł i zadowolona dusza są źródłem szczęścia w tym materialnym świecie.

Jak to osiągnąć? Do tego właśnie prowadzi praktyka jogi. Wszystko inne jest tylko dodatkiem, chociaż czasem bardzo potrzebnym, czasem tylko nęcącym zmysły, ale trzeba pamiętać, że tylko dodatkiem.

Nawet jeśli podejmując praktykę jogi, kierujemy się wyłącznie chęcią poprawy zdrowia fizycznego, to – doznając w jej wyniku ulgi od swoich dolegliwości, a także ogólnej poprawy jakości życia na poziomie nie tylko fizycznym, ale i mentalnym – zostajemy zachęceni do dalszej praktyki. I nie wiedzieć kiedy jesteśmy na drodze jogi. To wcale nierzadkie zjawisko i wiele osób właśnie tak rozpoczyna swoją przygodę z jogą. Nic w tym świecie nie dzieje się przypadkiem. Wszyscy potrzebujący ludzie powinni mieć możliwość nauki jogi, a więc gdy trafiamy na jogę, dostajemy jakiś dar, z którego możemy skorzystać lub nie. Jest to szansa na lepsze życie, świadome i szczęśliwe. Tego nie powinniśmy się wyrzekać.

HATHA-JOGA

Czym jest zatem hatha-joga, najbardziej popularna ścieżka jogi na Zachodzie?

Ha oznacza energię słoneczną (solarną) w naszym ciele, *tha* – energię księżycową (lunarną). Połączenie tych dwóch słów oznacza, że w praktyce hatha-joga dąży się do osiągnięcia balansu, równowagi dwóch przeciwstawnych energii.

W rzeczywistości hatha-joga jest tym samym, co astanga-joga. Przyjmuje się zasadniczo, że na hatha-jogę składa się głównie pięć pierwszych stopni astanga-jogi. Jednak tradycyjnie hatha-joga zawiera również medytację (*dhyana*) jako najwyższą technikę osiągania samadhi.

Hatha-jogę można umownie nazwać jogą techniki. Dlaczego? Ponieważ składa się ona z „duchowej technologii" obejmującej różnorakie techniki angażujące ciało, umysł, zmysły i oddech w celu rozwoju świadomości. To kompletny system pozwalający rozpocząć duchową podróż każdemu, bez względu na poziom rozwoju, na jakim się obecnie znajduje. Potrzebna są jedynie wola i determinacja – chęć rozwoju.

Niewiele osób na świecie rodzi się z potencjałem do rozwijania swojej duchowości bez stosowania specjalnych technik. Zwłaszcza w dzisiejszych czasach techniki jogi, czyli również hatha-jogi, są niezwykle potrzebne i użyteczne dla wszystkich poszukujących. Dobrym przykładem może tu być pieczenie chleba. Można próbować samemu zbudować piec, eksperymentować z ciastem, ale można też kupić sobie piekarnik z termoobiegiem, ściągnąć z internetu sprawdzony przepis na chleb i po prostu go upiec.

Jeśli wiedza jest dostępna, nie ma sensu eksperymentować.

Jednak na Zachodzie w ciągu ostatnich kilkudziesięciu lat techniki hatha-jogi stały się tak popularne, że większość osób przeoczyła ich sens.

Tradycyjnie hatha-jogę charakteryzowały trzy główne założenia:

- *tapas,* czyli samodyscyplina,
- *svadhyaya,* czyli studiowanie swojej natury oraz
- *Ishvara pranidhana,* czyli poddanie się Stwórcy.

Ścieżka ta jest bardzo wymagająca. Kiedyś jogini, którzy ją praktykowali, stosowali bardzo ascetyczne metody i techniki, które z kolei wymagały specyficznych i określonych warunków życia. W takich okolicznościach hatha-joga prowadziła do tak zwanej *raja-jogi,* czyli jogi królewskiej, której ukoronowaniem jest właśnie osiągnięcie samadhi.

HATHA-JOGA WE WSPÓŁCZESNYM ZACHODNIM ŚWIECIE

Bardzo dobrze jest rozpocząć praktykę jogi od hatha-jogi. Dzięki usystematyzowanej i precyzyjnej technice umożliwia ona osiągnięcie samorealizacji. Wszystkie elementy praktyki następują logicznie po sobie, co sprawia, że praca nad sobą jest metodyczna, a dzięki temu bezpieczna.

Sadhaka (adept) porusza się po kolei od zewnętrznych warstw swojego bytu ku tym subtelnym, ukrytym głęboko, aż do samego źródła, czyli duszy. Mimo że hatha-joga jest praktyką nastawioną na użycie woli (*tapas*), nie ma w niej pośpiechu ani agresji w stosunku do siebie.

Aby te techniki przyniosły najgłębsze efekty, wymagają lat nieprzerwanej pracy. Tego ludzie na Zachodzie często nie rozumieją, chcą osiągać efekty w postaci natychmiastowej poprawy zdrowia, a nierzadko natychmiastowego oświecenia.

Antidotum na takie podejście, które przynosi wiele szkody, jest pełna akceptacja swojej aktualnej sytuacji, będącej punktem wyjścia do praktyki oraz studiowanie nauki jogi na jej głębszym, filozoficznym poziomie.

Podstawą hatha-jogi są zwłaszcza dwa stopnie astanga-jogi: asana oraz pranajama.

Traktuje się je jako techniki – narzędzia, które mają doprowadzić do ostatecznego celu jogi, a które z powodzeniem mogą być stosowane w dzisiejszym trudnym i szybkim świecie. Jeśli asana i pranajama są wykonywane prawidłowo i pod kierunkiem doświadczonego nauczyciela, mogą zawierać w zasadzie wszystkie pozostałe elementy astanga-jogi. Czasami porównuje się te dwa stopnie do skrzydeł hatha-jogi.

Niestety, wiele osób stosuje wyłącznie asany. Są też i tacy, którzy stosują wyłącznie pranajamę.

Jednak aby ptak mógł wzbić się w powietrze, potrzebuje obu skrzydeł. Niemożliwa jest więc pełna praktyka hatha-jogi, jeśli skupiamy się tylko na pozycjach bez stosowania pranajamy lub gdy stosujemy kontrolę oddechu bez praktyki asan.

ASANY I PRANAJAMA

Jak już wcześniej powiedziano, asany i pranajama stanowią skrzydła hatha-jogi. Są środkiem do celu, narzędziem, dzięki któremu sadhaka poznaje siebie, oczyszcza swoje ciało, zmysły i umysł.

W dzisiejszych czasach narzędzia te nie zmieniły swojego przeznaczenia. Są one tak samo użyteczne jak wtedy, gdy świat być może nie był tak skomplikowany. Od nich można rozpocząć praktykę, nie powinno ich także zabraknąć, kiedy osiągnie się już wysoki poziom świadomości. A więc korzystają z nich zarówno świeżo upieczony adept, jak i doświadczony jogin – każdy z nich na swój sposób.

Współczesny człowiek często nie ma czasu na czasochłonne praktyki, wymagające rezygnacji z wielu codziennych czynności, których nikt za niego nie wykona. Jednak nie powinien rezygnować z duchowych aspiracji. Przy zachowaniu odrobiny dyscypliny (tapas) można znaleźć piętnaście minut rano na pranajamę i godzinę po południu na praktykę asan. Jeśli robi się to regularnie, uda się wiele zdziałać. **Kluczem do sukcesu jest wytrwałość i regularność.** Po prostu trzeba mieć silne postanowienie, zapał (tapas), który nie pozwoli zejść z raz obranej drogi. **Hatha-joga wiele wymaga, ale też to, co daje w zamian, jest niezwykle cenne.** W tej książce można przeczytać o różnych efektach praktyki jogi, jednak prawdziwy efekt jest niemożliwy do przełożenia na jakikolwiek język i niemożliwy do opisania przez kogokolwiek.

Joga jest doświadczeniem płynącym z praktyki. Prawdziwe doświadczenie wymyka się słowom i wszelkim opisom.

Doświadczenie i wiedza są zdobywane bezpośrednio właśnie przez praktykę asan i pranajamy.

Asany i pranajama pomogą nam osiągnąć cel, jaki sobie stawiamy w jodze – czy jest to ostateczny cel, czy po prostu chęć poczucia się lepiej i usunięcia stresu. Jedynym warunkiem stawianym przez samą jogę jest przestrzeganie podstawowych zasad. Na tym właśnie polega jej piękno i uniwersalizm.

HATHA-JOGA I ZDROWIE

Dzięki praktyce asan i pranajamy zdobywamy zdrowie, które jest czymś więcej niż brakiem chorób i fizyczną sprawnością. Jest ono całkowitą równowagą na poziomach fizycznym, mentalnym i duchowym. Jedynie dzięki zrównoważonej świadomości osiąga się prawdziwe zdrowie. Osiągnięcie tego stanu jest możliwe, jeśli wcielamy w życie zasady yama i niyama. Jeżeli stosujemy asany i pranajamę jedynie jako fizyczne elementy praktyki, to mimo że możemy czuć się później świetnie, nie będziemy w pełni zdrowi. Kiedy praktykuje się asany oraz pranajamę, nie wolno zamykać się w nich jako najbardziej namacalnej formie jogi, należy stale rozszerzać swoją praktykę na całe nasze życie zarówno wewnętrzne, jak i zewnętrzne. Do tego właśnie służą yama i niyama oraz pozostałe aspekty astanga-jogi. Joga oferuje nam zdrowie, które oznacza wewnętrzną czystość i równowagę będącą wynikiem życia w zgodzie ze światem i samym sobą. Brak wewnętrznych konfliktów to charakterystyczna cecha człowieka szczęśliwego, który zrozumiał podstawowe zasady jogi i realizuje je w życiu. W ten sposób pielęgnujemy swoje zdrowie, które z czasem może stać się zdrowiem doskonałym.

Dla prawidłowego rozwoju jest ważne, aby poruszać się w systemie jogi po kolei. Zgodnie z wiecznym prawem wszechświata nierozwiązane problemy zawsze powracają. Dzieje się tak, aby wszyscy mogli stale ewoluować, aż osiągną doskonałość.

STRES

Stres jest nieodłącznym towarzyszem życia. Tak było zawsze i tak jest również obecnie. Z pewnością dzisiejsza cywilizacja powoduje więcej stresu niż chociażby ta sprzed stu lat, ale stres w istocie pozostaje ten sam.

Czym jest stres?

Od strony fizjologicznej stres jest reakcją organizmu na określony sygnał pochodzący z mózgu. Należy to sobie głęboko i całkowicie uświadomić. Czasami dzieje się tak, że źródłem stresu może być rzeczywista sytuacja, na przykład nagły, drastyczny spadek temperatury, gdy nie mamy nic ciepłego do założenia. Jest nam wtedy bardzo zimno i ta niebezpieczna sytuacja stanowi bezsprzecznie czynnik stresogenny. Jednak w rzeczywistości bardzo rzadko stres jest takim obiektywnym czynnikiem pochodzącym z zewnątrz.

Umysł człowieka zbiera informacje o świecie za pomocą pięciu zmysłów, a funkcjonuje w organizmie dzięki układowi nerwowemu. Jednak u każdego człowieka informacje pobierane ze świata są filtrowane przez siatkę utworzoną z indywidualnych doświadczeń i pamięci tych doświadczeń zapisanych w umyśle, często bardzo głęboko w podświadomości. W określonej sytuacji umysł może zareagować specyficznie, w zależności od zgromadzonych zapisów pamięciowych i przekazać do mózgu określony sygnał. Zgodnie z nauką jogi mózg nie ocenia, a jedynie wykonuje polecenia umysłu. Dlatego to, co dla jednego człowieka może być niezwykle silnym stresem, dla drugiego będzie jedynie chwilowym pogorszeniem nastroju albo nawet powodem do śmiechu. Wszystko zależy od tego, jakie doświadczenia zgromadziliśmy w naszym umyśle. W istocie wszyscy reagujemy w takich sytuacjach czysto mechanicznie, czyli bez pełnego udziału świadomości – wtedy doświadczamy stresu. Mózg wysyła sygnały w postaci zwiększonego wydzielania odpowiednich substancji chemicznych do poszczególnych części ciała, zmieniając całkowicie równowagę biochemiczną organizmu. Jeśli stan stresu przedłuża się, powstają ogromne zmiany w układzie nerwowym, hormonalnym i narządach wewnętrznych człowieka, które z czasem tracą zdolność do normalnej pracy. Przyczyna leży w ciele człowieka, które nie zostało przystosowane do ciągłego odczuwania stresu. Jednak skoro każdy reaguje na stres w specyficzny dla siebie sposób, oznacza to, że każdy jest w zasadzie odpowiedzialny za to, czy żyje w stresie, czy nie. A precyzyjnie rzecz ujmując – odpowiedzialny jest za to jego umysł. Ta nadrzędna rola umysłu w mechanizmie stresu była znana praktykującym jogę od zawsze. Powiązanie ciało-umysł jest właśnie tym ogniwem, dzięki któremu stres się materializuje. Przecież niezależnie od naszego poglądu na życie nie możemy zaprzeczyć, że funkcjonujemy w ciele materialnym. Asany i pranajama pomagają usunąć z organizmu stres nagromadzony w postaci napięć oraz blokad fizjologicznych i energetycznych, pomagają oczyścić i wzmocnić układ nerwowy, a dzięki temu znaleźć właściwy stosunek do własnego ciała. Przez zwiększenie poczucia komfortu we własnym ciele stajemy się jednocześnie bardziej go świadomi. Czujemy, co jest dla niego dobre, a co mu szkodzi. To wiedzie nas do konstatacji, że w niektórych sytuacjach nie musimy już dłużej reagować mechanicznie, zwłaszcza jeśli ma to oznaczać ponowne bolesne doświadczenie skutków i powikłań stresu. Przez zwiększenie świadomości ciała pośrednio zyskujemy większe panowanie nad własnym umysłem, co z kolei prowadzi nas do umiejętności zapanowania nad stresem, jeśli nie całkowitego, to przynajmniej częściowego, to znaczy takiego, w którym nie dochodzi do upośledzenia czynności naszego organizmu w wyniku długotrwałego stresu. Przeprowadzano wiele doświadczeń z udziałem osób praktykujących jogę, aby zbadać, jak ich organizm radzi sobie ze stresem – okazuje się, że zawsze lepiej niż organizm osób niepraktykujących jogi. Można z tego wyciągnąć wniosek, że organizm bez blokad, ze sprawnie funkcjonującym układem nerwowym, radzi sobie znacznie lepiej, nawet gdy jest poddany gwałtownemu stresowi. Praktyka asan i pranajamy daje właśnie takie pozytywne efekty, wzmacniając ciało i umysł.

CIAŁO JAKO ŚWIĄTYNIA DUCHA

Na Wschodzie ciało niemal od zawsze było traktowane z szacunkiem i miłością. Ma to swoje bezpośrednie odbicie w nauce jogi i ajurwedy. Jest to podyktowane przede wszystkim racjonalnymi argumentami. Ciało daje schronienie duszy. Stanowi dla niej pojazd, dzięki któremu może ona poruszać się na Ziemi i realizować swoje cele. Łatwo można zauważyć, że od jakości funkcjonowania ciała zależy jakość funkcjonowania umysłu. Im czystsze i zdrowsze ciało, tym lepiej działa umysł, a tym samym łatwiej jest duszy podążać swoją drogą. Gdy ciało choruje, jesteśmy w stanie myśleć wyłącznie o chorobie. Relacja umysł-ciało jest tak silna, że myślimy o własnym ciele jako o nas samych. W świetle nauki jogi jest to jednak błędne myślenie. Powinniśmy pomyśleć raczej: *moje ciało jest chore,* niż *ja jestem chory.* Właśnie dlatego, że związek z ciałem jest tak mocny, nie można lekceważyć swojego ciała. Trzeba je szanować, opiekować się nim, dbać o jego prawidłowe działanie, aby nie sprawiało kłopotów i by służyło właściwie. Czasami mówi się, że zdrowie jest odczuwane wtedy, gdy nie czujemy własnego ciała. Jest w tym bardzo dużo prawdy. Jednym z efektów praktyki asan i pranajamy jest właśnie całkowite usprawnienie ciała tak, że tracimy poczucie jego fizyczności. Tym samym ciało zostaje podniesione do rangi świątyni, schronienia dla ducha. Pamiętajmy o tym, ponieważ niekiedy dość łatwo można przeoczyć prawdziwy cel praktyki tych aspektów jogi i pomylić narzędzie z celem.

FILOZOFIA PRAKTYKI ASAN

CZYM JEST ASANA

Patańdżali mówi: „Sthira sukham asanam", co można przetłumaczyć jako: asana jest idealną mocą ciała, stabilnością inteligencji i hojnością ducha.

Aby to zrozumieć właściwie, trzeba wiedzieć, że Patańdżli podaje od razu definicję pozycji idealnej. Zastosowanie tej definicji oznacza, że gdy wykonujemy asanę, powinniśmy w niej szukać mocy, stabilności, siły. Powinniśmy posługiwać się inteligencją oraz otworzyć swoje serce na odczucia, które płyną z wykonywania danej asany.

Kolejna sutra mówi: „Prayatna saithilya ananta samapattibhyam", co można przetłumaczyć jako: perfekcja w asanie zostaje osiągnięta, kiedy wysiłek wkładany w jej wykonanie staje się niezauważalny i osiągamy kontakt z nieskończonym bytem wewnątrz.

Jednak nie oznacza to, że od razu będziemy w stanie osiągnąć komfort w pozycji. Najczęściej upłynie wiele lat, zanim osiągniemy w pozycji to, o czym mówi Patańdżali.

Do tego celu prowadzi długa, odważna, intensywna i nieprzerwana praktyka. W początkowym okresie praktyki asan doświadcza się dużo bólu, niewygody i zmęczenia. Jest to jednak niezbędny element pokonywania słabości ciała i ducha, forma pracy, która służy wzmocnieniu człowieka na każdym poziomie. Taka praktyka może być z początku wykonywana wyłącznie pod kontrolą doświadczonego nauczyciela, który określi granice pracy i tak pokieruje adeptem, aby nie popełniał zbyt wielu błędów. Jest to niezbędne, ponieważ większość ludzi w ogóle nie zna siebie i w związku z tym nie wie, ile musi wykonać pracy, aby osiągnąć prawidłową pozycję. Zazwyczaj człowiek wykonuje pozycję nieprawidłowo, wkładając w nią za mało pracy. Niestety, ciało osoby początkującej jest bardzo oporne, to znaczy sztywne i słabe, a umysł i inteligencja również wymagają podjęcia wysiłku, aby były w stanie odpowiednio dostosować się do asany.

Oznacza to w praktyce, że pierwsze sesje jogi mogą być koszmarem. Jednak jeśli przetrwa się ten pierwszy trudny okres, który (w zależności od problemów) może trwać od kilku tygodni do kilku miesięcy, wchodzi się w nowy wymiar praktyki. Asany wychodzą już łatwiej, można w nich zauważyć więcej szczegółów – na przykład asymetrię ciała, łatwiej się w nich rozluźnić, a efekty po ich wykonaniu stają się coraz głębsze i dłużej się utrzymują.

Jest takie powiedzenie, często przytaczane przez riszich (mędrców wedyjskich): „To, co smakuje na początku jak nektar, staje się w końcu trucizną, ale to, co smakuje na początku jak trucizna, staje się w końcu nektarem".

Jeśli mamy wystarczająco dużo inteligencji, aby to zrozumieć, i wystarczająco dużo silnej woli, aby wytrwać, to jesteśmy na najlepszej drodze do osiągnięcia doskonałości w jodze.

DO CZEGO SŁUŻĄ ASANY

Przede wszystkim należy pamiętać, że asany są narzędziem i środkiem do celu, a nie celem. Jest to szczególnie ważne, gdy już osiągniemy relaks w asanach, ponieważ wtedy stają się one tak przyjemne, że niektórzy ludzie rezygnują z normalnego życia i poświęcają się wyłącznie praktyce asan. Zapominają o swych obowiązkach względem na przykład rodziny, co sprawia, że cierpi na tym jej dobro. Joga jest drogą środka, balansu i braku przemocy w stosunku do wszystkich żywych stworzeń. Praktyka jogi jest przeznaczona dla normalnych ludzi, a najwięcej z niej korzyści może mieć właśnie normalny człowiek żyjący w normalnym świecie, mający obowiązki i ograniczenia. Nie ma potrzeby przed tym uciekać.

Asany odblokowują, odmładzają ciało i uzdrawiają je, aby mogło ono działać prawidłowo i służyć nam dobrze przez całe życie.

Służą także rozwojowi świadomości i koncentracji. Praktycznie odbywa się to w ten sposób, że adept uczy się w asanach wrażliwości, która pogłębia się przez zaangażowanie w ten proces całej świadomości, również zmysłów. Dzięki temu jest on w stanie, poruszając się od najbardziej zewnętrznej powłoki, czyli skóry, odkrywać kolejne poziomy swojego ciała fizycznego, mentalnego i kolejnych powłok, które składają się na istotę człowieka. Proces ten sprawia, że świadomość – inteligencja staje się na tyle wyczulona, że człowiek może dostrzegać rzeczy, których wcześniej nie dostrzegał. Dzięki temu podróż od znanego do nieznanego nie jest improwizacją. Kolejne etapy poznania zachodzą automatycznie wtedy, gdy adept zyskuje gotowość. To bezpieczne i bardzo rozsądne, a zalety te wynikają z pracy z kompletnym systemem.

ODNALEŹĆ WŁAŚCIWY PUNKT WYJŚCIA

Patańdżali podkreśla, że niezwykle ważne jest odkrycie, w którym miejscu swojego rozwoju znajduje się człowiek w momencie wejścia na drogę jogi. Tylko wtedy może on rozpocząć praktykę, która będzie dla niego odpowiednia. Od strony praktyki asan wygląda to tak:

- Należy wziąć pod uwagę swój wiek, ograniczenia ciała z tym związane oraz schorzenia, na jakie się cierpi.

  Należy to rozumieć w taki sposób, że niemożliwe jest natychmiastowe pokonanie tych ograniczeń – do tego prowadzi dopiero wytrwała praktyka. Dlatego ważna jest prawidłowa ocena swojego stanu fizycznego. W tym również niezwykle pomaga ajurweda. Dzięki temu możemy zapobiec niepotrzebnym urazom i z czasem bezpiecznie pokonywać swoje ograniczenia. Na tym etapie przydadzą się pokora, cierpliwość i wyrozumiałość w stosunku do swojej ewentualnej ułomności.
- Należy poznać swoją konstytucję, zarówno typ ciała, jak i predyspozycje umysłowe (typ umysłowy).

  Jak już wiemy, każdy człowiek ma inne predyspozycje. Znajomość swoich wrodzonych cech i predyspozycji bardzo ułatwia praktykę hatha-jogi. Dzięki temu można sobie wytłumaczyć, dlaczego na przykład ciało zachowuje się w asanie inaczej niż ciało kolegi czy koleżanki lub dlaczego samopoczucie po tych samych asanach kształtuje się odmiennie niż samopoczucie innej osoby.

Takich przykładów jest więcej. Tego typu wiedza stanowi źródło postępu. Tę wiedzę przekazuje nam również ajurweda.

- Należy rozpoznać swoją determinację: czy jest ona bardzo silna, przeciętna, czy może słaba.

  To szczególnie ważne, ponieważ powinna tu obowiązywać *satya* (prawda) rozumiana jako bezkompromisowa szczerość w stosunku do siebie. Dzięki temu można w przyszłości zapobiec wielu nieporozumieniom. Na przykład człowiek ze słabym zapałem i małą determinacją po kilku miesiącach praktyki rezygnuje, ponieważ nie osiąga efektów, o których przeczytał w książkach lub od kogoś usłyszał. Z punktu widzenia jogi jest to nieporozumienie, któremu można byłoby zapobiec, gdyby ten człowiek się nie oszukiwał. Prawda ma moc transformacji – jeśli nie natychmiast, to z pewnością w przyszłości. Załóżmy, że ten człowiek byłby szczery w stosunku do siebie i doszedłby do wniosku, że wprawdzie rezultaty nie są nadzwyczajne, ale też praca, jaką wkładał w praktykę, również nie była nadzwyczajna. Takie podejście pozwala wytrwać dłużej w praktyce, co z kolei może przynieść większy efekt. Wówczas ten człowiek automatycznie zostanie zachęcony do dalszej praktyki, jego zapał się zwiększy i efekty również.

Należy pamiętać, że efekty są proporcjonalne do pracy wkładanej we własną praktykę.

ASANA W KONTEKŚCIE POZOSTAŁYCH STOPNI JOGI

Jak wiadomo, asana jest trzecim stopniem astanga-jogi, jednak może zawierać także inne aspekty pozostałych stopni. Zasadniczo elementy te możemy podzielić na dwie grupy:

- zasady, których musimy przestrzegać, aby praktyka asan była prawidłowa,
- stopnie, które są owocem prawidłowej praktyki asan.

Do pierwszej grupy odnoszą się zwłaszcza zasady zawarte w niyama, czyli santosa, sauca, tapas, svadhyaya oraz Ishvara pranidhana.

- **Santosa** (zadowolenie) – bez zadowolenia ze swojej praktyki nie będziemy długo praktykować, a więc powinniśmy dokładać wszelkich starań, aby osiągnąć i kultywować santosę. Najlepszym środkiem do tego jest tapas.
- **Tapas** (zapał) – powinien być stosowany, aby praktyka była progresywna i wspomagała rozwój świadomości oraz dawała satysfakcję.
- **Sauca** (czystość) – jest niezbędna, oznacza czystość fizyczną i mentalną. Powinniśmy oczyszczać nie tylko ciało fizyczne, ale i myśli (ciało mentalne).

- **Svadhyaya** (studiowanie nauki jogi, studiowanie siebie) – oznacza, że zawsze powinniśmy zgłębiać wiedzę i obserwować swoją praktykę pod każdym względem, czyli zarówno na poziomie fizycznych technik, jak i na poziomie wewnętrznej motywacji, świadomości celu itd.
- **Ishvara pranidhana** (oddanie się Stwórcy) – oznacza to, co Patańdżali zawarł w definicji asany w określeniu „hojność ducha". Jedynie praktyka asan z otwartym sercem ma moc duchowej transformacji.

Do tej grupy zaliczają się również niektóre zasady zawarte w yama, a mianowicie ahimsa i satya.

- **Ahimsa** (niekrzywdzenie) – dotyczy nie tylko świata zewnętrznego, ale również samego siebie. Jest to prawo, którego szczególnie łatwo można nadużyć w asanie. Znajomość swoich ograniczeń jest tu niezbędna, aby nie uszkodzić swojego ciała w asanie.
- **Satya** (prawda) – obowiązuje zawsze i przez cały czas. Kiedy korygujemy swoje ciało w asanie, powinniśmy być całkowicie szczerzy w stosunku do samych siebie. Oznacza to, że należy zadać sobie pytanie, czy osiągnąłem już to, do czego zmierzam, czy nie. Jeśli nie, to nie oszukuję się, tylko dalej powtarzam swoją pracę, aż do skutku.

Do drugiej grupy, w której znajdują się stopnie będące efektem prawidłowej praktyki asan (ale także pranajamy), zaliczają się pratyahara, dharana oraz dhyana.

Praktyka asan i pranajamy umożliwia przejście do kolejnego stopnia w praktyce – pratyahary. Chodzi tu nie tylko o specyficzne techniki związane z pratyaharą, ale o to, że uczymy się w nich penetracji głębokich warstw, odczuwania swojego wewnętrznego ciała (narządów, przepływu emocji, myśli, prany) i odłączania zmysłów od zewnętrznych obiektów, do których one z łatwością lgną. Ta umiejętność z czasem sama z siebie może dawać efekt pratyahary. Z kolei nauka przebywania w sobie prowadzi do rozwinięcia się umiejętności kontrolowanej koncentracji, czyli dharany. Jeśli trwa ona dłużej, owocuje medytacją – dhyana.

Dobra i głęboka praktyka asan może zatem mieć charakter medytacyjny, bowiem medytacja jest stanem umysłu, a nie pozycją ciała. W rzeczywistości wiele osób uczy się medytować w asanach, często zupełnie nie zdając sobie z tego sprawy. Odkrywają to dopiero później, gdy na podstawie porównań ze stanem osiąganym w wyniku zamierzonej medytacji dochodzą do wniosku, że już znają ten proces.

Taki jest właśnie cel praktyki asan, co jest zapisane w sutrze: Perfekcja w asanie zostaje osiągnięta, kiedy wysiłek wkładany w jej wykonanie staje się niezauważalny i osiągamy kontakt z nieskończonym bytem wewnątrz.

Oznacza to po prostu osiągnięcie stanu głębokiej medytacji w asanie. Nie ma innej możliwości, ponieważ droga do osiągnięcia tego celu wiedzie wyłącznie poprzez całkowite zaangażowanie w praktykę i totalną koncentrację, inaczej perfekcja w asanie może jedynie oznaczać oszustwo.

Opisana metoda pracy w asanach i pranajamie ustanawia wysoką jakość praktyki i jednocześnie oznacza, że osoba, która rozumie swoją praktykę asan i pranajamy w taki sposób, wykonuje coś więcej niż gimnastykę.

Zagadnienie to omówiono celowo, aby ukazać głębię i potencjał hatha-jogi – nauki, którą wiele osób sprowadziło wyłącznie do technik fizycznych.

SADHANA I VAIRAGYA

Sadhana oznacza duchową praktykę. Jak już wcześniej powiedziano, droga do jogi wiedzie przez doświadczenie, a doświadczenie jest związane z pracą nad sobą, jaką każdy z nas musi wykonać. Nie można uciec przed odpowiedzialnością za samego siebie. Nasze życie zależy od nas i sadhana jest wyrazem tej idei. Tradycyjnie z pojęciem praktyki wiązało się pojęcie *vairagya,* co oznacza wyrzeczenie się. Są to dwa bardzo praktyczne aspekty, które powinny być stosowane, aby osiągnąć cel jogi. Odrzucenie całkowite w postaci odcięcia się od świata materialnego i wszelkich związków z nim w naszym współczesnym społeczeństwie nie jest możliwe i nawet dla większości ludzi niewskazane. Dlatego vairagyę należy rozumieć jako świadome wyrzeczenie się wszystkiego, co oddala nas od celu, odciąga od praktyki jogi i sprawia, że nasz rozwój zatrzymuje się. Tak właśnie powinien rozumieć zalecenia jogi współczesny człowiek podążający tą drogą.

Z pojęciem praktyki, jak już wiemy, nierozerwalnie związane są w hatha-jodze asany oraz pranajama. A więc myśląc o sadhanie, powinniśmy brać przede wszystkim pod uwagę ustanowienie regularnej praktyki asan i pranajamy.

Praktykę jogi rozpoczynamy pod przewodnictwem nauczyciela. Jest to najlepszy sposób, ponieważ joga jest nauką żywą i praktyczną i może być przekazywana uczniowi wyłącznie bezpośrednio przez nauczyciela (nie można zatem nauczyć się jogi z książki!). Jednak po jakimś czasie (różnym u każdego człowieka) następuje moment, w którym należy rozpocząć samodzielną praktykę w domu, a spotkania z nauczycielem traktować jedynie jako pomoc. Jest to niezmiernie ważne w związku z tym, że swój pełen wyraz sadhana może znaleźć wyłącznie wtedy, gdy jest wykonywana w samotności i całkowicie na własną odpowiedzialność.

Wiele osób boi się tego momentu i odwleka go. Wymaga to na początku silnego postanowienia, ale nie jest to aż takie trudne. Kiedy znamy już techniki, możemy dowolnie zaplanować własną praktykę, biorąc pod uwagę takie czynniki, jak:

- czas, jakim dysponujemy w ciągu dnia,
- stan zdrowia,
- poziom wewnętrznej energii,
- rodzaj pracy, jaki wykonujemy (zawód),
- warunki mieszkaniowe itd.

Należy rozpatrzyć wszystko, co wydaje się nam istotne, i wybrać najlepsze rozwiązanie. Można też poprosić o pomoc swojego nauczyciela. Na pewno przywita nasze postanowienie z radością, gdyż nic tak nie cieszy nauczyciela jogi, jak to, że jego uczeń jest gotowy na rozpoczęcie własnej praktyki.

KORZYŚCI PŁYNĄCE Z PRAKTYKI ASAN

Dobra praktyka asan przynosi wiele korzyści. Osoba wykonująca asany korzysta z nich bezpośrednio i pośrednio na każdym poziomie życia. Dzieje się tak dlatego, że wszystkie poziomy naszej egzystencji wzajemnie się przenikają i są połączone. W praktyce nie można stwierdzić, gdzie kończy się ciało, a zaczyna umysł, tak jak trudno jest zauważyć granice między umysłem podświadomym, świadomym a nadświadomym. Jeszcze trudniej jest odnaleźć światło duszy. A jednak wszystkie te poziomy istnieją i podczas praktyki jogi możemy ich po kolei doświadczać. Wzajemne powiązania poszczególnych poziomów bytu są naturalnie (od urodzenia) bardzo silne, aby nasze życie na Ziemi było łatwiejsze. Trudno żyje się ludziom, którzy na przykład odczuwają silną separację pomiędzy swoim ciałem a umysłem. Dlatego jesteśmy tak zbudowani, aby wszystkie aspekty naszego bytu wzajemnie się wzmacniały i uzupełniały. Chociaż osiągając postępy w praktyce jogi, świadomie dochodzimy do granic poszczególnych wymiarów i uczymy się je rozróżniać. Jest to jednak proces zamierzony i kontrolowany, mający na celu zrozumienie, że w rzeczywistości nie jesteśmy ani ciałem fizycznym, ani zmysłami, ani nawet umysłem, ale czystym, nieśmiertelnym bytem – atmanem. Jednak większość osób przyjmuje takie wnioski jedynie w wyniku akceptacji poszczególnych warstw swojej egzystencji, począwszy od ciała fizycznego, przez zmysły, umysł, inteligencję i ego. Akceptując to wszystko, zaczynamy rozumieć, że niezwykle istotne dla naszego rozwoju jest to, aby wszystko po kolei funkcjonowało optymalnie. Dlatego tak bardzo liczą się konkretne efekty, jakie osiąga się w wyniku stosowania technik jogi.

- **Ciało**

Ciało, jako najbardziej materialny element naszej egzystencji, korzysta najszybciej i najbardziej z praktyki asan. Ciało jest fizyczne, a więc najlepszym punktem wyjścia do pracy z nim, co logiczne, jest zastosowanie fizycznych środków. Zepsutego samochodu nie naprawia się narzędziami, z których korzysta zegarmistrz, tylko narzędziami przeznaczonymi do tego celu.

Niektórzy ludzie wyobrażają sobie, że można już na samym początku praktyki asan zamknąć oczy, rozluźnić się wewnętrznie i pomyśleć o uzdrawiającej energii, która przenika ich organizm. Niestety, oznacza to właśnie użycie nieodpowiednich narzędzi do nieodpowiedniego celu. Podstawowe narzędzia do regulacji i naprawy ciała w asanach to: silna wola, inteligencja, umysł, zmysły (zwłaszcza wzrok), dotyk – skóra oraz samo ciało (skóra, mięśnie, kości), które jest kierowane przez te pierwsze, niematerialne narzędzia.

Odważna, zdecydowana i inteligentna praktyka kierowana przez świadomość daje konkretne efekty fizjologiczne.

Praktyka pozycji jogi i pranajamy jest niezaprzeczalnie najlepszą formą pracy z ciałem sprzyjającą zachowaniu zdrowia i długowieczności. Praktyka ta w niezwykły sposób regeneruje i odmładza. Nawet po kilkugodzinnych ćwiczeniach człowiek jest wypoczęty. Dzieje się tak, ponieważ na skutek powolnej i stabilnej metody ćwiczeń zamiast wyczerpania się rezerw komórkowych (jak ma to miejsce w innych metodach pracy z ciałem) joga energetyzuje tkanki, komórki i narządy wewnętrzne. Zarówno w asanach, jak i pranajamie występuje zjawisko wewnętrznego masażu, co pozwala oczyszczać się komórkom w sposób samoistny. Narządy wewnętrzne są mobilizowane, na skutek naprzemiennego ich rozciągania i kurczenia, do uwalniania toksyn przy jednoczesnym zwiększonym dopływie świeżej krwi. Daje to bardzo szybkie efekty w postaci poprawy funkcjonowania tych narządów i lepszego samopoczucia związanego z odczuwaniem lekkości w tych miejscach. Z powodu specyficznej natury ruchów występujących w asanach proces automasażu następuje właściwie bez udziału rąk. Masaż ten jest procesem całkowicie naturalnym, a więc nie ma niebezpieczeństwa jakiegokolwiek uszkodzenia. Można powiedzieć, że jest on w zasadzie automatyczny. Kiedy tylko ustawimy ciało precyzyjnie w asanie, zachodzi on samoistnie.

- **Stawy i układ kostny**

Nie ma drugiego takiego systemu, w którym stawy byłyby poddawane tak dokładnej i efektywnej pracy. Zakres tej pracy ma szerokie zastosowanie:

od prewencji do terapii. Na przykład w przypadku stanu zapalnego chrząstki czy błony maziowej związanego z jakimś uszkodzeniem specyficzne asany mogą usuwać produkty szkodliwe powstałe w komórkach na skutek tego stanu zapalnego i zapewnić lepszy dopływ krwi przez masaż wewnątrzstawowy. Tym samym chory staw może zostać uzdrowiony.

Podczas praktyki asan zakres ruchu w stawach jest wykorzystywany całkowicie, ale w sposób stopniowy, powolny, stabilny i anatomiczny. Dzięki temu nie powstają uszkodzenia, stawy są odpowiednio smarowane i nie następują żadne zmiany degeneracyjne, nawet w późnym wieku.

Kości poddawane są ćwiczeniu dzięki zwiększeniu kontaktu mięśni z powierzchnią kości. Wywołuje to zjawisko mineralizacji kości, zmniejszające prawdopodobieństwo wystąpienia osteoporozy.

- **Mięśnie i skóra**

Mięśnie i skóra są utrzymywane w najwyższej formie.

Dzięki specyficznemu działaniu asan, polegającemu w dużej mierze na rozciąganiu i ściskaniu, tkanki utrzymywane są w doskonałym tonusie, co oznacza idealną równowagę pomiędzy miękkością a sztywnością (siłą). W efekcie ciało osoby praktykującej asany jest nie tylko silne, ale i też elastyczne. Jednocześnie nie występuje nadmierny przyrost tkanki mięśniowej, który mógłby powodować upośledzenie niektórych funkcji ruchowych. Jeśli ktoś praktykuje regularnie asany od dłuższego czasu, jego ciało jest rozpoznawalne, ponieważ staje się piękne w naturalny sposób.

Tkanki regularnie rozciągane żyją dłużej, łatwiej adaptują się do zmian i są bardziej wydajne. Dzięki praktyce asan skóra nabiera zdrowego wyglądu, łatwo się regeneruje, a zmarszczki powstają później. Także w związku z doskonałym ukrwieniem całej powierzchni skóry wolne rodniki są wydajnie usuwane. Praktyka asan to także antidotum na cellulit.

- **Układ krążenia**

Zdrowe serce i sprawny układ krążenia zapobiegają wielu innym dysfunkcjom. W trakcie praktyki asan i pranajamy tętnice oraz żyły są masowane i utrzymywana jest ich elastyczność. Serce i naczynia wieńcowe pozostają miękkie i elastyczne, mają duże możliwości adaptacyjne. Dzięki temu, nawet w momencie silnego stresu, układ może prawidłowo funkcjonować. Jeśli praktykę asan rozpoczyna adept ze stwierdzoną chorobą wieńcową, jest jeszcze duża szansa na uniknięcie inwazyjnych terapii, zwłaszcza jeśli praktyka zostanie podjęta wystarczająco wcześnie.

- **Wydzielanie dokrewne**
  Dobierając odpowiednie asany w odpowiedniej sekwencji, możemy sami regulować wydzielanie z określonych gruczołów wewnątrzwydzielniczych, co ma zasadnicze znaczenie dla naszego samopoczucia i poziomu energii. Hormony wywierają duży wpływ na poziom energii i samopoczucie. Doświadczają tego osoby chore na depresję czy kobiety w comiesięcznym cyklu menstruacyjnym. Jednak w mniejszym lub większym stopniu każdy z nas doświadcza tego codziennie. Nasz stan umysłu jest często odbiciem składu chemicznego krwi, ale też skład chemiczny krwi jest odbiciem stanu umysłu. Oprócz pozycji, które oddziałują na konkretne gruczoły, joga oferuje również inne techniki, bardziej subtelne, które zmieniają stan umysłu oraz pozwalają uwolnić się od negatywnych schematów myślowych i zastąpić je pozytywnymi, co ma bezpośrednie przełożenie na wydzielanie dokrewne.

- **System immunologiczny**
  Z powodu redukcji poziomu stresu w ciele i umyśle oraz dzięki prawidłowemu ukrwieniu najważniejszych części ciała następuje zwiększenie odporności immunologicznej. Podczas codziennej praktyki powtarzający się masaż kości, przez lepszy kontakt mięśni z kośćmi, powoduje lepszą wymianę pomiędzy szpikiem (gdzie są produkowane leukocyty) a krwią. Również masaż ważnych dla układu odpornościowego narządów, takich jak śledziona czy grasica, ma decydujący wpływ na utrzymanie systemu w dobrej kondycji.

- **Układ trawienny i wydalniczy**
  Po raz kolejny trzeba odnieść się do efektu asan polegającego na zwiększeniu dopływu i przepływu krwi w ważnych dla zdrowia organach. Jednak w dużej mierze efekt asan opiera się właśnie na uruchomieniu właściwego przepływu energii pod każdą postacią, w tym (od strony fizjologicznej) krwi i limfy. Ciało osoby niepraktykującej asan jest jak zbiornik z wodą, w którym nie ma wystarczającego ruchu cieczy, co prowadzi do zanieczyszczenia zbiornika. Rola asan od strony fizjologicznej sprowadza się do roli wodospadu, który ma wielką moc oczyszczania. Jak można zauważyć w przyrodzie, górskie rzeki są zawsze czyste.

  Dzięki masażowi dróg trawiennych ruchy perystaltyczne utrzymywane są na wysokim poziomie, a tym samym wydalanie produktów przemiany materii jest prawidłowe. Trzustka, woreczek żółciowy, wątroba, wszystkie organy współodpowiedzialne za trawienie są przywracane do prawidłowej i zdrowej pracy. U osób praktykujących regularnie nie występują zastoje w drogach żółciowych. Nerki są poddawane wszechstronnym ćwiczeniom: rozciąganiu, skręcaniu i drenażowi (w pozycjach odwróconych). Asany masują nerki i zapobiegają zmianom degeneracyjnym.

- **System nerwowy**

Układ nerwowy również korzysta z praktyki asan i pranajamy. Zakończenia nerwów są tonizowane, rdzeń kręgowy masowany i poprawia się jego odżywianie w wyniku lepszego zaopatrzenia w krew. Neurologiczne funkcje mózgu zostają zachowane, dlatego można zapobiec wszelkim zmianom starczym.

Wszystkie asany, jeśli są wykonywane prawidłowo, wzmacniają układ nerwowy. Potwierdzają to wyniki badań ogłoszone pod koniec maja 2007 roku przez naukowców z Boston University School of Medicine – w efekcie wykonywania ćwiczeń jogi zwiększa się poziom jednego z bardzo ważnych neuroprzekaźników – kwasu gamma-aminomasłowego (GABA), co powoduje wyciszenie pobudzonych neuronów. Dotychczas poziom tej istotnej substancji, której niedobór powoduje depresję, stany lękowe, zaburzenia psychiczne i neurologiczne, potrafiono podwyższać tylko za pomocą leków. Odkrycie zależności pomiędzy wykonywaniem asan a poziomem kwasu gamma-aminomasłowego stwarza szansę na poprawę stanu zdrowia milionów osób z zaburzeniami psychicznymi i neurologicznymi.

Układ nerwowy koresponduje z jogiczną koncepcją czakr, nadi i prany. Będzie o tym mowa w dalszej części.

- **Umysł**

W związku z fizjologicznymi efektami praktyki jogi, które mają bezpośredni wpływ na jakość funkcjonowania w ciele fizycznym, występują również pozytywne zmiany w umyśle. Dzieje się tak dlatego, że umysł funkcjonuje w ciele w powiązaniu z układem nerwowym. A więc jakość połączeń nerwowych ma kluczowe znaczenie dla sprawnego i harmonijnego działania umysłu. Ciało fizyczne i umysł działają w całkowitej synergii, a zatem to, co dzieje się z jednym z nich, natychmiast wpływa na drugie. Praktyka jogi regeneruje i odmładza systemy ciała, nie wyczerpuje więc zasobów i rezerw komórkowych. To z kolei prowadzi do osiągnięcia stanu całkowitej wewnętrznej homeostazy wszystkich systemów ciała, co ma bezpośrednie przełożenie na stan umysłu. Umysł po prostu przejmuje te odczucia z ciała. W trakcie praktyki asan i pranajamy świadomość (umysł) porusza się z zupełnych peryferii organizmu (skóra, mięśnie, kości) w kierunku wewnętrznego źródła (atman).

Ta praca jest całkowicie rozmyślna i związana ze specyfiką technik wykonywania asan i pranajamy. W dłuższym okresie owocuje to uzyskaniem tak dużej wrażliwości, że można stać się świadomym funkcjonowania każdej części ciała, także tej położonej głęboko wewnątrz.

- **Duch**

  Optymalizowanie pracy ciała fizycznego oraz harmonizowanie pracy umysłu ułatwia przejście do kolejnego etapu w praktyce – do pratyahary. Zmysły, pod przewodnictwem umysłu, kierują się do wewnątrz. Przynosi to głęboki spokój i ukojenie, ponieważ w ten sposób światło ducha zaczyna przeciskać się przez szczeliny powstałe w wyniku osiągania coraz dłuższych okresów wewnętrznej ciszy i naturalnej koncentracji. Dusza przyjmuje z radością stan, w którym ciało, umysł oraz zmysły działają harmonijnie i pozwalają się kontrolować. W istocie jest to stan, do którego dąży się w każdym systemie rozwoju duchowego.

  Kiedy ciało, zmysły i umysł są zdyscyplinowane, światło duszy zaczyna stopniowo promieniować na zewnątrz, transformując życie człowieka w kierunku satwy. Przynosi to spokój i głęboką wiedzę o życiu oraz jego celu. Każdy człowiek poszukuje tego, nawet jeśli robi to nieświadomie i popełnia przy tym wiele błędów.

PODSUMOWANIE

Praktyka asan może być wykonywana bezpiecznie w każdym wieku, ponieważ nie uszkadza ciała tak jak inne formy ruchu i nie ma żadnych skutków ubocznych. W porównaniu z innymi metodami pracy z ciałem asany:

- nie drażnią nerwów serca, nie obciążają go, ale masują i wzmacniają,
- mogą korygować wiele zaburzeń funkcjonowania serca,
- nie wywołują zmian adaptacyjnych w naczyniach krwionośnych,
- utrzymują krążenie wzdłuż naturalnych, anatomicznych dróg,
- nie powodują wyczerpania rezerw komórkowych, komórki są regenerowane i energetyzowane,
- powodują, że tętnice i żyły pozostają miękkie i elastyczne,
- nie powodują bezdechu,
- wywołują unikalny efekt masażu wewnętrznego i automasażu bez użycia dłoni,
- wzmacniają płuca, czego efektem jest zwiększona wytrzymałość na zmiany klimatyczne, wysokościowe i odporność na infekcje,

- zwiększają pobór tlenu z powietrza przy jednoczesnym mniejszym jego zużyciu przez komórki,
- nie powodują negatywnych zmian w stężeniu hormonów we krwi,
- regulują system hormonalny, a przez to wywołują efekt energetyzujący,
- powodują, że komórki nerwowe pozostają miękkie i zrelaksowane, dzięki temu zachowują możliwość prawidłowego przewodzenia impulsów,
- wzmacniają układ nerwowy, a przez to odświeżają organizm,
- wzmacniają i uelastyczniają stawy, mięśnie i więzadła, zapobiegają więc degeneracyjnym zmianom starczym,
- nie wywołują zmian adaptacyjnych w postaci przerostu mięśni, nadmiernego magazynowania glikogenu, zwiększenia poziomu enzymów mięśniowych itd.,
- wzmacniają kości i sprawiają, że pozostają one gęste nawet na starość,
- i na koniec, co być może ucieszy niektórych – opóźniają i niwelują efekty starzenia (przy uprawianiu regularnej praktyki asan i pranajamy). Efekty takie osiąga się w wyniku poprawy funkcjonowania komórek, co zapobiega zmniejszeniu się ich zdolności do reagowania i dostrajania się do zmiennych warunków środowiska wewnętrznego i zewnętrznego. Dzięki tej elastyczności komórkowej ciało może długo pozostawać sprawne (średnia życia człowieka według nauki jogi wynosi około 100 lat).

Z tego krótkiego opisu zalet praktyki asan jogi wynika, że jest to najlepsza metoda pracy z ciałem. Dzięki ogromnym możliwościom adaptacji poszczególnych asan do możliwości, wieku i ograniczeń osoby praktykującej, ćwiczenia mogą wykonywać niemal wszyscy.

Niezależnie od wieku adepta, praktyka jogi nie jest i nie może być traktowana jako współzawodnictwo. To nie jest sport. Dlatego opracowanie to rozpoczęło się od przedstawienia teorii nauki jogi jako praktyki duchowej.

Jednak mimo to asany stanowią ogromne wyzwanie. Dlatego mogą szukać w nich spełnienia nawet osoby niezwykle ambitne, aktywne i energiczne (pierwiastek pitta). Co więcej, osoby te szczególnie skorzystają z praktyki jogi. Osiągną wyższy poziom samorozwoju, ale nie wyczerpią się wewnętrznie, a ich nadmiernie rozwinięte ego zostanie całkowicie zasymilowane.

JOGA A DIETA

Z guny satwa rozwija się prawdziwa wiedza, guna radżas rozwija chciwość. Guna tamas natomiast prowadzi do głupoty, szaleństwa i ułudy.

Bhagavad Gita

Pożywienie jest podstawą życia, podtrzymuje pranę w ciele i jest jej nośnikiem, a także – co wydaje się najistotniejsze – wywiera duży wpływ na umysł osoby praktykującej jogę. Dlatego zarówno joga, jak i ajurweda podkreślają znaczenie czystej diety wegetariańskiej. Dieta ta nazywana jest inaczej satwiczną z powodu jej właściwości rozwijania jakości satwy, czyli wyższej świadomości u osoby jej przestrzegającej.

JAK SATWA OCZYSZCZA UMYSŁ

Wszyscy wiemy, jak gniew, strach i nienawiść niszczą nas wewnętrznie. Oddziaływanie pozytywnych oraz negatywnych emocji i postaw na zdrowie zostało dobrze poznane i zanalizowane, dało też często zadziwiające rezultaty. Wykazano na przykład, że partnerzy, którzy notorycznie walczą ze sobą, niszczą nie tylko swój związek, ale również własne zdrowie. Naukowcy z Uniwersytetu Kalifornijskiego dowiedli, że kłótnia ze współmałżonkiem upośledza działanie systemu immunologicznego. Studia prowadzone w Kalifornii oraz ich wyniki opublikowane w „Journal of the American Medical Association" pokazały, że gniew i agresja uszkadzają naczynia krwionośne, nawet u młodych ludzi. Wiele osób w wieku pomiędzy 18 a 30 rokiem życia było badanych przez okres 10 lat i ci, którzy mieli wrogie usposobienie do świata zewnętrznego lub postawę cynicznego niedowierzania, byli 2,5 razy bardziej narażeni na ryzyko stwardnienia naczyń wieńcowych. Negatywne emocje są często główną przyczyną neuropsychiatrycznych zaburzeń, a także stanów lękowych, depresji klinicznych, psychozy maniakalno-depresyjnej (choroba dwubiegunowa) i różnego rodzaju fobii.

Powiązanie depresji i niepokoju z chorobami serca oraz z innymi zaburzeniami jest dziś już dobrze znane. „Archives of Internal Medicine" opublikował badania, które wykazały, że ludzie cierpiący z powodu depresji są o 70 proc. bardziej zagrożeni atakiem serca i innymi schorzeniami układu sercowo-naczyniowego. Głęboki związek ciała i umysłu jest po prostu niezaprzeczalny, z czego jasno wynika, że zdrowie mentalne stanowi nieodłączny aspekt zdrowia fizycznego.

Eliminując z życia atrybuty radżasu i tamasu, które niosą ze sobą szkodliwe i destrukcyjne emocje uszkadzające człowieka od wewnątrz, pozwalamy, aby atrybuty satwy zaczęły dominować. Biorąc więc pod uwagę oddziaływanie pożywienia na umysł, zaleca się eliminowanie z diety jakości tamasu i radżasu na rzecz satwy.

Podstawę zaleceń ajurwedy związanych z odżywianiem i trybem życia stanowi nie tylko równoważenie dosz, ale również zwiększanie satwicznych cech, takich jak unikanie konfliktów, agresji, wrogości i innych negatywnych emocji, które wywierają negatywny wpływ na zdrowie fizyczne i mentalne. Takie podejście jest bardzo praktyczne, ponieważ w ten sposób człowiek unika niepotrzebnego stresu, a jego życie staje się spokojne, zrównoważone, pozbawione ekstremalnych emocji. Ludzie o usposobieniu satwicznym są pozytywni, szlachetni, mili, otwarci, przebaczający i postępujący w życiu fair. Postrzegają życie jako okazję do nauki i samodoskonalenia.

Skupienie się na diecie satwicznej, zwiększającej tę gunę, prowadzi do osiągnięcia czystego i trwałego szczęścia, które z kolei przynosi spokój umysłu. Szczęście, które zostaje osiągnięte przez gunę satwy, wymaga często – niestety – na początku pewnej samodyscypliny, co dla wielu osób jest trudne do zaakceptowania.

Dieta satwiczna składa się ze świeżo przyrządzonych pokarmów, głównie pochodzenia roślinnego, rezygnuje się w niej ze spożycia alkoholu, kofeiny, produktów przetworzonych i mięsa. Jeśli chodzi o tryb życia, to powinna zostać zachowana równowaga pomiędzy pracą, odpoczynkiem a snem. Zaleca się medytację jako środek do schładzania nadmiernych emocji i kontrolowania negatywnych, a także w celu niezbędnego odizolowania się od hałasu świata i zyskania niezbędnego dystansu do siebie i życia.

Postawa satwiczna przynosi korzyści nie tylko jednostce, ale zapewnia także pokój i integrację w społeczeństwie. Rozpoczęcie zmian na indywidualnym poziomie według zasad ajurwedy może prowadzić do pokoju i harmonii w rodzinie oraz otoczeniu. Jeśli chodzi o jogę, to z założenia opiera się ona na kultywowaniu atrybutów satwicznych.

DIETA JOGICZNA

Bez względu na to, czy dieta satwiczna jest zalecana przez jogę, czy przez ajurwedę, dieta ajurwedyjska i jogiczna nie są tym samym. Wynika to z odmiennych celów, jakie stawiają sobie joga i ajurweda. Ajurweda ma przywrócić zdrowie i pomóc zachować równowagę przede wszystkim w ciele fizycznym. Joga natomiast ma pomóc w przekroczeniu świadomości ciała. A więc gdy ajurweda stara się poprawiać stan zdrowia ciała fizycznego, joga ma wynieść świadomość poza ograniczenia cielesne. Dlatego właśnie pierwotnie hatha-joga była bardzo ascetyczną praktyką. Stosowano bardzo lekką dietę, specjalne techniki oczyszczające, kontrolę zmysłów (pratyahara), techniki oddechowe (pranajama), pozycje jogi (asany) i medytację (dhyana). Te aspekty hatha-jogi nie tylko rozszerzają świadomość i umożliwiają wyjście poza ograniczenia ciała fizycznego, ale również (jako swego rodzaju efekt uboczny) wywołują obciążenie doszy vata przez zabiegi i techniki zwiększające element powietrza. Natomiast ajurweda uważa, że należy chronić się przed obciążaniem doszy vata (zwiększaniem elementu powietrza), ponieważ jest ona doszą kontrolującą niezależnie od konstytucji człowieka (przyjmuje się, że 80 proc. chorób jest wynikem rozregulowania vata). Dzieje się tak, ponieważ vata odpowiedzialna jest za ruch w ciele i bez jej kierowniczej, nadrzędnej roli ciało nie może funkcjonować. Dlatego ajurweda zaleca najczęściej gotowane pożywienie i zabiegi mające na celu ochronę przed akumulacją vata. Jednak między tymi dwoma z pozoru sprzecznymi stanowiskami w istocie nie ma sprzeczności.

POŻYWIENIE SUROWE I GOTOWANE

Wśród osób stosujących dietę bezmięsną i zwracających uwagę na to, co jedzą, istnieją podzielone zdania na temat tego, czy zdrowsze jest pożywienie ugotowane, czy surowe.

Spójrzmy na to od strony ajurwedy. Wiele osób postrzega dietę wegetariańską jako składającą się głównie z surowych sałatek, warzyw, owoców itp. Jednak ajurweda nie zaleca spożywania surowych produktów przez dłuższy czas, zwłaszcza w strefie klimatu umiarkowanego, gdzie leży Polska. Surowe produkty mogą być spożywane przez niektóre osoby, ale to zależy od pory roku i poziomu jatharagni. Podstawowe zalecenia dietetyczne bazują przede wszystkim na pełnych zbożach, roślinach strączkowych, warzywach korzeniowych, nasionach i orzechach. Niektóre produkty, szczególnie węglowodany, mogą być przecież spożyte wyłącznie po ugotowaniu. Tak więc gotowanie jest dobre – korzyści dla układu pokarmowego są większe niż podczas długotrwałego spożywania surowej żywności; nawet jeśli część substancji (na przykład witaminy i enzymy) zostanie utraconych. Dieta proponowana przez ajurwedę jest zrównoważoną i odżywczą dietą wegetariańską. Osoby, które zetknęły się z dietą ajurwedyjską, są często przekonane, że spożywanie surowych pokarmów jest niezdrowe, a ugotowane pożywienie jest lepsze. To jednak również nieprawda. W istocie jogini, znając zasady ajurwedy, stosowali je umiejętnie w połączeniu z jogicznymi technikami i przygotowywali swoje ciała do spożywania surowych produktów.

Jeśli zajrzymy do tradycyjnych tekstów jogicznych, możemy się przekonać, że zalecają one spożywanie surowych pokarmów. Także w Polsce uważa się, że jeśli ktoś ćwiczy jogę, to odżywia się „korzonkami". Jednak sugerowanie, że osoba jedząca także inne pokarmy nie może być joginem, jest błędne. Tradycyjnie dieta jogiczna zawierała również owoce i produkty mleczne. Dlaczego jogini spożywali surowe pokarmy? Tłumaczy to właśnie ajurweda. Surowy pokarm zwiększa element powietrza i eteru w ciele i umyśle. Tradycyjna dieta jogiczna podkreśla znaczenie zwiększania tych dwóch elementów nie tylko dla oczyszczania, ale – co najważniejsze – w celu otwierania i rozszerzania umysłu. Dlatego oprócz diety zalecano głodówki, które również w znacznym stopniu zwiększają element eteru i powietrza w ciele i umyśle.

Dieta według jogi bierze pod uwagę nie tylko funkcje dosz, co jest tematem głównego zainteresowania ajurwedy, ale również funkcję siły życiowej. Surowe produkty są bogate w tę pierwotną energię, której wszyscy potrzebują, zwłaszcza jogini, aby rozwijać wyższe funkcje umysłu. Surowe pożywienie jest nośnikiem prany, która odżywia zarówno ciało fizyczne, jak i mentalne.

Jednak aby ten rodzaj pożywienia był strawny i przyswajalny, jogini stosują jedną z podstawowych zasad ajurwedy, mówiącą, że pożywienie musi uwzględniać siłę jatharagni. W związku z tym zwiększają agni przez odpowiednie techniki, takie jak asana, pranajama, bandha, kriya. Dzięki temu w trakcie spożywania surowych pokarmów vata nie akumuluje się, a trawienie jest całkowite i dostarcza jednocześnie ciału niezbędnej energii.

We współczesnym świecie większość osób praktykujących hatha-jogę nie stosuje tych wszystkich technik, ponieważ w istocie nie są joginami. Siła jatharagni nie występuje u nich na takim poziomie, aby poradzić sobie z surowym pożywieniem jako podstawą diety. Czasowy post polegający na jedzeniu surowego pokarmu może być jednak dla każdego korzystny w celach detoksykacyjnych.

Decydując się na rodzaj diety, należy zawsze rozważyć siłę swojego trawienia i do niej dostosować pożywienie, pamiętając jednocześnie o potencjalnie obciążającej vata tradycyjnej diecie jogicznej. W każdym więc przypadku korzystamy ze znajomości zasad ajurwedy.

DIETA WEGETARIAŃSKA

Istnieje wiele nieporozumień na temat wegetarianizmu w ogóle. Spójrzmy na to przez pryzmat ajurwedy.

Autentyczna ajurweda zaleca dietę opartą na wegetarianizmie. Jednak nawet w dziedzinie ajurwedy istnieje kilka odmiennych koncepcji dotyczących roli wegetarianizmu w odżywianiu.

Niektórzy autorzy nawet zalecają spożywanie mięsa. Twierdzą, że ludzie o konstytucji vata potrzebują białka zawartego w mięsie i produktach pochodzenia zwierzęcego. Inni twierdzą, że ajurweda bazuje na wegetarianizmie raczej z powodów religijnych niż biologicznych czy też zdrowotnych.

To prawda, że w oryginalnych tekstach ajurwedyjskich mówi się o spożywaniu mięsa. Charaka uznawał, że mięso jest odżywcze, jeśli jest przygotowane i spożyte w określonych okolicznościach. Należy sobie jednak zdawać sprawę, że zostało to napisane w innych niż dzisiejsze warunkach. Dziś produkuje się mięso w sposób przemysłowy. W tamtych czasach mięso stanowiło tylko niewielki procent całej diety, było pozyskiwane metodami myśliwskimi, a zwierzęta żyły w swoim naturalnym środowisku.

Charaka podaje zalecenia dotyczące zarówno spożywania produktów pochodzenia roślinnego, jak i zwierzęcego. Opisuje także gatunki mięsa, które nie nadają się do spożycia. Jednak Charaka nie zaleca spożywania mięsa regularnie, jak niektórzy to interpretują. Twierdzi natomiast, że mięso jest odżywcze, jeśli spożywa się je w celu leczenia określonych chorób. Dotyczy to zwłaszcza ciężkich stanów anemii, rekonwalescencji po długich chorobach, w stanach wychudzenia i niedożywienia. Zaznacza się, że jeśli zwierzę zmarło śmiercią naturalną, zostało zabite przez inne zwierzę albo otrute, jest bardzo chude, otyłe, bardzo stare lub bardzo młode, spożycie jego mięsa może być zabójcze dla zdrowia.

BUDOWA CZŁOWIEKA A SPOŻYCIE MIĘSA

Biologicznie ludzie są bardziej przystosowani do diety roślinnej. Zęby i szczęka nie mają struktury odpowiedniej dla mięsożernych drapieżników. Naukowcy z University of Arkanas oraz John Hopkins School of Medicine przez wiele lat analizowali konstrukcję i działanie ludzkiego aparatu żucia w połączeniu z dietą ludzkości w ciągu wieków. Okazało się, że zęby z umiarkowanie ostrymi wierzchołkami, takie jak nasze, były używane głównie do konsumowania takich pokarmów, jak owoce, orzechy, kiełki, liście i kwiaty.

Gatunki, których podstawą pożywienia jest mięso, mają funkcje trawienia odróżniające je od gatunków roślinożernych. Ich jelita są krótkie, a soki trawienne bardzo silne. Długość ludzkiego układu pokarmowego jest od trzech do czterech razy dłuższa niż typowego mięsożercy, a kwasy trawienne słabsze. Dlatego spożyte mięso musi być bardzo długo trawione, czasami nawet kilka dni. W tym czasie w znacznych ilościach wytwarza się ama i następuje samozatrucie organizmu.

Doktor Jenson, jeden z najbardziej znanych amerykańskich dietetyków, jasno przedstawia tę koncepcję: „Białko pochodzenia mięsnego bardzo szybko gnije w jelitach. Następuje fermentacja, która sprzyja rozwojowi niekorzystnych dla zdrowia toksycznych bakterii, niszcząc jednocześnie przyjazne dla zdrowia bakterie z rodziny Acidophilus"*.

CZY UZYSKUJEMY WYSTARCZAJĄCO DUŻO BIAŁKA W DIECIE BEZMIĘSNEJ?

Wartość mięsa w diecie człowieka zazwyczaj przypisuje się budowie jego białek, które mają specyficzny (inny niż białka roślinne) skład aminokwasów. Nieprawdą jest, że protein niezbędnych do życia i zdrowia nie można pozyskać z innego źródła. Proteiny niezbędne dla organizmu człowieka można odnaleźć w bardzo wielu produktach. Jeśli przyjąć skalę od 1 do 100 w celu oznaczenia zawartości białka w określonych produktach, to okazuje się, że na przykład drób ma 67 punktów, ryby – 80, mleko – 82, zboża – 50–70, warzywa strączkowe, orzechy i nasiona – 40–60, a zielone warzywa około 80 punktów.

Dzienne zapotrzebowanie na białko jest znacznie niższe, niż powszechnie się sądzi. Obecnie na Zachodzie istnieje raczej problem nadmiernego spożycia białka niż jego niedoboru. Organizm człowieka sam wytwarza wiele składników protein, które zużywa. Spośród 22 aminokwasów, które dostarczają proteiny, organizm ludzki produkuje samoistnie 13. Pozostała ilość może z powodzeniem być dostarczona w pokarmach roślinnych.

Czasem uważa się, że dieta wegetariańska nie dostarcza odpowiedniej ilości witamin z grupy B, a zwłaszcza B12. Witamina ta jest niezbędna w diecie, a jej niedobór prowadzi do zaburzeń pracy układu nerwowego. Jednak niezbędna ilość tych witamin może być dostarczona w mleku, nabiale i pełnych ziarnach zbóż oraz orzechach. Zrównoważona i zróżnicowana dieta wegetariańska sprawia, że ciało otrzymuje wszystkie niezbędne składniki pokarmowe.

POTRZEBA ZRÓWNOWAŻONEGO ODŻYWIANIA

Białko pochodzenia mięsnego nie jest niezbędne dla zdrowia. Człowiek może rozwijać się normalnie od narodzin i być prawidłowo odżywiony, a więc zdrowy, jeśli stosuje dietę bezmięsną. Wiele badań już dowiodło, że wegetarianie zazwyczaj cieszą się dłuższym życiem, mniejszą zachorowalnością na tzw. choroby cywilizacyjne.

Zrównoważone spożycie warzyw, zbóż, orzechów, warzyw strączkowych i nasion dostarcza wystarczających ilości protein oraz wszystkich witamin i minerałów niezbędnych dla zdrowia, witalności i energii. Natura zapewnia ogromnej ilości

*B. Jenson, *Foods That Heal – A Guide to Understanding and Using the Healing Powers of Natural Foods*

smacznych i zdrowych produktów wegetariańskich, które można łatwo przyrządzić. Pożywienie wegetariańskie nie musi oznaczać pozbawionej smaku surowej papki, chociaż o dobrą kuchnię wegetariańską wciąż w Polsce niełatwo, co z pewnością nie zachęca do tego sposobu odżywiania.

Patrząc na wegetarianizm od strony filozofii jogi, nie da się pominąć również aspektu niekrzywdzenia, czyli ahimsa. Zasada ta towarzyszy każdej praktyce jogi, w której dąży się do minimalizowania cierpienia w ogóle, a więc również cierpienia zwierząt. Zakłada się, że wzrost duchowy nie może odbywać się kosztem innych istot.

W zależności od wyznawanej wiary, etnicznych i ekonomicznych podstaw, modyfikacja diety i rozwijanie jakości satwicznych może wydawać się małym krokiem, jednak jest to krok we właściwym kierunku. Jego oddziaływanie na zdrowie i praktykę jogi będzie znaczne.

PRODUKTY MLECZNE A JOGA

Tradycyjnie joga zaleca spożycie produktów mlecznych pochodzących od krów jako wspomagających praktykę. Dlaczego? Ponieważ produkty te są z natury bardzo odżywcze i wychładzające. W trakcie intensywnej i ascetycznej praktyki hatha-jogi organizm jogina wytwarza bardzo dużo ciepła. Stymulowany jest silny przepływ prany i bardzo wzmacniany jatharagni, czyli metabolizm, ogień trawienny. Żeby wyrównać poziom energii, jogini spożywali mleko i jego pochodne, np. ghee, czyli klarowane masło. Dzięki temu mogli schłodzić organizm, nie zasypując go jednocześnie zbyt dużą ilością pokarmu. To właśnie intensywna praktyka ćwiczeń jogi dawała im możliwość bezproblemowego trawienia mleka. Z drugiej strony produkty mleczne charakteryzowały się też inną jakością. Istniały procedury pozyskiwania mleka, aby nie działo się to kosztem zwierząt. Poza tym nie stosowano antybiotyków i hormonów, co dzisiaj jest już standardem.

Ajurweda również wykorzystuje mleko, ale do celów terapeutycznych. Uważa się, że mleko jest specyficznym nośnikiem dla substancji terapeutycznych zawartych np. w ziołach. Z tego powodu sporządza się na jego bazie różnego rodzaju wywary. Jednak ajurweda nie zaleca każdemu spożywania mleka. Osoby o konstytucji kapha powinny go zdecydowanie unikać, tak jak ludzie z zaburzeniami funkcjonowania jatharagni i z podwyższonym poziomem ama w organizmie. Oczywiście jeśli ajurweda zaleca spożycie mleka, to tylko w pełni organicznego, czyli od odpowiednio hodowanych zwierząt.

Jeśli z jakiegoś powodu nie możemy lub nie powinniśmy spożywać mleka krowiego, bo np. cierpimy z powodu reakcji alergicznych, to rozwiązaniem może być mleko kozie. Ma ono bardzo podobne działanie energetyczne, ale jest dużo łatwiejsze do strawienia przez ludzki organizm, jak również dużo łatwiej znaleźć jest ten produkt w wariancie organicznym. Mleko kozie zawiera dużo białek serwatkowych, a mało alergizującej kazeiny. We współczesnej dietetyce z powodzeniem zastępuje mleko krowie i jest uznawane za tzw. pożywienie funkcjonalne, czyli takie, które jest zarówno odżywcze, jak i sprzyjające zdrowiu.

DIETA SATWICZNA

Wiemy już, na czym polega dieta satwiczna. Jednak, aby móc z niej w pełni korzystać, powinniśmy rozumieć, jak działa sześć smaków (patrz rozdział o odżywianiu według ajurwedy). Uważa się, że słodki smak jest podstawowym smakiem satwicznym, ponieważ ma właściwości odżywiające i wywiera równoważące działanie na umysł i zmysły. Za smak słodki użyteczny dla człowieka uznaje się tylko naturalną słodycz. Cukier rafinowany i słodycze na nim oparte nie nadają się do spożycia w diecie satwicznej. Smak słodki mają przede wszystkim skrobia, węglowodany, oleje, zboża, owoce, orzechy, naturalne słodziki.

Smaki ostry, słony i kwaśny tradycyjnie uznaje się za radżasowe ze względu na ich stymulujący charakter. Niezależnie od ich terapeutycznych właściwości, mogą one powodować podrażnienia układu pokarmowego i blokować przepływ energii. Z kolei smaki cierpki i gorzki uznaje się za tamasowe, ponieważ oprócz swoich pozytywnych, detoksykacyjnych właściwości mają również właściwości hamujące.

Nawet w diecie satwicznej potrzebne jest jednak zrównoważone spożycie sześciu smaków. Dlatego tak ważne jest zrozumienie teorii sześciu smaków.

Pamiętać należy również o tym, że właściwa dieta satwiczna to odpowiednia ilość spożywanego pokarmu. Dieta satwiczna jest przyjemna, zrównoważona w smaku, zawierająca odpowiednie proporcje sześciu smaków i spożywa się ją w odpowiedniej ilości. Za najlepszą zasadę uznaje się, aby w 1/3 wypełnić żołądek pokarmem stałym, w 1/3 płynnym, 1/3 zaś pozostawić wolną.

Produkty odpowiednie dla praktyki jogi

- pełne zboża, a zwłaszcza ryż, orkisz, owies, proso, gryka,
- orzechy i nasiona, takie jak migdały, kokos, orzechy włoskie, laskowe, sezam,
- wszystkie warzywa, z wyjątkiem cebuli i czosnku,
- wszelkiego rodzaju owoce, ale szczególnie z dominantą smaku słodkiego, spożywane w całości,
- rośliny strączkowe w umiarkowanych ilościach, najlepsze są lekkostrawne mung, adzuki i tofu, czerwona soczewica,

- szczególnie polecane są organiczne oleje z pierwszego tłoczenia i niefiltrowane oleje roślinne różnego rodzaju oraz masło i ghee,
- organiczne produkty mleczne: mleko, ghee, jogurt, serek wiejski,
- słodkie przyprawy: imbir, cynamon, goździki, koper włoski, kardamon, kmin, kolendra, kurkuma, mięta, bazylia, gałka muszkatołowa,
- naturalne produkty słodzące, takie jak miód, syrop klonowy, melasa, stewia, ksylitol (cukier z brzozy),
- napary ziołowe, woda źródlana i mineralna, soki owocowe, świeżo tłoczone.

Produkty, których należy raczej unikać

- mięso, ryby i jajka,
- alkohol, kawa, czarna herbata,
- żywność puszkowana, z wyjątkiem naturalnie pakowanych w warunkach domowych przetworów,
- sztuczna, przetworzona żywność,
- produkty mleczne z masowej produkcji,
- oleje niskiej jakości, margaryna, smalec, tłuszcze rafinowane i tzw. trans,
- pożywienie nadmiernie przyprawione,
- sztuczne słodziki i dodatki,
- produkty smażone, zwłaszcza w głębokim oleju i fryturze,
- wszelkie produkty rafinowane, np. cukier,
- genetycznie modyfikowana żywność,
- woda gazowana i słodkie napoje ze sklepu oraz koncentraty soków,
- potrawy kilkakrotnie odgrzewane.

PRANA

Termin *prana* pojawia się, gdy mówi się o jodze. Słowo to ma różne znaczenia, w zależności od kontekstu. Najczęściej, mówiąc o pranie, myślimy o energii życiowej. Według nauki jogi prana jest wrodzoną właściwością świadomości, która przejawia się w postaci obecności życia. Prana odpowiada za funkcjonowanie ciała i umysłu i jest w nich obecna ze względu na jaźń. Prawidłowy przepływ prany w ciele oznacza zdrowie na każdym poziomie. Zablokowanie przepływu oznacza chorobę, nawet jeśli na początku blokada powstaje wyłącznie na poziomie umysłu. Prana stanowi tak subtelny rodzaj energii, że nie można doświadczać jej bezpośrednio, a jedynie poprzez skutki jej działania. W związku z tym nie możemy manipulować nią bezpośrednio, aby poprawiać jej przepływ. Do tego służą narzędzia w postaci asan, pranajamy, medytacji i pożywienia. Tak więc optymalizowanie przepływu prany nie oznacza dostarczania jej do organizmu, tylko usprawnianie jej przepływu. Używa się do tego asan, technik pranajamy, medytacji oraz ajurwedy i technik manualnych, dawkując odpowiednio właściwe pożywienie w postaci ziół i produktów żywnościowych. To jest właśnie droga do dobrego zdrowia bez chorób. W tym kontekście zarówno doświadczony nauczyciel jogi, jak i oczywiście lekarz ajurwedy są uzdrowicielami pranicznymi dysponującymi wiedzą o tym, jak kierować praną w celu odzyskania zdrowia i przywrócenia optymalnego krążenia energii.

Prana dodatkowo dzieli się na pięć podtypów, co ma bezpośredni związek z jej ruchem i kierunkiem. Te pięć pran nosi nazwę *vayu* (*vayus*), czyli w dosłownym tłumaczeniu „moce powietrza". Są one bardzo dokładnie analizowane zarówno przez medycynę ajurwedyjską, jak i jogę, łączą więc bezpośrednio obie nauki.

- ***Prana vayu***

  Tłumaczy się ją jako poruszające się do przodu powietrze. Jej ruch następuje jednak do wewnątrz. Jej funkcja polega na zarządzaniu przyswajaniem każdego rodzaju pokarmu, czyli żywności, wody, wdychanego powietrza, wrażeń zmysłowych i doświadczeń mentalnych. Natura prana vayu jest określana jako popychająca rzeczy do przodu i zarządzająca nimi. Energia ta dostarcza nam podstawowej motywacji do życia i działania. Sytuuje się ją w głowie (szczególnie w okolicy tzw. trzeciego oka) i odżywia energetycznie mózg. W pewnym sensie pełni rolę nadrzędną w stosunku do pozostałych vayu.

- ***Apana vayu***

  Tłumaczy się jako poruszające się na zewnątrz powietrze. Jej ruch następuje w dół i na zewnątrz. Jej funkcja to wydalanie i wydzielanie (kału, moczu, nasienia, płynów menstruacyjnych, komórki jajowej, dwutlenku węgla w wydychanym powietrzu). Na poziomie emocjonalnym dzięki tej energii możemy pozbywać się negatywnych emocji i doświadczeń mentalnych. Jej prawidłowe funkcjonowanie zapewnia optymalne działanie układu immunologicznego. Lokuje się ją w dole jamy brzusznej.

- ***Udana vayu***

  Tłumaczy się ją jako powietrze poruszające się do góry. Tak też jest w istocie – jej ruch następuje do góry. Tak więc ma działanie przeciwne do apana vayu.

Dzięki tej energii możemy transformować rozmaite doświadczenia. Zarządza ona wzrostem ciała, mową i ekspresją zewnętrzną, zapałem i entuzjazmem oraz wolą. Udana vayu jest główną energią pozytywną, dzięki której możemy jako ludzie ewoluować i rozwijać się. Jej siedzibą jest rejon gardła.

- ***Samana vayu***
  Tłumaczy się ją jako równoważące powietrze. Jej ruch następuje od peryferii do centrum przez ruch wirowy. Jej główną funkcją jest zarządzanie trawieniem na każdym poziomie. Samana vayu pracuje w układzie trawiennym, gdzie steruje trawieniem pokarmu, w płucach, gdzie zarządza przyswajaniem tlenu, i w umyśle, gdzie steruje trawieniem i przyswajaniem doświadczeń zmysłowych, emocjonalnych i mentalnych. Jest usytuowana w okolicy pępka, gdzie znajduje się miejsceześrodkowania prany w ogóle.

- ***Vyana vayu***
  Tłumaczy się ją jako poruszające się na zewnątrz powietrze. Jest przeciwieństwem samana vayu, ponieważ porusza się od centrum do peryferii. Jej główną funkcją jest zarządzanie krążeniem na wszystkich poziomach. Kieruje więc poruszaniem się wszelkich składników odżywczych w naszych ciałach. Porusza myśli i emocje, dostarcza nam siły, wspomagając wszystkie vayu w działaniu. Jej siedzibą są serce i płuca, skąd nasza energia się rozprzestrzenia.

Pomimo że działanie poszczególnych pran może zostać do pewnego stopnia zlokalizowane, to jednak należy pamiętać, że prana przejawia się na każdym poziomie, gdyż jej głównym zadaniem jest łączyć. Dlatego prany nie wymienia się razem z dwudziestoma czterema tattvas.

PRANAJAMA

CO TO JEST PRANAJAMA

Pranajama to jedna z głównych praktyk hatha-jogi, jednak jej zaawansowane techniki powinny być przekazywane wyłącznie bezpośrednio przez nauczyciela i to dopiero po opanowaniu asan. W tym opracowaniu omówiono tylko niezbędne jej podstawy. Ważne, aby najpierw zrozumieć, jak prawidłowo wykonywać asany, ponieważ to właśnie one przygotowują ciało i umysł do nauki pranajamy. Określone części ciała są wzmacniane i tonizowane, aby oddech mógł zostać odpowiednio przyjęty przez organizm. Przedwcześnie zainicjowana pranajama ma szkodliwe działanie. Perfekcyjnie wykonywane asany dają niezbędną siłę płucom i nerwom, aby te nie zostały uszkodzone przez siłę prany.

Aby przewody elektryczne mogły bezpiecznie przewodzić określone napięcie, muszą spełniać określone normy. Tak też jest z pranajamą. Jedna z sutr mówi:

Pranajama jest regulacją wchodzącego i wychodzącego oddechu wraz z jego zatrzymaniem. Może to być praktykowane jedynie po uzyskaniu perfekcji w asanach.

„Prana" tłumaczona jako „siła życiowa" i „ayama" tłumaczona jako „rozprzestrzenianie"dają razem rozprzestrzenianie siły życiowej. Zgodnie z nauką wedyjską, prana wewnątrz ludzkiego ciała koresponduje z energią słoneczną zewnętrznego świata. Tak jak promienie słońca rozświetlają niebo za dnia, tak prana rozświetla ciało i umysł przez różne specyficzne kanały. Rozwijanie praktyki pranajamy ma za zadanie kontrolowanie prany, która znajduje się wewnątrz nas. Jest to klucz do wewnętrznej transformacji. Taki jest prawdziwy sens praktyki pranajamy. Należy dobrze zrozumieć, czym w istocie jest prana i jak ma się ona do samej praktyki pranajamy. To zagadnienie dość złożone. Wystarczy więc, że na początku przyswoimy kilka podstawowych kwestii związanych z praną.

Prana nie jest powietrzem, ale subtelną formą energii, której w rzeczywistości nie można poczuć w żaden fizyczny sposób, również za pomocą któregokolwiek ze zmysłów. Jedyny sposób, w jaki możemy doświadczyć prany, polega na doświadczeniu skutków jej działania, w postaci działania umysłu, ciała, zmysłów. Nie jest to więc siła tego rodzaju, co grawitacja czy elektryczność.

Prana bezpośrednio wiąże się z atmanem, czyli duszą, jaźnią, i nie istnieje poza nią.

Jak twierdzą niektóre autorytety, nie można uzyskać więcej prany przez przyjmowanie jej z oddechem. Pranajama służy zatem do usprawniania, odblokowywania prany już w nas obecnej. Na innych poziomach tak samo działają asany, medytacja i odpowiednia dieta.

Prawidłowy przepływ prany oznacza, że zarówno ciało fizyczne, jak i umysł działają optymalnie i tym samym osiągają zdrowie.

Podczas praktyki asan adept skupia się na osiągnięciu siły i elastyczności ciała przy niezbędnym zaangażowaniu umysłu, oddech spełnia tu rolę pomocniczą.

W praktyce pranajamy ciało jest już stabilne i całkowicie nieruchome, co umożliwia skupienie się na ustabilizowaniu umysłu. A więc praktyka asan pozwala przygotować ciało do praktyki pranajamy, a pranajama stabilizuje umysł przez zmianę rytmu oddechu.

RODZAJE PRANAJAMY

Hatha Joga Pradipika – klasyczne dzieło o jodze – wymienia osiem głównych typów pranajamy: *ujjayi, suryabhedana, bhastrika, sitkari, shitali, bhramari, murccha, plavini.* Do tego dodaje się jeszcze kilka innych, np. *kapalabhati, chandrabhedana.* Jednak w rzeczywistości wariantów pranajamy jest nieskończenie wiele, ponieważ można ją wykonywać na różne sposoby. Na każdy cykl pranajamy składa się:

- wdech – *puraka,*
- zatrzymanie oddechu po wdechu – *antara kumbhaka,*
- wydech – *recaka,*
- zatrzymanie oddechu po wydechu – *bahya kumbhaka.*

Cykl pranajamy składa się właśnie z tych czterech elementów, które mogą być wykonywane w rozmaitych proporcjach, jeśli chodzi o długość trwania poszczególnych jej etapów, np. 1:2:2:2. Dodatkowo można wdychać przez jedną dziurkę nosa lub drugą, przez obie lub nawet przez usta. Można wykonywać pranajamę na siedząco, na leżąco, a czasem nawet na stojąco. W ten sposób tworzy się wiele różnych wariantów, które dobiera się w zależności od potrzeb adepta i jego ograniczeń związanych z wiekiem, ewentualną chorobą itd.

W czasie normalnego oddychania człowiek wykonuje, w zależności od różnych czynników, kilkanaście oddechów na minutę. Podczas ćwiczeń pranajamy średnio zaawansowany adept wykonuje trzy–cztery oddechy. A więc w trakcie pranajamy świadomie zmniejsza się częstotliwość oddechu, zwiększając jednocześnie jego długość. **Ten proces wspomaga z kolei zwalnianie i wyciszanie umysłu i stanowi doskonały wstęp do medytacji (dhyana).**

Poza tym zgodnie z nauką jogi długość życia ludzkiego mierzy się ilością oddechów, tak jak liczba obrotów Ziemi wokół własnej osi i wokół Słońca składa się na przyjęty system liczenia upływu czasu. Oprócz pranajamy, która w sposób oczywisty ingeruje w cykl oddechowy, na liczbę oddechów mają wpływ produkty, które spożywamy (ciężkie, tamasowe pożywienie skraca i przyspiesza oddech), praktyka medytacji i asan. Jeśli postępujemy zgodnie z nauką jogi, możemy zwiększyć długość życia. Ciało człowieka może zdrowo funkcjonować przez około sto lat. Aby zmniejszyć liczbę oddechów w asanie i pogłębić je, staramy się świadomie kontrolować proces oddychania. Unikajmy więc niepotrzebnych gwałtownych ruchów i forsowania się, aby oddech nie skracał się, bo wtedy (ujmując rzecz całościowo) skracamy sobie życie. Nie dotyczy to w pełni osób początkujących, u których najczęściej nie da się uniknąć wysiłku, zwłaszcza w pierwszym okresie praktyki. Jednak im więcej człowiek ma lat, a także im dłużej praktykuje jogę, tym większego znaczenia nabierają ćwiczenia pranajamy i głębokie oddychanie w asanach.

FIZJOLOGIA PRANAJAMY

Pranajama od strony fizjologicznej ćwiczy nie tylko płuca, ale i narządy wewnętrzne. Jest to możliwe na skutek dużej aktywności całej klatki piersiowej, jej kości, mięśni i stawów. Masowane są serce, nerki, wątroba, śledziona, trzustka, jelita itd. Dzięki temu organy łatwo oczyszczają się z toksyn i zachowują zdrowie.

Pranajamę wykorzystuje się także w terapii różnych zaburzeń psychologicznych ze względu na jej całkowite zaangażowanie umysłu. Oddech znajduje się najbliżej umysłu. Łatwo można to zaobserwować, gdy jesteśmy na przykład emocjonalnie wzburzeni lub doświadczamy innego gwałtownego stanu emocjonalnego. Wtedy oddech zawsze się zmienia. Zatem kształtowanie właściwych nawyków oddechowych oraz świadome ćwiczenie oddechu mają ogromny wpływ na stan umysłu człowieka.

(...) normalnie nie oddychamy głęboko, dotyczy to zarówno wdechu, jak i wydechu. Przyswajanie tlenu, pomimo że jest w normie, jest niewystarczające, biorąc pod uwagę stres i ciężar współczesnego życia. Nauka pranajamy uczy nas, jak zmniejszyć częstość oddechu i akcji serca przy jednoczesnym zwiększeniu poboru tlenu. Cykl (rytm) oddechu może się zmniejszyć nawet do 2–3 na minutę. Podczas zmniejszenia częstotliwości wdechów i wydechów jednocześnie zmniejsza się również podstawowa przemiana metaboliczna ciała. Doprowadza to ciało do stanu chwilowej hibernacji. Wszystkie komórki ciała wprowadzane są w stan spoczynku i następuje głęboka relaksacja. Pobudzenie współczulne zostaje zredukowane, co umożliwia głęboką regenerację. Podczas pranajamy umysł pozostaje uważny, dzięki czemu możliwe jest świadome regulowanie oddechu. Jednak przednia część mózgu odpowiedzialna za aktywność intelektualną zostaje wyciszona. W wyniku tych procesów następuje całkowita neurofizjologiczna relaksacja (...).

dr Krishna Raman, *A Matter of Health*

ROLA NAUCZYCIELA

NAUKA JOGI

Obecnie zasadniczo mamy do czynienia z trzema poziomami, na których uczy się jogi. Pierwszy poziom to instruktor ćwiczeń jogi. Jest to osoba, która mniej lub bardziej świadomie uczy wyłącznie technik.

Drugim poziomem, na którym przekazuje się wiedzę, jest poziom nauczyciela jogi. Nauczyciel jogi oprócz technik przybliża też naukę jogi, daje on więc pełen przekaz, który ma moc prawdziwej transformacji.

Ostatni, najwyższy poziom przekazu jogi stanowi guru. Tradycyjnie guru uznaje się za człowieka, który w pełni zrealizował naukę jogi i stał się całkowicie oświecony. Tego typu nauczycieli jest niewielu. Skupmy się na tym, kim jest w istocie nauczyciel jogi.

Nauczyciel jogi to przewodnik w praktyce jogi, doradca w dziedzinie zdrowia fizycznego, psychicznego i duchowego. Jego wiedza jest rozległa i głęboka, ponieważ stosuje naukę jogi w każdym aspekcie swojego życia. Często człowiek taki, zanim został nauczycielem, napotkał poważne problemy na drodze swojego rozwoju, ale dzięki jodze rozwiązał je i dlatego zna odpowiedzi na wiele trudnych pytań. Nieustannie pogłębia wiedzę i rozwija się. Dobry nauczyciel poświęca życie nauczaniu jogi i podporządkowuje temu wszystko. Jest to jego zawód, pasja i cel życia. Nie jest on jednak lekarzem ani psychoterapeutą, chociaż wiele osób chce go takim widzieć. Niestety obarczanie nauczyciela jogi różnego rodzaju oczekiwaniami i projekcjami zdarza się dość często. Takie podejście uniemożliwia przekazanie nauki jogi. Rozwiązywaniem problemów zdrowotnych i psychologicznych zajmują się lekarze i uprawnieni terapeuci. Jednak jeśli człowiek cierpi na jakieś schorzenie lub dolegliwość, powinien porozmawiać z nauczycielem. Z pewnością wspólnie znajdą jakieś konstruktywne rozwiązanie. Joga oferuje wiele możliwości w zakresie usprawniania ciała oraz umysłu.

ZAUFANIE

Jeśli już wybierze się nauczyciela, który odpowiada oczekiwaniom, należy postępować zgodnie z jego zaleceniami. Nawet jeśli na początku czegoś się nie rozumie, należy stosować się do nauki, którą głosi. Każdy, kto zaczyna praktykę jogi, jest w dużym stopniu nieświadomy tego, na czym ona w istocie polega, co może przynieść i jakie owoce wydać. To naturalne. Jednak z czasem, gdy praktyka jest regularna, przychodzi głębsze zrozumienie i wtedy potrzebna jest tylko cierpliwość.

DYSCYPLINA

Joga mówi:

Bez dyscypliny nic nie może zostać osiągnięte.

To jest zawsze pierwszy krok w praktyce jogi. Nie oznacza to beznamiętnej dyscypliny wojskowej, ale po prostu wtłoczenie praktyki w pewne ramy, aby można było osiągnąć wymagany stopień koncentracji i dzięki temu osiągnąć zamierzony efekt.

DOTYK

W czasie sesji hatha-jogi nauczyciel czuwa, aby osoby ćwiczące wykonywały asany w prawidłowy, bezpieczny sposób. Najlepszą metodą na skorygowanie postawy jest bezpośredni kontakt. Czasami oznacza to dotknięcie palcem „uśpionego" punktu na ciele, czasami zaś dość intensywną ingerencję w wykonywaną pozycję. Należy się z tym oswoić i zaakceptować, gdyż stanowi to część żywego przekazu jogi.

TERAPIA

Obecnie wielu ludzi poszukuje w jodze pomocy w swoich problemach zdrowotnych. Wieść o tym, że joga pomaga często w bardzo trudnych, wręcz beznadziejnych przypadkach, niesie się zewsząd. Jak to jest w rzeczywistości? Otóż w istocie joga może pomagać w sytuacjach chorobowych, jednak należy wiedzieć, że jako czysta nauka i forma została stworzona dla ludzi zdrowych. Oryginalne techniki są nastawione na przywrócenie równowagi na wszystkich poziomach, ale dzieje się to stopniowo i zawsze pod okiem doświadczonej w tym temacie osoby. Taką osobą i przewodnikiem z powodzeniem może być doświadczony nauczyciel jogi, jednak już sama terapia wymaga innego podejścia i kompetencji. Należy mieć tego świadomość, poszukując pomocy przy swoim stanie zdrowia, gdyż nie każdy będzie nam w stanie pomóc. Aby pomagać, stosując terapię jogą, należy mieć ogromną wiedzę i doświadczenie z zakresu stosowania technik jogi, ale w równym stopniu należy dysponować kwalifikacjami z dziedziny anatomii, fizjologii i leczenia ruchem. Dlaczego? Odpowiedź wydaje się oczywista. W naszym zachodnim świecie terapia jogą najczęściej oznacza lecznicze zastosowanie ruchu i oddechu, czyli asan i pranajamy. Pracując z ciałem pacjenta, musimy zdawać sobie sprawę z tego, w jaki sposób ono funkcjonuje, jak również na czym polegają patologiczne procesy w nim występujące. Nie mając o tym wszystkim pojęcia, łatwo jest zaszkodzić. Zatem poszukując fachowej pomocy, zawsze należy się upewnić co do poziomu kwalifikacji terapeuty. Trudno jest oczekiwać konkretnej pomocy w dziedzinie zdrowia od instruktora jogi, który nie ma dodatkowego wykształcenia i doświadczenia z zakresu terapii ruchem. Być może nawet jest biegły w aplikacji technik jogi, jednak pamiętajmy, że leczenie jest dziedziną lekarzy i terapeutów.

CZĘŚĆ III

PRAKTYKA

Ten, kto posiada umiar w swoich zwyczajach jedzenia, spania, pracy i wypoczynku, ten poprzez praktykę jogi może zlikwidować wszelkie fizyczne cierpienia.

Bhagawad Gita

STRUKTURA ENERGETYCZNA CZŁOWIEKA

Według nauki jogi istota ludzka składa się z trzech ciał i pięciu powłok. W ich ramach dodatkowo działa siedem czakr, czyli centrów energetycznych.

TRZY CIAŁA

- **Ciało fizyczne (*karya sharira*)**
  To ciało najbardziej materialne, podatne na doświadczenia zmysłowe. Jest ono całkowicie fizyczne i odżywiane za pomocą przyjmowanego pokarmu. Przyporządkowana jest mu guna tamasu, ego i poczucie tożsamości z własnym ciałem. To ciało daje materialną strukturę.

- **Ciało subtelne (*sukshma sharira*)**
  Inaczej zwane ciałem astralnym. Tworzą je myśli, emocje, wrażenia i guna radżasu. Przyporządkowany jest mu umysł (manas).

- **Ciało przyczynowe (*karana sharira*)**
  Jego cechę charakterystyczną stanowi światło, ponieważ z tym ciałem związana jest dusza (atman). Powłoce tej przyporządkowana jest guna satwy.

PIĘĆ POWŁOK

Trzy ciała tworzą dodatkowo pięć powłok.

- Powłoka anatomiczna – *annamaya kosha* – podtrzymuje cielesną egzystencję i jest kształtowana przez asany.
- Powłoka praniczna (siły życiowej) – *pranamaya kosha* – energetyzuje ciało i umysł i jest kształtowana przez praktykę pranajamy.
- Powłoka psychologiczna (umysłowa) – *manomaya kosha* – odpowiada za wrażenia zmysłowe i jest kształtowana przez praktykę medytacji (dhyana).
- Powłoka intelektualna – *vijnamaya kosha* – wnioskowanie, rozróżnianie i osądzanie. Jest ona kształtowana przez studiowanie z oddaniem wartościowych pism, np. Wed.
- Powłoka szczęśliwości – *anandamaya kosha* – powłoka ta, odpowiedzialna za odczuwanie bezwarunkowej miłości, wiary i intuicyjne myślenie, osiągana jest w momencie integracji i realizacji pozostałych powłok.

CZAKRY

Chakra oznacza koło. Czakry stanowią główne centra energetyczne organizmu. Nie są one w żadnym stopniu materialne, a jednak korespondują z autonomicznym układem nerwowym. Ich poprawna praca zapewnia właściwą pracę narządów wewnętrznych oraz układu nerwowego i hormonalnego, ponieważ odpowiadają konkretnym splotom nerwowym.

Dodatkowo – według jogi – w ciele płyną dwa rodzaje energii: energia męska *pingala,* która płynie prawą stroną ciała, i żeńska ida, która płynie lewą stroną ciała. Pingala jest kreatywną energią stymulującą, a ida – pasywną energią tamującą. Mówiąc o równowadze energetycznej, powinniśmy wziąć pod uwagę między innymi równowagę tych energii. Korespondują one ze współczulnym i przywspółczulnym układem nerwowym.

Mamy siedem głównych czakr, które odpowiadają poszczególnym powłokom. Dodatkowo z kontrolą energii w każdej z czakr związane są konkretne funkcje.

- ***Muladhara chakra***
  Jest usytuowana w dnie miednicy, pomiędzy genitaliami a odbytem. Jej czynność wiąże się z odżywieniem ciała, absorpcją i eliminacją produktów przemiany materii. Stanowi ona źródło dla powłoki anatomicznej. Odpowiada jej czteropłatkowy lotos oraz element ziemi.

- ***Svadhisthana chakra***
  Jest usytuowana powyżej organów rozrodczych, ale poniżej pępka. Wiąże się z funkcjonowaniem organów: jelita grubego, prostaty, macicy, pochwy i wszystkich narządów znajdujących się w tej okolicy. Współtworzy powłokę praniczną. Przyporządkowany jest jej sześciopłatkowy lotos oraz element wody.

- ***Manipura chakra***
  Jest usytuowana powyżej pępka. Jej czynność wiąże się z funkcjonowaniem żołądka i wszystkich organów trawiennych. Wraz ze *svadhisthana chakrą* współtworzy powłokę praniczną. Odpowiada jej dziesięciopłatkowy lotos oraz element ognia.

- ***Anahata chakra***
  Jest usytuowana w okolicy serca. Jej czynność wiąże się z funkcjonowaniem tego organu oraz płuc. Koresponduje ona z powłoką psychologiczną. Przyporządkowany jest jej dwunastopłatkowy lotos oraz element powietrza.

- ***Visshuddha chakra***
  Położona jest w rejonie gardła. Wiąże się z funkcjonowaniem tarczycy. Koresponduje ona z powłoką intelektualną. Odpowiada jej szesnastopłatkowy lotos oraz element eteru.

- ***Ajna chakra***
  Zwana też trzecim okiem. Reprezentuje powłokę szczęśliwości. Kiedy jest aktywna, człowiek doświadcza stanu błogości. Przyporządkowany jest jej dwupłatkowy lotos oraz umysł i przestrzeń.

- ***Sahasrara chakra***
  Jest ona związana z centrum najwyższego ducha. Pełne otwarcie tej czakry oznacza wyzwolenie i wejście w stan *samadhi,* jednak tylko wtedy, gdy pozostałe również są w pełni otwarte. Odpowiada jej tysiącpłatkowy lotos oraz pełna świadomość i przestrzeń.

Dodatkowo z kontrolą energii w każdej z czakr związane są konkretne funkcje. I tak na przykład:

- *Muladhara* – kontrola energii seksualnej i siły życiowej,
- *Svadhisthana* – stan wolności od chorób,
- *Manipura* – prawidłowe trawienie,
- *Anahata* – odczuwanie miłości i współodczuwanie ze wszystkimi żywymi istotami (jest to tak zwana czakra miłości),
- *Visshuddha* – kontrola mowy, jasność wyrażania się w mowie,
- *Ajna chakra* – jej otwarcie i kontrola oznacza również pełne intuicyjne myślenie i postrzeganie pozazmysłowe, w tym widzenie aury.

Zagadnienie czakr jest bardzo obszerne i złożone. W zasadzie więc zasługuje na osobne opracowanie, dlatego tutaj temat ten zostaje jedynie zasygnalizowany.

NADI

Nadi to kanały, którymi biegnie prana, czyli energia życiowa. Nadi pokrywają gęsto całe ciało człowieka od stóp do głowy. Pisma jogiczne wymieniają około 350 tys. nadi. Trzy najważniejsze z nich to: *ida, pingala i susumna.* Ida rozpoczyna się w lewym nozdrzu, przechodzi przez koronę głowy i biegnie w dół kręgosłupa, a pingala analogicznie, lecz z drugiej strony. Ida i pingala krzyżują się w najważniejszych czakrach. Susumna odpowiada rdzeniowi kręgowemu. Ponieważ czakry połączone są bezpośrednio z susumną, cały układ łączy się w specyficznych miejscach, tworząc w efekcie niezwykle skomplikowany mechanizm.

W czasie praktyki pranajamy nadi są oczyszczane i odblokowywane, co pozwala energii (pranie) odżywiać całe ciało w sposób zrównoważony.

KLASYFIKACJA ASAN

Istnieje wiele asan, aby można było poddać ćwiczeniu każde miejsce, każdą komórkę w ciele. Różne asany działają specyficznie i mają określone zadanie. W związku z określoną funkcją, jaką spełniają poszczególne asany, zostały one odpowiednio sklasyfikowane. Zasadniczo można podzielić asany na:

- pozycje stojące,
- pozycje odwrócone (inwersje),
- pozycje ze zgięciem kręgosłupa (skłony do przodu),
- pozycje siedzące,
- pozycje z rotacją kręgosłupa (skręty),
- pozycje brzuszne,
- pozycje balansowe,
- pozycje z wyprostem kręgosłupa (skłony do tyłu)*.

Praktyka asan zróżnicowanych pod względem typu i przeznaczenia pozwala osiągać konkretne i celowe efekty fizjologiczne. Dlatego zasadniczo w praktyce hatha-jogi dąży się do tego, aby nie zabrakło pozycji z każdej grupy asan. Należy więc ćwiczyć wszystko niezależnie od wrodzonej konstytucji (patrz część poświęcona ajurwedzie), starając się wykonywać asany w sposób zgodny ze swoją prakriti.

- **Pozycje stojące**

  Są to najważniejsze asany pod względem zarówno dydaktycznym (adept uczy się w nich podstawowych technik i ruchów obecnych w innych asanach), jak i dość szerokiego zakresu działania.

  Pozycje stojące:

  - wzmacniają i uelastyczniają nogi i miednicę oraz (w mniejszym zakresie) kręgosłup;
  - dają adeptowi niezbędne uziemienie i poczucie silnej podstawy oraz kontaktu z Matką Ziemią;
  - przygotowują adepta do trudniejszych asan, tonizują układ krążenia;
  - otwierają klatkę piersiową, przygotowując do pranajamy;
  - tonizują narządy jamy brzusznej.

* Zwyczajowo przyjęte określenie dla tej grupy pozycji to „wygięcia do tyłu". Określenie to z punktu widzenia nazewnictwa anatomicznego jest nieprawidłowe. Ruch, w którym kręgosłup „wygina się do tyłu", ma nazwę wyprostu.

- **Pozycje odwrócone (inwersje)**

  Są to szczególne pozycje, charakterystyczne wyłącznie dla systemu hatha-jogi. Pełnią niezwykle ważną dla zdrowia rolę, ponieważ ludzie na co dzień nie przyjmują tego rodzaju pozycji. Ich najważniejszym zadaniem jest odwrócić negatywny efekt grawitacji, która działa na ludzkie ciało. Z punktu widzenia fizjologii naszego ciała pozycje odwrócone zapobiegają stagnacji w krążeniu i opadaniu organów, zwiększają dotlenienie komórek i utrzymują całe ciało w zdrowiu.

  To zdecydowanie najważniejsze asany. Dlatego powinniśmy zrobić wszystko, aby stopniowo uczynić z nich nieodłączną część naszej codziennej praktyki.

  Pozycje odwrócone:

  - utrzymują mózg i układ nerwowy w zdrowiu, zapobiegając niedokrwiennej chorobie mózgu, demencji starczej i udarom;
  - regulują ciśnienie tętnicze krwi;
  - wzmacniają cały układ krążenia;
  - odmładzają i utrzymują w zdrowiu skórę twarzy;
  - zapobiegają takim chorobom układu oddechowego, jak zapalenie zatok, astma, bronchit, i leczą je;
  - ułatwiają samooczyszczanie organizmu, usuwając toksyny z narządów wewnętrznych, krwi i wzmacniając ruchy perystaltyczne;
  - relaksują układ nerwowy i zapewniają dobry sen;
  - usuwają bóle głowy;
  - regulują wydzielanie dokrewne hormonów, energetyzując ciało i usuwając zaburzenia menstruacyjne.

- **Pozycje ze zgięciem kręgosłupa (skłony do przodu)**

  Pozycje te nazywane są „wygięciami do przodu", jednak z punktu widzenia anatomii bardziej precyzyjna nazwa to zgięcia (skłony) do przodu. Stanowią one kolejny etap w praktyce (gdy nogi i miednica zostały już poddane ćwiczeniom w pozycjach stojących). Zwiększają zakres ruchu poszczególnych partii ciała i zapewniają nowe wrażenia w asanach. Gdy przyjmiemy pozycję horyzontalną, serce znajduje się mniej więcej na wysokości mózgu i pod kręgosłupem, co sprawia, że może pompować krew do najważniejszego miejsca – mózgu – relatywnie bezwysiłkowo. Są to zatem bardzo dobre pozycje dla osób z osłabionym mięśniem sercowym oraz z problemami z ciśnieniem tętniczym (pomagają w walce z nadciśnieniem). Przygotowują one do pozycji odwróconych, które można po takim przygotowaniu wykonywać bezpiecznie.

Pozycje ze zgięciem kręgosłupa:

- regenerują ciało po wysiłku fizycznym i intelektualnym;
- zwiększają znacznie poziom energii;
- obniżają tętno, szczególnie u osób pobudzonych i osób z nadciśnieniem;
- masują i tonizują przeponę, uspokajając oddech;
- rozciągają i oczyszczają nerki;
- wykonywane regularnie zapobiegają przerostowi prostaty i problemom z narządami rodnymi;
- obniżają poziom hormonów stresu, działając łagodząco i tonizująco na cały układ hormonalny, a zwłaszcza na nadnercza;
- zwiększają elastyczność ścięgien podkolanowych, zapewniając tym samym zdrowie kręgosłupowi lędźwiowemu;
- izolują zmysły od tego, co jest na zewnątrz, regenerując w ten sposób układ nerwowy (element pratyahary).

- **Pozycje siedzące**

Te pozycje najczęściej wymienia się w pismach jogicznych jako najbardziej użyteczne w praktyce jogi. Jednak od strony czysto praktycznej asany te wymagają dobrego przygotowania, przede wszystkim w pozycjach stojących. Większość osób nie umie siedzieć prawidłowo, czyli z wyciągniętym i mocnym kręgosłupem, co jest niezbędne w całym procesie medytacji. Dzieje się tak ze względu na sztywne biodra i tyły nóg oraz z powodu słabego i sztywnego kręgosłupa. Pozycje siedzące, jako kolejny etap po pozycjach stojących, korygują tego rodzaju defekty.

Pozycje siedzące:

- wzmacniają kręgosłup;
- tonizują narządy jamy brzusznej i klatki piersiowej;
- ułatwiają naturalny poród i zmniejszają bóle porodowe, gdyż uelastyczniają biodra i mięśnie dna miednicy;
- usprawniają krążenie w kręgosłupie i ułatwiają dopływ krwi do mózgu dzięki optymalnemu, anatomicznemu ustawieniu kręgosłupa – ułatwiają więc medytację.

- **Pozycje z rotacją kręgosłupa (skręty)**

Pozycje te, nazywane najczęściej skrętami, są wyjątkowe i nieocenione. Podczas wykonywania czynności dnia codziennego w zasadzie nie wykonujemy ruchów, które rotują kręgosłup (podobnie jak nie wykonujemy pozycji odwróconych i pozycji z wyprostem). W związku z tym mięśnie bardzo sztywnieją, z czasem w znacznym stopniu blokując możliwość rotacji kręgosłupa. Skręty uelastyczniają mięśnie i więzadła kręgosłupa, zapewniając mu prawidłowe zaopatrzenie w krew. Dodatkowo niwelują efekty codziennej asymetrycznej eksploatacji ciała. Większość ludzi na co dzień wykonuje wiele asymetrycznych czynności, nawet nie zdając sobie z tego sprawy. Siedzimy przechyleni na jedną stronę, leżymy na jednym boku, czytając książkę itd. Te ruchy powtarzane codziennie przez wiele lat znacznie upośledzają możliwości harmonijnego ruchu ciała i wywołują wiele poważnych dysfunkcji, takich jak na przykład zespół bolesnego barku, skolioza czy łokieć tenisisty.

Pozycje z rotacją kręgosłupa:

- ćwiczą i tonizują mięsień sercowy oraz utrzymują kurczliwość serca na optymalnym poziomie;
- ćwiczą płuca, bezpośrednio ściskając i rozciągając je na przemian; ćwiczą je też pośrednio przez uelastycznienie mięśni oddechowych – mięśni międzyżebrowych i przepony;
- utrzymują organy jamy brzusznej w zdrowiu, masując je i rozciągając;
- uelastyczniają kręgosłup, zapewniając mu prawidłowe krążenie i zapobiegając tym samym jego degeneracji;
- pomagają leczyć wiele dolegliwości kręgosłupa, takich jak np. dyskopatia;
- zapewniają prawidłowy zakres ruchu w stawach obręczy barkowej;
- energetyzują dzięki tym działaniom ciało, pobudzając pracę czakr i krążenie w kanale susumna.

- **Pozycje brzuszne**

  Te pozycje oddziałują przede wszystkim bezpośrednio na narządy jamy brzusznej oraz mięśnie brzucha (nie wszystkie asany tego typu). Mogą się przyczyniać do odchudzenia okolicy pasa, jednak pozycje tego typu nie powinny być nigdy wykonywane w oderwaniu od pozycji odwróconych. W innym wypadku będą działać szkodliwie, przez dłuższy czas wywołując zaburzenia w funkcjonowaniu organów jamy brzusznej. Najpierw adept powinien przygotować ciało w pozycjach stojących i nauczyć się podstawowych wariantów pozycji odwróconych, dopiero gdy to nastąpi, mogą być stopniowo wprowadzane pozycje brzuszne, zwłaszcza te, które oddziałują na mięśnie brzucha.

- **Pozycje balansowe**

  Istnieje wiele pozycji tego typu. Jednak są to pozycje w przeważającej części zaawansowane. Wykonuje się je dopiero po osiągnięciu odpowiedniego poziomu w poprzednich grupach asan.

Mimo że te ćwiczenia są bardzo korzystne dla zdrowia, to podobne efekty można uzyskać również w łatwiejszych pozycjach, takich jak na przykład skłony do przodu. A jednak dla zaawansowanego adepta są one nieocenione. Wzmacniają i uelastyczniają całe ciało, ćwiczą każdy organ i staw. Dają lekkość ciała i wielką siłę. Przyczyniają się do zachowania niezwykłej sprawności do późnych lat.

Pozycje balansowe:

- wzmacniają kończyny górne i cały pas barkowy do tego stopnia, że nie ma potrzeby wykonywania żadnych innych ćwiczeń wzmacniających;
- masują komory serca i ćwiczą główne arterie brzuszne oraz narządy całej jamy brzusznej;
- ćwiczą płuca i klatkę piersiową;
- w połączeniu z pozycjami z wyprostem kręgołupa zwiększają pobór tlenu i energetyzują ciało.

Dzięki tym ćwiczeniom można zmniejszyć częstotliwość wykonywania innych typów asan, ponieważ zawierają one większość niezbędnych ruchów.

- **Pozycje z wyprostem kręgosłupa**

  Najczęściej nazywane są wygięciami do tyłu. W tej grupie znajdują się łatwe i bardzo zaawansowane pozycje. Te zaawansowane, wykonywane w formie klasycznej (bez pomocy), są najbardziej intensywnymi asanami. Wymagają one wielkiej siły i elastyczności ciała oraz przygotowania umysłu. Dlatego pozycje z wyprostem praktykuje się stopniowo, zaczynając od najłatwiejszych. To niezwykle ważne, aby uniknąć uszkodzenia ciała. Pozycje te stanowią istotną część praktyki asan. Znowu chodzi tu o rodzaj ruchu, którego na co dzień człowiek nie wykonuje. W zasadzie nigdy nie ustawiamy w ten sposób naszego kręgosłupa, a jest to ruch możliwy i bardzo cenny dla zdrowia oraz dobrego samopoczucia. Poza tym intensywne asany z wyprostem kręgosłupa stymulują przepływ energii we wszystkich czakrach, a więc są bardzo korzystne w rozbudzaniu uśpionej energii obecnej w naszych ciałach.

  Dzięki tym pozycjom możemy opóźniać efekty starzenia i utrzymywać całe ciało w zdrowiu. W sposób niezwykły ćwiczą one płuca i mięśnie oddechowe, rozciągając intensywnie całą klatkę piersiową i przestrzeń jamy brzusznej. Dają one takie efekty dla układu oddechowego jak regularne bieganie, jednak bez negatywnych konsekwencji w postaci uszkodzenia stawów, kręgosłupa i obciążenia mięśnia sercowego. Usuwają zaburzenia emocjonalne i depresje, wzmacniając przy tym wiarę w siebie i spokój wewnętrzny.

Pozycje z wyprostem kręgosłupa:

- doskonale wzmacniają mięsień sercowy i zapobiegają odkładaniu się cholesterolu w naczyniach wieńcowych;
- spośród wszystkich typów asan najintensywniej ćwiczą płuca, doskonale przygotowując do pranajamy, zwiększając tym samym poziom tlenu w organizmie;
- przynoszą ulgę w chorobach układu oddechowego (astma, bronchit, mukowiscydoza);
- intensywnie ćwiczą narządy jamy brzusznej;
- regulują pracę układu rozrodczego;
- stymulują układ wydzielania dokrewnego, energetyzując tym samym ciało i poprawiając samopoczucie; jest to szczególnie szybko widoczne u osób z poważnymi zaburzeniami, np. przy niedoczynności tarczycy;
- niezwykle intensywnie stymulują czakry, poprawiając tym samym przepływ prany w nadi ciała;
- tak jak inne asany zapobiegają powstawaniu osteoporozy.

Można powiedzieć, że tego rodzaju pozycje są zwieńczeniem praktyki asan.

ZASADY WYKONYWANIA ASAN

Poniżej znajdują się najważniejsze zalecenia związane z praktyką asan. Wszystkie te czynniki bezpośrednio wpływają na jakość ćwiczeń i ich efekty. Do tych wszystkich zaleceń można dodać jeszcze jedno i to już na wstępie – nadrzędne.

Wykonując asanę, powinniśmy starać się skupiać bardziej na tym, jak ją wykonujemy, niż jaką wykonujemy asanę.

Asany to tylko narzędzia, a nie cel. Niestety, ludzie często mylą te pojęcia. Liczy się więc przede wszystkim sposób, w jaki praktykujemy, i cel, jaki nam przyświeca. Mniej istotne jest to, czy osiągniemy pełen zakres ruchu w asanie, ponieważ liczy się sam proces wykonywania pozycji. Jest to, być może, jedna z najważniejszych lekcji, jakie powinniśmy zapamiętać w związku z praktyką asan. Niestety, wiele osób dochodzi do takich wniosków bardzo późno, gdy już ma na swoim koncie kilka wcześniejszych kontuzji. Praktyka, która prowadzi do kontuzji, oraz praktyka, która prowadzi do inercji, są niewłaściwe. Dlatego właśnie niezwykle ważne jest, czy wiemy, jak wykonywać asany, oraz czy to stosujemy. Asany nie są żadnymi mistycznymi figurami, w których zachodzą jakieś tajemnicze procesy. Są ponadczasowym, perfekcyjnym narzędziem, produktem najwyższej technologii – nauki jogi. Jednak aby mogły przynieść określone efekty, potrzebują dobrej instrukcji obsługi.

Poniżej znajdują się konkretne wytyczne, pomocne, ilekroć rozkładamy matę do jogi. Miejmy je zawsze w pamięci i często do nich wracajmy.

- **Pora**

  Najlepiej wykonywać asany rano lub późnym popołudniem. Poranne ćwiczenia energetyzują organizm, popołudniowe – regenerują i odświeżają. Rano ciało jest zazwyczaj sztywne, lecz ma więcej energii (między 6 a 10 jest czas kapha, od 10 do 14 jest czas pitta), po południu można wykonywać asany z większą łatwością, lecz energii jest już mniej (od 14 do 18 jest czas vata, a od 18 do 22 znów kapha). Należy wziąć to po uwagę. Jeśli mamy czas na swoją praktykę tylko późnym wieczorem, należy zaplanować ją w taki sposób, aby zbytnio nie pobudzała, bo nie będzie można zasnąć. Zasadniczo najlepiej wykonywać asany w porze kapha. Ale można to potraktować jako wstępne zalecenie. Należy spróbować i odczuć różnicę.

  Nigdy nie należy wykonywać asan bezpośrednio po długim pobycie na słońcu, a także po intensywnym wysiłku fizycznym.

- **Miejsce**

  Miejsce do praktyki powinno być czyste, ciche, dobrze przewietrzone, ale nie wychłodzone, zwłaszcza zimą. Jeśli ćwiczymy w domu, postarajmy się wydzielić do tego specjalne miejsce, o które należy wyjątkowo dbać i które stanie się naszym miejscem mocy. Jeśli jednak nie ma takich możliwości, zawsze można przemeblować pomieszczenie, a później wszystko ustawić z powrotem na miejsce. Niestety często bywa tak, że wiele osób kończy swoją domową praktykę na przygotowaniu specjalnego miejsca – czują się tak zmęczone przygotowaniami, że później nie starcza im już energii na ćwiczenia.

- **Strój**

  Powinien być lekki i przewiewny, najlepiej wykonany z naturalnych materiałów, ale nie workowaty. Musi być dość dobrze dopasowany do ciała, aby podczas wykonywania pozycji odwróconych nie spadał na głowę. Nie powinien też zbyt wiele zasłaniać, dobrze zostawić odkryte jak najwięcej ciała: stopy (ćwiczy się tylko boso!), kostki, kolana, barki, ramiona. Rozsądnym kompromisem, biorąc po uwagę trudności z kupieniem naprawdę dobrego stroju do jogi, wydają się dla pań leggingsy z bawełną, dla mężczyzn krótkie spodenki sportowe i koszulka na ramiączkach lub t-shirt.

- **Odżywianie (dieta)**

  Diecie został poświęcony osobny rozdział. Wiadomo już, że dieta odgrywa istotną rolę w praktyce jogi. Jeśli chcemy zrobić postępy w jodze, powinniśmy rozważyć zmiany w naszej diecie. Jeśli chodzi o spożywanie posiłków i praktykę asan, to najlepiej jest (decydując się na poranną praktykę) robić to z pustym żołądkiem, a śniadanie jeść po ćwiczeniach.

  Z kolei kiedy wykonujemy asany po południu, od dużego posiłku (obiadu, lunchu) powinny upłynąć przynajmniej trzy godziny, ale zazwyczaj jest to za mało. Najczęściej powinno upłynąć cztery–pięć godzin, ale oczywiście jest to bardzo indywidualna sprawa, która zależy od poziomu jatharagni (a więc od szybkości trawienia) oraz od ilości spożywanego pożywienia. Regularna praktyka asan zmienia nawyki żywieniowe w kierunku nawyków satwicznych. Nie należy więc się przejmować, jeśli nasza dieta jest nieodpowiednia – z czasem w wyniku praktyki asan zmieni się to na lepsze.

- **Gdzie teraz jestem?**

  Pytanie to oznacza, że powinniśmy odnaleźć i zrozumieć swój punkt wyjścia do praktyki jogi. Jest to niezwykle ważne, o czym była już mowa we wprowadzeniu do filozofii jogi. Dzięki temu można lepiej zaplanować swoje ćwiczenia i uniknąć frustracji w przyszłości. Chodzi o to, że każdy człowiek ma swoją własną drogę – dharmę. Nauka jogi i ajurwedy uznaje ten czynnik za podstawowy zarówno na drodze samorozwoju, jak i odpowiedniej terapii.

- **Tapas**

  Jest to najważniejszy czynnik w praktyce hatha-jogi. Jak wiemy, oznacza on zapał, ale w pojęciu tym mieszczą się również: wigor, konsekwencja, dyscyplina, wysiłek. Bez tego czynnika z pewnością nie można zrobić żadnego postępu w jodze. Wiele osób oczekujących, że praktyka asan przyniesie im relaks i odprężenie, nie osiąga satysfakcji. Powodem jest przede wszystkim brak tego kluczowego elementu. Praktyka pozbawiona tapasu jest bezowocna. Jaka praktyka asan, taki relaks. Dlatego ważne jest, aby wykonywać asany z odpowiednią intensywnością, zaangażowaniem i regularnością, co jest właśnie tapasem. Nieoceniony okazuje się nauczyciel, który prowadzi ucznia poza jego ograniczenia zarówno cielesne, jak i umysłowe. Bowiem niewiele jest osób, które są w stanie od razu same z siebie podjąć wysiłek ćwiczenia na odpowiednim poziomie tapasu.

- **Sauca**

Tapas to droga do czystości na poziomie świadomości. Ale ważne są też bardziej prozaiczne kwestie. *Sauca* to czystość na każdym poziomie, również fizycznym. Dobrze jest rozpoczynać praktykę asan po krótkim prysznicu oraz, jeśli była ona intensywna, kończyć prysznicem (jednak nie od razu, a najlepiej kilkanaście minut po zakończeniu). Jak już wiemy, asany nie są zwykłymi ćwiczeniami. Pamiętaj, że w wyniku intensywnej praktyki asan ciało się oczyszcza. Samopoczucie poprawi się, jeśli po intensywnej sesji dodatkowo weźmiemy letni prysznic.

Należy uregulować wypróżnienie. Zdrowy człowiek ma wypróżnienie przynajmniej raz na dobę. Naturalnie powinno się to odbywać rano. Nigdy nie należy przystępować do intensywnej praktyki asan przed wypróżnieniem (lub w przypadku zatwardzenia). Stosowanie ajurwedy pomoże wyregulować tego typu zaburzenia. Nie wolno wstrzymywać naturalnych potrzeb, takich jak potrzeba oddania moczu, wypróżnienie, ziewanie, gazy. Niestosowanie się do tych ważnych zaleceń może uszkodzić ciało. Należy rozwiązać problem nadmiernego gromadzenia się gazów. Z pewnością pomocna okaże się lekkostrawna satwiczna dieta.

- **Satya**

Prawda ma moc oczyszczania. Osoba praktykująca jogę nie tylko mówi prawdę, ale też jest bezkompromisowo szczera w stosunku do siebie samego. Jak można mówić prawdę ludziom, a okłamywać siebie samego? Oznacza to, że jeśli na skutek studiowania siebie (*svadhyaya*) znajdziemy w sobie na przykład cechy lenistwa, to nie oszukujmy się. Zamiast załamywać się, że nie jesteśmy idealni, przyjmijmy postawę konstruktywną. Środkiem zaradczym jest tapas, który wypala zanieczyszczenia i defekty osobowości. Poczucie winy jest negatywnym uczuciem. Joga całkowicie odrzuca takie emocje. Bierzmy się do pracy, ilekroć zauważymy w sobie gnuśność. Bez wyrzutów sumienia i poczucia winy, ponieważ zawsze istnieje możliwość naprawy.

- **Svadhyaya**

Oznacza studiowanie i badanie samego siebie oraz studiowanie i badanie wszystkiego, co może wzbogacić adepta duchowo. Chodzi o ciągłe zastanawianie się nad sobą, o stawianie pytań (nawet tych najtrudniejszych) i szukanie na nie odpowiedzi. Svadhyaya to ciągłe doskonalenie siebie przez bezustanną gotowość do nauki. Osoba podążająca drogą jogi nie odrzuca niczego, co może ją wzbogacić. Przeciwnie, czerpie ze wszystkich źródeł.

- **Santosa**

  Stosowanie tapasu, satyi, sauci i svadhyayi daje poczucie duchowej satysfakcji i głębokiego spokoju. Stanowi panaceum na wszystkie tak zwane psychologiczne problemy. Wykorzystanie tych narzędzi jest źródłem zadowolenia – *santosa*. Dużą korzyść przynosi nauczenie się kultywowania tego stanu w sobie, gdyż człowiek niezadowolony nie może osiągnąć sukcesu na drodze duchowej. Należy jednak zwrócić uwagę, że zadowolenie to jest wynikiem przyjęcia określonej postawy w praktyce (tapas, satya, sauca i svadhyaya, ale też cała yama i niyama jako fundamenty dharmy), a nie efektem nicnierobienia. Taka świadoma postawa i wysiłek wkładany w praktykę są źródłem spokoju i satysfakcji, ponieważ karmią i zadowalają duszę (atman). Jest to najwyższa duchowa terapia, która ma moc uzdrawiania i transformacji.

  Osoba praktykująca jogę rozumie, że w tym świecie droga do wyzwolenia (zadowolenia) wiedzie przez uczciwą pracę.

- **Uważność i precyzja**

  To charakterystyczne aspekty praktyki hatha-jogi. Znajdują swój wyraz w praktyce asan. Należy starać się wykonywać pozycje tak precyzyjnie, jak tylko potrafimy i na ile pozwala nam aktualna wiedza. Precyzja w asanie wciąż powinna się zwiększać, a proces ten nie ma końca. Oznacza to, że zawsze w pozycji jest coś, co można jeszcze poprawić i ulepszyć. Precyzji musi towarzyszyć uważność, która pozwala zrozumieć asany w szerszym kontekście. Wykonanie każdej asany składa się z trzech elementów: dojścia do pozycji, samej pozycji i wyjścia z pozycji. Te trzy aspekty muszą być wykonane uważnie i precyzyjnie.

  Dojście do pozycji

  Należy zwrócić uwagę na sposób dojścia do pozycji i robić to świadomie.

  Trwanie w pozycji

  To najważniejszy etap, często utożsamiany z samą asaną. Charakterystyczną cechą asany jest to, że z zewnątrz wygląda ona na całkowicie nieruchomą. Mimo że po dojściu do pozycji nie wykonuje się już w zasadzie żadnych zdecydowanych ruchów, tylko trwa się w niej stabilnie, to jednak wewnętrznie pozycja jest bardzo dynamiczna. Wiąże się to z tym, że utrzymanie ciała w pozycji wymaga ciągłej jej korekty.

Wyjście z pozycji

Często jest lekceważone przez praktykujących. Niestaranne wyjście z asany może zmarnować całkowicie jej efekt. Dlatego z pozycji należy wychodzić uważnie i tak, jak wymaga tego technika. Proces ten powinien przebiegać świadomie.

- **Wrażliwość**

Z wrażliwością związana jest również zasada ahimsy w stosunku do samego siebie. Dochodząc do pozycji, a tym bardziej trwając w niej, nie powinniśmy robić tego agresywnie. Zdecydowanie i zapał nie oznaczają przemocy i mechanicznej pracy. Dlatego właśnie należy zawsze kierować się wrażliwością. Kiedy osiągamy pozycję, trwamy w niej nieruchomo, wprowadzając potrzebne korekty, i robimy to tylko, dopóki jesteśmy w stanie utrzymać niezbędny poziom wrażliwości. Trwanie ponad to jest bezcelowe.

Korygując pozycję, należy obserwować, jak to, co robimy w danym momencie, wpływa na całe ciało. Zawsze bowiem jest tak, że korekta w jednym miejscu wpływa na inne, bardzo odległe miejsca. Na przykład rotowanie ud do wewnątrz w *sirsasanie* wpływa na ustawienie ramion i barków.

Tutaj nieodzowna okazuje się pomoc nauczyciela, zwłaszcza w początkowym okresie. Kiedy zaczynamy praktykę asan, nasze możliwości w tym zakresie są, niestety, małe. Nie wiemy również, czym się kierować i jak długo trwać w pozycji, a wszystko, co robimy, i tak nas męczy. Z pomocą przychodzi wówczas doświadczony nauczyciel, który zna te problemy z własnego doświadczenia. Obserwując adepta, jest obiektywny i może podjąć najlepszą decyzję co do czasu trwania w pozycji i sposobu jej wykonania. Jednak po początkowym etapie, który może trwać od kilku miesięcy do kilku lat, adept powinien wziąć całkowicie odpowiedzialność za siebie, bo tak naprawdę to on sam wie najlepiej, jak powinien praktykować.

- **Pamięć**

Bez pamięci nie da się poprawnie wykonywać asan. Niezależnie od tego, czy ćwiczymy samodzielnie w domu, czy w grupie, pamięć pomaga unikać błędów i jest podstawą precyzji i uważności. Wyobraźmy sobie jazdę samochodem, kiedy za każdym razem, gdy do niego wsiadamy, nie pamiętamy, jak go obsługiwać i jakie zasady obowiązują na drodze. Czy trzeba coś więcej tu dodawać?

- **Czas trwania w asanie**

  Czas trwania w asanie jest determinowany przez naszą wrażliwość. Jednak ważne, aby starać się stopniowo wydłużać czas trwania w poszczególnych pozycjach. Ma to duże znaczenie, ponieważ bezpośrednio wpływa na jakość pracy układu nerwowego. Stopniowe wydłużanie czasu trwania w asanie wzmacnia układ nerwowy i sprawia, że końcowy relaks jest głęboki. Kończymy sesję wypoczęci i zrelaksowani. Można przyjąć, że kiedy ćwiczymy sami, trwamy w pozycjach tak długo, jak uważamy to za stosowne, ale kiedy wykonujemy asany pod okiem nauczyciela, zdajemy się całkowicie na jego wyczucie, nawet jeśli kosztuje nas to dużo wysiłku.

- **Sekwencja**

  Kiedy ćwiczymy z grupą pod okiem nauczyciela, wykonujemy pozycje i nie musimy się zastanawiać, w jakiej kolejności je układać. Robi to za nas nauczyciel. Wątpliwości zaczynają się, gdy chcemy rozpocząć samodzielną praktykę. Wszyscy na początku mają ten problem. Wiele osób nawet z tego powodu rezygnuje z samodzielnych ćwiczeń. To niewłaściwe podejście. Sekwencja jest oczywiście bardzo istotna, a nawet kluczowa. To ogromna sztuka, w której na najwyższym poziomie mistrzostwa bierze się pod uwagę wiele czynników. Ale nie można wiedzieć od razu wszystkiego. Jedyna droga, aby nauczyć się twórczego podejścia do układania sekwencji, wiedzie przez doświadczenie. Nikt nas tego nie nauczy. Ktoś z zewnątrz może nami jedynie pokierować, ale w istocie wszystko zależy od tego, czy rozumie się sens sekwencji. Istnieje kilka głównych punktów, które mogą pomóc w rozwiązaniu tego problemu, a reszta to już tylko praktyka i doświadczenie:

- Należy wiedzieć, jaki jest cel praktyki asan – jest nim w istocie odzyskanie i utrzymanie zdrowia fizycznego i umysłowego.
- Należy także być świadomym, jaki jest nasz cel doraźny, czyli jak czujemy się danego dnia lub nad czym pracujemy w danym czasie, czy jest to na przykład sztywność ciała, czy słabość ciała, a może jedno i drugie. Jeśli cierpimy na sztywność, to należy ustalić, jakiego obszaru ciała. Im więcej o sobie wiemy, tym łatwiej dobrać asany i ich sekwencję. To najważniejszy punkt wyjścia dla ustalenia własnej sekwencji. **Reasumując: Najważniejsze jest wiedzieć, gdzie się zaczyna i dokąd się zmierza, jeśli chodzi o doraźne ustalanie sekwencji.**

A oto podstawowe zalecenia techniczne dotyczące sekwencji:

- Jeśli wykonujemy *sirsasanę*, później (w trakcie jednej sesji jogi) musimy wykonać przynajmniej tak samo długo *sarvangasanę*.

- Jeśli mamy sztywne czy słabe barki, przed *sirsasaną* i *sarvangasaną* należy je rozgrzać i rozciągnąć w łatwych pozycjach. W ten sposób uniknie się problemów z szyją.
- Nie wolno zaczynać od trudnych asan.

Zanim zrobimy pozycje intensywnie rozciągające nogi i biodra, należy rozgrzać ciało w łatwiejszych asanach – to samo dotyczy intensywniejszych pozycji z wyprostem kręgosłupa, takich jak: *dhanurasana, ustrasana, urdhva dhanurasana.* Trzeba się do nich przygotować.

Jeśli ćwiczymy intensywnie, nie możemy zapomnieć o przejściu w odpowiednim momencie do łagodniejszych, tonizujących asan. Sesję należy zakończyć z wyciszonym rozluźnionym ciałem i wyciszonym umysłem.

- Droga do mocnego i elastycznego kręgosłupa wiedzie od dołu przez stopy, nogi i miednicę, a od góry przez barki i stawy ramienne.
- Nie należy się spieszyć.
- Nie można być chaotycznym. Nawet jeśli niewiele rozumiemy, starajmy się być metodyczni – tak bardzo, na ile pozwala nam na to nasza wiedza.
- Nie bójmy się popełniać błędów. Ten ich nie popełnia, kto nic nie robi. Odwaga z pewnością zostanie nagrodzona.
- Na koniec zawsze należy położyć się na pięć do piętnastu minut w *savasanie.*

- **Oddychanie**

  Ogólne zasady dotyczące oddychania w asanach są następujące:
  - Oddychamy wyłącznie przez nos.
  - Nie wstrzymujemy oddechu. Chociaż istnieją techniki uwzględniające wstrzymywanie oddechu, to niniejsze opracowanie ich nie zawiera.
  - Staramy się oddychać płynnie i miękko.
  - Zasadniczo ruchy, które są z natury otwierające, wykonujemy na wdechach. Takie mówią tradycyjne zalecenia, na przykład dotyczące dochodzenia do niektórych asan z wyprostem kręgosłupa (skłonach do tyłu). Jednak fizjologia podpowiada, że akurat większość tego rodzaju asan lepiej jest wykonywać z wydechem.
  - Ruchy, które ściskają przednią stronę ciała, wykonujemy na wydechach. Dotyczy to wszystkich pozycji ze zgięciem kregosłupa.
  - Ruchy, w których skręcamy kręgosłup, wykonujemy również na wydechach. Dotyczy to wszystkich pozycji z rotacją (skrętem) kręgosłupa.
  - Ruchy, które wymagają bocznego zgięcia, także wykonujemy na wydechach. Dotyczy to na przykład *trikonasany, parsvakonasany.*

- **Pranajama**
  Kiedy wykonujemy pranajamę, bezpośrednio po niej nie róbmy asan. Można je rozpocząć po około godzinie. Dobrze jest wykonywać pranajamę po asanach. Jednak wtedy praktyka asan nie powinna być zbyt męcząca.

- **Menstruacja**
  Menstruacja wymaga specjalnego podejścia. Z uwagi na specyfikę kobiecej fizjologii niektórych asan nie wolno wykonywać, a inne należy zmodyfikować w trakcie krawienia miesiączkowego. To ważne zagadnienie i wymaga od kobiety praktykującej hatha-jogę zapoznania się z zaleceniami ajurwedy i zestawami ćwiczeń do praktyki indywidualnej (menstruująca kobieta, chcąc zachować zdrowie i prawidłowe funkcjonowanie swoich narzadów rodnych, nie może w trakcie krawienia wykonywać asan razem z grupą).

- **Dodatkowe rady i przestrogi**
  - W trakcie wykonywania asan nie wycieraj ciała ręcznikiem ani niczym innym, nawet jeśli bardzo się pocisz – niech samo odparuje. Pocieranie skóry ręcznikiem jest szkodliwe – zaburza termoregulację i przepływ energii.
  - W trakcie wykonywania asan nie możesz odczuwać napięcia w głowie, gardle, brzuchu.
  - Kiedy już trwasz w asanie, nie szarp się. Pomyśl o tym jako o wejściu do pomieszczenia, które chcesz jak najdokładniej poznać od wewnątrz. Trwaj w asanie, koryguj ją i poprawiaj, ale rób to spokojnie i z wyczuciem.

Kiedy ustawisz ciało precyzyjnie w asanie, prawdopodobnie natychmiast odczujesz, że działa ona bardzo intensywnie. Często jest to ogromnym szokiem dla osób początkujących, które nie spodziewają się tak intensywnych wrażeń. Jednak to właśnie wskazuje, że pozycja została wykonana poprawnie. Jeśli w początkowym okresie praktyki, wykonując asany, nie odczuwa się dyskomfortu, to oznacza, że są one wykonywane niepoprawnie (dotyczy to ćwiczeń aktywnych, a nie pasywnych).

- **Wyrównanie**
  Ciało fizyczne jest najczęściej asymetryczne. Należy odkryć swoją indywidualną asymetrię i pracować nad nią w pozycjach. To droga do harmonii i równowagi nie tylko ciała fizycznego, ale i umysłu. Jeśli asymetria jest duża, niewiele da się zrobić, dopóki nie zostanie usunięta.
  Zawsze korygujmy błędy w asanach, zanim się w nich zadomowią.

Na koniec bardzo ważna rada. Efektem praktyki jogi musi być zdrowie, niekoniecznie natychmiastowe, bo to niemożliwe do osiągnięcia przy zadawnionych problemach. Jeśli odczuwamy stałe pogorszenie zdrowia i samopoczucia, oznacza to, że coś robimy niepoprawnie. Należy zwrócić się wtedy o pomoc do nauczyciela lub terapeuty.

- **Ból**

  Są dwa określenia bólu odczuwanego w trakcie wykonywania pozycji: ból „dobry" i ból „zły". „Dobry" ból to taki, który występuje podczas wykonywania asany, ale znika po wyjściu z niej. Trzeba nauczyć się go akceptować. Natomiast zły ból to taki, który nie znika później, a nawet utrzymuje się kilka dni po ćwiczeniach albo potęguje się w miarę upływu czasu. Należy nauczyć się rozpoznawać te dwa rodzaje bólu, ale to przychodzi dopiero z czasem. Ból jako taki jest po prostu nauczycielem. Uczy nas, jak powinniśmy wykonywać pozycje oraz jak ich nie wykonywać, czego unikać, gdzie leżą granice naszych możliwości i jak się one zmieniają w miarę postępów w praktyce. Gdyby ból nie istniał, nasze możliwości poznawcze byłyby znacznie mniejsze. W początkowym okresie ćwiczeń nie da się, niestety, uniknąć bólu. Z czasem ból znika i większość asan robi się bardzo przyjemna. Ani ból, ani przyjemność nie są jednak celem praktyki asan.

ASANY KLASYCZNE I PRZYBORY W PRAKTYCE ASAN

W asanach klasycznych nie używa się w zasadzie przyborów. Te asany wymagają już pewnego zaawansowania, a nawet mistrzostwa. Większość z nich jest trudna do wykonania przez przeciętnego człowieka. Do ich opanowania potrzeba wielu godzin praktyki i dużego zaangażowania oraz motywacji. Wyrażają one najlepiej piękno poszczególnych asan. Są ideałem, do którego stopniowo dążymy w normalnej praktyce. Normalnej – czyli niezdeterminowanej stanem zdrowia. Ktoś, kto jest chory w momencie rozpoczynania praktyki, nie powinien myśleć o pozycjach klasycznych, tylko skupić się na własnym procesie uzdrawiania, stosując niezbędne przybory.

Pomoce czy przybory do jogi to narzędzia, które pomagają w określonych okolicznościach wykonać asanę. Te okoliczności to:

- choroba,
- ograniczenie ruchowe adepta,
- okresowe osłabienie i regeneracja po przebytych chorobach.

Wstępne ograniczenia ruchowe występujące u większości ludzi rozpoczynających praktykę asan również wymagają tego, aby chwilowo ich wspomóc i umożliwić tym samym bezpieczne wykonanie pozycji.

Osoby już ćwiczące także odnajdują w przyborach wiele dobrodziejstw. Dzieje się tak przede wszystkim w dwóch przypadkach. W okresach osłabienia i wyczerpania przybory pomagają przyjąć bardziej komfortową pozycję, w której można dłużej trwać i szybciej się zregenerować. Przydatne są także przy okazji uczenia się czegoś nowego – nowej, trudniejszej asany lub nowego sposobu jej wykonania.

Są to najważniejsze czynniki warunkujące użycie przyborów.

W tych okolicznościach nieużycie przyborów oznaczałoby brak korzyści z praktyki asan, co powinno być wystarczająco przekonującym argumentem do ich stosowania.

W każdym innym przypadku użycie pomocy powinno być zasadniczo minimalizowane. Ogólna zasada jest taka, że rezygnujemy z użycia przyboru, kiedy bez jego pomocy osiągamy cel, jaki nam przyświecał. Jednak część osób wykonujących asany z pomocami musi pogodzić się z używaniem ich w mniejszym lub większym stopniu już zawsze, na przykład w ciężkich przypadkach chorobowych, w bardzo późnym wieku, w przypadku kalectwa.

O używaniu konkretnych pomocy oraz o sposobie ich wykorzystania powinien decydować nauczyciel lub terapeuta, zwłaszcza w przypadkach osób początkujących i chorych.

Narzędzia te istniały zawsze, jednak w ograniczonym zakresie. Jogini używali w praktyce różnego rodzaju przedmiotów, aby pomóc sobie w trudnych asanach. Jednak dopiero w XX wieku rozwinęły się one na dobre. W dużej mierze wymusiły to trudne czasy, w których przyszło nam żyć, ale też i fakt, że coraz więcej osób rozpoczyna praktykę asan. Są to często ludzie, którzy już na wstępie potrzebują pomocy, a więc trzeba dostosować dla nich pozycje tak, aby byli w stanie je wykonać. Wiele pomocy zostało opartych na przyborach wykorzystywanych we współczesnej fizjoterapii. Pionierem we wprowadzaniu pomocy do praktyki hatha-jogi był mistrz jogi B.K.S. Iyengar.

TRZYDZIEŚCI PIĘĆ KLUCZOWYCH ASAN

Obecnie większość osób nie ma możliwości, aby poświęcić wiele godzin dziennie na praktykę asan. Praktyka musi zostać dostosowana do realnych potrzeb i możliwości, inaczej będzie dla nas bezużyteczna i nie spełni swojego zadania. W niniejszym opracowaniu znalazło się 35 podstawowych asan, chociaż wraz z wariantami jest ich znacznie więcej. Ich dobór wynika z doświadczenia zebranego przeze mnie w ciągu 10 lat. Obserwacje wykazały, że te konkretne asany i ich opcjonalne warianty całkowicie wystarczają, aby cieszyć się dobrodziejstwami płynącymi z praktyki asan. Wykonując te wybrane pozycje, można całkowicie przećwiczyć ciało pod względem zakresu ruchu w stawach oraz pod kątem ogólnej elastyczności mięśni i ścięgien. Pozycje te są więc całkowicie wystarczające dla utrzymania sprawnego aparatu ruchu. Jednocześnie pomagają zrównoważyć ciało na poziomie układu nerwowego, hormonalnego, ćwiczą narządy wewnętrzne, zaopatrując je w świeżą, utlenowaną krew, przynoszą poczucie wewnętrznego spokoju, a przy tym dają siłę i umiejętność koncentracji. Zostały one precyzyjnie wybrane (i sprawdzone w działaniu) spośród wielu asan wykonywanych najczęściej. Co więcej, pozycje te mają dobre działanie terapeutyczne w przypadku różnorakich schorzeń, co jest nie bez znaczenia dla większości osób rozpoczynających praktykę. Precyzyjne zastosowanie ich prostych wariantów pozwala również na pewien stopień niezależności w rozwiązywaniu problemów zdrowotnych nawet przez osoby, które od niedawna praktykują asany.

Asany te:

- tworzą idealną podstawę do nauki kolejnych, trudniejszych pozycji,
- są kluczowe dla utrzymania zdrowia, a więc dla większości osób zupełnie wystarczające.

Względnie łatwo je wykonać, a z wykorzystaniem przyborów są możliwe do wykonania przez każdego, nawet przez osoby z problemami zdrowotnymi.

TECHNIKI WYKONYWANIA ASAN

UWAGA!

Podane techniki wykonania asan są orientacyjne. W wielu przypadkach muszą być odpowiednio zmodyfikowane, zwłaszcza wtedy, gdy osoba wykonująca ćwiczenia cierpi na jakieś schorzenia. Decyduje o tym nauczyciel lub terapeuta.

TADASANA

Tada oznacza górę. Jest to pozycja, w której staramy się osiągnąć stabilność góry – stan, w którym istnieje doskonała równowaga, w której ciało i umysł nie poruszają się. To kluczowa pozycja stojąca, na której bazują zasadniczo wszystkie asany. Jest ona niezwykle istotna dla poprawnego wykonania innych pozycji, zwłaszcza zaś pozycji odwróconych. Pomaga zrozumieć, na czym polega prawdziwy balans, równowaga w ciele, jak należy poprawnie stać na nogach i jak równoważyć pracę całego ciała, aby uzyskać najlepsze jego wyciągnięcie. *Tadasana* jest asaną powszechnie niedocenianą przez osoby ćwiczące. Prawidłowego i świadomego jej wykonania nie można przecenić. W zasadzie osoby nieznające techniki *tadasany* nie umieją prawidłowo stać na własnych nogach. W ten sposób powstaje wiele problemów zdrowotnych, którym można byłoby zapobiec, gdybyśmy znali *tadasanę*. Powinno się do niej często wracać w praktyce, ponieważ za każdym razem można odkryć w niej siebie na nowo, zauważyć coś, co wcześniej umknęło naszej uwadze. Niestety, osoby, które zaczynają praktykę, na początku nie są w stanie za bardzo skupić się na prawidłowym wykonaniu *tadasany*, ponieważ ich umysły szybko się nużą i popadają w odrętwienie. Dlatego w praktyce prawdziwie głęboka nauka *tadasany* rozpoczyna się dopiero po kilku miesią-

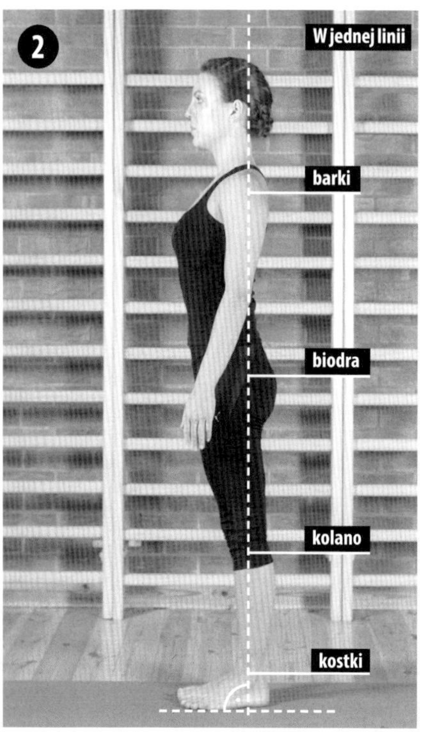

cach ćwiczeń, kiedy przede wszystkim umysł, ale i ciało stały się już nieco bardziej stabilne i nabrały podstawowej umiejętności koncentracji. W *tadasanie* można również wykonywać wiele wariantów rozciągających i wzmacniających obręcz barkową oraz korygować wady postawy.

KORELACJA

Tadasana daje początek wszystkim pozycjom stojącym. Technikę ustawienia ciała w *tadasanie* można zastosować poza nią – w pozycjach odwróconych, pozycjach ze zgięciem kręgosłupa, ale także w pozycjach z wyprostem kręgosłupa czy w pozycjach leżących. Można powiedzieć, że bez umiejętnego wykonania *tadasany* nie może być mowy o dalszych postępach w innych asanach.

KORZYŚCI

- *Tadasana* koryguje niewłaściwą postawę ciała.
- Wzmacnia nogi i kręgosłup.
- Tonizuje mięśnie pośladkowe.
- Rozwija świadomość ciała.
- Uczy, jak zachować równowagę.

OSTRZEŻENIA

Osoby cierpiące na zaburzenia równowagi powinny stać przy ścianie, plecami do niej lub w bliskiej odległości twarzą do niej, trzymając dłonie na ścianie. Kobiety w ciąży powinny stać w *tadasanie* ze stopami na szerokość bioder.

ODDZIAŁYWANIE NA DOSZE

Tadasana jest szczególnie korzystna dla typów vata ze względu na swoje uziemiające oddziaływanie. W ten sposób wprowadza do ich praktyki spokój i stabilność. Osoby o konstytucji pitta też bardzo korzystają z *tadasany* dzięki jej tonizującemu działaniu. Nie powinny zbyt długo wykonywać tej pozycji osoby typu kapha, ponieważ mogą popadać w inercję.

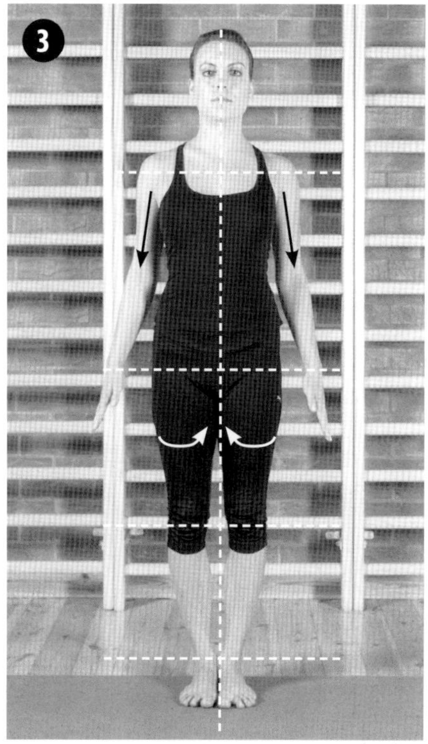

PODSTAWOWA POZYCJA

Stań ze złączonymi stopami (**fot. 1**). Możesz rozłączyć same pięty na odległość około dwóch–trzech centymetrów. Podnieś palce stóp i rozszerz je maksymalnie, rozciągnij przy tym również całe podeszwy stóp. Wysklep łuki stóp. Chodzi o to, żeby stopy, na których opiera się całe ciało, były aktywne, mocne, a skóra ich podeszew całkowicie rozciągnięta. Można to sobie dodatkowo ułatwić, podnosząc po kolei obie stopy i stojąc wyłącznie na pięcie, rozszerzyć palce, rozciągnąć podeszwę stopy i taką rozciągniętą stopę położyć na ziemi.

Następnie rozmieść cały ciężar ciała równo na lewej i prawej stopie, a później między nasadami palców a piętami. To bardzo ważne, gdyż większość

ŹLE

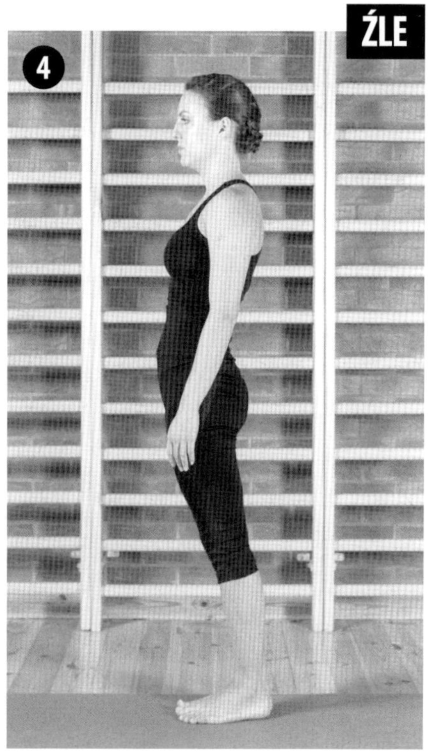

5

6

7

8

9

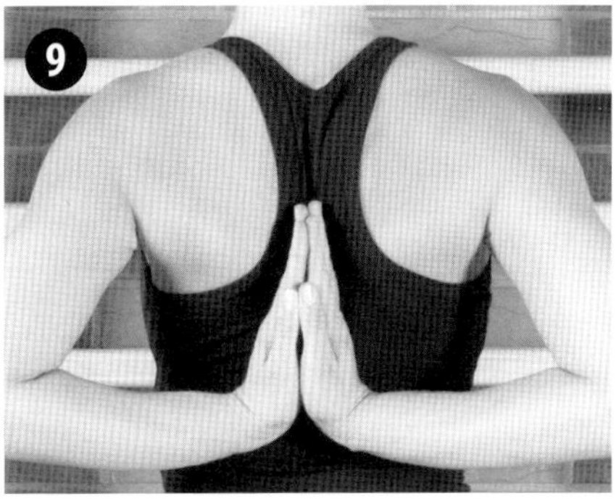

10

11

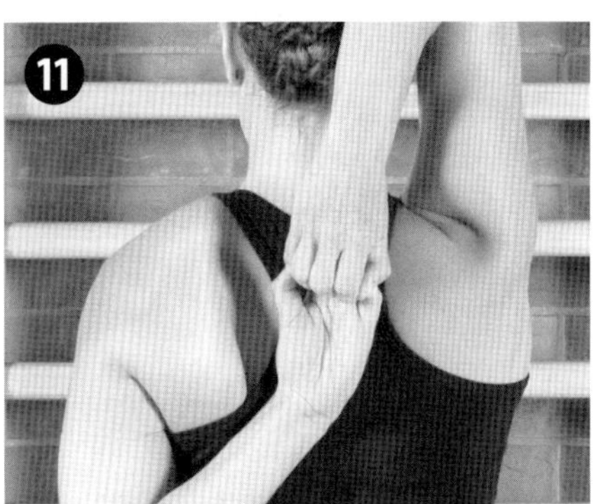

osób w ogóle nie zdaje sobie sprawy z tego, że stoi nierówno na stopach, nawet gdy stoi już w *tadasanie*. Najczęściej popełniany przy tym błąd to tak zwany banan (**fot. 4**). Stanie za bardzo na przodach stóp wywołuje przeciążenie kręgosłupa lędźwiowego i w efekcie ból. Kiedy taki wzorzec postawy jest utrwalony w codziennym życiu, może sprzyjać zmianom degeneracyjnym w obrębie odcinka krzyżowo-lędźwiowego kręgosłupa. Staraj się tak ustawić ciężar ciała, aby stać zdecydowanie na piętach i od nich budować pozycję. Następnie napnij mięśnie przodów ud, zaciskając całkowicie rzepki kolanowe. Skręć uda do wewnątrz tak, aby przednie części stawów kolanowych były skierowane dokładnie w przód. Teraz ustaw miednicę jak najbardziej pionowo (zmniejsz przodopochylenie), kierując kość ogonową jak najbardziej do przodu (**fot. 2**). Ruch ten ma za zadanie zmniejszyć lordozę lędźwiową (wypukłość kręgosłupa ku przodowi w płaszczyźnie strzałkowej) i napięcie w tej części pleców. Jednak nie zaciskaj mięśni pośladkowych. Wyciągnij boki tułowia i podnieś mostek do góry. Otwórz klatkę piersiową i poczuj przestrzeń w jej obrębie. Opuść ramiona w dół i wciągnij łopatki do klatki piersiowej, nie zbliżając ich przy tym do siebie (nie ściągaj łopatek). Same ramiona możesz pozostawić rozluźnione lub napięte. Oba warianty są dopuszczalne. Nie powinieneś odczuwać napięcia w okolicy górnej części mięśnia

12

13

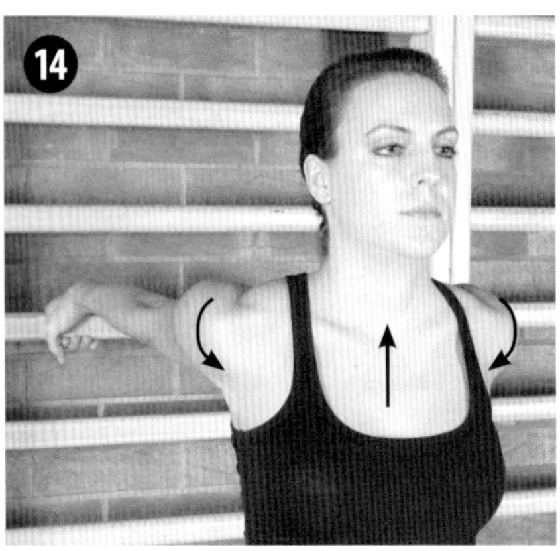
14

ŹLE
15

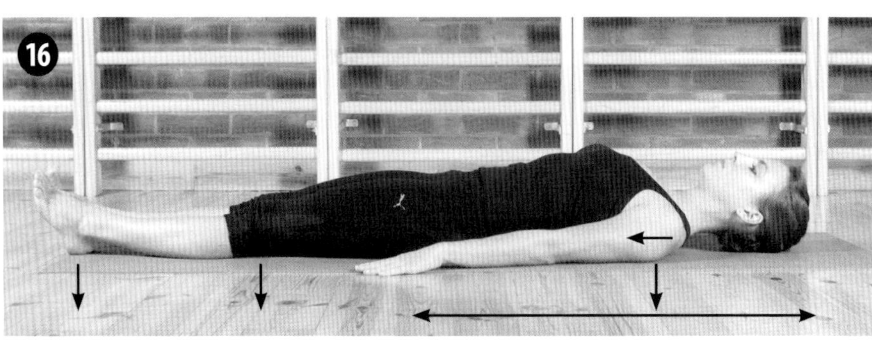
16

czworobocznego i w rejonie szyi. Rozluźnij mięśnie twarzy i oczy. Patrz przed siebie i oddychaj spokojnie i głęboko. Odczuj równomierne wyciągnięcie od stóp po czubek głowy (**fot. 3**).

Naucz się odważnie balansować w tym ustawieniu, czasami nawet na granicy upadku do tyłu. Wiele osób boi się stać prosto w ten sposób, co prowadzi właśnie do wady postawy w *tadasanie*. Nie ma się czego bać. Jest to kwestia świadomości, aby nauczyć się właściwego wykonywania pozycji. Możesz w tym celu oprzeć się o ścianę, aby zrozumieć, w jaki sposób należy wyciągać kręgosłup (**fot. 5**).

WARIANTY

- ***Tadasana* z rękami w górze – *urdhva hastasana* (fot. 6)**
  Podnieś ramiona do góry, ale nie podnoś barków. Szyja powinna być długa. Dlatego opuść łopatki w dół, odsuń je od linii kręgosłupa i wciągnij do klatki piersiowej. Aby ułatwić sobie ten ruch, staraj się odkręcać ramiona na zewnątrz.
- ***Tadasana* z rękami w górze i splecionymi palcami – *urdhva baddhangullyasana* (fot. 7)**
- ***Paschima Namaskarasana* (fot. 8, fot. 9)**
- ***Gomukhasana* (fot. 10, fot. 11)**
- **Rozciąganie barków w *tadasanie* (fot. 12, fot. 13, fot. 14)** – pozycja właściwa, **(fot. 15)** – pozycja niewłaściwa: barki w górze, łopatki ściągnięte
- ***Tadasana* na leżąco (fot. 16)**

CZEGO NIE ROBIĆ

Fot. 4 – barki i klatka piersiowa zapadnięte, kolana ugięte

DODATKOWE RADY I WSKAZÓWKI

Stojąc w *tadasanie*, wyobraźmy sobie, że stoimy na głowie. Zasada równowagi, na której opiera się *tadasana*, jest dokładnie taka sama jak w *sirsasanie*.

INSPIRACJA

Zegnij jedną nogę, umieść piętę wysoko u nasady uda i stań na drugiej nodze. Wyciągnij ramiona w bok, skręć wnętrze dłoni do sufitu i podnieś ręce do góry. To jest *vrksasana,* czyli pozycja drzewa.

UTTHITA TRIKONASANA

Utthita oznacza rozciągnięty, *trikona* – trójkąt. Jest to więc pozycja rozciągniętego trójkąta, jedna z najpiękniejszych i najbardziej uniwersalnych pozycji w hatha-jodze. Z jej wykonywania korzyści czerpią osoby zarówno początkujące, jak i zaawansowane. Osoby początkujące odczuwają w *trikonasanie* głównie rozciąganie nóg i miednicy (bioder). Dla osób zaawansowanych jest to pozornie łatwa pozycja, z której wykonywania nie powinny jednak rezygnować, ponieważ daje ona lepszy wgląd w siebie i własną praktykę. Jest to asana, która wspaniale przygotowuje do wykonywania innych, trudniejszych pozycji. Każde jej powtórzenie w trakcie sesji jogi daje uczucie przestrzeni i lekkości. Odkrywanie nowych aspektów tej pozycji to praca na wiele lat nawet dla zaawansowanych adeptów.

KORELACJA

Utthita trikonasana przygotowuje do wykonywania innych asan stojących, a przede wszystkim *utthita parsva konasany, ardha candrasany i utthita hasta padangusthasany II*. Otwierając biodra przygotowuje do *supta padangusthasany* oraz wszelkich pozycji w siedzeniu, również tych ze zgięciem kręgosłupa.

KORZYŚCI

- *Trikonasana* rozciąga mięśnie i ścięgna podkolanowe, zwiększa elastyczność stawów biodrowych.
- Wzmacnia mięśnie przodów ud i kolana.
- Daje poczucie stabilności i równowagi fizycznej oraz umysłowej.
- Rozciąga i wzmacnia mięśnie pleców.
- Tak jak wszystkie pozycje stojące, znacznie wzmacnia stawy skokowe, zapewniając im optymalną stabilność.
- Wszechstronnie poprawia trawienie.
- Likwiduje ból pleców i rwę kulszową, tonizuje kręgosłup i mięśnie pleców.
- Jest szczególnie użyteczna dla osób ze skoliozą i dyskopatią.

OSTRZEŻENIA

Nie wykonuj *trikonasany*, gdy boli cię głowa. Kiedy masz kłopoty z utrzymaniem fizycznej równowagi, zawsze stawaj plecami przy ścianie. Nie wolno skręcać szyi i patrzeć do góry, jeśli masz nadciśnienie lub zwyrodnienia kręgów szyjnych. W takiej sytuacji możesz patrzeć w ziemię. Jeśli odczuwasz rozrywający ból pod kolanem lub po wewnętrznej stronie uda nogi, którą rozciągasz, nie forsuj! Zrób pozycję w mniejszym zakresie i daj sobie więcej czasu na osiągnięcie większego zakresu ruchu w asanie. Pamiętaj, że regularne ćwiczenia są ważniejsze od chwilowych zrywów. Dzięki regularności osiągniesz to, co chcesz osiągnąć w pozycji, jednak bez kontuzji i urazów. Jest pewna grupa osób, które w tej pozycji zawsze naciągają sobie ścięgna podkolanowe, a to za każdym razem oznacza niemożność kontynuowania praktyki przez pewien czas.

ODDZIAŁYWANIE NA DOSZE

Utthita trikonasana równoważy trzy dosze, a więc jej regularne wykonywanie jest korzystne dla wszystkich typów konstytucyjnych, ale zwłaszcza dla typów vata.

PODSTAWOWA POZYCJA

Stań w *tadasanie*. Rozszerz nogi na szerokość mniej więcej taką, aby odległość między stopami odpowiadała długości twojej nogi. Później możesz ewentualnie tę odległość zmniejszyć lub zwiększyć, w zależności od potrzeb. Unieś ramiona równolegle do ziemi (**fot. 1**). Rozciągnij je i napnij mięśnie. Utrzymuj łopatki rozszerzone względem siebie i wciągnięte w głąb pleców (**fot. 2** – dobrze, **fot. 3** –źle).

1

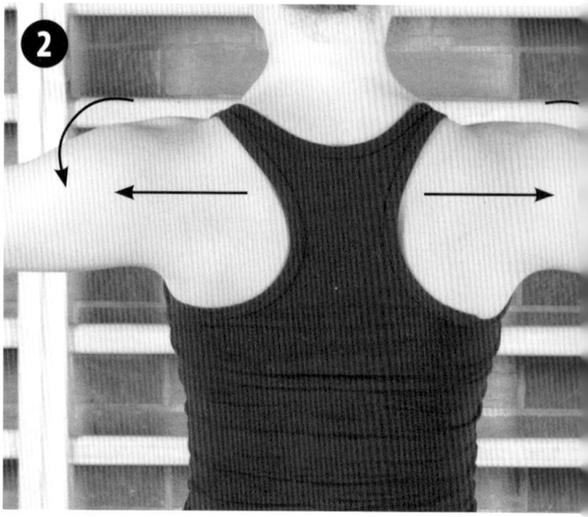
2

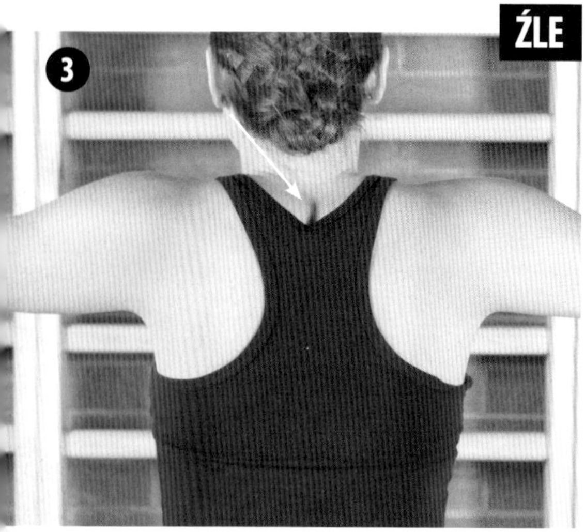
ŹLE
3

4

5

6
różnica

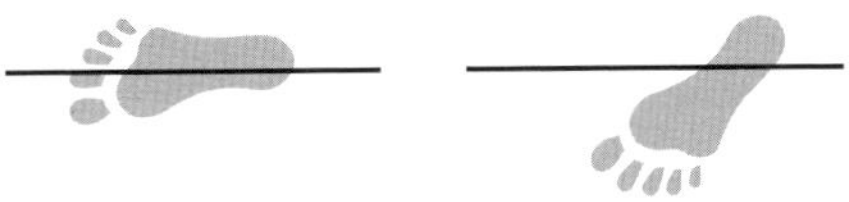

Skręć najpierw lewą stopę nieznacznie do wewnątrz, a następnie prawą 90 stopni na zewnątrz (**fot. 4**). To jest pozycja wyjściowa.

Pilnuj tego, aby stopy pozostały odpowiednio ustawione względem siebie.

Jednocześnie napnij mięśnie przodów ud (mięsień czworogłowy uda) tak, aby rzepki kolanowe zostały podciągnięte do góry i zdecydowanie wciągnięte w głąb stawu. Zrotuj udo na zewnątrz tak, aby rzepka kolanowa została skierowana dokładnie w tę stronę, w którą jest skierowany duży paluch prawej stopy. Jest to ważne dla całej pozycji i wymaga dużo pracy oraz uwagi na początku, tak jak samo napięcie mięśnia czworogłowego uda.

Utrzymując tę pracę ramion i nóg, zrób wydech i pochyl tułów w bok (w płaszczyźnie czołowej), wyciągając intensywnie jego prawą część – dolny prawy bok (**fot. 5**). Cały czas rotuj przy tym prawe udo na zewnątrz i staraj się, aby prawy mięsień pośladkowy przylegał do kości biodrowej. Zwróć uwagę na zmianę wysokości stawów biodrowych w stosunku do siebie i ich ustawienie względem płaszczyzny pozycji w trakcie dochodzenia do niej (**fot. 6**). Prawy staw biodrowy znajduje się bliżej ziemi niż lewy. Jest on również bar-

dziej cofnięty względem przedniej płaszczyzny pozycji. Lewy staw jest bardziej wysunięty do przodu.

Główny mechanizm działania pozycji opiera się właśnie na pracy miednicy. Praca ta ma na celu umożliwienie prawidłowego rozciągnięcia kręgosłupa.

Dolny bok w *trikonasanie* powinien być rozciągnięty tak jak górny.

Teraz połóż prawą dłoń na prawej łydce lub kostce. Lewa może jeszcze pozostać na biodrze, dopóki nie otworzysz klatki piersiowej (**fot. 7**). Na tym etapie powinny również zatrzymać się osoby mające problemy z sercem, nadciśnieniem i zwyrodnieniami kręgów szyjnych (patrz wariant **fot. 8**). Następnie wyciągnij ramię pionowo do góry, rozciągając ramiona tak jak w pozycji wyjściowej (**fot. 9**). Łopatki powinny oddalać się od siebie i być wciągnięte w głąb pleców. To jest właściwa pozycja.

Trwaj w niej, oddychając spokojnie i nie napinając brzucha. Szczególną uwagę zwróć na to, aby utrzymać rotację tułowia na zewnątrz. Jeżeli nie masz problemów z kręgosłupem szyjnym i ciśnieniem krwi, możesz skręcić szyję i spojrzeć w górę na kciuk (**fot. 10**). Wykonaj wdech i podnieś się do pozycji wyjściowej. Powtórz pozycję na drugą stronę.

DODATKOWE RADY I WSKAZÓWKI

Odnajdź środek ciężkości w pozycji. Nie obciążaj zanadto nogi, na którą wykonujesz w danym momencie pozycję. Zamiast tego przesuń ciężar bardziej w kierunku drugiej nogi, zwiększając docisk pięty tej stopy.

Naucz się równoważyć pracę nóg. Kiedy wykonujesz asanę na jedną stronę, porównaj odczucia, które płyną z ciała, a przede wszystkim z nóg i miednicy, z odczuciami, jakie masz, wykonując pozycję na drugą stronę. Staraj się usuwać odczuwaną asymetrię przez intensywniejszą pracę w kierunku strony sztywniejszej i słabszej (wyrównanie).

WARIANTY

- ***Utthita trikonasana* z ręką na klocku (fot. 11, fot. 12)**
  Ten wariant jest bardzo korzystny, pozwala popracować nad lepszym otwarciem stawów biodrowych i dokładniejszą pracą nóg.
- ***Utthita trikonasana* z ramieniem wokół talii (fot. 13)**
  Ten wariant jest bardzo dobry dla tych, którzy cierpią z powodu sztywnych stawów obręczy barkowej i kręgosłupa. Pozwala on lepiej otworzyć klatkę piersiową. Korzystnie działa na osoby mające problemy z sercem.
- ***Utthita trikonasana* przy drabinkach**
  Wariant szczególnie korzystny dla osób mających problemy z kręgosłupem.
  Fot. 14 – wariant polecany szczególnie przy przemęczeniu, proble-

mach z równowagą i w czasie ciąży.

Fot. 15 – pomaga w lepszym rozszerzeniu klatki piersiowej.

Fot. 16 – szczególnie polecany w skoliozach.

- ***Utthita trikonasana* z ręką za głową**

  Fot. 17 – wariant pozwalający lepiej rozciągnąć górny bok.

CZEGO NIE ROBIĆ

Fot. 18

VIRABHADRASANA II

Virabhadra to imię potężnego wojownika, emanacji Sziwy. Wojownik ten, według mitu, był niezwykle silny i miał ogromną moc niszczenia. Jego imię nosi cykl trzech pozycji. Nazwa bardzo dobrze odzwierciedla naturę tych asan. Adept styka się w nich bezpośrednio ze swoją słabością zarówno cielesną, jak i mentalną. *Virabhadrasana II* jest jedną z pozycji cyklu. To dość wymagająca pozycja, prawdziwe wyzwanie dla osoby początkującej. Wymaga zarówno siły, jak i elastyczności. Potrzeba też dużo silnej woli, aby pokonać w niej własną słabość. Intensywnej pracy nóg towarzyszy skoordynowana praca tułowia i ramion. Na początku stanowi to dużą trudność. Z kolei w późniejszym etapie praktyki wyzwaniem staje się dłuższy czas trwania w asanie bez utraty jakości jej wykonania.

KORELACJA

Virabhadrasana II otwiera cykl pozycji z kątem prostym. Uczy, jak należy rozstawiać stopy w tych pozycjach. Przygotowuje do wszystkich pozycji, w których rozciągane są biodra. Przygotowuje do *utthita parsva konasany, virabhadrasany I.*

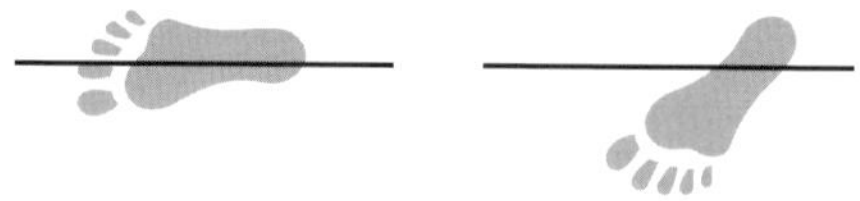

Dzięki otwarciu bioder ułatwia wykonanie wszystkich pozycji wymagających wstępnego rozciągnięcia tej okolicy ciała.

KORZYŚCI

- *Virabhadrasana* wzmacnia nogi i rozciąga biodra.
- Dzięki intensywnej pracy ramion klatka piersiowa rozciąga się i płuca mogą przyjąć więcej tlenu.
- Umysł staje się bardziej stabilny i przygotowuje do bardziej wymagających pozycji.

OSTRZEŻENIA

Osoby z problemami z sercem nie powinny zbyt długo wykonywać pełnej pozycji, czyli pozycji z rozciągniętymi ramionami. Przy obrzękach kolan i po kontuzjach tych stawów należy wykonywać pozycję bardzo ostrożnie, zwracając uwagę na utrzymanie odpowiedniego dystansu między stopami. Kolano zgiętej nogi nie powinno wyjść poza pionową płaszczyznę wyznaczoną przez staw skokowy, kolano i biodro nogi zginanej.

ODDZIAŁYWANIE NA DOSZE

Virabhadrasana II jest doskonała dla typów kapha, dobra dla vata oraz odpowiednia dla pitta. Osoby o konstytucji kapha zyskują w niej potrzebną dawkę stymulacji, osoby vata uzyskują zarazem elastyczność i siłę oraz niezbędne dla nich uziemienie, typy pitta rozciągną biodra, co wywiera na nich kojący wpływ. Jednak pitta powinny uważać na swoją ambicję i nie wykonywać pozycji zbyt długo, aby nie doprowadzić do przegrzania.

PODSTAWOWA POZYCJA

Stań w szerokim rozkroku. Odległość pomiędzy stopami powinna być na tyle duża, aby można było zgiąć nogę pod kątem prostym. U każdego człowieka jest to nieco inna odległość, zależna od wzrostu i proporcji w kończynach. Podstawowa zasada jest taka, że po dojściu do pozycji przednia część goleni nogi zgiętej powinna być w pozycji pionowej. Wyciągnij ramiona w bok i rozszerz klatkę piersiową, tak jak w pozycji wyjściowej do *trikonasany* (**fot. 1**). Skręć lewą stopę nieznacznie do wewnątrz, a następnie skręć prawą stopę na zewnątrz o 90 stopni (**fot. 2**). Jednocześnie postaraj się zrotować prawe udo na zewnątrz, dokładnie tak jak w pozycji trójkąta. W czasie skręcania stopy i uda staraj się nie skręcać ramion, tak aby cały czas pozostawały w jednej płaszczyźnie. Zrób kilka spokojnych oddechów w tej pozycji. Następnie zrób wydech i zegnij prawą nogę do kąta prostego (**fot. 3**). Niestety, najczęściej nie jest to od razu możliwe z po-

ŹLE

wodu sztywnych stawów biodrowych. Nie przejmuj się tym, tylko wykonuj pozycję właściwie. Na skutek regularnej i uważnej praktyki na pewno uda się rozciągnąć biodra. Przede wszystkim pamiętaj, że najważniejsza jest jakość, a nie ilość. Naucz się więc właściwie zginać kolano (**fot. 4**). Chodzi o to, żeby nie kierować kolana do wewnątrz, wychodząc poza płaszczyznę pozycji, co jest niedopuszczalne (**fot. 5**). Uważnie śledź ruch zginania kolana i pilnuj, aby staw skokowy, kolano i staw biodrowy prawej nogi pozostawały cały czas w jednej płaszczyźnie. W tym czasie twój lewy staw biodrowy powinien być nieznacznie przesunięty do przodu. To nie jest błąd. Mięsień czworogłowy lewego uda utrzymuj w całkowitym napięciu przez cały czas dochodzenia i trwania w pozycji. Jednocześnie staraj się robić to w nodze zgiętej – odciąża to powierzchnie stawowe w stawie kolanowym. Zginaj kolano dalej, aż poczujesz opór (rozciąganie) w biodrach. Będzie to znak, że osiągnąłeś granicę swoich możliwości w tej pozycji. Wtedy zatrzymaj się i obserwuj, oddychając spokojnie, co dzieje się w twoim ciele. Następnie zrób wdech, wyjdź z pozycji i wykonaj ją na drugą stronę. Nigdy nie rozluźniaj mięśnia czworogłowego zgiętej nogi.

WARIANTY

- **Fot. 6, fot. 7** – warianty dla początkujących, pozwalające zrozumieć, na czym polega praca nóg i miednicy w pozycji.
- **Fot. 8** – wariant pozwala na naukę prawidłowego równoważenia tułowia i ramion w pozycji, eliminuje błąd pokazany na **fot. 9**.

CZEGO NIE ROBIĆ

Fot. 9, fot. 10

DODATKOWE RADY I WSKAZÓWKI

Pokonywanie blokad oznacza konfrontację. Taka jest hatha-joga. Pokonuj stopniowo swoje ograniczenia. Rozciąganie bioder w tej pozycji oznacza intensywną pracę i na koniec pełniejsze wykonanie, niż wydaje ci się, że jest dla ciebie wykonalne. To szybko przynosi efekty.

UTTHITA PARSVA KONASANA

Utthita oznacza rozciągnięty, *parsva* – bok, *kona* – kąt. W tej pozycji rozciągamy bok, zginając nogę do kąta prostego. Ta pozycja stanowi naturalną konsekwencję pozycji trójkąta. Jednak praca bioder jest podobna jak w *virabhadrasanie II*. Dlatego zanim wykonasz *parsva konasanę*, zrób dobrze *virabhadrasanę II*. Ma to kluczowe znaczenie dla całej pozycji. Pozycja kąta jest doskonała i piękna, a osoba ją wykonująca w sposób symboliczny łączy ziemię i niebo. To dość trudna pozycja dla osób zupełnie początkujących, tak jak wszystkie pozycje z kątem prostym. Również dla osób zaawansowanych stanowi ona często dość duże wyzwanie mentalne, kształtując siłę woli.

KORELACJA

Utthita parsva konasana powinna być wykonywana dopiero po zrozumieniu podstawowych zasad rządzących *trikonasaną* i *virabhadrasaną II*. Razem z innymi pozycjami stojącymi przygotowuje biodra i nogi do poprawnego wykonania pozycji siedzących, zwłaszcza *baddha konasany, upavistha konasany* i *sukhasany*. Przygotowuje kręgosłup do skrętów i wyprostów oraz pozycji odwróconych.

KORZYŚCI

- *Parsva konasana* jest niezastąpioną pozycją rozciągającą biodra i kręgosłup.
- Wzmacnia kończyny dolne od stóp po stawy biodrowe.
- Daje dobre efekty w leczeniu dyskopatii i skolioz.
- Wzmacnia i uelastycznia kręgosłup.
- Wzmacnia mentalnie, kształtując siłę woli.

OSTRZEŻENIA

Pełnej pozycji nie powinny wykonywać zbyt długo osoby z osłabionym sercem. Osoby z obrzękami kolan powinny stosować się do ostrzeżeń zawartych w *virabhadrasanie II*. Poza tym jest to bezpieczna pozycja.

ODDZIAŁYWANIE NA DOSZE

To bardzo dobra asana tonizująca trzy dosze. Typy vata zyskują w niej elastyczność i siłę, typy pitta, rozciągając biodra, usuną nadmiar ciepła z ciała. Pitta powinny jak zwykle uważać, aby nie ćwiczyć zbyt intensywnie i nie trwać zbyt długo w asanie.

Typy kapha, wykonując *parsva konasanę*, uzyskują odpowiednio intensywną stymulację i dodatkową porcję świeżej energii.

PODSTAWOWA POZYCJA

Stań w rozkroku i postępuj dokładnie tak, jak przy wykonaniu *virabhadrasany II*.

Wykonaj tę pozycję (**fot. 1**), a następnie z wdechem pochyl się w prawo i wyciągnij dolny bok (**fot. 2**). Połóż prawą dłoń po zewnętrznej stronie prawej stopy w okolicy kostki. Schowaj wystający prawy pośladek. Teraz zrób wydech i wykonaj rotację tułowia na zewnątrz. Cofnij lekko głowę tak, aby ustawiła się w osi kręgosłupa. Prawe kolano powinno docisnąć mocno do wewnętrznej strony prawego ramienia. Po wyciągnięciu dolnego boku przenieś lewe ramię do tyłu, zrotuj je na zewnątrz tak, aby dłoń była skierowana do góry (**fot. 3**). Wtedy zrób wdech i przenieś ramię za głowę (**fot. 4**). To jest właściwa pozycja. Aby wyjść z pozycji, zrób wdech i wstań do pozycji wyjściowej, którą jest pozycja wyjściowa do *virabhadrasany II.* Powtórz pozycję na drugą stronę.

DODATKOWE RADY I WSKAZÓWKI

Kiedy masz problem ze sztywnym pasem barkowym i kręgosłupem, po wykonaniu pierwszej fazy dochodzenia do pozycji (**fot. 1**) zatrzymaj się w wariancie z (**fot. 5**). Utrzymaj tę przejściową pozycję tak długo, jak czujesz, że jest ci to potrzebne. W przypadku gdy biodra, kręgosłup i pas barkowy są bardzo sztywne,

możesz w zasadzie skupić się na trwaniu w tej pozycji. Wtedy nie wykonuj dalszych faz. Jeżeli nie odczuwasz takich ograniczeń, możesz po wyciągnięciu dolnego boku położyć końce palców prawej ręki po wewnętrznej stronie prawej stopy (**fot. 6**), a lewe ramię wyciągnij pionowo nad głową (**fot. 7**). Ta sekwencja wykonania pozycji jest szczególnie przydatna dla osób początkujących.

WARIANTY

- ***Utthita parsva konasana* z ręką na klocku (fot. 8)** – jest to wariant korzystny dla kobiet w ciąży i osób początkujących.
- ***Utthita parsva konasana* przy drabince (fot. 9)** – dla osób, które mają problem z równowagą, dla osób przemęczonych, ze sztywnym kręgosłupem i barkami. **Fot. 10** – podobnie jak odpowiedni wariant *trikonasany* pomaga lepiej otworzyć klatkę piersiową i dodatkowo rozciągnąć biodra.

CZEGO NIE ROBIĆ

Fot. 11

VIRABHADRASANA I

Virabhadrasana I jest pierwszą pozycją z cyklu wojownika. Jednak lepiej poznać najpierw *virabhadrasanę II*. Dzięki wyciągnięciu ramion do góry i dość intensywnemu otwieraniu klatki piersiowej pozycja ta działa intensywniej niż druga pozycja z cyklu. W *virabhadrasanie* I łączy się kilka istotnych ruchów ciała, które stosuje się w wielu innych, trudniejszych asanach. Jej wykonywanie daje więc niezbędne podstawy do pracy w różnych pozycjach nie tylko osobom początkującym, ale i zaawansowanym. Stabilność i siła, jaką zyskuje się dzięki praktyce *virabhadrasany*, jest bardzo pomocna w dalszej praktyce hatha-jogi.

KORELACJA

W tej pozycji ciało i umysł są przygotowywane do wykonania trudniejszych pozycji, zwłaszcza stojących, wymagających więcej siły i wyostrzonego zmysłu równowagi. Dzięki specyficznej pracy nóg, miednicy, kręgosłupa i ramion *virabhadrasana I* doskonale przygotowuje do wykonania pozycji z wyprostem kręgosłupa, takich jak *bhujangasana, ustrasana, urdhva dhanurasana.*

KORZYŚCI

- *Virabhadrasana I* pogłębia zakres ruchu w stawach obręczy barkowej, otwiera doły pachowe, usuwa sztywność okolicy łopatek i szyi. Rozciąga i otwiera klatkę piersiową i uelastycznia mięśnie międzyżebrowe. Człowiek zyskuje swobodę oddechu.
- Intensywne rozciąganie przedniej części stawów biodrowych i mięśni przodów ud tonizuje kończyny dolne i efektywnie poprawia krążenie w nich.
- Tonizowane są tutaj też narządy jamy brzusznej, wzmacniany jest pęcherz i korygowane lekkie przemieszczenia macicy.
- Tak jak i inne pozycje stojące, pozycja ta przynosi ulgę w zaburzeniach miesiączkowania, jeśli nie jest wykonywana w czasie menstruacji.
- Wzmacniane są w niej mięśnie pleców.

OSTRZEŻENIA

Nie powinno się wykonywać tej pozycji przy problemach z sercem. W takim przypadku można ewentualnie wykonać ją w zmodyfikowanych wariantach, np. z rękoma na biodrach lub z dłońmi na ścianie. To samo dotyczy osób z nadciśnieniem tętniczym. Osoby z dyskopatią lędźwiową powinny skupić się na dokładnym ustawieniu miednicy, niezaciskaniu pośladków i bardzo intensywnym wyciąganiu boków tułowia. Chodzi o jak najlepsze otwarcie klatki piersiowej i rozciągnięcie kręgosłupa, aby zapobiec kompresji dolnego odcinka kręgosłupa, a co za tym idzie – bólowi. Jeśli tego rodzaju korekty nie pomagają, należy zwrócić się po dalsze wskazówki do nauczyciela.

ODDZIAŁYWANIE NA DOSZE

Virabhadrasana I usuwa skutecznie nadmiar tamasu. Wprowadza gunę satwy przez interwencję radżasu. Innymi słowy letarg i odrętwienie są efektywnie usuwane i zastępowane świeżością oraz rześkością. Jest to bardzo dobra pozycja dla typów kapha, dobra dla typów vata i dość korzystna dla typów pitta. Jednak typy vata i pitta nie powinny jej wykonywać zbyt długo.

PODSTAWOWA POZYCJA

Stań w szerokim rozkroku, takim jak do pozycji z kątem prostym. Wyciągnij ramiona w bok i rozszerz je, maksymalnie rozciągając klatkę piersiową. Skręć dłoń do sufitu i z wdechem podnieś ramiona do góry tak, aby były one równoległe do

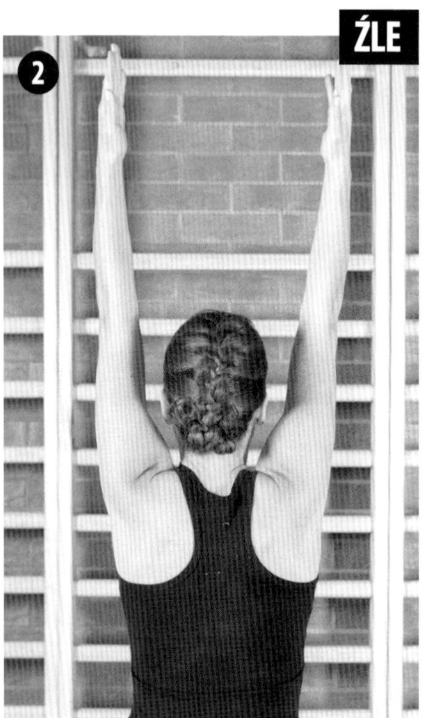

siebie (**fot.** 1). To jest pozycja wyjściowa. Nie napinaj szyi – tak się dzieje, kiedy unosisz barki do góry i zbliżasz wewnętrzne strony ramion do uszu (**fot. 2** – źle). Zamiast tego ściągnij łopatki w dół, rozszerz je i wciągnij do klatki piersiowej, rotując jednocześnie ramiona na zewnątrz (**fot. 3** – dobrze). Teraz skręć lekko lewą stopę do wewnątrz, potem prawą 90 stopni na zewnątrz. Skup się na dokładnym skręceniu lewej nogi do wewnątrz (**fot. 4**). Zrób to najpierw przez podniesienie lewej pięty do góry, później dokładnie skręć prostą lewą nogę do wewnątrz i na koniec całego procesu sięgnij piętą jak najniżej do ziemi, prostując dodatkowo silnie nogę w stawie kolanowym. Pięta nie dotknie do podłoża w tej pozycji, ale powinieneś poczuć teraz rozciąganie w tyle lewej łydki, tak jak w przodzie lewego uda i lewym biodrze. To jest podstawa do dalszego prawidłowego wykonania pozycji. Zatrzymaj się na kilka oddechów. Rozmieść ciężar ciała równo pomiędzy stopami. Zrób głęboki wdech, otwórz i rozciągnij intensywnie klatkę piersiową z każdej strony, tj. z przodu, z tyłu, z lewej i z prawej strony. Zrób wydech i powoli opuść biodra w dół, zginając prawe kolano, cały czas utrzymując lewą nogę prostą w kolanie i lewą

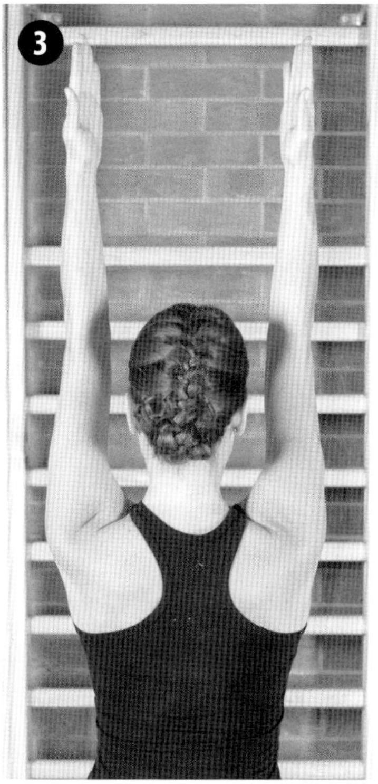
3

4
mostek do góry

5

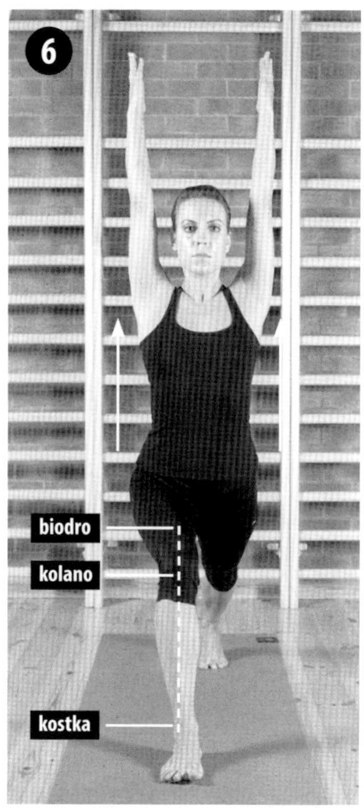
6
biodro
kolano
kostka

piętę maksymalnie blisko ziemi (**fot. 5**). Obserwuj pracę prawej nogi, pilnując, aby wewnętrzna krawędź prawego uda była skierowana dokładnie do przodu. Patrząc z góry na swoją prawą nogę powinieneś widzieć, że biodro, kolano i kostka znajdują się w jednej płaszczyźnie (**fot. 6**). Zejdź tak nisko, jak możesz i zatrzymaj się w pozycji, w której jesteś w stanie odczuwać swoje ciało i dostrzegać to, co się w nim dzieje. Oddychaj spokojnie, aczkolwiek na początku może to być dla ciebie bardzo trudne. Jeżeli nie masz problemów z ciśnieniem i czujesz, że masz dobrą równowagę w pozycji, możesz odchylić głowę do tyłu (**fot. 7**). Następnie zrób wdech, powróć do pozycji wyjściowej i wykonaj asanę na drugą stronę.

WARIANTY

- **Fot. 8** – wariant dla osób początkujących i z problemami z układem krążenia.
- **Fot. 9** – wariant uczy prawidłowego równoważenia tułowia w pozycji – tułów powinien znajdować się mniej więcej po kątem 90 stopni do podłoża.
- **Fot. 10** – wariant przygotowujący do wykonania trudniejszej pozycji – *virabhadrasany III* – silnie wzmacnia kręgosłup i mięśnie pleców.

DODATKOWE RADY I WSKAZÓWKI

Jeśli chcesz zwiększyć rozciąganie klatki piersiowej i wyprost kręgosłupa, zanim zegniesz nogę do kąta prostego, maksymalnie cofnij ramiona. Połącz ruch wyciągania ramion oraz ich cofania (zginania w stawie ramiennym), rozciągania boków tułowia i prostowania tylnej nogi wraz z jej wewnętrzną rotacją. Otrzymasz wtedy dobry obraz tego, co dzieje się z ciałem w pozycjach z wyprostem kręgosłupa (w skłonach do tyłu), takich jak *ustrasana, urdhva dhanurasana, dhanurasana.*

CZEGO NIE ROBIĆ

Fot. 11

ARDHA CANDRASANA

Ardha oznacza pół, *candra* – księżyc. Jest to więc pozycja półksiężyca. *Ardha candrasana* jest w zasadzie pozycją tonizującą, chociaż wiele osób uważa ją na początku za trudną do wykonania i męczącą. W pozycji tej łączą się dwie funkcje – rozciąganie i balansowanie. Dzieje się to w specyficzny sposób, który nie przynosi przegrzania, ale właśnie schładza, zwłaszcza jeśli półksiężyc wykonywany jest przy ścianie. Energia księżycowa ma kojąco-łagodzącą moc.

KORELACJA

Ardha candrasana wyłania się naturalnie z utthita *trikonasany*, jednak w inny sposób niż *virabhadrasana II* i *utthita parsva konasana*. W tej pozycji natura ruchu występująca w *trikonasanie* jest maksymalnie pogłębiana. Dlatego półksiężyc pozwala lepiej wykonać *trikonasanę*.

KORZYŚCI

- *Ardha candrasana* uczy zachowania równowagi na każdym poziomie.
- Rozciąga ścięgna podkolanowe, zwiększa zakres ruchu w stawach biodrowych i wzmacnia mięśnie przodów ud. Jest więc bardzo dobra dla osób mających problemy z kolanami.
- Rozluźnia mięśnie brzucha i jamę brzuszną, jest doskonałą pozycją dla kobiet mających problemy z menstruacją.
- Na poziomie mentalnym daje zaufanie do siebie i wiarę we własne siły.
- Tonizuje cały kręgosłup, łagodząco działa zwłaszcza na bóle odcinka krzyżowo-lędźwiowego.
- Jest bardzo korzystna przy rwie kulszowej.
- Pomaga przy przemieszczeniu macicy.

OSTRZEŻENIA

Nie wykonuj tej pozycji, jeśli boli cię głowa i jesteś przemęczony. Jeśli masz kontuzję ścięgien podkolanowych, nie wykonuj pełnej pozycji, rób ją przy ścianie i z ręką na klocku. Jeśli to nie pomaga, nie wykonuj jej w ogóle, dopóki mięśnie i ścięgna się nie zagoją. Zazwyczaj trwa to kilka tygodni.

Nie zaleca się wykonywać *ardha candrasany* w czasie okresu. Kobiety w ciąży po piątym miesiącu powinny wykonywać ją wyłącznie z plecami przy ścianie i z ręką na klocku.

ODDZIAŁYWANIE NA DOSZE

Ardha candrasana jest doskonałą pozycją dla wszystkich typów konstytucyjnych. Równoważy zarówno osoby vata, pitta, jak i kapha. Nie powinno jej zatem zabraknąć podczas normalnej praktyki u wszystkich osób.

PODSTAWOWA POZYCJA

Dojdź do pozycji trójkąta (**fot. 1**). Jest to wyjściowa pozycja. Teraz zegnij nogę i oprzyj końce palców prawej dłoni na ziemi, lewą dłoń połóż na biodrze (**fot. 2**). Przesuń lewą stopę w kierunku prawej, a prawą dłonią odejdź do przodu i lekko w prawo, aby zachować równowagę (**fot. 3**). Zatrzymaj się na chwilę, a następnie z wydechem podnieś prostą lewą nogę do góry, jednocześnie prostując prawą nogę (**fot. 4**). Podczas prostowania prawej nogi pilnuj, aby stopa nie skręciła się do wewnątrz i staraj się cały czas rotować prawe udo na zewnątrz. Powinieneś odczuwać w prawym biodrze przestrzeń, a nie ucisk. Jeśli jednak czujesz ucisk, zegnij lekko prawe kolano, odkręć udo na zewnątrz i powoli, świadomie wyprostuj całkowicie nogę. Trwaj w pozycji, nie napinając brzucha i oddychając spokojnie. Utrzymuj ciało w jednej płaszczyźnie, starając się wykonywać skręt tułowia na zewnątrz tak, aby nie zaburzać równowagi w pozycji. Kiedy poczujesz, że twój balans jest dobry i otwarcie klatki piersiowej wystarczające, wyprostuj lewe ramię i wyciągnij je do góry (**fot. 5**). Następnie opuść lewą nogę na ziemię i powróć do *trikonasany*. Poczuj, jak zmieniła się praca w tej pozycji w porównaniu z tym, co było podczas dochodzenia do *ardha candrasany*. Powtórz pozycję na drugą stronę.

UWAGA

Jest to podstawowa technika, ale dla większości osób na początku dość trudna do wykonania. W takim przypadku w początkowym okresie wykonuj ją z plecami opartymi o ścianę. Dodatkowo możesz użyć klocka, co ułatwia otwarcie klatki piersiowej (**fot. 6**).

WARIANTY

- **Fot. 7**, **fot. 8** – warianty wskazane dla osób ze sztywnymi nogami.

CZEGO NIE ROBIĆ

Fot. 9

DODATKOWE RADY I WSKAZÓWKI

Naucz się podnosić nogę całkowicie wyprostowaną.

Balansuj na nodze, a nie na ręce. Rób to w taki sposób, aby ciężar ciała nie był za bardzo przesunięty do przodu ani do tyłu. Wysklep łuki w stopach i stań równo na stopie, na której utrzymujesz równowagę.

PARSVOTTANASANA

Parsva oznacza bok, *uttana* – intensywne rozciąganie. Jest to pozycja, w której intensywnie wyciągane są boki tułowia. Dobrze to zrozumieć, ponieważ wiele osób skupia się wyłącznie na rozciąganiu nóg w tej pozycji. Tymczasem chodzi właśnie o to, aby wyciągać równomiernie oba boki. W zasadzie to jest właśnie sednem pozycji. Oczywiście w związku z tym rozciąga się również tył nóg, ale to proces wtórny, który towarzyszy wyciąganiu boków. W ten sposób uzdrawiamy kręgosłup. Tylna strona nóg, ścięgna i mięśnie tylnej strony ud w pełni się rozciągają. Zapewnia to plecom swobodę podczas pochylania się w dół na co dzień i zapobiega urazom kręgosłupa podczas jego zginania. Jest to idealna pozycja dla wszystkich cierpiących z powodu sztywnych tyłów nóg. Nie ma lepszej asany. Pozycja ta dociera do przyczyny bólu pleców, czyli sztywnych mięśni i ścięgien tyłów nóg. Zazwyczaj bowiem jest tak, że większość osób mających problemy z krzyżowo-lędźwiowym odcinkiem kręgosłupa ma również bardzo sztywne tyły nóg. To kluczowa sprawa w terapii bólu pleców, aby zapewnić nogom moc i elastyczność. *Parsvottanasana* robi to perfekcyjnie.

KORELACJA

Parsvottanasana intensywnie i bezpiecznie rozciąga mięśnie i ścięgna podkolanowe. Powinna zatem stanowić pierwszy krok przed rozpoczęciem ćwiczenia takich pozycji jak *uttanasana, adho mukha svanasana, utthita hasta padangusthasana.*

Istotne jest, aby najpierw rozciągać tyły nóg w pozycjach stojących, zanim przejdzie się do wykonania tego w pozycjach siedzących. *Parsvottanasana* przygotowuje do trudniejszych pozycji ze zgięciem, takich jak *janu sirsasana, paschimottanasana.*

KORZYŚCI

- *Parsvottanasana* uelastycznia tyły nóg, tonizuje kręgosłup.
- Redukuje bóle menstruacyjne.
- Wzmacnia organy jamy brzusznej, tonizuje śledzionę i wątrobę.
- Działa bardzo korzystnie na nerki.
- Schładza mózg i koi nerwy.

OSTRZEŻENIA

Jeśli cierpisz na nadciśnienie, nie łącz dłoni na plecach i nie podnoś ramion do góry. Wykonuj tę asanę z rękami na ścianie lub na ziemi, dochodząc do tych pozycji z rękami na biodrach. Jeśli masz przepuklinę brzuszną, nie kładź dłoni na ziemi, tylko rób pozycję z rękami na ścianie.

Specjalne ostrzeżenie dla osób z dyskopatią lędźwiową – te osoby muszą rozciągać nogi w *parsvottanasanie*, jednak dopóki nogi się nie uelastycznią, nie wolno im kłaść rąk na ziemi. Należy wykonywać wyłącznie wariant z rękami na ścianie powyżej poziomu bioder. Inne warianty można wykonywać jedynie za zgodą nauczyciela. Kobiety w ciąży mogą wykonywać tylko wariant z dłońmi na ścianie powyżej linii bioder.

ODDZIAŁYWANIE NA DOSZE

Parvottanasana to tonizująca asana. Jest niezwykle pomocna dla osób typu vata i pitta. Osoby typu kapha powinny wykonywać ją w najbardziej intensywnym wariancie, aby mieć jak największą korzyść.

PODSTAWOWA POZYCJA

Stań w rozkroku na szerokość równą w przybliżeniu długości twojej nogi (osoby o sztywnych tyłach nóg mogą stanąć w mniejszym rozkroku). Wyciągnij ramio-

1

2

3

4

5

6

na w bok (**fot. 1**). Zwróć dłonie do sufitu i z wdechem podnieś ramiona do góry (**fot. 2**). Skręć lewą stopę lekko do wewnątrz, a prawą 90 stopni na zewnątrz, następnie skręć lewą stopę jeszcze głębiej do wewnątrz – około 60 stopni (**fot. 3**). Rozciągnij boki tułowia i z wydechem powoli zacznij zginać się w dół (**fot. 4**). Uważaj przy tym, aby nie przeciążać przedniej nogi. Wykonuj ruch zginania wyłącznie w biodrach tak, aby kręgosłup był cały czas prosty i wyciągnięty. Zatrzymaj się w pozycji, w której plecy będą w przybliżeniu równolegle do ziemi i poczuj balans w nogach. Aby go utrzymać, musisz cały czas aktywnie pracować tylną nogą i dociskać lewą piętę do ziemi. To jest kotwica pozycji, bez niej przewrócisz się do przodu. Teraz z kolejnym wydechem połóż końce palców na ziemi i wyciągnij tułów jeszcze mocniej do przodu i w dół (**fot. 5**). Trwaj w tej pozycji tak długo, jak chcesz. Możesz również poprzestać na niej, jeśli czujesz, że zginanie się powoduje napięcie i ból w plecach. Jeśli jednak wszystko jest w porządku, z kolejnym wydechem opadnij w kierunku nogi (**fot. 6** i **7**).

Staraj się, aby broda znalazła się poniżej stawu kolanowego, wtedy twoje rozciągnięcie będzie największe.

Następnie zrób wdech, podnieś ramiona i powróć do pozycji wyjściowej. Powtórz asanę na drugą stronę.

7

8

9

10

11

12

UWAGA

Jest to podstawowa technika, która pozwala zrozumieć, jak należy pracować w tej pozycji. Jednak większość osób na początku nie jest w stanie wykonać tej pozycji w ten sposób. Wykonuj w takim przypadku wariant z rękami na ścianie (**fot. 8** i **9**) lub na klockach (**fot. 10**).

13

14

WARIANTY

- **Fot. 11, fot. 12** – pozycja klasyczna – dla osób o elastycznych tyłach nóg i elastycznych ramionach.
- **Fot. 13, fot. 14, fot. 15** – wariant niepełny klasycznej pozycji – zwróć uwagę na ułożenie przedramion.
- **Fot. 16** – ten wariant pomoże ci zrozumieć ustawienie bioder w pozycji: biodra ustawione symetrycznie, boki tułowia równej długości.

15

CZEGO NIE ROBIĆ

Fot. 17

DODATKOWE RADY I WSKAZÓWKI

W *parsvottanasanie* uda rotują się do wewnątrz. To bardzo ważny ruch. Dotyczy to zarówno przedniej nogi, jak i tylnej. Staraj się zawsze wykonywać tę pracę. Wiele osób rotuje uda na zewnątrz – z punktu widzenia fizjologii i anatomii stawów biodrowych jest to nieprawidłowe.

16

ŹLE

17

UTTHITA HASTA PADANGUSTHASANA

Utthita oznacza w tym wypadku wyciągnięty, *hasta* – ręka, *padangustha* – paluch. W klasycznej wersji tej pozycji staje się na jednej nodze, łapie za palucha drugiej nogi i prostuje ją. Wykonanie pozycji w tej formie przysparza wiele trudności. Jest niezwykle praktyczna i użyteczna, jeśli się ją umiejętnie zmodyfikuje. Dzięki temu może ją wykonywać każdy, niezależnie od wieku i stanu zdrowia, i czerpać z niej korzyści. Kiedy ścięgna podkolanowe są bardzo sztywne i napięte, można ją robić nawet z nogą na siedzisku krzesła, a kiedy jesteśmy już elastyczni – z pewnością skorzystamy z maksymalnego wariantu. Tak więc ta pozycja ma wiele do zaoferowania wszystkim.

KORELACJA

Utthita hasta padangusthasana I bardzo dobrze uzupełnia się z *parsvottanasaną*. Jej drugi wariant z kolei pogłębia pracę, jaka pierwotnie zachodzi w *utthita trikonasanie*. To bardzo dobra pozycja przygotowująca do pozycji siedzących, a przede wszystkim do *dandasany* i *upavistha konasany,* a co za tym idzie – również do pozycji ze zgięciem, takich jak *paschimottanasana, janu sirsasana* oraz pozycji leżących takich jak *supta padangusthasana.*

KORZYŚCI

- Oba warianty pozycji rozciągają tylną stronę nóg i biodra, dając doskonały efekt w postaci swobody ruchu w stawach biodrowych i swobody w zginaniu kręgosłupa.
- Dzięki temu tonizowany jest dolny odcinek kręgosłupa, usuwane są artretyczne bóle stawowe w obrębie kończyn dolnych, a zwłaszcza stawów biodrowych.
- Wariant drugi pozycji jest szczególnie użyteczny w rwie kulszowej i bólach stawu biodrowego.

OSTRZEŻENIA

- Jeśli cierpisz na rwę kulszową, raczej unikaj w tym czasie wykonywania pierwszego wariantu pozycji i skup się na drugim wariancie.
- Kobiety w czasie menstruacji i w ciąży mogą ewentualnie wykonywać jedynie drugi wariant pozycji.

ODDZIAŁYWANIE NA DOSZE

Pozycja działa doskonale równoważąco na trzy dosze, jednak szczególnie zalecana jest dla osób o konstytucji vata i pitta. Vata szczególnie korzysta z rozciągania i wzmacniania nóg. Pitta najbardziej docenią otwieranie stawów biodrowych w drugim wariancie. Typy kapha, jak zwykle, mogą sobie pozwolić na jak najintensywniejszą praktykę tej pozycji.

PODSTAWOWA POZYCJA

Utthita hasta padangusthasana I

Załóż za drabinkę pasek lub linę na wysokości ramion (**fot. 1**). Jeśli nie dysponujesz drabinką, wykonaj wariant z krzesłem. Stań twarzą do drabinki na odległość równą długości twojej nogi. Zegnij prawą nogę (**fot. 2**) i załóż ją na drabinkę na wysokości pasa. Oprzyj piętę (**fot. 3**). Jeśli pięta cię boli, podłóż sobie złożoną matę lub ręcznik. Zwróć uwagę, czy w tym czasie stopa nogi, na której stoisz, nie skręciła się na zewnątrz, co jest najczęstszym błędem. Teraz wyprostuj nogę, na której sto-

1

2

3

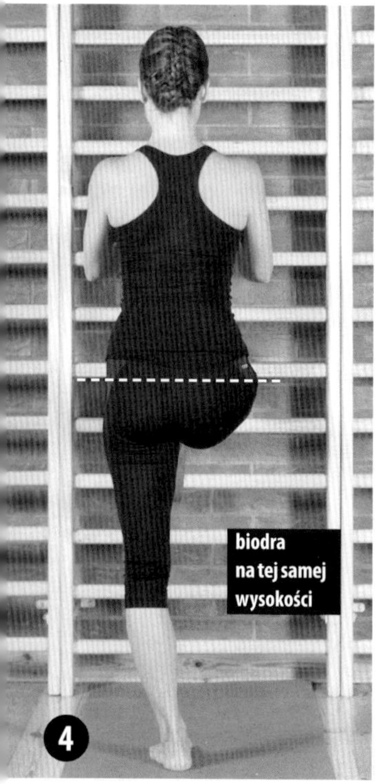
biodra
na tej samej
wysokości
4

5

6

isz, i zrotuj udo do wewnątrz. Utrzymuj tę nogę cały czas bardzo aktywną. To jest podstawa, na której stoisz, i główny element tej pozycji. Następnie całkowicie wyprostuj nogę, którą trzymasz na drabince. Utrzymując stopę aktywną, zrotuj z kolei prawe udo do wewnątrz. Oba stawy biodrowe powinny być na tej samej wysokości i w tej samej odległości od ściany (**fot. 4**). Teraz zrób wdech, z którym wyciągnij oba boki tułowia i podnieś mostek w stronę brody. Utrzymuj otwarcie klatki piersiowej, oddychając spokojnie. Ramiona trzymaj wyprostowane i wyciągnięte w stronę stopy. Kiedy poczujesz, że już panujesz nad swoim ciałem w pozycji, po kilku miesiącach możesz spróbować stopniowo podnieść nogę wyżej (**fot. 5**). Pozycję uważa się za zakończoną, kiedy stopa znajduje się mniej więcej na wysokości twarzy, a głowa i tułów – na nodze (**fot. 6**).

Utthita hasta padangusthasana II

Załóż za drabinkę pasek lub linę na wysokości ramion. Stań w *tadasanie* bokiem do drabinki na odległość równą długości twojej nogi. Zegnij prawą nogę i połóż piętę na drabince na wysokości biodra (**fot. 7**). Popraw stopy tak, aby wewnętrzna krawędź lewej była w płaszczyźnie równoległej do ściany, a wewnętrzna krawędź prawej – dokładnie pionowo. Ważne jest też to, aby stopy znajdowały się w jed-

9

10

11

12

nej płaszczyźnie. Teraz wyprostuj lewą nogę i zrotuj udo do wewnątrz, a następnie wyprostuj prawą nogę i opuść jej staw biodrowy, jak najniżej rotując udo na zewnątrz. W tym wariancie oba biodra nie znajdują się dokładnie w jednej płaszczyźnie. Prawy staw biodrowy jest lekko cofnięty w stosunku do lewego. Dlatego teraz z wdechem wyciągnij oba boki tułowia i wykonaj lekką rotację tułowia na zewnątrz, tak aby obie piersi i oba stawy ramienne znalazły się w jednej płaszczyźnie – prostopadłej do ściany. Aby to sobie ułatwić, możesz lewą dłonią chwycić od tyłu (otaczając talię) za nasadę prawego uda lub, jeśli masz sztywne ramiona, po prostu cofnij dłoń maksymalnie w tym kierunku. Kiedy poczujesz, że panujesz już nad swoim ciałem, po pewnym czasie możesz stopniowo podnieść nogę wyżej. Pozycję uważa się za zakończoną, gdy można oprzeć stopę na wysokości stawu ramiennego (**fot. 8**).

ŹLE

13

ŹLE

14

WARIANTY

- **Fot. 9, fot. 10** – klasyczne warianty wykonania pozycji.
- **Fot. 11, fot. 12** – dla osób o bardzo sztywnych mięśniach kulszowo-goleniowych (tyły ud).

CZEGO NIE ROBIĆ

Fot. 13, fot. 14

PRASARITA PADOTTANASANA

Prasarita oznacza rozszerzone, *pada* – stopa. W tej pozycji następuje intensywne rozciąganie szeroko rozstawionych nóg. Jest to bardzo użyteczna pozycja z rodziny *uttanasany* i *adho mukha svanasany.* Razem z tymi dwiema pozycjami *prasarita padottanasana* pełni funkcję przygotowawczą do pozycji odwróconych, ale tak jak one stanowi również wartość samą w sobie. Jest to bardzo spokojna i wyciszająca pozycja stojąca. W tej pozycji, którą doceniają wszyscy – zarówno osoby początkujące, jak i zaawansowane – rozciągają się tyły nóg, ale w sposób bardziej łagodny niż na przykład w *uttanasanie*. Można więc się w niej łatwiej rozluźnić.

KORELACJA

Prasarita padottanasana przygotowuje do *salamba sirsasany* i *salamba sarvangasany,* zapoznając adepta z procesami, które zachodzą w pozycjach odwróconych. Jest również doskonałym wstępem do pozycji ze zgięciem kręgosłupa, a więc *uttanasany* (także *adho mukha svanasany*), *paschimottanasany* i *janu sirsasany.*

KORZYŚCI

- Pozycja ta wyciąga kręgosłup, ale przede wszystkim tylną stronę ud i łydek, a także rozciąga stawy biodrowe. Bardzo istotnie wzmacnia mięśnie przodów ud.
- Usuwa ból dolnego odcinka kręgosłupa.
- Usuwa ból głowy pochodzenia napięciowego i łagodzi migreny.
- Energetyzuje serce i reguluje ciśnienie krwi.
- Uspokaja mózg i współczulny układ nerwowy.

OSTRZEŻENIA

- Unikaj pełnej pozycji podczas menstruacji i w czasie ciąży.
- Jeśli cierpisz na dyskopatię lędźwiową, zatrzymaj się na pozycji z kręgosłupem równoległym do ziemi i nie posuwaj się dalej w pozycji, dopóki nie rozciągniesz nóg.
- Nie powinno się wykonywać pełnej pozycji w przypadku ryzyka odklejenia się siatkówki i przy jaskrze.
- Przy niskim ciśnieniu krwi należy wychodzić z pozycji stopniowo, aby uniknąć zawrotów głowy.
- Nie ściskaj szyi, gdy kładziesz głowę na ziemi.
- Przy problemach z równowagą nie odchylaj głowy do tyłu.

ODDZIAŁYWANIE NA DOSZE

Pozycja działa pod tym względem bardzo podobnie do *uttanasany*. Jest więc polecana bez żadnych ograniczeń dla wszystkich typów konstytucyjnych.

PODSTAWOWA POZYCJA

Stań w szerokim rozkroku i ustaw stopy tak, aby ich zewnętrzne krawędzie były do siebie równoległe (**fot. 1**). Zrób wdech, na którym wyciągnij boki tułowia, rozszerz klatkę piersiową i odchyl głowę do tyłu (**fot. 2**). Teraz z wydechem powoli zegnij się w biodrach tak, aby tułów ustawił się równolegle do ziemi (**fot. 3**). Wykonuj ten ruch, zginając się wyłącznie w biodrach, bez zginania kręgosłupa. Teraz połóż końce palców rąk na ziemi (**fot. 4**) i poczuj, czy stoisz na stopach w sposób zrów-

1

2

3

4

5

6

noważony (**fot. 5**). Upewnij się, czy ciężar ciała rozmieszczony jest równo pomiędzy przodem a tyłem każdej stopy, a także między ich zewnętrzną a wewnętrzną krawędzią. Najczęściej trzeba jednak wprowadzić pewne korekty. W tej asanie powinieneś stać wyłącznie na stopach, nie można przenosić ciężaru ani na ramiona, ani na głowę. Ten wariant jest niezwykle korzystny dla wszystkich cierpiących z powodu bólu pleców, również dyskopatii. Nie wolno zginać się dalej w dół, dopóki plecy w tej pozycji nie staną się wklęsłe. Jeśli jednak twoje nogi są elastyczne i plecy stały się wklęsłe, dociśnij całe dłonie do ziemi, zrób wydech i opuść powoli tułów w dół, zwracając szczególną uwagę na to, aby oba boki cały czas się wyciągały. Ruch cały czas zachodzi w biodrach. Dopiero pod koniec, kiedy głowa znajduje się już blisko ziemi, kręgosłup zaczyna się lekko zginać. Staraj się jednak, aby był to jak najmniejszy ruch. Oprzyj głowę na ziemi i oddychaj głębiej niż zazwyczaj (**fot. 6**). Trwaj w pozycji tak długo, jak długo jesteś w stanie utrzymać prawidłową pracę, a następnie zrób wdech, powróć do pozycji, w której całe dłonie są na ziemi, a plecy wklęsłe. Potem z kolejnym wdechem podnieś się do góry do pozycji wyjściowej. Zmniejsz rozkrok i stań w *tadasanie*.

WARIANTY

- **Wariant z dłońmi na klockach (fot. 7)** – użyteczny dla osób ze sztywnymi tyłami nóg, u których kręgosłup staje się wypukły, gdy trzymają dłonie na ziemi. Dobry dla kobiet w ciąży i w trakcie okresu.
- **Z głową na klocku (fot. 8)** – wariant szczególnie dobry jako przygotowanie do stania na głowie, regulujący ciśnienie i wyciszający pobudzenie umysłu.
- **Fot. 9** – dość intensywny wariant zwiększający elastycznośc nóg.

CZEGO NIE ROBIĆ

Fot. 10

ADHO MUKHA SVANASANA

Adho oznacza w dół, *mukha* – twarz, *svana* – pies. Nazwę pozycji tłumaczy się jako pies z głową w dół. Pozycja ta łączy pozytywne efekty wielu asan. Jest po prostu niezastąpiona. Można nawet powiedzieć, że gdyby prawidłowo wykonać tylko tę asanę, dostarczyłaby ona tego, co jest niezbędne w każdej sesji hatha-jogi. Od *adho mukha svanasany* można zaczynać sesję, można wprowadzać ją wielokrotnie w trakcie sesji, można też kończyć nią sesję. Pozycja ta odznacza się bardzo dużą użytecznością. Można ją z powodzeniem wykonywać nawet w niesprzyjających okolicznościach, na przykład podczas przerwy w prowadzeniu samochodu, w lesie na parkingu, nawet bez zdejmowania butów, aby ulżyć zesztywniałym kończynom. Pozycja ta wzmacnia, tonizuje, odświeża, regeneruje, usuwa zmęczenie. To po prostu doskonała pozycja, bez której praktyka asan nie byłaby pełna.

KORELACJA

Adho mukha svanasana łączy w sobie elementy typowych pozycji stojących, pozycji ze zgięciem do przodu oraz pozycji odwróconych. Doskonale przygotowuje do *salamba sarvangasany,* stanowi także doskonałe jej zakończenie (zwłaszcza jeśli dojdzie się do niej przez *cakrasanę*). Jest również niezastąpionym przygotowaniem do *salamba sirsasany.* Jeśli wykona się ją przed *urdhva dhanurasaną* i po niej, pozycja ta będzie spokojniejsza. Pies z głową w dół jest też doskonałym wstępem do pozycji ze zgięciem kręgosłupa, takich jak *paschimottanasana, janu sirsasana,* a także *uttanasana.*

KORZYŚCI

Jak już powiedziano wcześniej, pies z głową w dół zawiera w sobie elementy wielu rodzajów pozycji, a więc korzyści płynące z jego praktyki są również ogromne.

- Rozciągane są tu w zasadzie wszystkie mięśnie pleców, mięśnie tylnej strony ud, łydek, brzucha i ramion.
- Wzmacniane są ramiona, w tym nadgarstki, które są u większości ludzi, a zwłaszcza u kobiet, bardzo słabe.
- Dzięki specyficznej pracy obręczy barkowej usuwane są napięcia w okolicy szyjnej, co jest bardzo ważne na przykład dla osób ze zwyrodnieniami kręgów szyjnych.
- Podobnie jak pozycje odwrócone, pozycja psa z głową w dół skutkuje usuwaniem zmęczenia i stymulacją narządów jamy brzusznej oraz klatki piersiowej. Jest to więc bardzo korzystna pozycja dla osób mających problemy z sercem i zaburzonym ciśnieniem krwi.
- Jest też bardzo użyteczna w trakcie menopauzalnych uderzeń krwi.
- Wydatnie wzmacniane są stawy skokowe i usuwane bóle pięt, co jest ważne dla osób cierpiących na złogi wapienne w piętach.

OSTRZEŻENIA

Nie wykonuj tej pozycji, jeśli cierpisz na jaskrę lub masz problemy z siatkówką oka. Nie wykonuj jej też, jeśli masz przepuklinę rozworu przełykowego. Nie wykonuj tej pozycji w zaawansowanej ciąży (trzeci trymestr), zamiast tej pozycji możesz wykonywać *uttanasanę* z rękami na ścianie. W czasie menstruacji nie zaleca się wykonywać tej pozycji niedoświadczonym osobom. Jeśli cierpisz na nadciśnienie lub niedociśnienie, używaj wałka lub klocka pod głową i wychodź z pozycji stopniowo, aby uniknąć zawrotów głowy. Pozycja ta wspaniale reguluje ciśnienie krwi.

ODDZIAŁYWANIE NA DOSZE

Efekty psa z głową w dół są podobne jak przy wykonywaniu *uttanasany* i *prasarita padottanasany*. Jednak pozycja ta działa intensywniej, głębiej i szybciej. Jest doskonałym remedium na dolegliwości wynikające z nadmiaru vata, pitta oraz kapha.

PODSTAWOWA POZYCJA

Stań ze stopami na szerokość bioder, dojdź do *uttanasany* z rękami na ziemi (**fot. 1**). Łatwiej dojść do pozycji z klęczenia. Trzeba uklęknąć, położyć dłonie na ziemi, podnieść pośladki do góry, odejść stopami do tyłu, wyciągnąć się w ramionach, kręgosłupie i prostując nogi opuścić pięty w dół). Rozszerz palce, a ręce trzymaj na szerokość nieznacznie większą od szerokości ramion. Dokładnie dociśnij dłonie tak, aby szczelnie przylegały do podłoża (**fot. 2**). Jest to bardzo ważne. Następnie odejdź najpierw jedną nogą do tyłu, później drugą (**fot. 3, fot. 4**) i stań na palcach stóp (**fot. 5**). Rozluźnij całkowicie głowę i utrzymuj ją pasywną przez cały czas trwania w pozycji niezależnie od wysiłku, jaki jej towarzyszy. To jest istotny etap, w którym należy dobrze się wyciągnąć, prostując ramiona i rotując je na zewnątrz tak,

aby łopatki odsunęły się od siebie i zagłębiły w plecach (**fot. 6**). Szyja powinna się wyciągnąć. Dodatkowo postaraj się wydłużyć oba boki, a zwłaszcza część lędźwiową pleców. Zrotuj uda do wewnątrz i przylgnij mocno mięśniami ud do kości udowych, napinając je zdecydowanie. Utrzymując tak intensywne wyciągnięcie i pracę nóg, powoli z wydechem rozpocznij opuszczanie pięt w dół, do ziemi (**fot. 7**). Na początku pięty zazwyczaj nie mogą dotknąć ziemi, ale regularna praktyka usuwa to ograniczenie i przynosi lekkość w pozycji oraz całkowitą bezwysiłkowość jej wykonania. Trwaj w pozycji, dopóki czujesz siłę i możesz utrzymywać właściwą postawę.

WARIANTY

- **Fot. 8** – wariant niezwykle pomocny w przygotowaniu i nauce prawidłowego stania na głowie, ponieważ pozwala właściwie ustawić głowę, szyję i barki. Dodatkowo jest pomocny dla osób z problemami z ciśnieniem, bólami głowy, migreną. Szybko wycisza umysł i przynosi wewnętrzny spokój.

- **Fot. 9** – wariant pomocny dla osób ze sztywnymi mięśniami łydek. Ugięcie jednej nogi i oparcie palców powyżej pięty drugiej stopy pozwala lepiej wyprostować kolano, docisnąć piętę, a przez to lepiej rozciągnąć łydkę. Wariant należy wykonać na obie strony.
- **Fot. 10** – niezwykle intensywny wariant pozycji – mocno rozciąga nogi i wzmacnia ramiona.
- **Fot. 11** – wariant dobry dla osób ze sztywnymi tyłami nóg. Oparcie pięt na szczeblach drabinki lub na ścianie pozwala skupić się na dokładnym wyciagnięciu kręgosłupa.
- **Fot. 12** – wariant pozwalający łatwiej docisnąć pięty do podłoża, dobrze wyciągnąć kręgosłup. Polecany dla osób początkujących, kobiet w ciąży oraz dla osób z problemami z dolnym odcinkiem kręgosłupa.
- Pies na linach (**fot. 13, fot. 14**) – to niezastąpiony wariant tej pozycji. Zapewnia niezwykłe efektywne rozciągnięcie kręgosłupa pozwalające na łagodzenie dolegliwości związanych z wadami i schorzeniami kręgosłupa. Dodatkowo, dzięki odciążeniu ciała, w wyniku działania lin i podparcia głowy na wałku, mamy tutaj do czynienia z silnym efektem relaksacyjnym.

11

12

13

14

CZEGO NIE ROBIĆ

Najczęściej popełnianym błędem jest pozostawanie w pozycji, w której kręgosłup jest wygięty, a nie wyciągnięty. Jest to związane z ogólną sztywnością ciała zarówno nóg, ramion, jak i całego kręgosłupa, która mija wraz z regularną praktyką (**fot. 15**).

DODATKOWE RADY I WSKAZÓWKI

Kiedy opuszczasz pięty w dół, zwróć uwagę, aby wewnętrzne krawędzie pięt nie zbliżały się do siebie (**fot. 16** – źle, **fot. 17** – dobrze). Jest stosunkowo łatwo postawić pięty na ziemi, gdy pięty znajdują się blisko siebie, czyli gdy stopy skierowane są na zewnątrz. Jednak nie jest to prawidłowa praca w pozycji. Oglądając swoje stopy w trakcie trwania w pozycji, nie powinieneś widzieć wewnętrznych krawędzi swoich pięt. Powinny być na granicy widzialności, to znaczy, że jeśli poruszysz je delikatnie do siebie, to zaraz je zobaczysz. To ustawienie jest osiągane, gdy zewnętrzne krawędzie stóp są do siebie równoległe.

Zwróć też uwagę na intensywne wysklepianie wewnętrznych łuków stóp – mają one tendencję do zapadania się w pozycji.

Staraj się dotknąć piętami ziemi i mocno je docisnąć. To nada nowy sens twojej pozycji i wzbudzi wiarę we własne siły.

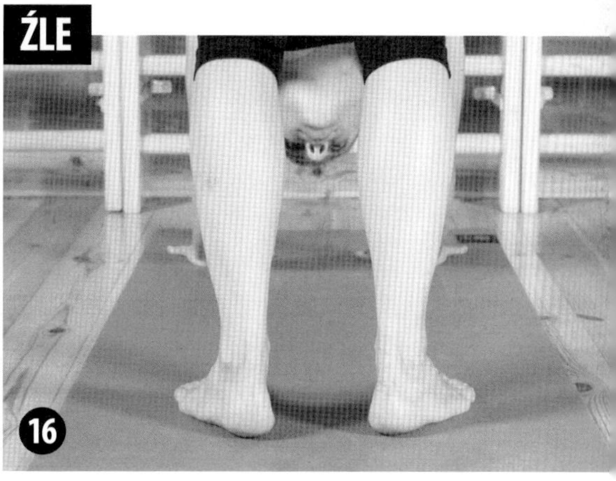

UTTANASANA

Uttan oznacza intensywne i celowe rozciąganie. W tej pozycji intensywnie rozciąga się tylna strona nóg.

Właściwe wykonanie tej pozycji ma duże znaczenie dla wszystkich pozycji ze zgięciem kręgosłupa. Zarazem to podstawowa pozycja z rodziny skłonów do przodu, tyle że wykonywana w pozycji stojącej. Na tym właśnie polega jej fenomenalna użyteczność i szybkie działanie. W tej pozycji najlepiej rozciąga się nogi, ponieważ tutaj naszym sprzymierzeńcem jest grawitacja. Siła ciążenia pomaga efektywnie i bezpiecznie rozciągać tyły nóg bez niebezpieczeństwa kontuzji kręgosłupa. Oczywiście pod warunkiem, że stosujemy właściwą technikę dostosowaną do naszych możliwości. Bez tej pozycji trudno jest sobie wyobrazić dobrą sesję hatha-jogi. Wiele pozycji rozpoczyna się właśnie od wykonania *uttanasany.* Wszyscy powinni wykonywać tę asanę, w zależności od swoich możliwości w odpowiednim wariancie.

KORELACJA

Uttanasana otwiera drogę do wszystkich pozycji ze zgięciem kręgosłupa, a zwłaszcza *janu sirsasany* i *paschimottanasany*. Ma ona również bardzo dobry wpływ na *adho mukha svanasanę*. Razem z tą ostatnią dobrze przygotowuje adepta do bezpiecznego wykonywania *salamba sarvangasany* i *salamba sirsasany*.

Jednak najlepiej jest ją wykonywać w jej pełnym wariancie po pozycjach stojących, a zwłaszcza po *parsvottanasanie*, która przygotowuje do *uttanasany*.

KORZYŚCI

Jest to wyjątkowa pozycja pod względem efektów zdrowotnych:

- Całkowicie usuwa sztywność nóg i bóle kręgosłupa.
- Usuwa zmęczenie fizyczne i mentalne, dając uczucie świeżości po jej wykonaniu.
- Tonizuje narządy jamy brzusznej i klatki piersiowej, a przede wszystkim wątrobę, śledzionę, serce i nerki.
- Zwalnia rytm serca i reguluje ciśnienie.
- Usuwa większość bólów głowy, w tym migreny, jeśli jest wykonywana w odpowiedni sposób.

- Zmniejsza bóle menstruacyjne. Wariant z rękami na ścianie redukuje bóle porodowe.

OSTRZEŻENIA

Uttanasana jest typowym przykładem asany, do której należy podchodzić ostrożnie i z dużym skupieniem. Jeśli jest wykonywana w odpowiedni sposób – pomoże, wykonana zaś niewłaściwie – może, niestety, poważnie zaszkodzić. Najlepszym przykładem jest dyskopatia lędźwiowa, której bolesne objawy mogą zostać w tej pozycji całkowicie zniesione, a nawet w pewnym stopniu można naprawić uszkodzenie. Ale można też sprawić, że dolegliwość ta znacznie się zaostrzy.

Przy dyskopatii lędźwiowej należy w pierwszej fazie wykonywania asany zatrzymać się wyłącznie na wariantach, w których plecy są proste, a kręgosłup maksymalnie wydłużony. To samo zalecenie dotyczy różnego rodzaju neuralgii w obrębie pleców.

Osoby z problemami stawów biodrowych powinny zwrócić szczególną uwagę na intensywną pracę nóg i skręcanie ud do wewnątrz w tej pozycji.

6

7

ODDZIAŁYWANIE NA DOSZE

Jest to asana polecana wszystkim typom konstytucyjnym, niezależnie od dominującej doszy.

PODSTAWOWA POZYCJA

Stań w *tadasanie*, ale ze stopami na szerokość bioder (**fot. 1**, **fot. 2**). Napnij mięśnie przodów ud i zaciśnij całkowicie rzepki kolanowe. Zrób wdech i podnieś ramiona do góry (**fot. 3**), z wydechem zegnij się w biodrach (**fot. 4**), zwracając uwagę na to, aby cały ruch odbywał się właśnie w biodrach, a nie w kręgosłupie. Oprzyj na ziemi końce palców, patrz w dół tak, aby nie napinać twarzy (**fot. 5**). Oddy-

8

9

10

chaj spokojnie i nieco głębiej niż zazwyczaj. Naucz się w tej pozycji wyciągać równomiernie oba boki. Jest to szczególnie korzystny wariant dla osób z dyskopatią lędźwiową i problemami w dolnym odcinku kręgosłupa, ale pod warunkiem, że kręgosłup jest wyciągnięty i całkowicie wyprostowany. Jeśli tak się nie dzieje, należy wykonać któryś z łatwiejszych wariantów, które umożliwiają odpowiednie ustawienie kręgosłupa. Jeśli jednak wszystko jest w porządku, dociśnij całe dłonie do ziemi (**fot. 6**), a po kilku głębokich oddechach możesz chwycić za kostki i z wdechem wyciągnąć tułów maksymalnie, a z wydechem opuścić go w dół (**fot. 7**). To jest pełna pozycja. Trwaj w niej, oddychając głęboko, dopóki jesteś w stanie utrzymywać wysoką jakość wykonania. Kiedy ciało jest już elastyczne, w *uttanasanie* można trwać nawet dziesięć minut. Następnie zrób wdech i powróć do pozycji, w której trzymasz końce palców na ziemi i masz proste plecy. Z kolejnym wdechem połóż ręce na biodrach i podnieś się.

WARIANTY

- **Fot. 8** – wariant dla osób poczatkujących i cierpiących na dyskopatię lędźwiową.
- **Fot. 9** – ma zalety poprzedniego wariantu, umożliwia dodatkowo rozciąganie ramion i prostowanie odcinka piersiowego kręgosłupa, bardzo dobry dla osób

z problemami z kręgosłupem szyjnym.

- **Fot. 10** – wariant szczególnie użyteczny dla osób z dyskopatią lędźwiową, umożliwiający bezpieczne pogłębienie rozciągania nóg zapoczątkowanego w wariancie z **fot. 8**. Doskonały również dla kobiet w ciąży i w trakcie okresu.
- **Fot. 11** – wariant idealny dla osób mających problemy z ciśnieniem, zwłaszcza z nadciśnieniem, stosowany również przy bólach głowy, w tym w migrenie.
- **Fot. 12** – pogłębiony wariant poprzedniej pozycji.
- **Fot. 13** – intensywny wariant umożliwiający metodyczne rozciąganie obu nóg i w efekcie ułatwiający wykonanie pełnej pozycji.

- **Fot. 14** – pełna, klasyczna pozycja – stopy złączone, cały tułów oraz twarz spoczywają na nogach.

CZEGO NIE ROBIĆ

W żadnym wypadku nie pozwól, aby twój kręgosłup wyginał się w łuk, a palce nie dotykały do podłogi – to powoduje przeciążenie kręgosłupa i ból (**fot. 15**).

DODATKOWE RADY I WSKAZÓWKI

Pamiętaj o dokładnej rotacji ud do wewnątrz w trakcie trwania w pozycji, gdyż tylko taka praca nóg umożliwia prawidłowe jej wykonanie.

SALAMBA SARVANGASANA

Salamba oznacza z podparciem, *sarvanga* – całość, całe ciało. Jest to pozycja, bez której klasyczna hatha-joga nie może się obejść. Jej działanie jest tak wszechstronne, że określono ją słowem *sarvanga*. Wielu joginów uważa, że to najważniejsza asana. Jest w tym wiele prawdy, aczkolwiek większość osób nie jest w stanie wykonać jej od razu prawidłowo. Istnieją jednak techniki, dzięki którym może ją wykonać także osoba z ograniczeniami w ciele. To najważniejsza pozycja odwrócona. Powinna być wykonywana codziennie, wtedy jej efekty mogą być spektakularne. Przyczynia się ona w znacznym stopniu do regeneracji i samooczyszczania ciała. Można powiedzieć, że jeśli jest wykonywana regularnie, przedłuża życie i sprawia, że negatywne efekty grawitacji i stojąco-siedzącego trybu życia są niwelowane. *Sarvangasana* zawiera czynnik *tha,* czyli ochładzającym i tonizujący, więc zasadniczo można śmiało wydłużać czas trwania w tej asanie. Wystarczy jednak, że dojdziemy stopniowo do dziesięciu–piętnastu minut samej *sarvangasany* i trzech–czterech minut *halasany.* Tak więc jeśli ktoś nie ma w ciągu dnia czasu, a chce wykonać jakąś asanę to,

biorąc po uwagę swoje możliwości, może wykonać jak najdłużej *sarvangasanę* i *halasanę* i to powinno dać pozytywny efekt.

KORELACJA

Sarvangasana stanowi bardzo dobre przygotowanie do *sirsasanany*. Zdecydowanie lepiej jest opanować ją najpierw, przed przystąpieniem do praktyki *sirsasany* (należy jednak pamiętać, że w pojedynczej sesji asan *sarvangasanę* wykonuje się zawsze po *sirsasanie*, a nie przed). Adept przygotowuje się do tego, co następuje w staniu na głowie, czyli pełnego balansu i odwrócenia pozycji stojącej, co dla większości osób jest na początku pewnym szokiem. W *sarvangasanie* następuje to stopniowo i stosunkowo łagodnie. Dodatkową korzyścią jest głębsza praca układu mięśniowo-szkieletowego, co przygotowuje do trudniejszych pozycji, czyniąc ciało lekkim, elastycznym i zarazem mocnym.

Aby naprawdę dobrze rozumieć *sarvangasanę*, potrzebna jest głęboka praktyka *tadasany*, szczególnie pod kątem pracy nóg i zrównoważenia działania siły grawitacji na ciało.

KORZYŚCI

- Reguluje ciśnienie tętnicze krwi. Jednak w nadciśnieniu jej praktyka powinna odbywać się pod okiem doświadczonego nauczyciela. Z pewnością nie powinno się wykonywać tej pozycji w nadciśnieniu bez uprzedniego opanowania *halasany*.
- Usuwa palpitacje serca.
- Reguluje pracę gruczołu tarczycy i gruczołów przytarczycznych.
- Pomaga leczyć przeziębienia i zapalenia zatok, bronchit i astmę.
- Znacząco wzmacnia układ odpornościowy.
- Przynosi ulgę w hemoroidach i pomaga je leczyć.
- Działa bardzo korzystnie na drogi moczowe.
- Pomaga leczyć przepuklinę.
- Wzmaga perystaltykę i usuwa zatwardzenia.
- Stanowi panaceum na kobiece dolegliwości, pomaga leczyć choroby i niedomagania macicy (np. wypadnięcie, włókniaki), pomaga usunąć stany zapalne jajników, cysty, endometriozę, reguluje menstruację, jeśli jest wykonywana regularnie w okresie między krwawieniami.

  Działa też bardzo korzystnie na męski układ rozrodczy (prostata, jądra).
- Usuwa bezsenność.
- Łagodzi podrażniony układ nerwowy.

Korzyści jest o wiele więcej i z pewnością przyszłe badania wykażą nowe.

OSTRZEŻENIA

Niestety są też przeciwwskazania.

- Bezwzględnie nie wykonuj *sarvangasany*, gdy masz jaskrę.
- Przy innych chorobach oczu potrzebna jest konsultacja lekarska.
- Nie wykonuj pozycji w czasie menstruacji.
- Podstawowy wariant nie powinien być wykonywany przez osoby ze zwyrodnieniami kręgów szyjnych i dyskopatią szyjną.
- Przy dużej sztywności szyi i obręczy barkowej zaleca się najpierw praktykę *sarvangasany* na krześle.
- Nie wykonuj przy nadciśnieniu tętniczym i chorobie wieńcowej.

ODDZIAŁYWANIE NA DOSZE

Jest zalecana dla wszystkich typów konstytucyjnych. Jednak w początkowym etapie praktyki należy uwzględnić fizyczne różnice w budowie poszczególnych typów i odpowiednio dobrać przybory.

PODSTAWOWA POZYCJA

Przygotuj podkładkę z koców, układając je starannie jeden na drugim. Usiądź na ziemi, mając za plecami koce (**fot. 1**). Załóż pasek, jeśli potrzebujesz. Pasek powinien znajdować się na ramionach

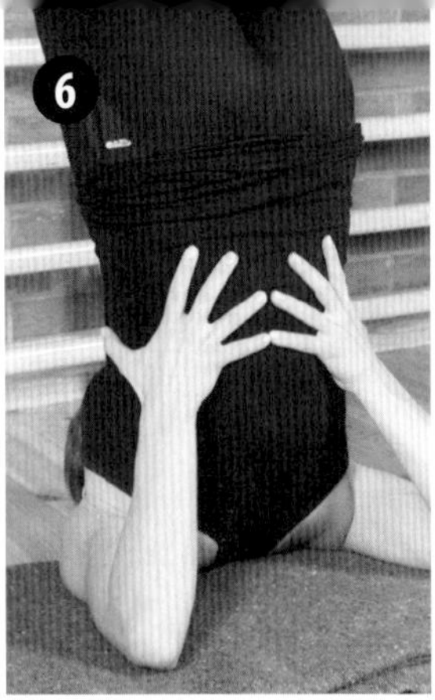

tuż powyżej zgięcia łokci. Kiedy napniesz pasek, powinien on powstrzymać oddalanie się ramion bardziej niż na całkowitą szerokość barków (po napięciu paska kończyny górne są do siebie równoległe). Teraz połóż się na kocach tak, aby plecy, łopatki i nasada szyi znajdowały się na kocach, a głowa i większa część kręgosłupa szyjnego były już poza kocem – takie ustawienie chroni kręgosłup przed urazami (**fot. 2**). Nie spiesz się. Upewnij się, że leżysz symetrycznie. Teraz odepchnij się od ziemi i z wydechem przenieś nogi nad głowę i podeprzyj plecy (**fot. 3**, **fot. 4**). Jeśli czujesz, że barki zsuwają się z koca lub ustawiły się asymetrycznie, popraw to teraz: połóż się z powrotem na kocach (**fot. 2**) i skoryguj ułożenie ciała. Unieś połączone i zgięte nogi, wyciągnij kręgosłup, podpierając plecy dłońmi (**fot. 5**). Dłonie powinny znajdować się w *sarvangasanie* jak najbliżej łopatek (**fot. 6**) po to, aby zapewnić plecom odpowiednie wyciągnięcie, a klatce piersiowej otwarcie. Teraz ustaw uda jak najbardziej pionowo (**fot. 7**). Kiedy odczujesz równowagę i wyciągnięcie w pozycji, stopniowo wyprostuj kolana (**fot. 8**).

9

10

Innym sposobem dojścia do pozycji jest (po wykonaniu przygotowania jak na **fot. 1 i 2)** przeniesienie nóg do *halasany* (**fot. 9, fot. 10**) i podniesienie wyprostowanych nóg do *sarvangasany*. Jest to dość trudne na początku, ale staraj się stopniowo opanować tę metodę. Zapewni ci to płynność wejścia do *sarvangasany* i bardzo wzmocni plecy.

Kiedy jesteś już w pozycji, skup się na pracy nóg (patrz: *tadasana*). Rozluźnij pośladki, rozłącz nogi na szerokość bioder. Zaciśnij mięśnie przodów ud i staraj się przycisnąć je mocno do kości udowych tak, aby przesunąć je jak najbardziej w tył. Następnie staraj się rotować uda do wewnątrz, jednak nie skręcaj do wewnątrz kolan. Praca ta powinna być odczuwana najintensywniej w okolicy pachwin. Następnie stopniowo połącz nogi. Wyciągaj wewnętrzną stronę nóg aż po nasady dużych paluchów. W początkowym etapie nauki tej pozycji stopy powinny być aktywne, czyli rozciągnięte. Kiedy już lepiej poznasz pozycję, możesz trzymać stopy pasywne, wtedy asana będzie bardziej spokojna i wyciszająca.

ŹLE

11

12

Zawsze poprawiaj dłonie na plecach, jeśli czujesz, że zsuwają się w stronę pośladków (**fot. 11**). Na początku będzie to przypominało mozolną pracę w polu, ale z czasem osiągniesz lekkość, dłonie przestaną się pocić i będzie ci wygodnie.

Na koniec najważniejsze:

Utrzymuj zawsze całą głowę pasywną. Nie wykonuj nią żadnych ruchów.

Wyjdź z pozycji, wykonując wszystkie czynności w odwrotnej kolejności niż przy dochodzeniu. Przez jedną minutę nie podnoś się do góry. Jest to istotny moment absorpcji tego, co zostało uzyskane w pozycji. Nagłe poderwanie się do góry niweczy efekt *sarvangasany*, dlatego kiedy wychodzisz z pozycji przez *halasanę*, to zawsze najpierw, zanim położysz się płasko, podeprzyj się ramionami, wtedy głowa się nie podniesie.

WARIANTY

Wykonywanie różnych wariantów i adaptacji tej pozycji nabiera szczególnej wartości przy konkretnych schorzeniach. Istotne, gdy na przykład osoba ze zwyrodnieniami kręgów szyjnych nie może wykonywać klasycznej pozycji. Wówczas aby nie tracić możliwości wykonywania pozycji odwróconych, dobiera się odpowiedni wariant.

- **Nauka *sarvangasany* dla osób początkujących: fot. 12, fot. 13, fot. 14, fot. 15, fot. 16.** Fotografie od **12** do **16** po-

kazują łatwiejszy sposób dochodzenia do pozycji z wykorzystaniem drabinek lub ściany, zalecany w początkowym okresie praktyki, ponieważ pozwala stosunkowo łatwo ustawić ciało w pozycji. Na **fot. 16** widać, jak należy rozpocząć odrywanie się od ściany i naukę pełnej pozycji.
Wariant z **fot. 17** z kijem podpierającym kręgosłup jest bardzo dobrym rozwiązaniem dla osób ze sztywnym kręgosłupem piersiowym i barkami.

- ***Sarvangasana* na krześle**
  Ten wariant jest szczególnie korzystny dla osób z problemami z kręgosłupem szyjnym, umożliwia im bezpieczne wykonanie pozycji, usuwa napięcie z okolicy barków i szyi. Działa niezwykle regenerująco. Zalecany również dla osób z problemami z sercem, takimi jak arytmia o podłożu psychogennym (**fot. 18**, **fot. 19**, **fot. 20**).

20

21

ŹLE

Fot. 18 pokazuje pozycję wyjściową przy dochodzeniu do tego wariantu.

CZEGO NIE ROBIĆ

Fot. 21

DODATKOWE RADY I WSKAZÓWKI

Kiedy rozpoczynasz praktykę *sarvanagasany* i twój kręgosłup szyjny jest w zadowalającym stanie, najlepiej jest to zrobić, wybierając wariant ze stopami na ścianie i zgiętymi kolanami. Zawsze na początku używaj pod ramiona podkładek z koca. Na początku spróbuj wykonać pozycję bez paska na ramionach. Jeśli jednak łokcie rozjeżdżają się na boki, wtedy nie wyciągniesz się wystarczająco i klatka piersiowa zapadnie się. Oznacza to konieczność użycia paska lub wykonanie innego wariantu tej pozycji. Zaczynaj od krótkiego czasu w pozycji, najlepiej przez jedną–dwie minuty i w miarę postępów wydłużaj go. Stopniowo, gdy robisz postępy, próbuj zdjąć jeden koc i praktykować na niższej podkładce. Zdejmuj co jakiś czas następne koce, aż będziesz wykonywać pozycję na jednym, dwóch kocach.

Poprawne i wygodne wykonanie *sarvangasany* najczęściej zabiera dużo czasu. Jednak nie wolno się poddawać. Należy regularnie praktykować tę pozycję, gdyż ma to kluczowe znaczenie dla całej praktyki asan oraz naszego zdrowia.

HALASANA

Hala oznacza pług. *Halasana,* czyli pozycja pługa, to wariant *sarvangasany,* który może być niezależną pozycją. Pozycja ta wywiera bardzo duży wpływ na fizjologię człowieka i jego stan umysłu. Jest to pozycja regenerująca, wyciszająca i uspokajająca. Przygotowuje adepta do *pratyahary* (kontroli zmysłów).

KORELACJA

Wykonanie pełnej pozycji wymaga od adepta elastycznych tyłów nóg, co osiąga się dzięki praktyce takich pozycji, jak *parsvottanasana, utthita hasta padangusthasana I, uttanasana,* a także *janusirsasana i paschimottanasana.* W normalnym toku nauki przed rozpoczęciem praktyki *halasany* należy najpierw opanować *sarvangasanę,* aby uealatycznić połączenie kręgosłupa szyjnego z piersiowym.

KORZYŚCI

- Reguluje ciśnienie krwi – osoby cierpiące na zaburzenia ciśnienia powinny wykonywać *halasanę* jako pierwszą pozycję odwróconą, zanim podejmą praktykę *sarvangasany* i *sirsasany* (co może nastąpić dopiero po uregulowaniu ciśnienia).
- Usuwa zmęczenie, bezsenność, niepokój.
- Usuwa palpitacje i bezdech.
- Pomaga w chorobach gardła.
- Poprawia funkcjonowanie tarczycy i gruczołów przytarczycznych.
- Usuwa ból pleców i znacznie je wzmacnia.
- Usuwa bóle głowy.

OSTRZEŻENIA

Nie wykonuj pozycji, jeżeli cierpisz na zmiany zwyrodnieniowe kręgosłupa szyjnego czy na chorobę wieńcową. Nie wykonuj jej również podczas menstruacji. Jeśli masz dyskopatię lędźwiową, w pierwszym okresie wykonuj wyłącznie *ardha halasanę*.

ODDZIAŁYWANIE NA DOSZE

Halasana tonizuje wszystkie trzy dosze.

PODSTAWOWA POZYCJA

Wskazówki do wykonania pozycji znajdują się przy opisie *salamba sarvangasany* (**fot. 1** i **2**).

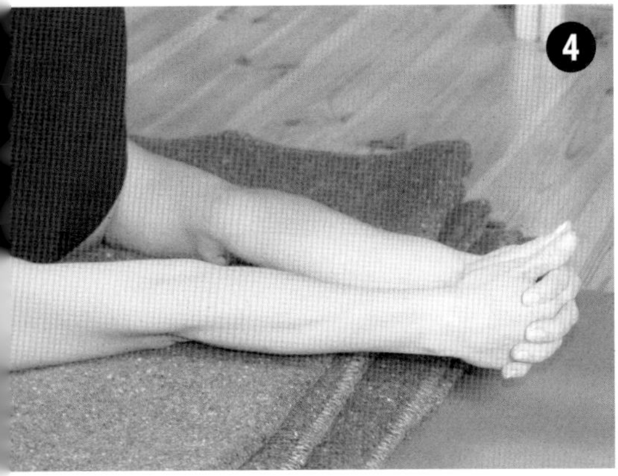

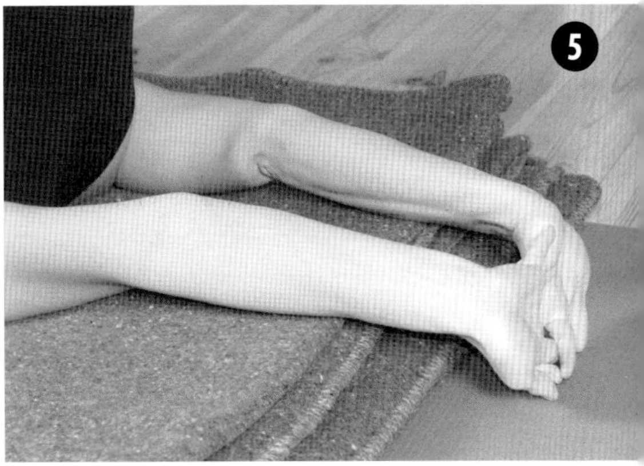

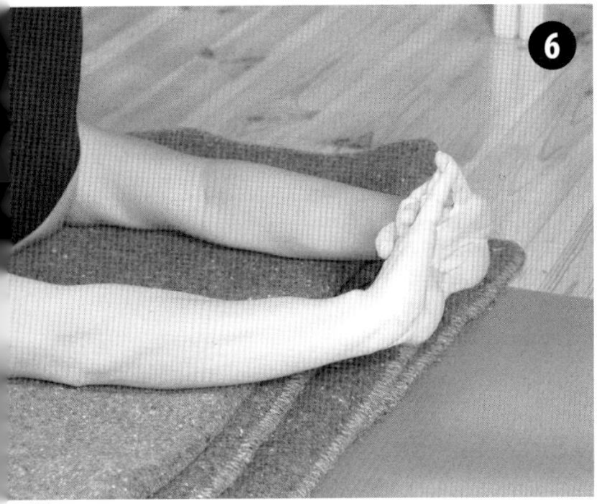

WARIANTY

- **Fot. 3** – pozycja klasyczna.
- **Fot. 4, fot. 5, fot. 6, fot. 7** – różne ułożenie rąk w *halasanie*.
- **Fot. 8, fot. 9** – *halasana* ze stopami na krześle, wariant do nauki pozycji.
- **Fot. 10** – najbardziej regenerujący wariant *halasany*. Zamknięcie oczu i przyjęcie całkowicie pasywnej pozycji ciała powoduje, że już po pięciu minutach pojawia się stan głębokiego relaksu porównywalnego z relaksem w *savasanie*. Ten wariant zaleca się osobom mających problemy z ciśnieniem krwi.

CZEGO NIE ROBIĆ

Nie pozwalaj, aby twój kręgosłup wyginał się ku tyłowi (plecy nie mogą być zaokrąglone). Nie pozwalaj także, aby kolana się zginały.

DODATKOWE RADY I WSKAZÓWKI

Komfortowe wykonanie *halasany* ułatwiają silne mięśnie prostujące kręgosłup i elastyczne mięśnie tyłów ud. Staraj się więc aktywnie napinać mięśnie prostujące plecy tak, aby kręgosłup był wciągany przez nie do wewnątrz. Na początku jest to bardzo męczące, lecz to jedyna droga do opanowania tej asany. Osoby ze sztywnymi mięśniami tyłów ud oraz osoby cierpiące na ból w dole pleców, nadwagę, artretyzm stawów biodrowych, mające problemy z narządami rodnymi, a także uczucie dławienia w gardle, powinny rozszerzyć nogi przynajmniej na szerokość bioder. W takim wypadku należy również rozważyć wykonanie *ardha halasany,* czyli ustawienia nóg równolegle do ziemi.

SALAMBA SIRSASANA

Salamba oznacza z podparciem, *sirsa* – głowa. Pozycja polega na staniu na głowie z podparciem. Jest równie istotna jak *sarvangasana* i razem z nią tworzy swoisty tandem. Pozycja wykazuje działanie wybitnie stymulujące i rozgrzewające, jest nośnikiem energii gorącej, słonecznej, czyli *ha*. Pomimo że nauka pozycji odwróconych rozpoczyna się od *sarvangasany*, to kiedy już wykonujesz obie asany, zawsze najpierw w sekwencji powinieneś wykonać *sirsasanę*, a jako drugą *sarvangasanę*. Inaczej zakończysz praktykę rozregulowany. Ludzie na początku bardzo boją się tej pozycji. Niepotrzebnie. Jej nauka powinna odbywać się stopniowo, najlepiej pod okiem doświadczonego nauczyciela. Obawy są najczęściej spowodowane wrażeniem, że to nienaturalnie stać na głowie. Pozycje odwrócone, pomimo że wzbudzają tego typu odczucia, są wynikiem głębokiego zrozumienia fizjologii ludzkiego ciała, które – aby zachować wysoki poziom energii i zdrowie – musi otrzymać „odtrutkę" na działanie grawitacji, której jest poddawane przez całe życie.

Tak więc poprawne wykonywanie *sirsasany* może przyczynić się tylko do poprawy funkcjonowania, nie zaś pogorszenia stanu zdrowia.

KORELACJA

Komfortowe wykonywanie *sirsasany* jest wynikiem prawidłowej pracy w pozycjach stojących, zwłaszcza zaś *tadasany* z jej wariantami wzmacniającymi i rozciągającymi stawy obręczy barkowej, *adho mukha svanasany* i *uttanasany*. Bez tych pozycji niemożliwe jest poprawne wykonanie *sirsasany*. Pozycja przygotowuje również do trudniejszych pozycji, o których jednak nie mówimy w tym opracowaniu. Regularna praktyka tej pozycji poprawi jakość wykonania wszystkich asan, pomoże wzmocnić ciało i usunąć z niego blokady.

KORZYŚCI

- Wzmacnia organizm i reguluje pracę mózgu.
- Buduje odporność – tak jak świeca ma silne właściwości immunostymulujące.
- Usuwa dolegliwości wynikające z przeziębienia (nie wykonuj jej jednak, gdy gorączkujesz).
- Wzmacnia krążenie w klatce piersiowej i wzmacnia płuca oraz serce.
- Oczyszcza krew.
- Redukuje palpitacje serca.
- Usuwa bezsenność (jednak nie wykonuj jej przed snem).

OSTRZEŻENIA

Nie wykonuj pozycji w czasie menstruacji, gdy masz jaskrę lub istnieje niebezpieczeństwo odklejenia się siatkówki. Również osoby z dużą wadą wzroku powinny być ostrożne i skonsultować się z lekarzem oraz doświadczonym nauczycielem jogi. Nie przystępuj do klasycznej pozycji, jeśli masz zwyrodnienia kręgów szyjnych i dyskopatię oraz nadciśnienie (patrz warianty).

ODDZIAŁYWANIE NA DOSZE

Pozycja jest silnie rozgrzewająca (solarny czynnik *ha*), dlatego osoby o konstytucji pitta powinny być szczególnie ostrożne i nie forsować pozycji na siłę – dotyczy to również długości czasu trwania w pozycji. Te osoby powinny uważnie śledzić sygnały płynące z ciała. Kiedy w ciele jest za dużo ognia, pozycja nie będzie wychodzić poprawnie. Osoby o konstytucji vata teoretycznie bardzo korzystają z tej pozycji ze względu na jej efekt rozgrzewający, jednak nie musi tak być zawsze. Ludzie vata często są niepokojeni przez nadmierne napięcie mięśniowe, co uniemożliwia prawidłowe wykonanie pozycji w dłuższym czasie. Z kolei osoby typu kapha pozornie korzystają najbardziej, ze względu na stymulujący i rozgrzewający efekt pozycji, jednak tylko w przypadku, gdy nie cierpią na nadwagę (co jest często chroniczną dolegliwością tych osób), a ich obręcz barkowa jest mocna i elastyczna. Podsumowując – pozycja ta powinna być wykonywana przez wszystkie typy, należy wziąć jednak pod uwagę powyższe czynniki, zwłaszcza w początkowym etapie praktyki *sirsasany*. Jeśli istnieją jakieś ograniczenia, być może trzeba rozważyć wprowadzenie modyfikacji oraz wariantów, a także skorzystać z pomocy doświadczonej osoby.

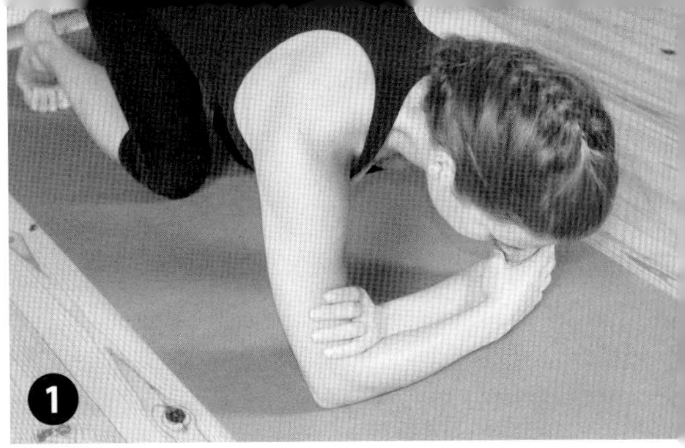

1

2

PODSTAWOWA POZYCJA

Przygotuj matę. Uklęknij przed nią, połóż przedramiona na podłodze i chwyć się za łokcie (**fot. 1**). To właściwa szerokość, na jaką powinny być ustawione łokcie w pozycji, chociaż nie jest to regułą. Niektóre osoby mogą mieć łokcie szerzej niż na szerokość barków (z powodu różnicy w budowie anatomicznej) i nie jest to błędem. Następnie spleć szczelnie palce (**fot. 2**), zwracając uwagę na to, aby mały palec (odpowiednio lewej lub prawej dłoni) znajdował się po wewnętrznej stronie ręki (**fot. 3**). Postaw ręce na macie i je dociśnij. Szczególną uwagę zwróć na mocny docisk nadgarstków i pionowe ustawienie rąk. Upewnij się, że zarówno nadgarstki, jak i łokcie dociskają równomiernie. Teraz opuść powoli głowę w kierunku maty tak, aby szyja pozostała wyciągnięta,

3

4

a łopatki rozciągnięte (rozszerzone). To bardzo ważne, ponieważ praca ramion w pozycji zaczyna się już teraz. Oprzyj czubek głowy (najwyższy punkt ciała w *tadasanie – vertex*) na macie i dociśnij głowę do dłoni (**fot. 4**, **fot. 5**). Pamiętaj o szczelnym połączeniu palców i jednoczesnym ich rozluźnieniu. Pomiędzy dłońmi a głową pozostaje pusta przestrzeń, do głowy dociskają tylko nasady kciuków i wewnętrzne strony nadgarstków. Wyprostuj powoli nogi (**fot. 6**), unieś biodra i podejdź stopami jak najbliżej do głowy (**fot. 7**, **fot. 8**, **fot. 9**), pracując intensywnie nad wyciąganiem wewnętrznej strony ramion i unoszeniem łopatek. Zostań w tej pozycji przez kilka oddechów, a następnie zegnij kolana (**fot. 10**) i unieś połączone nogi do góry (**fot. 11**). Rób to powoli, aby nie stracić równowagi. Teraz ustaw uda pionowo (**fot. 12**) i po chwili wyprostuj kolana (**fot. 13**, **fot. 14**). Przez cały czas kontroluj pracę ramion. Ustal pozycję i oddychaj równomiernie. Poza ramionami istotna praca odbywa się w nogach. Rotuj uda do wewnątrz tak jak w świecy i wyciągaj wewnętrzne krawędzie nóg. Trwaj tak długo, jak możesz. Zakończ pozycję, wykonując wszystkie czynności w kolejności odwrotnej. Po wykonaniu asany pozostań z czołem na ziemi w adho mukha *virasanie*.

Kiedy nauczysz się stawać w opisany wyżej sposób, spróbuj nauczyć się dochodzić do pozycji i wychodzić z niej z wyprostowanymi nogami (**fot. 15**, **fot. 16**).

8
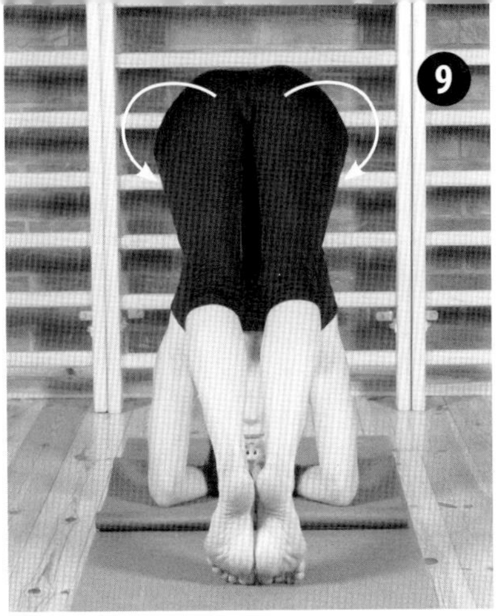
9

10

11

12
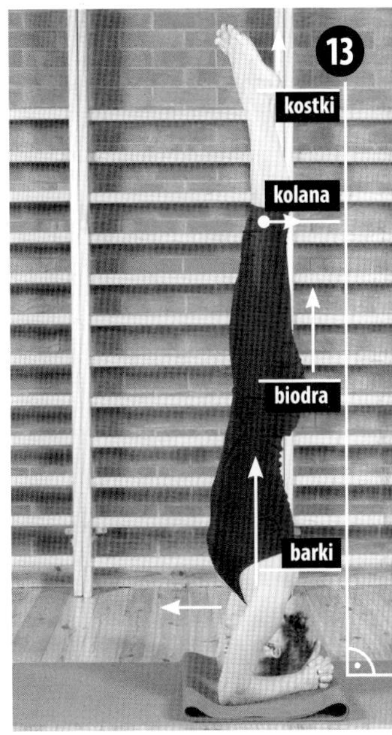
13
kostki
kolana
biodra
barki

14

15

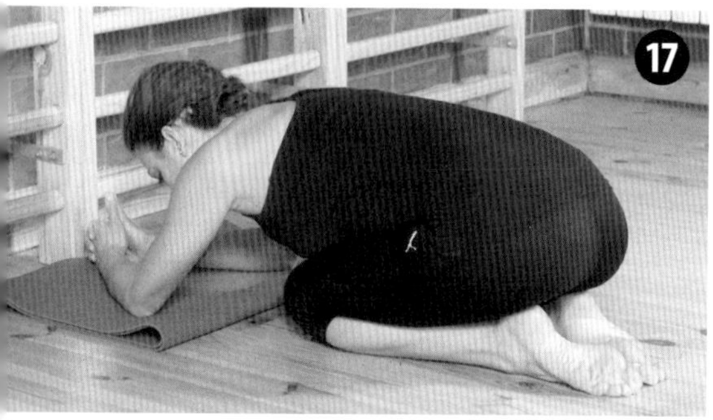

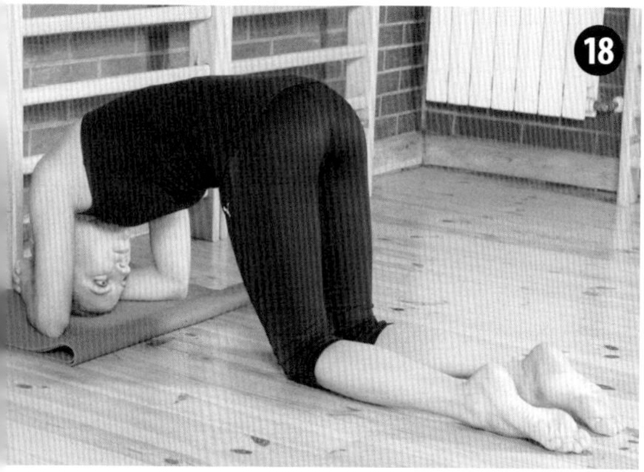

NAUKA POZYCJI

Jeśli jesteś początkujący, zawsze wykonuj pozycję dopiero po pozycjach stojących i pozycjach rozciągających oraz wzmacniających ramiona.

Nauka *sirsasany* rozpoczyna się od wykonywania jej przy ścianie – nikt nie staje od razu na środku (**fot. 17–24**) oraz właściwego przygotowania do pozycji, które powinno poprzedzać jej wykonywanie. Bardzo dobrym przygotowaniem jest tzw. pozycja delfina. Adept uczy się w niej, jak pracować ramionami, łopatkami, aby prawidłowo wykonać stanie na głowie. W trakcie jej wykonywania mięśnie wzmacniają się i uelastyczniają bez ryzyka uszkodzenia kręgosłupa szyjnego **fot. 25–27, 28, 29.**

WARIANTY

- ***Sirsasana II***

  Jest to wariant silnie wzmacniający obręcz barkową i szyję. Można go potraktować jako przygotowanie do salamba *sirsasany*. Nie powinno się go jednak wykonywać zbyt długo. Rób go zawsze przy ścianie. Zwróć uwagę na to, aby do ściany dotykał tył głowy i tylne krawędzie nóg, a okolica łopatek była oddalona od ściany na trzy–cztery centymetry (**fot. 30**).
- **Wiszenie na linach**

  Jest to wariant zalecany dla osób z problemami kręgosłupa, takimi jak dyskopatia, silna skolioza,

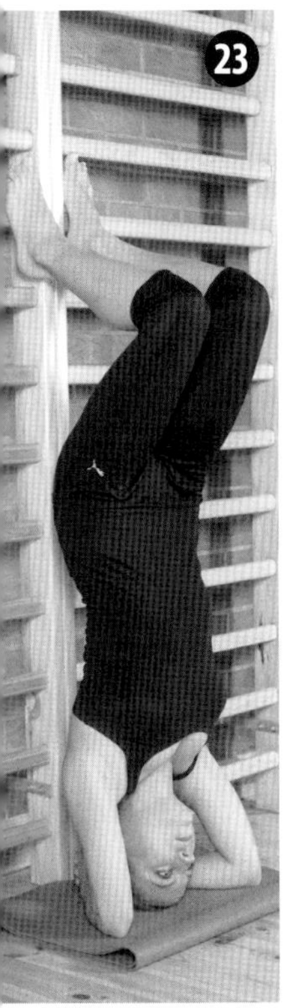

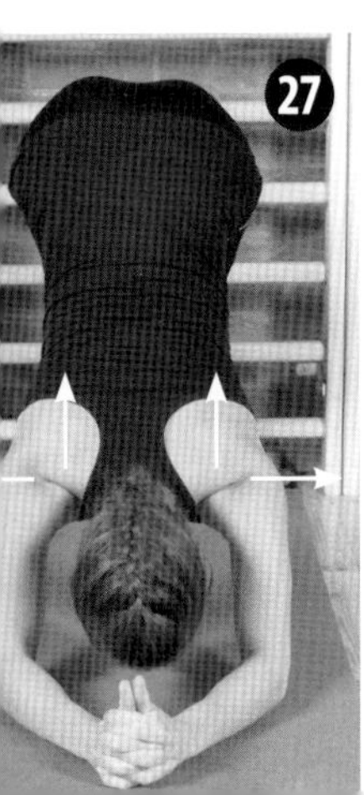

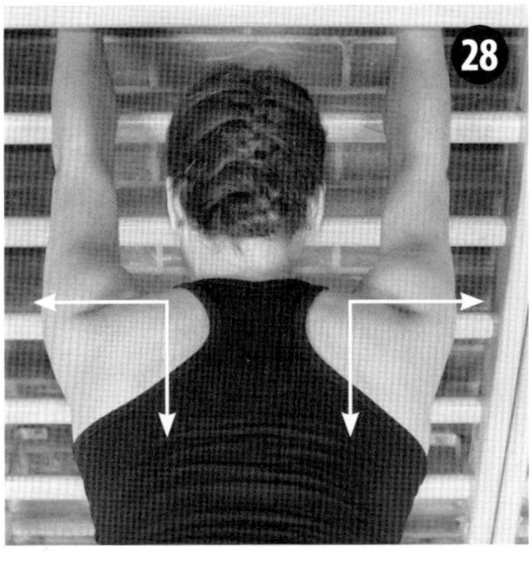

ŹLE

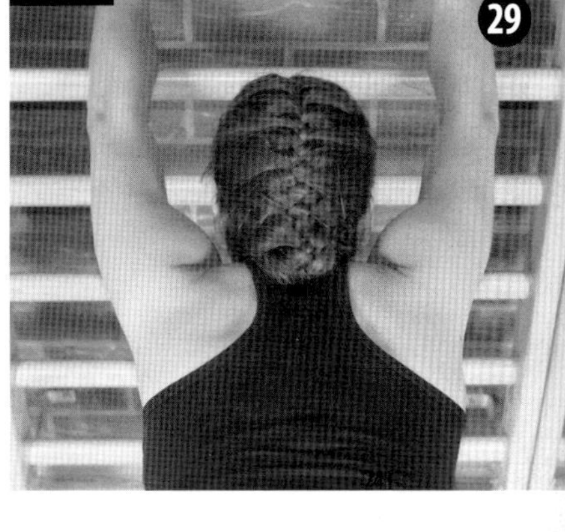

30

31

32

ŹLE

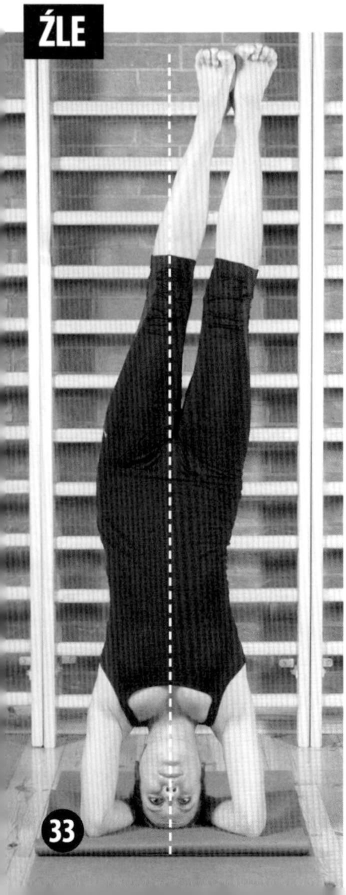
33

ŹLE

34

ŹLE

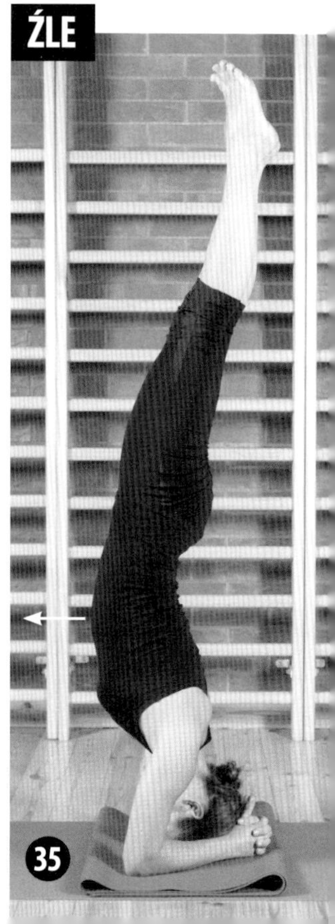
35

ŹLE

zwyrodnienia kręgów szyjnych, problemy z ciśnieniem (wariant z bandażem wokół głowy), a także dla tych, którzy z różnych przyczyn nie mogą długo wytrwać w klasycznej pozycji lub są przemęczeni (**fot. 31, 32**). Terapia nadciśnienia tętniczego pierwotnego przy zastosowaniu pozycji odwróconych powinna się odbywać tylko pod okiem doświadczonego terapeuty.

CZEGO NIE ROBIĆ

Fot. 33–35, 37.

DODATKOWE RADY I WSKAZÓWKI

Pamiętaj, że sukces w pozycji zależy od prawidłowego przygotowania do niej. Należy odpowiednio wzmocnić i uelastycznić obręcz barkową. Bez tego pozycja będzie niewygodna, niestabilna i niekiedy bolesna. **Każdy ból pojawiający się w obrębie szyi jest wskazaniem do zakończenia pozycji i przyjrzenia się, co mogło go wywołać.** Ból, który pojawia się z boku szyi, czy to u jej podstawy, czy w okolicy kości potylicznej czaszki, świadczy o nieprawidłowym zrównoważeniu lewej i prawej strony (zakładając, że poza tym kręgosłup szyjny jest zdrowy). Wtedy należy skupić się na prawidłowej pracy ramion i kręgosłupa szyjnego w pozycjach przygotowujących do *sirsasany,* aby wyeliminować zaburzenie. Czasami na początku praktyki pojawia się ból w okolicy środka kręgosłupa piersiowego i szyjnego. Ten rodzaj bólu jest na początku naturalny. Być może nieprawidłowo ustawiłeś głowę lub po prostu wzmacniają się odpowiednie struktury (mięśnie, więzadła), może on też oznaczać, że wykonujesz pozycję za długo jak na początek.

Dla osoby początkującej jedna minuta czy półtorej to jest aż nadto. Czas wydłużaj stopniowo i tylko gdy czujesz prawidłowość w pozycji.

VIPARITA KARANI

Nazwę tę można przetłumaczyć jako odwrócony wodospad. Klasyczna pozycja jest dość trudna do wykonania dla osób początkujących, dlatego stosuje się pomoc w postaci wałków, koców i ściany. Jest to pozycja odwrócona o wyjątkowej mocy regeneracji. Otwiera klatkę piersiową, uspokaja oddech i dzięki temu redukuje napięcie mentalne. Jej regularne wykonywanie łagodzi wiele dolegliwości i reguluje wiele zaburzeń. Można w niej się całkowicie odprężyć i trwać tak długo, jak jest to potrzebne.

KORELACJA

Jest to asana, która w swej oryginalnej formie może być stosowana w trakcie wykonywania *sarvangasany*. W praktyce najczęściej jest jednak wykonywana niezależnie, jako forma czysto relaksacyjna. *Viparita karani* znajduje się pomiędzy *sarvangasaną* a *setu bandha sarvangasaną*, bierze z obu pozycji to, co jest w nich najlepsze.

KORZYŚCI

- Pozycja reguluje ciśnienie krwi. Stanowi doskonałe przygotowanie dla osób z nadciśnieniem do wykonania *sarvangasany*. Można ją wykonywać nawet przy poważnych problemach z sercem.
- Zwalcza migreny i napięciowe bóle głowy.
- Przynosi ulgę w dusznościach, astmie, chorobach gardła i zatok.
- Pomaga leczyć choroby oczu i uszu.
- Działa bardzo korzystnie w zwyrodnieniach kręgów szyjnych i artretyzmie.
- Tonizuje nerki.
- Zapobiega żylakom i przynosi w nich ulgę.
- Jest użyteczna w niestrawności i problemach z trawieniem.

OSTRZEŻENIA

Nie wykonuj tej pozycji w trakcie menstruacji.

ODDZIAŁYWANIE NA DOSZE

Viparita karani może być z powodzeniem wykorzystywana w tonizowaniu trzech doszy.

PODSTAWOWA POZYCJA

Przygotuj wałek, koc i klocek. Zawiń wałek w koc i dosuń go do położonego płasko klocka (**fot. 1**). Jeśli nie masz

1

2

3

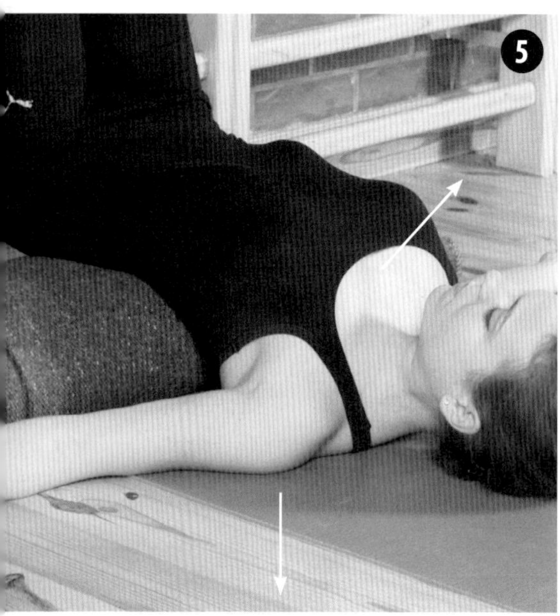

klocka, możesz z niego zrezygnować. Klocek określa dystans pomiędzy wałkiem a ścianą. Teraz usiądź na wałku bokiem do ściany (**fot. 2**), zarzuć nogi na ścianę, trzymając ręce na ziemi (**fot. 3**). Powoli zegnij łokcie i zsuń się w dół, tak aby pośladki nie oddaliły się zanadto od ściany (**fot. 4**). Bardzo często osoby początkujące w tym momencie niechcący zsuwają się całkowicie z wałka. Jest to kwestia wprawy, tak więc nie poddawaj się, tylko próbuj, aż opanujesz płynne dojście do pozycji. Kiedy już się położysz, dodatkowo (przy lekko zgiętych nogach) dosuń jeszcze pośladki do ściany. Chodzi o to, żeby znalazły się one w zagłębieniu powstałym pomiędzy wałkiem a ścianą (tam, gdzie jest klocek). Rozszerz ramiona na boki, dociśnij je możliwie blisko wałka i rozluźnij. Wnętrza dłoni powinny być zwrócone do sufitu. Wyprostuj nogi i skręć uda do wewnątrz. Rozszerz klatkę piersiową (**fot. 5**) i całkowicie rozluźnij brzuch, pozwalając, aby znajdujące się w nim narządy opadły w dół w stronę kręgosłupa i wnętrza klatki piersiowej. Zamknij oczy i zwróć wewnętrzny wzrok w stronę serca. Trwaj około pięć minut lub tak długo, jak chcesz, oddychając spokojnie. Odczuj głęboki spokój, jaki niesie ze sobą praktyka tej pozycji. Wyjdź z pozycji, zginając kolana i zsuwając się stopniowo na prawy bok. Odczekaj minutę, zanim usiądziesz.

WARIANTY

Warianty służą przede wszystkim pogłębieniu efektu regenerującego. Szczególnie polecane jest bandażowane oczu i uszu (bez uciskania nozdrzy) (**fot. 6, fot. 7, fot. 8**).

CZEGO NIE ROBIĆ

Nie napinaj brzucha, gardła (**fot. 9**). Zwróć uwagę, aby ramiona były dociśnięte do ziemi i tylna część szyi nie odrywała się. Nie patrz do tyłu. Nie pozwalaj, aby nogi odrywały się od ściany.

DODATKOWE RADY I WSKAZÓWKI

Jeśli cierpisz na bóle głowy, migreny lub nadciśnienie, użyj bandaża elastycznego i zawiń go dookoła głowy (nie uciskając nozdrzy).

JANU SIRSASANA

Janu oznacza kolano, *sirsa* – głowa. Tłumaczy się to jako głowa na kolanie. Pozycja ta uelastycznia stawy biodrowe, usuwa sztywność nóg i kręgosłupa oraz zwiększa elastyczność stawów obręczy barkowej. Otwiera cykl pozycji ze zgięciem kręgosłupa – pozycji ochładzających ciało, wyciszających umysł i przygotowujących adepta do pratyahary.

KORELACJA

Pozycja ta bezpośrednio przygotowuje do prawidłowego wykonania *paschimottanasany*. Łatwiej jest najpierw wykonywać rozciąganie jednej nogi niż obu naraz – tak jak ma to miejsce w *paschimottanasanie*. Jednak w pełnej wersji *janu sirsasana* wymaga asymetrycznego ustawienia bioder, dlatego wykonanie pozycji jest nieco bardziej skomplikowane niż wykonanie *paschimottanasany*. Pozycje siedzące łatwiej wykonywać po wykonaniu *janu sirsasany*.

KORZYŚCI

Zasadniczo korzyści płynące z wykonywania tej pozycji są podobne do korzyści płynących z *paschimottanasany*, jednak dodatkową jej zaletą jest to, że w asymetrycznym ustawieniu bioder istnieje większa możliwość korekcji skrzywień kręgosłupa. Rozluźniają się także stawy biodrowe.

OSTRZEŻENIA

Jeśli pozycja jest wykonana prawidłowo, to nie ma zasadniczych przeciwwskazań zdrowotnych do jej wykonywania z wyjątkiem choroby wieńcowej w początkowym okresie ćwiczeń.

Jednak jeśli cierpisz na dyskopatię, nie przystępuj do pełnej pozycji, dopóki nie opanujesz wariantu z prostymi plecami.

Nie wykonuj pozycji podczas ataku astmy lub zaraz po nim. Poza tym pozycja działa korzystnie w astmie.

ODDZIAŁYWANIE NA DOSZE

Jest to znakomita asana tonizująca trzy dosze. Doskonale schładza rozgrzaną głowę pitta, wycisza rozregulowaną vata i stymuluje kapha, usuwając jej nadmiar.

PODSTAWOWA POZYCJA

Usiądź w *dandasanie* (**fot. 1**). Zegnij lewe kolano (**fot. 2**), chwyć lewą ręką za mięśnie łydki, a prawą za staw skokowy (**fot. 3**). Wyciągnij łydkę na zewnątrz

1

2

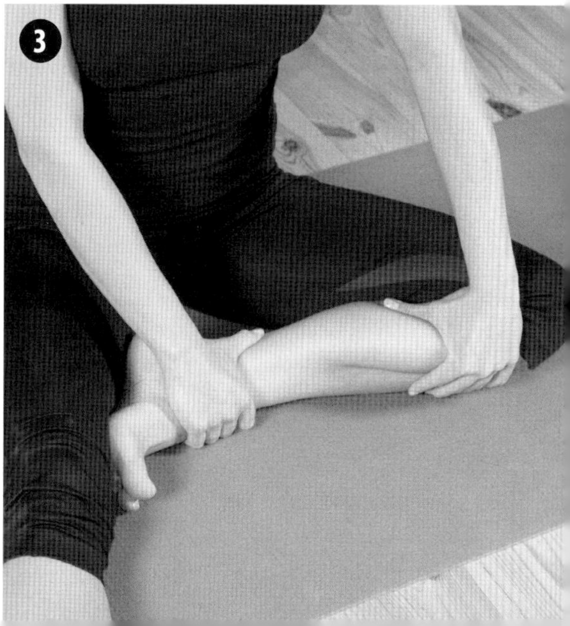

3

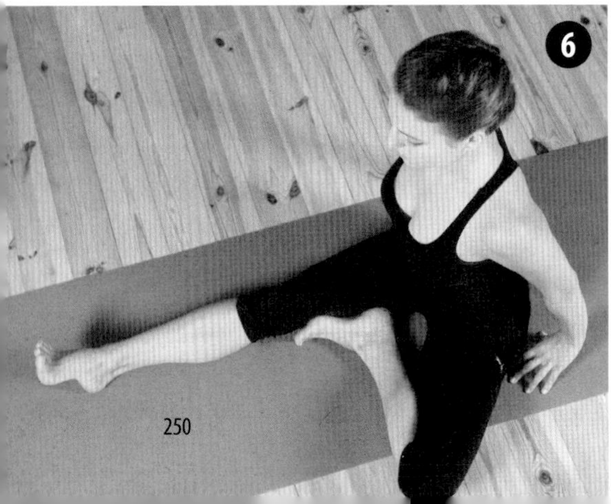

i przyciągnij stopę do pachwiny (**fot. 4**). Zasadniczo istnieją dwa sposoby ustawienia zgiętej nogi w stosunku do prostej:

- trudniejszy sposób – kąt utworzony pomiędzy udami jest kątem prostym, wtedy biodra są ustawione asymetrycznie i w tym wypadku lewy staw biodrowy jest cofnięty względem prawego. Ten wariant pozwala intensywniej rozciągać kręgosłup (**fot. 5**);
- łatwiejszy sposób – kąt utworzony pomiędzy udami wynosi około 45 stopni. W tym wariancie oba stawy biodrowe są ustawione mniej więcej symetrycznie. W tym przypadku obydwa boki będą rozciągały się bardziej symetrycznie (**fot. 6**).

Poniższe wskazówki dotyczą wariantu łatwiejszego.

Zrób wdech, podnieś ramiona do góry i wyciągnij się od kości kulszowych po końce palców dłoni (**fot. 7**). Utrzymuj prawą nogę wyprostowaną, udo zrotowane do wewnątrz, a stopę pionowo. Z wydechem zegnij się w biodrach i chwyć za stopę (**fot. 8**). Wyciągnij intensywnie kręgosłup. Cały czas unoś dolne żebra i mostek w stronę brody. Wtedy wyciągniesz również przednią stronę kręgosłupa. Teraz spleć palce na podeszwie stopy (**fot. 9**). Trwaj w tej pozycji kilka oddechów, a następnie zegnij łokcie, wyciągnij się mocniej do przodu, chwyć za lewy nadgarstek i z wydechem połóż twarz

poniżej kolana na goleni (**fot. 10**). Rozluźnij się, oddychaj spokojnie i miękko. Staraj się wydłużyć wydech, ale nie na siłę. To powinno przyjść naturalnie. Utrzymuj barki z dala od uszu, łopatki powinny być szeroko rozpostarte, a szyja rozluźniona. Trwaj w pozycji jedną minutę lub tak długo, jak możesz. Tak jak w *paschimottanasanie*, nie ma tu w zasadzie limitu czasu. Następnie zrób wdech i podnieś się do pozycji, w której trzymasz za krawędzie stopy, głowa jest uniesiona, a plecy proste. Następnie przejdź do *dandasany* i powtórz pozycję na drugą nogę, trwając w niej przez taki sam czas.

WARIANTY

- Tak jak w *paschimottanasanie*, można wykonywać pozycję z głową podpartą na krześle (**fot. 11**) lub na klocku (**fot. 12**), co wzmaga wyciszający i tonizujący efekt pozycji.

ŹLE

ŹLE

To szczególnie ważne, jeśli ciało jest jeszcze sztywne i nie może wykonać pełnej pozycji lub gdy jesteśmy zmęczeni i nie mamy ochoty na intensywną pracę.

- **Dla osób początkujących**
  Zamiast zaokrąglać kręgosłup i zginać nogę, do chwycenia za stopę użyj paska (**fot. 13**). To umożliwia poprawne wykonanie pozycji bez przeciążania kręgosłupa i naciągania mięśni tylnej strony ud. Pracuj w tym wariancie nad dociskaniem tyłów ud do ziemi, wyciąganiem kręgosłupa do góry i chowaniem go do środka.

CZEGO NIE ROBIĆ

- Nigdy nie wykonuj pozycji ze zgiętym kolanem, ponieważ to nadweręża mięśnie kulszowo-goleniowe (**fot. 14**).
- Nie przechylaj tułowia i nogi na bok (**fot. 15**).

DODATKOWE RADY I WSKAZÓWKI

Staraj się zawsze zaczynać pozycję od nogi przeciwnej niż ta, którą rozpoczynałeś poprzedniego dnia. To zapewni równomierną pracę nóg.

Jest niezwykle ważne, aby intensywnie i precyzyjnie wykonywać rotację uda do wewnątrz w nodze, która aktualnie jest rozciągana. To zapobiega problemom z biodrami. W związku z tym staraj się świadomie wydłużać wewnętrzną stronę nogi rozciąganej aż po nasadę jej dużego palucha.

PASCHIMOTTANASANA

Paschim oznacza zachód, w topografii ciała jest to po prostu cała jego tylna część (tyły nóg od pięt po pośladki i całe plecy), *ut* wskazuje na intensywność, *tan* oznacza rozciąganie. Jest to więc intensywne rozciąganie tylnej strony ciała. Według *Hatha Joga Pradipiki paschimottanasana* to najlepsza spośród asan: usprawnia przepływ prany w ciele, zwiększa ogień trawienny, uwalnia adepta od chorób. Pozycja ta aktywizuje ciało i zarazem wycisza umysł. *Paschimottanasana* to królowa pozycji ze zgięciem kręgosłupa.

KORELACJA

Do tej pozycji prowadzą bezpośrednio takie asany, jak *utthita hasta padangusthasana*, *parsvottanasana*, adho *mukha svanasana*, *uttanasana* oraz *janu sirsasana*. Bez intensywnego wykonywania tych pozycji niemożliwe będzie pełne i bezpieczne wykonanie *paschimottanasany*. Dlatego nie należy wykonywać pełnego

wariantu pozycji, jeśli mięśnie i ścięgna tylnej strony ud nie są uelastycznione w powyższych pozycjach. Sama *paschimottanasana* uwalnia nogi z przykurczów i sztywności, co sprawia, że wszystkie pozycje będzie lżej i łatwiej wykonywać.

KORZYŚCI

- Pozycja tonizuje układ nerwowy, co bardzo dobrze wpływa na wszystkie nadpobudliwe i nerwowe osoby.
- Stabilizuje ciśnienie krwi.
- Reguluje pracę nerek i nadnerczy.
- Reguluje pracę pęcherza i trzustki.
- Zwalcza zaburzenia seksualne.
- Stymuluje pracę jajników i całego układu rozrodczego.
- Masuje serce i łagodzi jego podrażnienia.
- Poprawia krążenie w klatce piersiowej i jamie brzusznej.
- Aktywizuje wątrobę i wydzielanie w drogach żółciowych.

OSTRZEŻENIA

Jeśli jest wykonana prawidłowo, to nie ma zasadniczych przeciwwskazań zdrowotnych do jej stosowania z wyjątkiem choroby wieńcowej w początkowym okresie ćwiczeń.

Jednak jeśli cierpisz na dyskopatię, nie przystępuj do pełnej pozycji, dopóki nie opanujesz wariantu z prostymi plecami.

Nie wykonuj pozycji podczas ataku astmy lub zaraz po nim. Poza tym pozycja działa korzystnie w astmie.

ODDZIAŁYWANIE NA DOSZE

Jest to znakomita asana tonizująca trzy dosze.

PODSTAWOWA POZYCJA

Usiądź w *dandasanie* (**fot. 1**). Wykonaj wdech i wyciągnij ramiona do góry (**fot. 2**). Rozciągnij się od pośladków (kości kulszowych) po końce palców rąk. Utrzymując intensywne rozciągnięcie kręgosłupa, zrób wydech i powoli zegnij się w kierunku nóg. Ruch następuje w biodrach, kręgosłup pozostaje w tym czasie prosty. Chwyć za zewnętrzne krawędzie stóp (**fot. 3**). Oddychaj głębiej niż zazwyczaj, prostując cały czas kręgosłup. Oprócz rozciągania kręgosłupa lędźwiowego, staraj się prostować kręgosłup piersiowy przez ciągłe unoszenie dolnych żeber i mostka. Przesuwaj je od kości łonowej w stronę brody. To spowoduje lekki wyprost kręgosłupa piersiowego i jednocześnie zapobiegnie skurczom mięśni przedniej strony klatki piersiowej. Cały czas utrzymuj pełen wyprost w kolanach i rotuj uda do wewnątrz. Następnie wykonaj wydech, zegnij łokcie, pociągnij za stopy i opuść głowę w dół, jednocześnie zbliżając ją maksymalnie w stronę stóp (**fot. 4**). Połóż twarz na goleniach poniżej stawów

kolanowych (**fot. 5**). Teraz oddech będzie płytszy niż zazwyczaj. Staraj się jednak oddychać spokojnie i w miarę głęboko. Naucz się wydłużać naturalnie wydech, co wprowadzi spokój do pozycji. Trwaj około minuty lub tak długo, jak chcesz. Czas trwania w pozycji można wydłużać bez żadnych przeszkód. Potraktuj to jak wyzwanie i – jeśli czujesz się na siłach danego dnia – trwaj w niej jak najdłużej. Następnie wykonaj wdech i powoli unieś się do pozycji, w której trzymasz się za stopy, a plecy i ramiona są proste, następnie przejdź do *dandasany*.

WARIANTY

- **Głowa na krześle (fot. 6)** – jest to wariant przede wszystkim dla osób sztywnych, które potrzebują z różnych względów wyciszającego efektu *paschimottanasany*. Sposób dojścia do pozycji jest taki sam, jak do podstawowej pozycji. Różnica polega na tym, że głowa nie spoczywa na nogach tylko na krześle. Dodatkowo można rozłączyć nogi.
- **Głowa na klocku (fot. 7)** – jest to bardziej intensywna wersja poprzedniego wariantu. Nogi są rozłączone na szerokość bioder, a czoło oparte na klocku. To bardzo wyciszający i tonizujący sposób wykonania pozycji.
- **Fot. 8** – ten wariant jest szczególnie korzystny, gdy chcemy rozciągnąć tylne strony nóg, a mamy problem z dolnym odcinkiem kręgosłupa (np. dyskopatia lędźwiowa). Pozwala on na zwiększenie zakresu ruchu bez przeciążania kręgosłupa. Wariant zalecany także dla osób początkujących.

8

9

ŹLE

CZEGO NIE ROBIĆ

- Nie zaokrąglaj kręgosłupa, tylko go rozciągaj (**fot. 9**). Dlatego nawet jeśli nie cierpisz z powodu dyskopatii, udoskonal podstawową pozycję.
- Uważaj na zginanie kolan i odrywanie się tylnej strony ud od podłogi. Jest to bardzo niekorzystne, ponieważ prowadzi do przeciążenia grupy mięśni tylnej strony ud.
- Nie opuszczaj łokci w dół podczas dochodzenia do pełnej pozycji. Zamiast tego zginaj je w bok.
- Nie napinaj szyi. Aby temu zapobiec, odsuwaj łopatki od głowy i je rozszerzaj.

DODATKOWE RADY I WSKAZÓWKI

Podstawowa rada do tej pozycji – naucz się rozciągać od kości kulszowych, jednak bez unoszenia ich z ziemi. Odczujesz wtedy lekkość w pozycji.

BHARADVAJASANA

Bharadvaja był bardzo znanym mędrcem, jego historia opisywana jest w wielkim eposie *Mahabharata*. Jego imieniem nazwano pozycję otwierającą cykl wielu pozycji ze skrętem. W tej asanie uczymy się, jak prawidłowo skręcać kręgosłup. Jej regularne wykonywanie pozwala uelastycznić plecy i masuje organy wewnętrzne.

KORELACJA

Aby wykonywać podstawową pozycję, należy opanować *virasanę*. *Bharadvajasana* jest podstawową pozycją ze skrętem, wykonywaną w pozycji siedzącej. Zarówno ta asana, jak i inne skręty wykonane przed pozycjami z wyprostem kręgosłupa i po nich sprawią, że pozycje te nie będą bolesne dla pleców.

KORZYŚCI

- Zwiększa elastyczność kręgosłupa.
- Zwiększa elastyczność bioder (podstawowa pozycja).

- Usuwa ból pleców i szyi.
- Uelastycznia stawy obręczy barkowej (podstawowa pozycja).
- Poprawia pracę nerek.
- Reguluje pracę układu trawiennego i pomaga leczyć schorzenia wątroby, woreczka żółciowego oraz śledziony.
- Tonizuje macicę.

OSTRZEŻENIA

Nie wykonuj tej asany, jeśli masz wysokie ciśnienie, ból w gałkach ocznych, napięciowy ból głowy, migrenę, biegunkę lub jesteś w trakcie menstruacji.

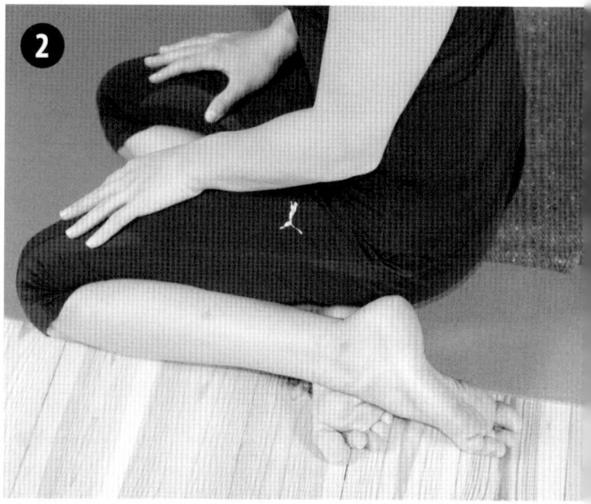

ODDZIAŁYWANIE NA DOSZE

Pozycja redukuje nadmiar vata oraz działa tonizująco na pitta. Również osoby kapha bardzo skorzystają z regularnej praktyki tej pozycji ze względu na jej stymulujący charakter.

PODSTAWOWA POZYCJA

Usiądź w *dandasanie* na złożonym kocu. Zegnij kolana i przełóż nogi na lewą stronę koca tak, aby na kocu znalazł się tylko prawy pośladek (**fot. 1**). Prawa stopa powinna znaleźć się pod lewą i ustawić się prostopadle do długiej osi goleni. Z kolei lewy staw skokowy powinien spocząć w wewnętrznym (przyśrodkowym) łuku prawej stopy. Palce lewej stopy wyciągnij do tyłu (**fot. 2**).

Teraz ustaw nogi w taki sposób, aby zewnętrzna krawędź prawego uda i zewnętrzna krawędź lewej goleni były równoległe do siebie i do bocznych krawędzi koca, na którym siedzisz. Połóż dłonie na udach (**fot. 3**). To jest prawidłowe ustawienie nóg w pozycji. Teraz tułów jest skierowany do przodu. Chwyć z tyłu prawą ręką za lewe ramię powyżej lewego łokcia (**fot. 4**). Następnie zrób szybki wydech i chwyć lewą dłonią za prawe kolano, nie puszczając lewego ramienia (**fot. 5**). Na wdechu wyciągnij kręgosłup do góry, a na wydechu staraj się skręcić głębiej. W rytmie oddechu pracuj intensywnie nad poprawieniem zakresu ruchu w tym skręcie. Cały czas trzymaj mocno za kolano. Wytrwaj w pozycji od 30 sekund do minuty. Z wdechem zakończ pozycję i rozluźnij ramiona. Powtórz ją w tym samym czasie na drugą stronę. Możesz zrobić kilka powtórzeń co sprawi, że efekt będzie głębszy.

WARIANTY

- ***Bharadvajasana*** **– wariant łatwy**

  Jest to wariant dla osób, które nie są w stanie wykonać prawidłowo podstawowej pozycji. W praktyce większość osób powinna zaczynać od tego wariantu. Ustaw nogi jak w pozycji podstawowej. Nie chwytaj jednak za ramię, tylko przenieś prawe ramię do tyłu i połóż dłoń na klocku. Teraz z wdechem wyciągnij lewe ramię do góry (**fot. 6**) i z wydechem chwyć za prawe kolano (**fot. 7**). Z kolejnym wdechem podnieś mostek do góry i rozszerz klatkę piersiową. Następnie z wydechem wykonaj skręt, dociskając prawą dłoń do klocka i ciągnąc za prawe kolano. Podczas tego skrętu utrzymuj klatkę piersiową otwartą, a kręgosłup wyciągnięty. Utrzymuj pozycję od 30 sekund do minuty, pogłębiając stale skręt. Z wydechem rozluźnij ramiona, a następnie powtórz pozycję na drugą stronę.
- ***Bharadvajasana*** **przy ścianie**

  Jest to bardzo podobna pozycja do wariantu łatwego, jednak tutaj możliwy jest bardziej intensywny skręt. Różnica polega na tym, że należy ustawić się w pozycji wyjściowej bokiem do ściany i położyć obie dłonie na ścianie. W tym wariancie łatwiej jest nauczyć się skrętu bez przechylania ciała na boki (**fot. 8**).
- ***Bharadvajasana*** **na krześle**

  Jest to wariant przede wszystkim dla osób, które z powodu różnych ograniczeń nie mogą wykonywać pozycji klasycznej. Jednak każdy może odnieść korzyść z wykonywania tego skrętu na krześle.

  Usiądź na krześle z nogami na szerokość bioder. Wyprostuj kręgosłup i otwórz

9

10

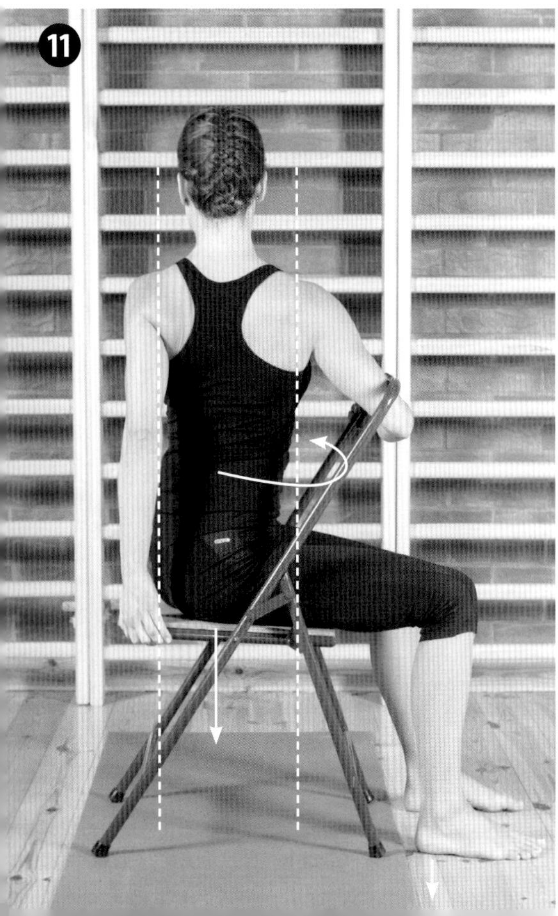
11

12

klatkę piersiową (**fot. 9** i **10**). Chwyć lewą ręką za krawędź siedziska, a prawą złap za oparcie (**fot. 11** i **12**). Na wdechu wyciągnij kręgosłup, a na wydechu skręć. Zasady skrętu są takie same jak w podstawowej pozycji.

CZEGO NIE ROBIĆ

- Nie unoś zanadto biodra strony przeciwnej niż ta, na którą aktualnie wykonujesz pozycję. Biodro to i tak znajduje się już wyżej z powodu specyficznego ustawienia nóg. Unoszenie biodra w trakcie skrętu sprawi, że będzie on mało efektywny.
- Nie odchylaj ciała od osi pionowej. Podczas skrętu siedź cały czas prosto.

DODATKOWE RADY I WSKAZÓWKI

Zasadniczo jest to bardzo łatwa pozycja, jednak w dzisiejszych czasach coraz mniej osób jest w stanie szybko ją opanować. Jeśli masz problem z podstawową pozycją, wykonuj dostępne ci warianty i skup się na pracy w pozycjach stojących. Musisz uelastycznić stawy obręczy barkowej, poruszyć kręgosłup i przygotować miednicę. Pozycje stojące są w tym celu najlepsze.

MARICHYASANA

Marichya był mitycznym mędrcem. Jego imię nosi cykl kilku poświęconych mu pozycji. Sa one bardzo ważne i użyteczne. Tutaj skręt jest wspomagany dodatkowym masażem organów wewnętrznych poprzez zgiętą nogę. Pozycje te odmładzają i regenerują całe ciało, zwiększając krążenie i poziom jatharagni (ognia trawiennego). Ich regularna praktyka utrzymuje w zdrowiu narządy wewnętrzne i energetyzuje ciało.

MARICHYASANA III
KORELACJA

Marichyasana III otwiera cykl intensywnych pozycji ze skrętem. Jej regularna praktyka sprawi, że trudniejsze pozycje ze skrętem będą możliwe do wykonania. *Marichyasana* wykonana zarówno przed pozycjami z wyprostem kręgosłupa, jak i po nich sprawi, że pozycje te nie będą bolesne dla pleców.

KORZYŚCI

- Zwiększa witalność i poziom energii.
- Poprawia funkcjonowanie wątroby, śledziony, trzustki, nerek i jelit.
- Doskonale usuwa ból pleców i tonizuje kręgosłup.
- Wywiera efekt wyszczuplający na okolicę talii (pasa).

OSTRZEŻENIA

Nie powinno się wykonywać samodzielnie tej pozycji, jeśli serce jest poważnie chore, a arterie wieńcowe zablokowane. Przy nadciśnieniu potrzebna jest konsultacja z nauczycielem.

Nie wykonuj tej pozycji, jeśli boli cię głowa lub masz migrenę. Nie wykonuj jej również, gdy jesteś przemęczony, przeziębiony lub gdy cierpisz na zatwardzenie lub biegunkę, a także kiedy odczuwasz ból w gałkach ocznych, na przykład związany z jaskrą. Tej pozycji nie powinno się wykonywać przy chorobie zwyrodnieniowej biodra.

Kobiety podczas menstruacji także nie powinny wykonywać tej pozycji. Podstawowego wariantu nie wykonuje się również w ciąży.

ODDZIAŁYWANIE NA DOSZE

Pozycja redukuje nadmiar vata i usuwa ogień z jelita cienkiego – głównej siedziby pitta, a więc działa na nią tonizująco. Również osoby kapha bardzo skorzystają z regularnej praktyki tej pozycji ze względu na jej stymulujący charakter.

PODSTAWOWA POZYCJA

Usiądź w *dandasanie*. Zegnij prawe kolano i przysuń prawą piętę blisko prawego pośladka. Chwyć obiema rękami za zgięte kolano i wyciągnij z wdechem kręgosłup do góry, starając się jednocześnie schować go jak najbardziej w głąb pleców (**fot. 1**). Teraz przenieś prawą rękę do tyłu w linii ze środkiem kości krzyżowej, skieruj palce w stronę przeciwną do pośladków. Przesuń lewą nogę nieco do przodu tak, aby lewy staw biodrowy (i pośladek) przesunął się do przodu w stosunku do prawego o kilka centymetrów. To umożliwi wykonanie rotacji od samej podstawy kręgosłupa. Zrób wdech i podnieś lewe ramię do góry, wyciągając się jednocześnie od kości kulszowych (**fot. 2**). Z wydechem załóż ramię głęboko za zgiętą prawą nogę (**fot. 3**). Zbliż maksymalnie lewy bok do prawej nogi, przyciskając lewą pachę jak najbliżej do zewnętrznej strony prawego uda. Cały czas utrzymuj

lewą nogę aktywną, ze stopą pionowo. Również prawa noga nie powinna się przechylać. Mięsień czworogłowy uda musi być cały czas napięty. Z kolejnymi wydechami staraj się skręcić jeszcze bardziej. Pamiętaj, że im mocniej naciskasz na zgiętą nogę, tym mocniej noga musi naciskać na ramię, aby skręt był intensywny, a noga nie przechylała się. To jest etap pośredni, bardzo dobry dla osób początkujących, które nie powinny od razu wykonywać pełnej pozycji. Możesz więc zatrzymać się na tym etapie, wytrwać około 30 sekund i powtórzyć na drugą stronę w tym samym czasie. Aby pozycja była łatwiejsza do utrzymania, podłóż pod pośladki złożony koc.

Jeśli jednak twoje stawy obręczy barkowej są już elastyczne, wykonaj pełną pozycję.

Dojdź do etapu dla osób początkujących, a następnie wyprostuj lewe ramię i zrotuj je powoli i całkowicie do wewnątrz (**fot. 4**). Im głębszy będzie ten ruch, tym łatwiej będzie zgiąć łokieć i objąć prawą nogę. Następnie z wydechem przełóż rękę oraz przedramię nad prostą nogą w stronę zewnętrznej krawędzi tej nogi. Z kolejnym wydechem cofnij prawe ramię i chwyć lewą ręką za prawą (**fot. 5**) – najpierw za palce, potem za dłoń, a na koniec za nadgarstek (**fot. 6–8**). Praca w tej pozycji polega na rozciąganiu przedniej strony kręgosłupa przez ciągłe unoszenie mostka. W tym czasie staraj się dociskać prawy pośladek do ziemi. Trwaj oko-

4

5

ło 30 sekund, stopniowo wydłużając czas do minuty. Zrób wydech i rozluźnij powoli ramiona. Wróć do *dandasany* i wykonaj pozycję na drugą stronę. Możesz powtórzyć tę pozycję jeszcze kilka razy, gdyż za każdym powtórzeniem będzie ona łatwiejsza. Praca w tej asanie sprawi ci mniej trudności, jeśli wykonasz ją ze złożonym kocem pod pośladkami. Większość osób nie jest bowiem w stanie wykonać poprawnie pozycji z pośladkami płasko na ziemi, nawet jeśli są w stanie chwycić za ręce.

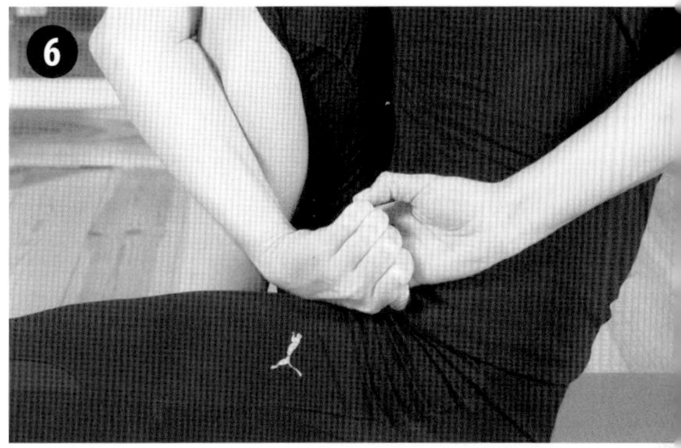

6

7

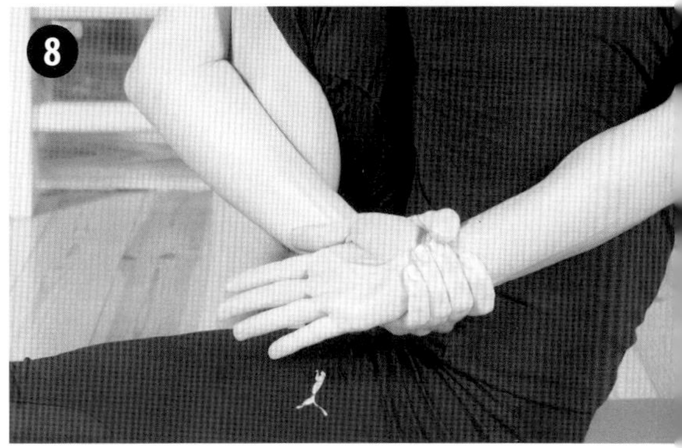

8

WARIANTY

- **Klasyczna pozycja**
  Jest wykonywana bez dodatkowych przyborów, jednak mniej zaawansowanym adeptom zaleca się wykonywać ją z pośladkami wyżej, np. na złożonym kocu (**fot. 9**).

- ***Marichyasana III* przy ścianie**
  Jest to wariant umożliwiający intensywniejszą pracę nad skrętem. Użyteczny dla osób, które z różnych względów nie mogą wykonać pełnej pozycji. Dojście do tej pozy-

cji jest takie jak do wariantu pośredniego, z tą różnicą, że prawa dłoń oparta jest na ścianie, co umożliwia pogłębianie rotacji kręgosłupa piersiowo-lędźwiowego (**fot. 10**).

CZEGO NIE ROBIĆ

Fot. 11

DODATKOWE RADY I WSKAZÓWKI

Aby wykonać bezpiecznie pełną pozycję, barki powinny być elastyczne. Najlepszym przygotowaniem do tej pozycji jest wykonywanie rozciągania barków w *tadasanie*.

W klasycznej pozycji na koniec skręca się również kręgosłup szyjny, jednak wykonuje się to w przeciwnym kierunku niż kręgosłup piersiowy i lędźwiowy, czyli w stronę stopy nogi prostej. Nie rób tego, dopóki nie będziesz w stanie skręcić szyi w taki sposób, aby była ona wyciągnięta równomiernie, a głowa nie przechylała się na boki.

UTTHITA MARICHYASANA

Utthita oznacza wyciągnięty, *Marichya* to imię mitycznego mędrca. *Utthita marichyasana* to wariant pozycji siedzącej wykonywany na stojąco. Ten wariant jest niezwykle użyteczny i łatwy do wykonania. Praktyka tej asany przynosi tak wiele korzyści, że powinno się ją włączyć na stałe do codziennej praktyki. Dotyczy to zwłaszcza osób, które mają problemy z trudniejszymi pozycjami ze skrętem kręgosłupa.

KORELACJA

Utthita marichyasana dobrze uzupełnia efekty, jakie przynosi praktyka pozycji stojących. W tej asanie zachodzi pełna rotacja kręgosłupa, która nie występuje w innych asanach stojących opisanych w tej książce. Dobrze jest ją wykonywać pomiędzy pozycjami stojącymi lub po nich. Pozycja ta usuwa ewentualny ból pleców spowodowany niewłaściwym wykonaniem innych asan, jest też dobrym wstępem i zakończeniem pozycji z wyprostem kręgosłupa, w których w początkowej fazie nauki mogą występować bóle pleców.

KORZYŚCI

- Pozycja ta dba przede wszystkim o zdrowe plecy.
- Usuwa ból pleców, zwłaszcza dolnego odcinka kręgosłupa.
- Usuwa sztywność okolicy łopatek i szyi.
- Łagodzi również ból w stawach biodrowych.
- Zapobiega rwie kulszowej i przynosi ulgę podczas choroby..
- Leczy niestrawność.
- Sprawia, że plecy stają się piękne.

OSTRZEŻENIA

Nie powinno się wykonywać samodzielnie tej pozycji, jeśli serce jest poważnie chore, a arterie wieńcowe zablokowane. Przy nadciśnieniu potrzebna jest konsultacja z nauczycielem. Nie wykonuj tej pozycji, jeśli boli cię głowa lub masz migrenę. Nie wykonuj jej również, gdy jesteś przemęczony lub gdy cierpisz na zatwardzenie lub biegunkę. Kobiety podczas menstruacji także nie powinny wykonywać tej pozycji. Podstawowego wariantu nie wykonuje się także w ciąży.

Nie wykonuj tej pozycji w czasie przeziębienia, kiedy jesteś przemęczony lub odczuwasz ból w gałkach ocznych, na przykład związany z jaskrą, a także przy chorobie zwyrodnieniowej biodra.

PODSTAWOWA POZYCJA

Stań w *tadasanie* bokiem do drabinki (lub ściany, jeśli wykonujesz pozycję z nogą na krześle). Musisz stanąć tak, aby lewe biodro dotykało do drabinki (lub ściany), a nogi były pionowo (**fot. 1**). Teraz chwyć rękami za drabinkę, podnieś lewą nogę i umieść stopę na drabince tak, aby kolano tej nogi znalazło się zdecydowanie wyżej niż biodro, ale abyś był jeszcze w stanie utrzymać oba stawy biodrowe na tej samej wysokości (**fot. 2**), następnie przesuń prawe biodro lekko do przodu. Teraz zrób wdech, z którym wyciągnij oba boki symetrycznie do góry, a z wydechem skręć tułów w lewo i ustaw się twarzą do ściany (**fot. 3**, **fot. 4**). Pracuj w pozycji w ten sposób cały czas. Wykonuj więc wyciągnięcia tułowia na wdechach, a skręty na wydechach. Rób to spokojnie, bez agresji i szarpania się. Jednak aby skręty przyniosły dobry efekt, powinny być wykonywane aktywnie. Jeśli masz kłopoty z kręgosłupem szyjnym, nie skręcaj szyi, tylko trzymaj głowę prosto i patrz w stronę ściany. Trwaj tak długo, jak uważasz za stosowne, a następnie opuść nogę na ziemię i stań z powrotem w *tadasanie*. Powtórz asanę na drugą stronę.

WARIANTY

- **Fot. 5** – wariant zwiększający wyciągnięcie kręgosłupa (pięta na klocku).
- **Fot. 6** – wariant z nogą na krześle.

DODATKOWE RADY I WSKAZÓWKI

Ruch rotacji kręgosłupa staraj się wykonywać przede wszystkim siłą mięśni pleców i kręgosłupa. Ramiona stanowią jedynie stabilizację i pomoc.

DANDASANA

Danda oznacza kij. Jest to istotna pozycja, na pozór bardzo prosta i dlatego powszechnie zaniedbywana. Tymczasem, tak jak zazwyczaj niewłaściwie stoimy w *tadasanie*, tak równie często niewłaściwie siedzimy w *dandasanie*. Dlatego należy przywiązywać do tej pozycji dużą wagę.

KORELACJA

Dandasana jest pozycją wyjściową do większości pozycji siedzących i pozycji ze zgięciem kręgosłupa, takich jak *janu sirsasana*, *paschimottanasana*. Jednak aby móc ją prawidłowo wykonać, potrzebna jest dobra praktyka pozycji stojących, a przede wszystkim: *parsvottanasany*, *utthita hasta padangusthasany*, *adho mukha svanasany*, *uttanasany*.

KORZYŚCI

- Tonizuje mięśnie kręgosłupa i nóg.
- Wydłuża mięśnie tylnych stron nóg.
- Wzmacnia stawy kolanowe, skokowe i ich więzadła.
- Wzmacnia mięśnie klatki piersiowej.
- Usuwa wzdęcia.
- Wspomaga leczenie astmy i przynosi ulgę w dusznościach.
- Tonizuje organy jamy brzusznej.

OSTRZEŻENIA

Nie ma specjalnych przeciwwskazań, jednak osoby z dyskopatią lędźwiową powinny najpierw dobrze rozciągnąć nogi w pozycjach stojących.

ODDZIAŁYWANIE NA DOSZE

Jest to pozycja szczególnie użyteczna w wyciszaniu vata i tonizowaniu pitta, niestety wykonywana długo może wzmagać kapha.

PODSTAWOWA POZYCJA

Usiądź płasko na podłodze. Wyciągnij i połącz nogi. Teraz usuń rękoma mięśnie pośladków na boki tak, aby usiąść tylko na kościach kulszowych. Połóż dłonie obok bioder, a palce skieruj do przodu. Dokładnie połącz wewnętrzne krawędzie ud, kolana i kostki przyśrodkowe. Naciskając dłońmi na ziemię, wyprostuj ramiona (**fot. 1**). Całkowicie zrotuj je na zewnątrz i rozciągnij kręgosłup, unosząc mostek do góry. Mocno zaciśnij mięśnie przodów ud i dodatkowo skręć uda do wewnątrz tak, aby wewnętrzne kostki nie próbowały się rozłączyć. Dociśnij pięty do ziemi i wykonaj lekkie zgięcie w stawach skokowych, czyli lekko pochyl stopy do przodu bez ich rozłączania (zgięcie podeszwowe). Teraz mocniej dociśnij tyły ud do ziemi i otwórz doły kolanowe, rozpłaszczając jak najmocniej tyły kolan na ziemi. Jeszcze raz wyciągnij kręgosłup do góry, rozciągając okolicę talii i otwierając maksymalnie klatkę piersiową. Kręgosłup powinien się wyprostować i powinna być odczuwana praca mięśni pleców, zwłaszcza mięśni prostujących kręgosłup. W efekcie prawidłowego ustawienia kręgosłupa nie powinny być dostrzegalne wyrostki kolczyste kręgów lędźwiowych. Utrzymaj pozycję tak długo, jak możesz, oddychając równomiernie.

WARIANTY

- **Koc pod pośladkami i dłonie na klockach (fot. 2)**
  Wykonanie pozycji jest takie samo jak wariantu podstawowego.

- ***Urdhva prasarita padasana* (fot. 3, fot. 4)**
  Urdhva oznacza w górze, *prasarita* – wyprostowany, *pada* – stopa. Pozycja układem ciała przypomina *dandasanę*. Różnica polega na tym, że nogi są pionowo w górze. Aby ją wykonać, połóż się na podłodze. Złącz nogi, a następnie zegnij je i zrób wydech, prostując je w górze. Ramiona trzymaj wzdłuż ciała, dłonie obok pośladków lub wykonaj wydech i przenieś proste ramiona za głowę. Utrzymuj kręgosłup wyciągnięty, a brzuch miękki. Pracuj nogami, prostując je i rotując do wewnątrz.

KORZYŚCI

Wariant ten tonizuje kręgosłup lędźwiowy i narządy jamy brzusznej.

CZEGO NIE ROBIĆ

Przede wszystkim nie pozwalaj, aby kręgosłup lędźwiowy stracił swoją fizjologiczną krzywiznę (lordozę), ponieważ to działa osłabiająco na mięśnie i sam kręgosłup. Nie pozwalaj także, aby klatka piersiowa się zapadała (**fot. 5**).

DODATKOWE RADY I WSKAZÓWKI

Jeśli na skutek sztywnych mięśni i więzadeł tyłów ud i okolicy lędźwiowej nie możesz wyprostować pleców i kręgosłup zgina się, wykonuj pozycję na złożonym kocu. Kiedy pośladki będą wyżej, łatwiej będzie pracować nad wciąganiem kręgosłupa do środka.

Możesz też wykonywać pozycję plecami do ściany: oprzyj kręgosłup o ścianę, wkładając sobie dodatkowo w okolicę lędźwiową zrolowany koc, aby pogłębić lordozę lędźwiową i łatwiej tonizować kręgosłup.

SUKHASANA

Sukha oznacza szczęście, zachwyt, radość. Pozycja ta ma też nazwę *svastikasana,* co oznacza skrzyżowane nogi. Jest to jedna z podstawowych i bardzo użytecznych asan, jednocześnie najbardziej kojarzących się z jogą. Stosuje się ją do medytacji i pranajamy. Wycisza i regeneruje umysł.

KORELACJA

Rozciągnięcie bioder w pozycjach stojących i *upavistha konasanie* oraz *baddha konasanie* umożliwia długie i wygodne siedzenie w *sukhasanie.*

KORZYŚCI

- Rozluźnia stawy biodrowe.
- Regeneruje zmęczone nogi, zwłaszcza u osób, które mają stojącą pracę.
- Wzmacnia kolana i redukuje bóle w kolanach spowodowane stanami zapalnymi.

- Działa korzystnie w żylakach nóg.
- Wzmacnia kręgosłup i przygotowuje go do medytacji i pranajamy.

ODDZIAŁYWANIE NA DOSZE

Sukhasana jest szczególnie polecana do regulowania obciążonej vata, nie obciąża pitta, ale może wzmagać kapha.

OSTRZEŻENIA

Nie ma specjalnych przeciwwskazań do tej pozycji, jednak osoby ze zmianami zwyrodnienowymi biodra powinny jej raczej unikać.

PODSTAWOWA POZYCJA

Usiądź w *dandasanie*. Zegnij lewe kolano i połóż stopę pod prawym udem. Nie przysuwaj jednak zbyt blisko stopy do prawego pośladka. Teraz zegnij prawe kolano i połóż stopę pod lewym udem. Dłonie ułóż na kolanach (**fot. 1, fot. 2**). Wyprostuj kręgosłup i wciągnij go do wewnątrz, tak jak w *dandasanie*. Rozluźnij twarz i patrz spokojnie przed siebie. Pamiętaj, aby wykonywać pozycję na obie strony, zginając najpierw raz jedną nogę, raz drugą. Trwaj w pozycji tak długo, jak chcesz. Jednak osoby początkujące nie powinny wykonywać jej zbyt długo.

WARIANTY

- **Skłon do przodu**
  Usiądź w *sukhasanie*. Połóż dłonie na ziemi przed sobą i zegnij się w biodrach do przodu, rozciągając kręgosłup. Zrób wydech i połóż czoło na ziemi (**fot. 3**). Trwaj w pozycji, oddychając nieco głębiej niż normalnie, i rozluźniaj napięcia z wydechami. Trwaj tak około minuty. Następnie zrób wdech i usiądź. Zmień nogi i powtórz pozycję na drugą stronę.
  Jeśli sprawia ci to trudność, możesz położyć głowę na krześle (**fot. 4**).

KORZYŚCI

Wariant ten zaliczany jest do pozycji ze zgięciem kręgosłupa, a więc niesie ze sobą podobnie korzystne efekty. Dodatkowo rozciągane są tu dość intensywnie mięśnie pośladkowe i biodra.

OSTRZEŻENIA

Nie powinieneś odczuwać napięcia w brzuchu, zatem nie zginaj się w dół, zaciskając mięśnie brzucha, tylko rozciągając kręgosłup i rozluźniając pośladki oraz biodra.

- ***Supta sukhasana – sukhasana* leżąca (fot. 5)**
  Połóż się płasko. Zegnij prawą nogę i wsuń stopę pod udo, następnie zrób to samo z lewą. Z wydechem przenieś ramiona za głowę. Wyprostuj ramiona całkowicie i rozszerz oraz rozciągnij klatkę piersiową, jednak bez napinania szyi. Oddychaj spokojnie i głębiej niż normalnie. Trwaj tak długo, jak chcesz. Powtórz pozycję z odwrotnym ustawieniem nóg.

KORZYŚCI

Wariant ten jest wybitnie relaksujący. Usuwa zmęczenie i regeneruje, a także rozluźnia biodra i narządy jamy brzusznej.

CZEGO NIE ROBIĆ

W podstawowej pozycji nie przechylaj się na boki. Nie unoś ramion i nie napinaj szyi. Nie zapadaj się w klatce piersiowej.

DODATKOWE RADY I WSKAZÓWKI

Jeśli bolą cię boczne kostki, usiądź na rozłożonym kocu.

Jeśli nie możesz wyprostować kręgosłupa, siedząc płasko, usiądź na złożonym kocu, aby pośladki były wyżej.

W tej pozycji możesz stosować różne ustawienia dłoni, można też wygodnie stosować mudry.

UPAVISTHA KONASANA

Upavistha oznacza posadzony, *kona* tłumaczy się jako kąt. Jest to doskonała pozycja rozciągająca biodra i jednocześnie ścięgna podkolanowe. Jej wartość jest szczególna, ponieważ można ją modyfikować na wiele sposobów, aby mogły czerpać z niej korzyści osoby o różnym stopniu elastyczności ciała.

KORELACJA

Pozycja pomaga pokonać sztywność bioder w *baddha konasanie*, a tym samym umożliwia lepsze wykonanie wielu pozycji siedzących.

KORZYŚCI

- Poprawia krążenie w stawach biodrowych, pomaga leczyć artretyzm tych stawów.
- Stymuluje pracę narządów rozrodczych żeńskich i męskich.
- Reguluje menstruację i pomaga korygować jej zaburzenia.

- Pomaga korygować przemieszczoną macicę.
- Przynosi ulgę w rwie kulszowej.
- Tonizuje obszar krzyżowo-lędźwiowy kręgosłupa.

OSTRZEŻENIA

Jeśli cierpisz na astmę, zwróć uwagę na pełne otwarcie klatki piersiowej. Możesz włożyć pod pośladki złożony koc lub ćwiczyć, trzymając za szczebel drabinki (lub czegoś innego), lub jedno i drugie.

ODDZIAŁYWANIE NA DOSZE

Pozycja doskonale obniża nadmiar vata i tonizuje przegrzaną pitta, nie obciąża przy tym kapha.

PODSTAWOWA POZYCJA

Usiądź w *dandasanie*. Z wydechem rozszerz nogi, jedna po drugiej, pomagając sobie przy tym rękami. Wyciągnij pośladki na boki i przenieś ręce do tyłu (**fot. 1**). Ustaw je, a także ramiona, tak jak w *dandasanie* lub nieco szerzej, jeśli tak będzie ci wygodniej. Dociśnij pięty i tyły ud do ziemi. Wyciągnij kręgosłup i boki tułowia, tak jak w *dandasanie*. Otwórz klatkę piersiową, unosząc mostek w stronę brody (**fot. 2**). Zrotuj uda do wewnątrz tak, aby rzepki kolanowe ustawiły się dokładnie w stronę sufitu, a nasady dużych paluchów wyciągnęły się bardziej niż nasa-

dy małych palców. Mięśnie przodów ud są napięte i mocno przylegają do kości udowych, co umożliwia opuszczenie i dociśnięcie ud do ziemi. Zasadnicza praca na tym etapie polega właśnie na intensywnym dociskaniu ud do ziemi i wyciąganiu kręgosłupa do góry.

Trwaj w tej pozycji tak długo, jak możesz.

WARIANTY

- **Przodem do drabinki (fot. 3)**

CZEGO NIE ROBIĆ

Najważniejsze zalecenie polega na tym, aby nie wyginać kręgosłupa lędźwiowego do tyłu, a tyłów ud nie odrywać od ziemi. Jest to szczególnie ważne dla osób cierpiących z powodu dolegliwości odcinka krzyżowo-lędźwiowego.

DODATKOWE RADY I WSKAZÓWKI

Pozycja zdecydowanie lepiej będzie wychodzić, jeśli zostanie poprzedzona intensywną praktyką pozycji stojących.

Całkowita swoboda wykonywania pozycji przychodzi na skutek regularnej praktyki. Jeśli masz problem z tą pozycją, staraj się wydłużać czas jej trwania, jednak nie kosztem zapadania się klatki piersiowej i zaokrąglania kręgosłupa lędźwiowego. Wtedy możesz wykonywać tę pozycję z plecami opartymi o ścianę (dotyka cały kręgosłup i pośladki).

Jeśli podstawowa pozycja nie sprawia ci już trudności, spróbuj wykonać pełną pozycję, która polega na zgięciu się w biodrach do przodu i położeniu czoła z przodu między nogami. Do tego prowadzi stopniowe wyciąganie kręgosłupa i rozciąganie nóg w wariancie pośrednim (**fot. 4**), który powinieneś wykonywać tak długo, dopóki twój kręgosłup nie będzie absolutnie prosty. Dopiero wtedy możesz spróbować wykonać pełną pozycję (**fot. 5** i **6**).

BADDHA KONASANA

Baddha oznacza schwytany, złapany, *kona* tłumaczy się jako kąt. Jest to piękna pozycja, której wytrwała praktyka przynosi wiele satysfakcji i przyjemności zwłaszcza osobom, które z natury mają raczej sztywne stawy biodrowe. Te osoby odniosą największą korzyść z regularnej praktyki *baddha konasany*. Jest to swego rodzaju podróż do dzieciństwa, kiedy nasze biodra były w naturalny sposób elastyczne i mogliśmy na przykład wkładać palce stóp do ust. Mamy sporo radości, gdy uda się odzyskać coś z tej elastyczności. Elastyczne stawy biodrowe to lepsza jakość życia.

KORELACJA

Baddha konasana przygotowuje do wykonywania wszystkich pozycji wymagających pełnego zakresu ruchu w stawach biodrowych (odwiedzenia i rotacji zewnętrznej), takich na przykład jak *padmasana,* czyli pozycja lotosu. Najbezpieczniej jest opanować w pełni tę pozycję, zanim przystąpi się do praktyki pełnej pozycji lotosu. *Baddha konasana* doskonale przygotowuje biodra do komfortowego wykonania wszystkich pozycji siedzących i ze zgięciem kręgosłupa.

KORZYŚCI

- Pomaga leczyć schorzenia dróg moczowych.
- Utrzymuje zdrowie nerek, prostaty i jąder.
- Utrzymuje zdrowie żeńskich narządów płciowych, zwłaszcza jajników.
- Przynosi ulgę w rwie kulszowej.
- Jest istotną asaną stosowaną w regulacji menstruacji.
- Zapobiega przepuklinie.
- Rozluźnia biodra i jest szczególnie polecana w chorobie zwyrodnieniowej biodra.

OSTRZEŻENIA

Nie wykonuj tej pozycji, jeśli cierpisz z powodu wypadnięcia macicy lub jej przemieszczenia. Zalecenie to nie dotyczy *supta baddha konasany.*

ODDZIAŁYWANIE NA DOSZE

Tonizuje obciążoną doszę vata i doskonale schładza przegrzaną pitta, jest też korzystna dla doszy kapha, chociaż w umiarkowanym stopniu.

PODSTAWOWA POZYCJA

Usiądź w *dandasanie.* Zegnij najpierw jedną nogę i przyciągnij ją do siebie, pomagając sobie rękoma, przysuń piętę zgiętej nogi jak najbliżej pachwiny. Zrób to samo z drugą nogą. Chwyć za obie stopy i przyciągnij je jeszcze mocniej do siebie. Przenieś ręce do tyłu, skieruj palce do przodu i naciśnij na ziemię. Opuść uda do ziemi i wyciągnij kręgosłup do góry. Otwórz klatkę piersiową (**fot. 1**). Aby łatwiej opuścić kolana w dół, rozłącz wewnętrzne krawędzie stóp. Patrz przed siebie i oddychaj spokojnie, ale głęboko. Staraj się cały czas utrzymać jak najprostszy kręgosłup. Utrzymuj pozycję tak długo, jak potrzebujesz. Pamiętaj, że kluczem do pozycji jest

1

2

3

głębokie rozluźnienie w stawach biodrowych i ich okolicach, a nie forsowanie na siłę.

Wyjdź z pozycji, rozluźniając ramiona i prostując nogę jedna po drugiej. Wróć do *dandasany*.

WARIANTY

- **Wariant tyłem do drabinki lub ściany (fot. 2)**
  Wariant ten umożliwia komfortowe wykonanie pozycji i rozluźnienie bioder osobom starszym, osłabionym i o sztywnych stawach.

- **Uda podparte na klockach (fot. 3)**
  Ten wariant jest dobry dla osób po kontuzjach stawów kolanowych i z bólami kolan. Jest też przydatny, gdy chcesz szybciej rozluźnić biodra. Wbrew pozorom, kiedy nogi zostaną podparte, łatwiej jest to zrobić.

SUPTA BADDHA KONASANA

Supta oznacza leżący. Jest to bardzo często wykonywany wariant, użyteczny zwłaszcza, gdy chcemy głęboko odpocząć.

PODSTAWOWA POZYCJA

Połóż na macie wałek lub kilka odpowiednio złożonych koców. Dodatkowy koc możesz złożyć i położyć pod głowę. Usiądź na macie, połóż za sobą wałek, który dotyka do pośladków. Weź pasek i załóż go przez głowę (**fot. 4**). Powinien on znaleźć się tuż nad pośladkami. Opuść kolana w bok i załóż pasek za stopy (**fot. 5**). Ściągnij pasek tak, aby pięty znalazły się blisko pachwin, ale nie na tyle, żebyś odczuwał dyskomfort. Połóż plecy symetrycznie na wałku, a głowę na kocu (**fot. 6**). Przesuń rękoma pośladki w kierunku stóp. Aby łatwiej rozluźnić napięte biodra, możesz włożyć teraz pod uda dwa klocki. Jeśli chcesz to zrobić, podpieraj nogi bardzo nieznacznie, ponieważ podczas trwania w pozycji biodra się rozluźnią i same opadną mocniej na klocki. Wtedy możesz nieco odsunąć klocki od ciała w kierunku kolan, aby biodra mogły dalej się rozluźniać.

4

KORZYŚCI

- Reguluje ciśnienie krwi.
- Rozluźnia biodra.
- Przynosi ulgę w hemoroidach.
- Wzmaga krążenie krwi w narządach płciowych.
- Łagodzi bolesną menstruację i upławy.
- Pomaga korygować przemieszczoną macicę.
- Przynosi ulgę w niestrawności i wzdęciach.
- Jest bardzo korzystna w okresie dojrzewania i menopauzy.

5

6

CZEGO NIE ROBIĆ

Nie opuszczaj kolan na siłę. To nic dobrego nie da. Rozciągnięcie musi przyjść przez rozluźnienie, a to z kolei jest wynikiem cierpliwej i długotrwałej pracy wewnętrznej.

7

DODATKOWE RADY I WKAZÓWKI

Nie jest łatwo na początku opuścić kolana do ziemi. Jeśli masz z tym problem, skorzystaj z następującej sekwencji. Weź klocek i naszykuj złożoną matę. Najpierw usiądź w podstawowej pozycji i rozluźnij biodra. Po dwóch–trzech minutach wsuń klocek między stopy i znowu posiedź dwie–trzy minuty (**fot. 7**). Cały czas wyłącznie rozluźniaj biodra. Następnie znowu przejdź do podstawowej pozycji i siedź w niej dwie–trzy minuty, rozluźniając biodra. Później połóż klocek płasko, a na nim złożoną matę. Stopy połóż na macie (**fot. 8**). Siedź w tej pozycji następne dwie–trzy minuty, wciąż rozluźniając biodra, na koniec wykonaj podstawową pozycję. Twoje biodra powinny były rozluźnić się na tyle, że teraz widzisz tego efekt w postaci niżej opuszczonych kolan. Ten cykl możesz powtarzać codziennie, nawet kilka razy.

8

VIRASANA

Vira oznacza wojownika lub bohatera. Układ nóg w tej pozycji powtarza się w wielu wariantach, tworząc cały cykl. To niezbędna asana, z wykonywania której nie powinno się rezygnować, pomimo że dla wielu osób na początku jest ona bardzo niewygodna i bolesna.

KORELACJA

Przygotowuje stawy nóg do wykonania pozycji wymagających elastyczności w stawach biodrowych, kolanowych i skokowych, takich jak *baddha konasana,* cykl *padmasany* (nie omawiany tutaj) i trudniejszych. Jest z całą pewnością niezbędna w praktyce asan.

KORZYŚCI

Wymienione korzyści dotyczą wszystkich wariantów cyklu.

Aby osiągać poniższe korzyści, najczęściej na początku niezbędne są odpowiednie modyfikacje pozycji, o czym powinien zdecydować twój nauczyciel.

Virasana:

- Przynosi ulgę w artretyzmie, dnie.
- Usuwa sztywność w stawach kończyn górnych, szyi, biodrach, kolanach, stawach skokowych.
- Usuwa ból pleców.
- Przynosi ulgę w „ostrogach" (złogach wapniowych kości piętowych).
- Jest korzystna w dyskopatii (tylko pod okiem doświadczonego nauczyciela).
- Usuwa ból związany z uszkodzeniem kości ogonowej.
- Działa stymulująco na układ trawienny – podstawowy wariant oraz *supta virasanę* można wykonywać nawet bezpośrednio po obfitym posiłku.

OSTRZEŻENIA

Jeśli masz problemy z kolanami, musisz wykonywać pozycję w zmodyfikowany sposób. Możesz spróbować wykonać któryś z poniższych wariantów. Zasadniczo jednak każdy ból kolana w tej pozycji wskazuje na jakąś nieprawidłowość, spowodowaną czy to nieprawidłowym wykonaniem (najczęściej), czy to rzeczywistym problemem ze stawem. Dotyczy to również stawów skokowych i biodrowych. Jeśli masz problemy z sercem, nie wykonuj wariantów siedzących.

Pozostałe ostrzeżenia zawarte są przy poszczególnych wariantach.

ODDZIAŁYWANIE NA DOSZE

Virasana (plus warianty) jest pozycją, która równoważy wszystkie trzy dosze, jeśli jest prawidłowo wykonana.

PODSTAWOWA POZYCJA

Uklęknij na podłodze. Pod stawami kolanowymi i skokowymi nie powinieneś odczuwać twardej podłogi, ale nie może być też za miękko, ponieważ będziesz niestabilny w pozycji. Dlatego rozłóż odpowiednio jeden koc. Ustaw kolana na szerokość bioder, czyli tak, aby uda były równoległe do siebie. Stopy powinny być rozsunięte tak, aby zrobiły miejsce na opadające do ziemi pośladki. Wyciągnij stopy dokładnie do tyłu. Teraz chwyć za mięśnie łydek tak, aby kciuk wszedł głęboko w zgięcia kolan (**fot. 1**). Powoli opuszczaj pośladki (**fot. 2**). Jest to kluczowy moment dochodzenia do pozycji. Musisz wyciągnąć łydki na zewnątrz i jednocześnie ciągnąć kciukami do przodu, wyciągając je powoli spod kolan dopiero wtedy, gdy zostaną już dość mocno ściśnięte przez zginające się nogi. Wykonaj tę czynność jak najstaranniej (**fot. 3**). To powinno umożliwić więzadłom wejście na swoje miejsce.

UWAGA!

Prawidłowo wykonana *virasana* leczy kolana i ich więzadła, nieprawidłowo wykonana niszczy je.

Opuść powoli pośladki na ziemię. Pięty powinny znaleźć się po bokach pośladków. Nie siadaj na stopach. Chwyć za kolana i podnieś mostek do góry, nie unosząc barków (**fot. 4**, **fot. 5**). Staraj się maksymalnie otworzyć klatkę piersiową. Możesz sobie w tym pomóc, splatając palce nad głową i prostując łokcie tak, jak było to omawiane przy okazji *tadasany* (*urdhva hastasana*). Jednak nie trwaj zbyt długo w tym wariancie. Staraj się wytrzymać w pozycji od jednej do pięciu minut.

- **Co zrobić, jeśli pośladki wiszą w powietrzu po ich opuszczeniu?**
  W żadnym wypadku nie należy opuszczać ich na siłę. To z pewnością uszkodzi kolana. Zamiast tego podłóż pod pośladki klocek lub wałek (**fot. 6**). Prawdopodobnie wykonanie pełnej pozycji zajmie ci sporo czasu. Musisz być cierpliwy.
- **Co zrobić, jeśli bolą kolana?**
  Przede wszystkim dokładnie i powoli wyciągaj łydki. Zazwyczaj to właśnie jest powodem dyskomfortu (bólu) w stawach kolanowych. Prześledź więc dokładnie procedurę i zdjęcia. Jeśli to nie poma-

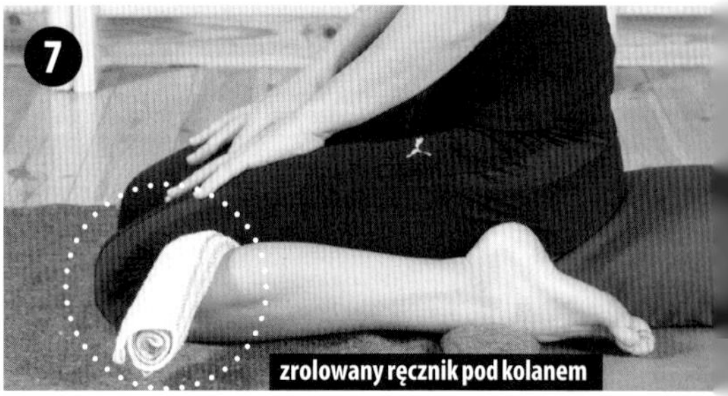

ga, możesz zastosować wałek ze zrolowanego ręcznika, który umieść głęboko pod zgiętym kolanem (**fot. 7**). Najlepiej jednak skonsultować to z nauczycielem, który oceni, co jest powodem bólu.

- **Co zrobić, jeśli bolą stawy skokowe?**
  Podłóż pod bolące stawy zrolowany koc lub ręcznik (**fot. 8**, **fot. 9**). Zazwyczaj ból w tym miejscu jest przejściowy i wynika ze sztywności stawów skokowych. Z czasem ten ból całkowicie ustępuje.

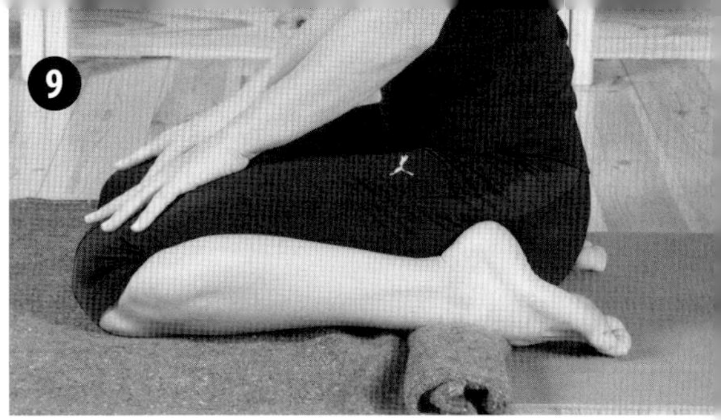

- **Co zrobić, jeśli boli biodro (biodra)?** W takim wypadku należy podłożyć pod pośladki klocek lub wałek. Skup się na rozluźnianiu stawów biodrowych i wewnętrznych stron pachwin.

WARIANTY

***Supta virasana* – podstawowa pozycja**

Usiądź w *virasanie* (**fot. 10**). Teraz stopniowo pochyl się do tyłu, opierając się na dłoniach (**fot. 11**, **fot. 12**), potem na łokciach i przedramionach (**fot. 13**), a następnie połóż plecy na ziemi. Z wydechem przenieś proste ramiona za głowę (**fot. 14**). Kręgosłup nigdy nie położy się cały. Lędźwia zawsze będą w powietrzu. Jednak staraj się zbliżyć go jak najbliżej ziemi, jednocześnie utrzymując jego wyciągnięcie i rozszerzając klatkę piersiową. Staraj się jak najbardziej zmniejszać lordozę lędźwiową. Aby to zrobić, należy ustawić miednicę jak najbardziej równolegle do ziemi. Wyobraź sobie, że masz ogon w miejscu kości guzicznej i chcesz go jak najbardziej schować pod siebie. To wywoła większe rozciąganie przedniej strony ud i stawów biodrowych, ale zmniejszy napięcie w lędźwiach.

Trwaj w pozycji pięć minut lub dłużej w zależności od swoich możliwości. Staraj się wydłużyć stopniowo czas do 10–15 minut, wtedy pozycja działa najgłębiej. Robiąc wdech, podnieś się i poczekaj w klęku podpartym, aż krążenie wróci do nóg. Niestety, z tym jest zwią-

12

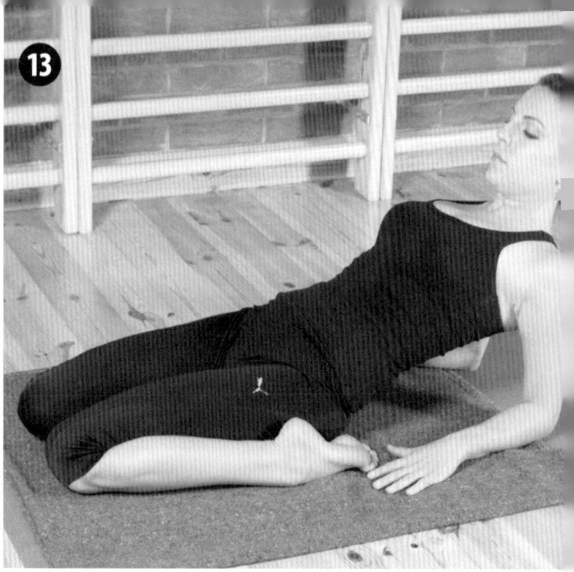
13

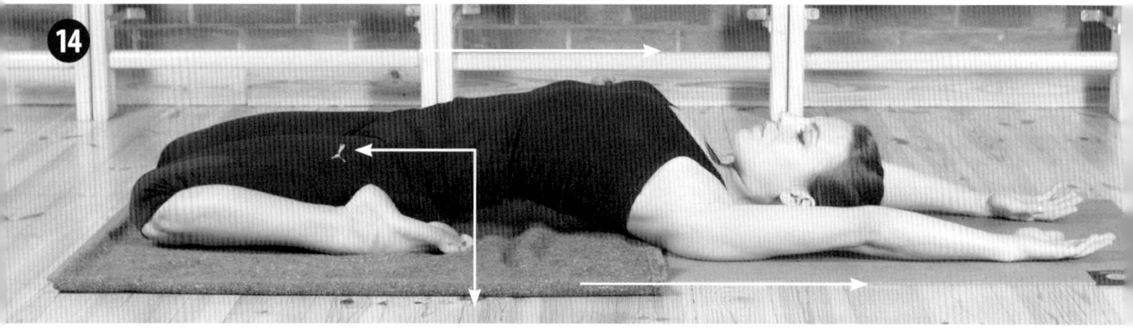
14

15

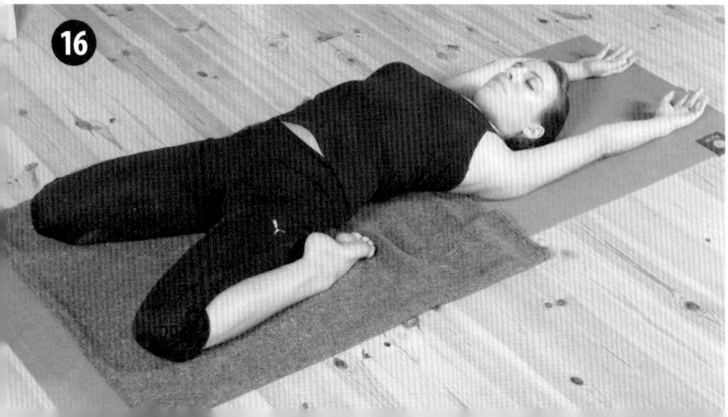
16

17

zany pewien dyskomfort odczuwany w nogach: uczucie mrowienia, zdrętwienia, które stopniowo przechodzą w pożądany efekt przekrwienny. Następnie stopniowo całkowicie rozprostuj nogi w kolanach.

- ***Supta virasana* na wałku (fot. 15)**
  Jest to bardziej relaksowy i łatwiejszy wariant podstawowej pozycji. Wykonuj go, jeśli nie możesz leżeć płasko, np. z powodu bólu dolnego odcinka kręgosłupa lub kolana, a także gdy masz bardzo sztywne przody ud.
- **Co zrobić, jeśli kolana rozjeżdżają się? (fot. 16)**
  Rozjeżdżające się kolana wywołują wiele problemów, dlatego należy to szybko eliminować. W takim wypadku stosuj pasek, który załóż na nogi (**fot. 17**).

KORZYŚCI

- Jest to korzystna pozycja przy problemach z sercem, na przykład w chorobie wieńcowej, jednak tylko w wariancie na wałku i z kocem pod głową i pod kontrolą specjalisty.
- Pozycja działa bardzo korzystnie w stanach zapalnych kolan, usuwa ból reumatyczny i ból spowodowany dną oraz zmianami chondromalacyjnymi.
- Koryguje płaskostopie.
- Usuwa negatywne efekty długiej pracy stojącej i długiego marszu, nogi odpoczywają w pozycji.
- Pomaga korygować przesuniętą macicę.
- Tonizuje narządy jamy brzusznej, zwiększa przepływ żółci w drogach żółciowych, pomaga strawić ciężki posiłek, zwalcza nadkwaśność i problemy z tym związane.

ADHO MUKHA VIRASANA

Adho oznacza w dół, *mukha* twarz. Jest to bardzo korzystna pozycja przy zmęczeniu. Wariant ten naturalnie inicjuje *pratyaharę* (kontrolę zmysłów), a więc działa bardzo korzystnie w zaburzeniach związanych z funkcjonowaniem układu nerwowego.

PODSTAWOWA POZYCJA

Uklęknij na kocu, siadając pośladkami na piętach (**fot. 18**). Następnie rozłącz kolana na taką szerokość, aby tułów zmieścił się między nimi, nie rozłączając dużych palców stóp (**fot. 19**). Powoli zegnij się w biodrach i pochyl się do przodu, rozciągając

intensywnie kręgosłup. Oprzyj palce rąk na ziemi (**fot. 20**). Utrzymując wyciągnięcie kręgosłupa, przejdź rękoma jak najbardziej do przodu, aby dolne żebra położyły się na udach (**fot. 21**). Na końcu połóż głowę na ziemi i zamknij oczy (**fot. 22**).

WARIANT RELAKSACYJNY

Rozłóż koc i połóż na nim dwa wałki jeden na drugim. Złóż ściśle koc pod głowę i zroluj koc pod pośladki. Uklęknij przed wałkami na kocu tak, aby kolana były szeroko po bokach wałków, a pośladki na piętach. Połóż złożony koc, który podeprze ci głowę na przeciwległym końcu wałków, a zrolowany koc wsuń pod pośladki. Opuść pośladki jak najniżej i dociśnij do koca. Wyciągnij ramiona do przodu i oprzyj dłonie na ziemi. Stopniowo połóż się i oprzyj górną część jamy brzusznej oraz mostek na wał-

kach. To jest bardzo ważne, ponieważ od tego zależy komfort w pozycji. Następnie połóż czoło na kocu (**fot. 23**). Ułóż na nim głowę w taki sposób, aby skóra z czoła delikatnie przesunęła się w stronę oczu, a nie odwrotnie. Wyciągnij kręgosłup i rozluźnij ramiona. Trwaj w pozycji przynajmniej pięć minut, oddychając spokojnie i naturalnie, wydłużając wydech. Podnoś się z wdechem i bardzo powoli. Po wyjściu z pozycji odczucia są takie, jak po długim śnie. Świadczy to o prawidłowym wykonaniu asany.

KORZYŚCI

- Usuwa zmęczenie, regeneruje.
- Usuwa bóle głowy i łagodzi migrenę (aby zwiększyć oddziaływanie

25

26

ŹLE
27

pozycji, dobrze jest zabandażować oczy, używając do tego bandaża elastycznego tak jak w wiszeniu na linach).
- Usuwa ból pleców i szyi.
- Obniża ciśnienie krwi.
- Łagodzi bóle menstruacyjne.

VIRASANA NA STOJĄCO

Stań przed ścianą. Oprzyj jedną rękę na ścianie. Zegnij nogę i drugą ręką chwyć za kostkę tej nogi. Ustaw uda równolegle do ściany i prostopadle do ziemi, złącz kolana. Dociśnij piętę do pośladka (**fot. 24**). Utrzymuj pozycję przez 30 sekund do minuty. Powtórz na drugą stronę i trwaj w pozycji taki sam czas.

KORZYŚCI

Jest to dobre ćwiczenie przygotowujące do wykonania pełnej *virasany*. Jest też bardzo użyteczne dla osób, które z różnych względów nie mogą wykonać jej normalnie. Szczególnie zalecane dla osób z bólami kolan różnego pochodzenia.

VIRASANA W LEŻENIU PRZODEM

Połóż się na brzuchu. Złącz nogi. Unieś tułów lekko do góry, zegnij nogę i chwyć za kostkę (**fot. 25**). Przy bólach kolan możesz dodatkowo włożyć w zgięcie kolana złożony ręcznik (**fot. 26**). Teraz trzymając kolana razem, przyciśnij piętę do pośladka. Pozostałe zalecenia są takie same, jak dla *virasany* na stojąco.

CZEGO NIE ROBIĆ

- Jeśli wykonujesz podstawową *virasanę* lub *supta virasanę*, nie możesz zapomnieć o prawidłowym wyciąganiu łydek na zewnątrz.
- Wychodząc z tych pozycji, nie wolno wyciągać nóg na boki. To może uszkodzić kolana i spowodować ból w stawach krzyżowo-biodrowych (**fot. 27**).

DODATKOWE RADY I WSKAZÓWKI

Jeśli masz problem z wykonaniem podstawowego wariantu, rób to stopniowo. Najpierw usiądź na stopach i stopniowo rozsuwaj je w bok tak, aby pośladki znajdowały się coraz bliżej ziemi.

PARIPURNA NAVASANA

Paripurna oznacza pełen, *nava* – okręt. Jest to pozycja, w której ciało przyjmuje kształt okrętu. To ważna pozycja wzmacniająca okolicę brzucha i kręgosłup lędźwiowy. Regularna praktyka tej asany utrzymuje organy jamy brzusznej w zdrowiu i stymuluje tarczycę.

KORELACJA

Paripurna navasana przygotowuje do wielu pozycji wzmacniających mięśnie brzucha. Najlepiej jest ją wykonywać po pozycjach odwróconych.

KORZYŚCI

- Wzmaga krążenie w jamie brzusznej, a przez to działa doskonale w zaburzeniach trawienia.
- Poprawia funkcjonowanie gruczołu tarczowego w niedoczynności.

- Wzmacnia mięśnie pleców i przynosi ulgę w bólach.
- Wzmacnia i tonizuje mięśnie nóg.
- Tonizuje nerki.
- Wpływa korzystnie na funkcjonowanie prostaty.

OSTRZEŻENIA

- Kobiety w trakcie menopauzy nie powinny wykonywać tej pozycji, a w okresie pomenopauzalnym mogą ją wykonywać w ograniczonym zakresie, najlepiej po kontrolą doświadczonego nauczyciela.
- Nie wykonuj tej asany przy problemach z sercem i w nadciśnieniu tętniczym.
- Unikaj pozycji, jeśli cierpisz na duszności i uderzenia gorąca (menopauzalne).
- Nie wykonuj pozycji, gdy masz migrenę lub czujesz, że się zbliża.
- Nie jest to dobra pozycja w stanach osłabienia.
- Nie wykonuj pozycji przy zwyrodnieniach kręgów szyjnych i ostrych bólach pleców.
- Nie wykonuj pozycji podczas okresu i jeśli cierpisz na zaburzenia menstruacyjne.
- Nie wykonuj pozycji, jeśli cierpisz na bezsenność.
- Nie jest to dobra pozycja, jeśli masz astmę.
- Nie wykonuj pozycji w czasie przeziębienia.

ODDZIAŁYWANIE NA DOSZE

Pozycja powinna być wykonywana przez wszystkie typy konstytucyjne.

PODSTAWOWA POZYCJA

Usiądź w *dandasanie*. Przyciągnij zgięte i połączone nogi w stronę pośladków (**fot. 1**). Zwróć uwagę na to, aby oba pośladki (czyli w istocie kości kulszowe) spoczywały równo na ziemi. Przenieś dłonie bardziej do tyłu, zegnij lekko łokcie i przechyl tułów do tyłu. Wyciągnij kręgosłup i postaraj się schować go jak najbardziej w głąb pleców, zwłaszcza jego odcinek lędźwiowy. Podnieś mostek do góry i otwórz klatkę piersiową. Teraz powoli, utrzymując tę pracę w obrębie tułowia, podnieś zgięte nogi do góry (**fot. 2**) i stopniowo je wyprostuj (**fot. 3**). Napnij mocno przody ud i zrotuj uda do wewnątrz, utrzymuj cały czas połączenie kostek przyśrodkowych, rozszerz palce w stopach i rozciągnij skórę podeszew stóp. Staraj się wyciągać i wydłużać wewnętrzne krawędzie nóg. Podnieś ramiona do góry i ustaw

ŹLE

je równolegle do ziemi (**fot. 4**). Oddychaj spokojnie i dość głęboko. Oddech w pozycji sprawia, że ćwiczeniu poddawane są organy wewnętrzne. Wytrzymaj w pozycji od kilkunastu sekund do jednej minuty, wykonaj wydech i wróć do *dandasany*. Możesz powtórzyć pozycję kilka razy.

WARIANTY

- **Dłonie na ziemi (fot. 3)**
  Zatrzymaj się w tej pozycji, jeśli jesteś początkujący, masz problem z równowagą w pozycji lub chcesz pracować nad wyciągnięciem kręgosłupa.

- **Dłonie trzymają za kolana (fot. 5)**
  Jest to dobry wariant dla osób początkujących i w przypadku, gdy masz problem ze słabym kręgosłupem lędźwiowym.

CZEGO NIE ROBIĆ

- Nie ściskaj przedniej strony klatki piersiowej, nie zapadaj się w tym miejscu (**fot. 6**).
- Nie pozwalaj, aby kręgosłup uwypuklał się do tyłu.

DODATKOWE RADY I WSKAZÓWKI

Jeśli nie możesz wyprostować nóg w pozycji, możesz zamiast tego podnieść zgięte nogi i pozostać z goleniami w pozycji równolegle do ziemi (**fot. 2**). To znacznie łatwiejsze do wykonania. W tym wypadku łatwiej jest również pracować nad prostowaniem pleców.

SUPTA PADANGUSTHASANA

Supta oznacza leżący, *pada* znaczy stopa, a *angustha* oznacza dużego palucha stopy. W klasycznej pozycji bowiem chwyta się palcem wskazującym oraz środkowym i kciukiem za duży palec u stopy. Jest to niezwykle użyteczna pozycja i powinna być stosowana w codziennej praktyce. Utrzymuje ona elastyczność i siłę nóg, a jednocześnie pomaga im odpocząć, poprawiając krążenie. Najczęściej jednak wykonuje się tę pozycję z użyciem paska nawet przez osoby, które mogą wykonywać klasyczną asanę. Dzięki temu pozycja ta jest praktyczniejsza i można w niej łatwiej odpocząć. Stosuje się dwa warianty asany.

KORELACJA

Asana ta stanowi uzupełnienie pozycji stojących, jednak ze względu na swój regeneracyjny charakter nie męczy tak jak one. Wykonywanie obu wariantów pozycji pomaga lepiej wykonać *utthita trikonasanę*, *ardha candrasanę*, *parsvottanasanę* i *utthita hasta padangusthasanę* oraz *uttanasanę*, *adho mukha svanasanę*. Zasada ta działa również w drugą stronę, czyli odpowiednio wykonywane powyższe pozycje poprawiają wykonanie *supta padangutshasany*. Asana ta również dobrze przygotowuje miednicę i nogi do wygodnej pracy w pozycjach siedzących i pozycjach ze zgięciem kręgosłupa.

KORZYŚCI

- Pozycja tonizuje krzyżowo-lędźwiowy odcinek kręgosłupa i usuwa sztywność mięśni tego odcinka.
- Pomaga leczyć stany artretyczne stawów biodrowych i kolanowych, wzmacnia te stawy.
- Usuwa ból towarzyszący rwie kulszowej (tylko wariant 2).
- Poprawia krążenie w nogach, jest więc dobrym remedium na problemy z zastojami żylnymi w ich obrębie.
- Pomaga usunąć ból i dyskomfort w ciele związany z menstruacją (drugi wariant).
- Zapobiega przepuklinie.

OSTRZEŻENIA

- Nie wykonuj tej pozycji w trakcie rekonwalescencji po zawale.
- Nie wykonuj tej pozycji, gdy masz astmę, migrenę lub napięciowy ból głowy, przeciążone oczy i biegunkę.
- Kiedy cierpisz na nadciśnienie, lepiej jest podłożyć pod głowę złożony koc.
- Nie wykonuj wariantu pierwszego przy rwie kulszowej.

ODDZIAŁYWANIE NA DOSZE

Jest to szczególnie użyteczna pozycja w równoważeniu rozregulowanej vata i pitta, jednak osoby o konstytucji kapha również odniosą korzyść z jej praktykowania.

PODSTAWOWA POZYCJA

- ***Supta padangusthasana I***

  Połóż się płasko, tak jakbyś stał w *tadasanie* (*suptatadasana*). Dociśnij tyły ud do ziemi i skręć je do wewnątrz tak, aby kostki przyśrodkowe się połączyły. Teraz zegnij prawą nogę, przełóż pasek przez stopę i chwyć za niego obiema rękami (**fot. 1**). Ustal pracę lewej nogi, która cały czas mocno dociska

do ziemi i nie przechyla się na boki. Następnie powoli prostuj nogę, nie pozwalając, aby łopatki za bardzo odrywały się od ziemi (**fot. 2**). Głowa powinna być cały czas pasywna, a tył szyi wyciągać się i zbliżać do ziemi. Oddychaj równo i spokojnie. Utrzymuj pozycję od kilkudziesięciu sekund do minuty. Z czasem staraj się pogłębiać rozciąganie przez zginanie nogi w biodrze (**fot. 3**). Na koniec zegnij kolano, opuść stopę i powoli wyprostuj nogę. Wyrównaj pracę obu nóg jak w *tadasanie* i powtórz na drugą stronę.

Docelowo nie musisz używać paska – możesz trzymać stopę dłońmi (**fot. 4**) lub – jak w pozycji klasycznej – chwycić palcem wskazującym, środkowym i kciukiem ręki za dużego palucha stopy.

- ***Supta padangusthasana II***

Wykonaj *supta padangusthasanę I.* Chwyć pasek prawą ręką. Trzymając za pasek, z wydechem opuszczaj wyprostowaną prawą nogę w bok i w dół. Oprzyj stopę na wałku lub klocku (**fot. 5**). Chodzi o to, aby pośladek lewej nogi nie oderwał się od ziemi. Wytrwaj w pozycji tak długo, jak w pierwszej, i robiąc wdech, podnieś nogę do góry, zegnij kolano i opuść nogę na ziemię. Wyrównaj pracę obu nóg i powtórz na drugą stronę. Jeżeli jesteś w stanie wykonać po-

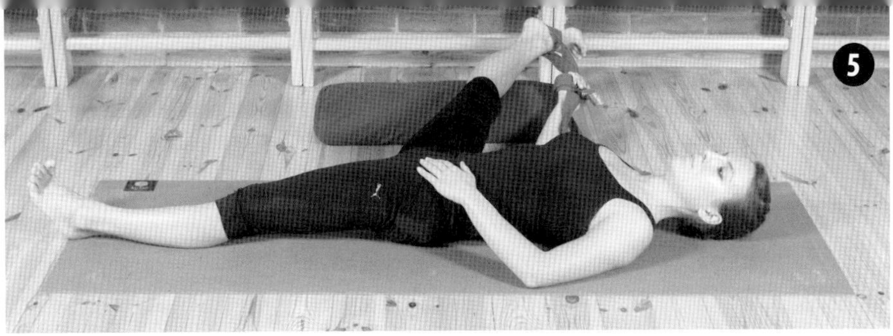
5

6

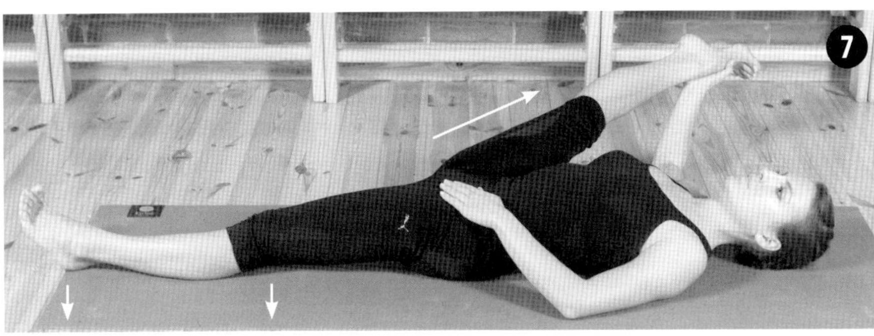
7

8

przednią pozycję bez użycia paska, możesz spróbować wykonać także klasyczny wariant tej pozycji – chwytając dłonią za zewnętrzną krawędź stopy (**fot. 6**, **fot. 7**). Pamiętaj, żeby podnosić i opuszczać nogę wyprostowaną w kolanie.

WARIANTY

- ***Supta padangusthasana I* z chwytem pod kolanem (fot. 8, fot. 9)**
  To dobry wariant, gdy ścięgna podkolanowe są już na tyle elastyczne, że jest możliwe utrzymanie rozciąganej nogi w pozycji pionowej (90 stopni). Wariant ten szybko tonizuje kręgosłup lędźwiowy, dodatkowo wzmacnia bardziej mięśnie przedniej strony ud.

CZEGO NIE ROBIĆ

- W pierwszym wariancie nie zmieniaj nóg w powietrzu.
- Nie odrywaj tyłu nogi nierozciąganej (**fot. 10**). W obu wariantach tył uda powinien pozostawać jak najbliżej ziemi, a nawet powinien do niej dotykać (wariant I).
- Podczas wykonywania drugiego wariantu nie opuszczaj i nie podnoś nogi zgiętej w kolanie, ale wyłącznie wyprostowaną.

DODATKOWE RADY I WSKAZÓWKI

Supta padangusthasana I jest kluczową pozycją i w zasadzie druga pozycja powinna być wykonywana dopiero wtedy, gdy opanuje się pierwszą.

Osoby początkujące mogą wykonać pozycję przy ścianie w taki sposób, że stopa nogi, która pozostaje na ziemi, dociska do ściany. To doda obu pozycjom więcej stabilności.

CATURANGA DANDASANA

Catur oznacza cztery, *danda* kij. Jest to pozycja kija podpartego w czterech miejscach. To łatwa asana, a jednak większość osób ma z nią problem. Powód stanowi fizyczna i mentalna słabość. Siedzący tryb życia, obecnie szeroko rozpowszechniony, skutkuje właśnie taką niemocą. Regularna praktyka *caturanga dandasany* przywraca siłę fizyczną i siłę woli. Najbardziej korzystają z jej praktyki kobiety, które na początku mają najwięcej trudności z wykonaniem tej asany. Pomimo że nie jest to pozycja z wyprostem kręgosłupa (faktycznie trudno ją zakwalifikować), została umieszczona w tej części, dlatego, że przygotowuje ciało do pozycji z wyprostem.

KORELACJA

Caturanga dandasana przygotowuje kręgosłup i ramiona do pozycji z wyprostem kręgosłupa. Bardzo dobrze jest wykonywać tę asanę jako wstęp do tych pozycji. Ponadto bardzo dobrze uzupełnia się z *adho mukha svanasaną* i *urdhva mukha*

svanasaną. Razem z tymi dwiema pozycjami doskonale wzmacnia i uelastycznia zarazem obręcz barkową, przygotowując ciało do trudniejszych asan.

KORZYŚCI

- Wzmacnianie ramion i nadgarstków.
- Tonizowanie i wzmacnianie mięśni pleców.
- Masowanie i tonizowanie narządów jamy brzusznej.

OSTRZEŻENIA

- Jeśli masz uszkodzony nadgarstek, nie wykonuj pozycji, dopóki nie uzyskasz porady nauczyciela.
- Nie wykonuje się tej asany podczas menstruacji oraz gdy odczuwamy ból w gałce ocznej, na przykład w jaskrze.

ODDZIAŁYWANIE NA DOSZE

Jest to doskonała asana dla osób mających problem z nadmiarem kapha, korzystnie działa też w dolegliwościach vata wynikających z wychłodzenia. Osoby typu pitta z powodzeniem mogą wykonywać tę asanę z wyjątkiem sytuacji, w których są przegrzane i cierpią na dolegliwości z tym związane.

PODSTAWOWA POZYCJA

Pierwszy sposób dojścia do pozycji

Połóż się na ziemi. Ustaw ręce palcami do przodu tak, aby nadgarstki znalazły się mniej więcej w linii dolnych żeber (**fot. 1**). Dociśnij mocno dłonie do podłoża, rozszerzając palce i dociskając ich nasady (**fot. 2** – dobrze, **fot. 3** –źle). Łokcie powinny znajdować się jak najbliżej tułowia. Teraz ustaw stopy na szerokość bioder, postaw palce stóp na ziemi i wyprostuj kolana (**fot. 4**). Unieś jak najwyżej uda, starając się jak najmocniej docisnąć znajdujące się na nich mięśnie do kości udowych, a następnie zrotuj uda do wewnątrz. Musisz prawidłowo ustawić miednicę. Skręć ją tak, aby kość ogonowa schowała się bardziej do wewnątrz ciała, a pośladki przesunęły w stronę pięt. To sprawi, że kręgosłup lędźwiowy się rozciągnie. Dopiero teraz możesz podnieść tułów. Dociśnij jeszcze mocniej dłonie do ziemi i stopniowo, z wydechem, unieś brzuch i klatkę piersiową do góry. W tym momencie na ziemi są tylko dłonie i stopy (**fot. 5**). Staraj się unieść barki na taką wysokość, aby kości ramien-

ne były równoległe do ziemi. Patrz w dół, tak aby twarz się nie napinała. Wytrwaj w pozycji tak długo, jak możesz, i z wydechem zakończ, kładąc się na ziemi i rozluźniając. Powtórz kilka razy.

Drugi sposób dojścia do pozycji

Wykonaj *adho mukha svanasanę* i z wydechem zejdź powoli do *caturanga dandasany*. Ustaw ciało w taki sposób, jak to zostało wyjaśnione powyżej. Staraj się nawet na chwilę nie położyć tułowia na ziemi i nie zgiąć kolan. Wytrwaj w tej pozycji tak długo, jak jesteś w stanie, i albo wróć do *adho mukha svanasany*, albo przejdź do *urdhva mukha svanasany* (nie kładąc się na ziemi i nie zginając kolan) – ten sposób niezwykle efektywnie wzmacnia ramiona i jednocześnie rozgrzewa. Jeśli nie masz już siły, połóż się na brzuchu i odpocznij. Taki cykl można powtarzać wiele razy.

ŹLE

WARIANTY

- ***Caturanga dandasana* z prostymi ramionami (fot. 6)**
  Jeśli na początku nie jesteś w stanie wykonać pełnej pozycji, zrób *adho mukha svanasanę* i z wydechem opuść tułów, zatrzymując się w pozycji z prostymi łokciami. Należy zadbać, aby w tej pozycji miednica nie opadła zbyt nisko, a pozycja nie zaczęła przypominać *urdhva mukha svanasany*, ponieważ w tym wariancie kija plecy również są proste. Stopniowo staraj się odkręcać ramiona na zewnątrz i napinać mięśnie tylnej strony ramion (mięsień trójgłowy ramienia). Wytrwaj tak długo, jak możesz, i albo wróć do *adho mukha svanasany*, albo połóż się na ziemi i odpocznij. Jest to szczególnie użyteczny wariant dla kobiet, które mogą się dzięki temu odpowiednio wzmocnić i z czasem starać się uginać łokcie i schodzić do pełnej pozycji. Jest to bardzo dobry sposób, aby opanować pozycję i pokonać słabość.

CZEGO NIE ROBIĆ

Fot. 7

DODATKOWE RADY I WSKAZÓWKI

To powszechnie nielubiana pozycja. Staraj się jednak powtarzać ją jak najczęściej i nie zapominaj o niej w codziennej praktyce.

Jeśli wykonujesz tę pozycję, to rób to zawsze po kilka, a nawet kilkanaście razy, ponieważ im więcej razy w serii ją powtórzysz, tym łatwiej będzie ci ją wykonywać. Najtrudniej jest przełamać się na początku i ćwiczyć pozycję pomimo niechęci, ale dzięki takiemu podejściu szybko przychodzi lekkość i siła.

SALABHASANA

Salabha oznacza świerszcza, a więc jest to pozycja świerszcza. *Salabhasana,* oprócz *bhujangasany,* spełnia ważne zadanie, przygotowując kręgosłup do wyprostów. Jeśli pozycja jest wykonywana precyzyjnie, może również stanowić pewne wyzwanie dla osób już dłużej praktykujących jogę.

KORELACJA

Kiedy plecy są przygotowane do dalszych ćwiczeń dzięki praktyce pozycji stojących, *caturanga dandasany* oraz *bhujangasany*, przychodzi czas na *salabhasanę*, a następnie *dhanurasanę.*

KORZYŚCI

- *Salabhasana* wzmacnia mięśnie prostujące plecy.
- Wspomaga krążenie w obrębie jamy brzusznej, poprawia trawienie i pomaga usunąć zbędne produkty przemiany materii.

- Tonizowany jest pęcherz moczowy i prostata.
- Zasadniczo jest to dobra pozycja w dyskopatii, jednak nie w ostrym stanie zapalnym i wyłącznie pod okiem doświadczonego nauczyciela, który wyjaśni sekrety pozycji (nie jest to możliwe w tym krótkim opracowaniu).

OSTRZEŻENIA

Kobiety nie powinny tej pozycji wykonywać w czasie ciąży ani w czasie menstruacji. Osoby z dyskopatią i zwyrodnieniami kręgosłupa powinny zasięgnąć rady doświadczonego nauczyciela jogi.

ODDZIAŁYWANIE NA DOSZE

Salabhasana harmonizuje pitta i wycisza vata. Roznieca agni. Jest to jedna z pozycji najczęściej zalecanych przez lekarzy ajurwedyjskich w przypadkach problemów z układem trawiennym. Jest ona też bardzo użyteczna w stymulacji kapha.

PODSTAWOWA POZYCJA

Połóż się przodem płasko na ziemi. Możesz rozłożyć płasko koc pod miednicę. Oprzyj brodę na ziemi i przez cały czas patrz w dół. Ułóż ramiona wzdłuż tułowia i zwróć wnętrza dłoni do sufitu. Złącz nogi i wyprostuj kolana (**fot. 1**). Napnij mocno mięśnie przedniej strony ud tak, aby jak najwyżej podniosły się kości udowe, a następnie zrotuj uda do wewnątrz, co umożliwi kostkom przyśrodkowym połączenie się. Utrzymuj jakiś czas tę pracę, oddychając spokojnie. Kiedy poczujesz, że nogi są już mocne i nie rozłączą się podczas ich unoszenia, powoli – wykonując wdech – unieś lekko tułów wraz z ramionami do góry (**fot. 2**). Staraj się podnieść maksymalnie proste nogi, bez rozłączania kostek. Praca w pozycji polega właśnie na utrzymywaniu aktywnych nóg i pleców. Przesuwaj więc łopatki w stronę pośladków i jednocześnie zbliżaj je nieco do siebie nawzajem. Skręć ramiona do wewnątrz i napnij tylne strony ramion (mięsień trójgłowy ramienia). Wytrwaj kilkanaście–kilkadziesiąt sekund, oddychając spokojnie, i z wydechem opuść tułów oraz nogi z powrotem na ziemię. Powtórz pozycję kilka razy.

CZEGO NIE ROBIĆ

Nie próbuj unosić tułowia i nóg jak najwyżej. To spowoduje zbytnie napięcie w okolicy lędźwiowej i najpewniej rozłączenie się nóg (**fot. 3**).

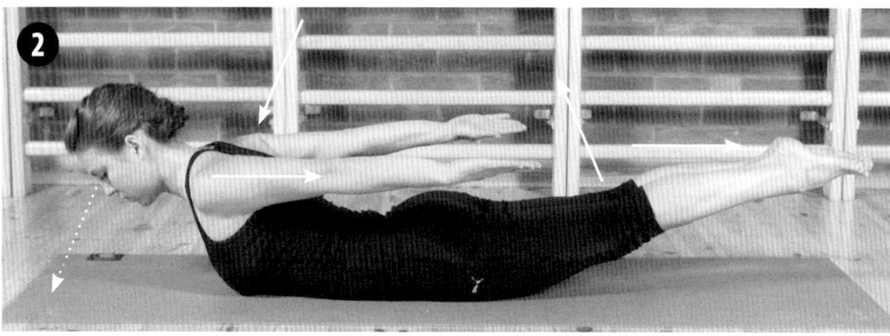

DODATKOWE RADY I WSKAZÓWKI

Jeśli chcesz bardziej wzmocnić plecy, połącz *salabhasanę* z *dhanurasaną*. Wykonuj następującą sekwencję: najpierw *salabhasana*, następnie zegnij kolana, chwyć za kostki i podnieś się do *dhanurasany*. Możesz zakończyć, kładąc się płasko na ziemi lub spróbować jeszcze raz powrócić do *salabhasany* i dopiero zakończyć.

DHANURASANA

Dhanus oznacza łuk, a więc jest to pozycja łuku. Pozycja wykazuje silne działanie energetyzujące i pomaga zwalczać negatywne skutki długiego siedzenia. Przynosi ona elastyczność ramionom i przedniej części ud. Mimo że jej prawidłowe wykonanie jest zazwyczaj pewnym wyzwaniem, większość osób lubi tę pozycję.

KORELACJA

Najlepiej jest wykonywać *dhanurasanę* po *salabhasanie* i *bhujangasanie* jako część serii pozycji z wyprostem kręgosłupa. Pracę ramion dobrze jest przećwiczyć, wykonując rozciąganie barków w *tadasanie.*

KORZYŚCI

- *Dhanurasana* wraz z *bhujangasaną* w znacznym stopniu przyczyniają się do skorygowania wad postawy.

- Uelastycznia stawy obręczy barkowej i klatkę piersiową.
- Usuwa sztywność w rejonie kręgosłupa piersiowego i lędźwiowego.
- Usuwa ból okolicy lędźwiowo-krzyżowej, nawet osoby z dyskopatią lędźwiową doświadczają w tej asanie ulgi.
- Tonizuje narządy jamy brzusznej i nerki.
- Jest to dobra pozycja w zaburzeniach funkcjonowania prostaty.

OSTRZEŻENIA

Kobiety nie powinny tej pozycji wykonywać w czasie ciąży ani w czasie menstruacji. Osoby z dyskopatią i zwyrodnieniami kręgosłupa powinny zasięgnąć rady doświadczonego nauczyciela jogi.

Zaleca się dużą ostrożność osobom mającym problemy ze stawami kolanowymi. W takim wypadku należy wykonywać pozycję bardzo powoli i dokładnie. Jeśli jednak kolano boli, nie wykonuj pozycji bez konsultacji z nauczycielem.

ODDZIAŁYWANIE NA DOSZE

Dhanurasana wykonywana z umiarem łagodzi pitta i usuwa nadmiar vata. Wykonywana długo i intensywnie zmniejsza kapha. Tak jak większość pozycji z wyprostem kręgosłupa stymuluje agni.

PODSTAWOWA POZYCJA

Połóż się przodem na macie. Możesz rozłożyć płasko koc pod biodra. Teraz z wydechem zegnij kolana (**fot. 1**). Chwyć dłońmi za stawy skokowe, kciuki skieruj w dół (**fot. 2**). Ustaw uda na szerokość bioder lub nieco szerzej. Teraz skręć ramiona do wewnątrz dokładnie tak, jak się to robi w *tadasanie* przy rozciąganiu barków. To spowoduje, że łopatki nieco oddalą się od siebie, a barki odsuną od uszu. W ten sposób uwolnisz kręgosłup szyjny od ucisku, który wywołałyby ściągnięte łopatki.

Wykonaj wydech i unieś nogi oraz tułów do góry (**fot. 3**, **fot. 4**). Utrzymuj pracę ramion i barków. Głowa powinna być uniesiona, ale nie odchylona do tyłu. Patrz raczej w dół, co ułatwi ci rozluźnienie twarzy. Wyobraź sobie, że oba ramiona to podwójna cięciwa łuku, nogi zaś tworzą część korpusu łuku. Chodzi o to, aby obie nogi pracowały tak samo mocno. Nogi powinny pracować tak, jakby chciały się wyrwać z uścisku dłoni i wyprostować. Wyobraź sobie również, że górna część kości krzyżowej dociska mocniej do ciała, co powinno ci pomóc wyciągnąć się jesz-

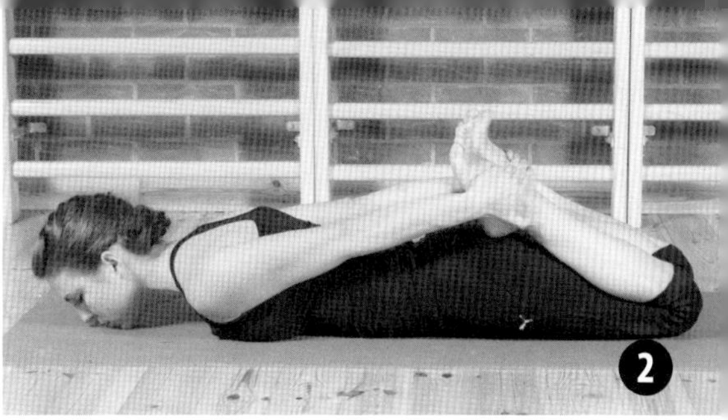

cze wyżej w pozycji. Z pewnością odkryjesz, że taka pozycja jest męcząca. Dlatego jej nie forsuj. Wykonaj kilka oddechów w asanie i z wydechem opadnij na ziemię, ale nie puszczaj kostek, jeśli masz zamiar powtórzyć pozycję. Powtarzaj pozycję kilka razy, starając się wydłużać czas trwania w asanie.

WARIANTY

- ***Ardha dhanurasana* (fot. 5)**

  Jest to wariant pozwalający pracować raz z jedną stroną ciała, a raz z drugą.

CZEGO NIE ROBIĆ

- Wychodząc z pozycji, nie opuszczaj gwałtownie kolan na ziemię, gdyż to może je uszkodzić.
- Nie łącz nóg, ponieważ może to wywołać niepotrzebny ból w okolicy krzyżowo-lędźwiowej.
- Zwróć uwagę na to, aby kolana nie oddalały się za bardzo od siebie.
- Nie patrz do góry, ponieważ wtedy zazwyczaj napina się twarz.

DODATKOWE RADY I WSKAZÓWKI

Jeśli podczas wykonywania pozycji odczuwasz ból pleców, prawdopodobnie masz też sztywną przednią stronę ud. Musisz więc włożyć więcej pracy w wykonywanie *suptavirasany* i *virabhadrasany I*.

Czasem skręć szyję i popatrz raz na jedną, raz na drugą nogę i porównaj, czy obie stopy znajdują tak samo wysoko. Bardzo często nogi nie pracują równomiernie, co wymaga korekty.

BHUJANGASANA

Bhujanga znaczy wąż. Jest to więc pozycja węża. W tej asanie unosimy się do góry, używając przede wszystkim mięśni pleców, tak jak wąż, który porusza się dzięki sile swojego kręgosłupa. Jogini uważają, że pozycja ta budzi energię uśpioną u podstawy kręgosłupa i umożliwia rozpoczęcie jej ruchu w górę. Od prawidłowego wykonania tej asany zależy, czy mięśnie pleców będą w stanie poradzić sobie z trudniejszymi pozycjami z wyprostem kręgosłupa. Istotne, aby starać się opanowywać te pozycje stopniowo. Są one bardzo potrzebne dla zdrowia, jednak ze względu na tryb życia, jaki prowadzi przeważająca większość społeczeństwa, nie jest możliwe wykonywanie tych pozycji od razu.

KORELACJA

Zazwyczaj cykl asan z wyprostem kręgosłupa rozpoczyna się właśnie od *bhujangasany.*

KORZYŚCI

- *Bhujangasana* przyczynia się do korekcji wad postawy i niweluje negatywne efekty długiej pracy w pozycji siedzącej.
- Uelastycznia i wzmacnia długie mięśnie pleców i okolicę łopatek, przywracając im prawidłowy tonus. Dzięki temu kręgosłup się nie starzeje.
- Osoby, które cierpią z powodu bólu okolicy lędźwiowej, a nawet te, u których występuje dyskopatia, zauważają, że jeśli prawidłowo i z wyczuciem wykonują *bhujangasanę,* ból ustępuje, a plecy stają się mocne i elastyczne.

OSTRZEŻENIA

Kobiety nie powinny tej pozycji wykonywać w czasie ciąży, zwłaszcza po pierwszym trymestrze, ani w czasie menstruacji. Osoby z dyskopatią i zwyrodnieniami kręgosłupa powinny zasięgnąć rady doświadczonego nauczyciela jogi.

ODDZIAŁYWANIE NA DOSZE

Bhujangasana harmonizuje pitta i wycisza vata. Stymuluje agni, ponieważ poprawia krążenie w obszarze brzusznym. Wraz z *salabhasaną* stanowi jedną z pozycji zalecanych najczęściej przez lekarzy ajurwedyjskich w przypadkach problemów z układem trawiennym. Jest ona też użyteczna w stymulowaniu kapha.

PODSTAWOWA POZYCJA

Połóż się przodem na ziemi. Rozszerz nogi na szerokość nieco większą, niż wynosi szerokość twoich bioder, i wyciągnij palce stóp do tyłu, dociskając grzbiety stóp do podłoża. Połóż dłonie pod stawami ramiennymi tak, aby końce palców nie wystawały poza ich obrys, rozszerz całkowicie palce i dociśnij ich nasady (**fot. 1** – dobrze, **fot. 2** – źle). Zbliż łokcie do tułowia (**fot. 3**). Wciągnij łopatki w głąb pleców, przesuń w stronę pośladków i zbliż nieznacznie do siebie. Następnie z wdechem dociskając dłonie do ziemi, unieś tułów do góry. (**fot. 4**, **fot. 5**). Pamiętaj, że podnosisz się dzięki sile mięśni pleców. Dłonie mają ci tylko w tym pomóc. Cały czas patrz w dół, twarz musi pozostać pasywna. Nie odchylaj głowy do tyłu, tylna strona kręgosłupa szyjnego musi pozostać długa. W żadnym wypadku nie prostuj łokci, ponieważ wywoła to napięcie w kręgosłupie lędźwiowym. Staraj się pracować głównie środkowym odcinkiem kręgosłupa i rozciągnąć przednią stronę klatki piersiowej. Utrzymuj pośladki luźne, jeśli jest to dla ciebie komfortowe. W innym przypadku

ŹLE

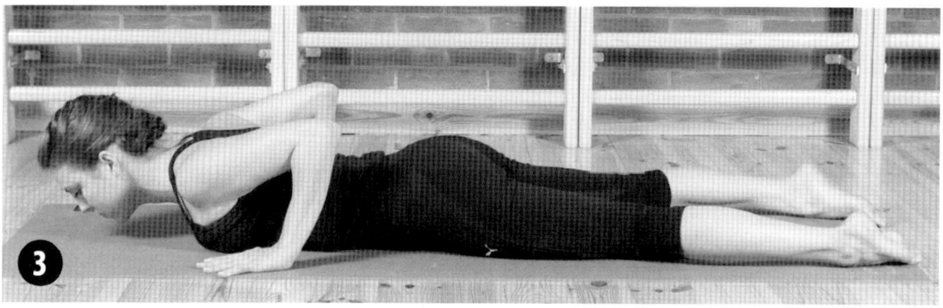

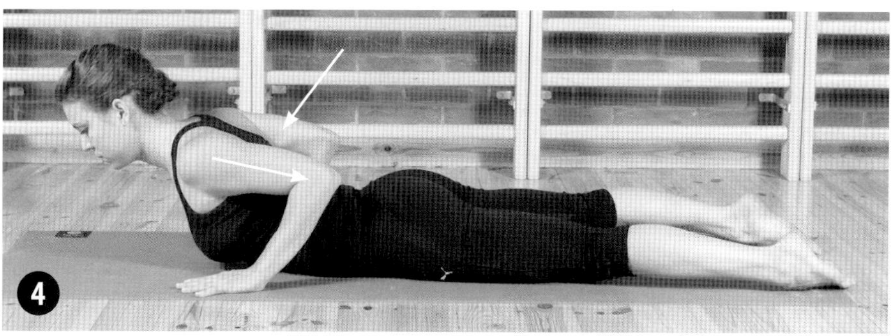

napnij je. Oddychaj spokojnie i po kilku oddechach połóż się płasko z wydechem. Powtórz pozycję kilka razy.

CZEGO NIE ROBIĆ

- Nie patrz do góry.
- Nie wstrzymuj oddechu.
- Nie zaciskaj brzucha.

DODATKOWE RADY I WSKAZÓWKI

Aby lepiej rozciągać przód tułowia, dociskaj lekko nogi do ziemi.

URDHVA MUKHA SVANASANA

Urdhva oznacza do góry, *mukha* twarz, a *svan* to pies. Jest to pozycja psa z głową do góry, w której intensywnie rozciąga się kręgosłup i klatka piersiowa.

KORELACJA

Jest to pozycja bardziej intensywna od *salabhasany* i *bhujangasany*. Kręgosłup rozciąga się tu bardziej niż w *dhanurasanie*. Ze względu na intensywną pracę ramion, *urdhva mukha svanasana* dobrze uzupełnia się z *caturanga dandasaną*. Jeśli te dwie pozycje wykonywane są naprzemiennie, ich oddziaływanie się kumuluje i bardzo wzmacniają się ramiona. Również łatwiej jest wtedy pokonać sztywność kręgosłupa.

KORZYŚCI

- Pozycja wzmacnia ramiona.
- Uelastycznia kręgosłup i usuwa ból pleców, również ten spowodowany dyskopatią. Jednak, jeśli cierpisz z powodu choroby krążka międzykręgowego, wykonuj ją bardzo ostrożnie.

- Usprawnia się krążenie w jamie brzusznej i miednicy, co korzystnie wpływa na narządy znajdujące się w tym rejonie.

OSTRZEŻENIA

Kobiety nie powinny tej pozycji wykonywać w czasie ciąży, zwłaszcza po pierwszym trymestrze, ani w czasie menstruacji. Osoby z dyskopatią i zwyrodnieniami kręgosłupa powinny zasięgnąć rady doświadczonego nauczyciela jogi.

Osoby z uszkodzonym nadgarstkiem nie powinny wykonywać podstawowego wariantu. W zamian mogą praktykować psa na krześle.

ODDZIAŁYWANIE NA DOSZE

Pozycja prawidłowo wykonana i dawkowana tonizuje vata, pitta i kapha.

PODSTAWOWA POZYCJA

Połóż się płasko na ziemi i rozszerz nogi na szerokość mniej więcej bioder. Wyciągnij palce stóp do tyłu i połóż na ziemi grzbiety stóp. Połóż dłonie blisko tułowia tak, aby nadgarstki znalazły się w linii dolnych żeber, rozszerz palce i skieruj je do przodu (**fot. 1**). Z wdechem unieś tułów i nogi do góry, używając do tego celu siły ramion i mięśni pleców (**fot. 2**). Upewnij się że dłonie cały czas mocno dociskają do podłoża. Wyprostuj całkowicie nogi w kolanach i skręć uda do wewnątrz. Głowę utrzymuj prosto. Napnij mięśnie tylnej strony ramion (mięsień trójgłowy ramienia), zablokuj łokcie, prostując je całkowicie i zdecydowanie zrotuj ramiona na zewnątrz tak, aby zgięcia łokci (doły łokciowe) były skierowane dokładnie do przodu. Pozwól miednicy opaść jak najniżej bez zaciskania pośladków i wyciągnij kręgosłup do góry od podstawy kości krzyżowej. Następnie cały czas utrzymując ramiona zrotowane na zewnątrz, wciągnij łopatki jeszcze głębiej w plecy. Staraj się intensywnie rozciągać przód ciała od kości łonowej po wcięcie szyjne mostka (najwyższy punkt mostka), tym samym otwieraj klatkę piersiową. Aby się przekonać, jak ta praca postępuje, popatrz w dół na przednią, górną część klatki piersiowej. Powinieneś widzieć teraz wypukłość. Jeśli ramiona nie są wystarczająco zrotowane, a barki cofnięte, to zamiast tego zobaczysz wklęsłość. Należy to wyeliminować, wyciągając się bardziej do góry i wciągając łopatki jeszcze bardziej do wewnątrz. Oddychaj spokojnie. Wytrwaj około pół minuty. Powtórz asanę kilka razy. Wraz z postępami wydłużaj stopniowo czas trwania w pozycji. Kiedy nauczysz się odpowiednio wyciągać kręgosłup, twoja

szyja będzie długa, wtedy możesz odchylić głowę do tyłu i wykonać pełną pozycję (wyprost szyi).

WARIANTY

- ***Urdhva mukha svanasana* na klockach (fot. 3)**
  W tym wariancie łatwiej można wyciągnąć kręgosłup, a na stawy nadgarstka działają mniejsze siły. Zasada wykonania pozycji jest taka sama jak pozycji podstawowej, z tym że dłonie opierają się na klockach.
- ***Urdhva mukha svanasana* na krześle (fot. 4)**
  To jeszcze prostszy wariant pozycji, umożliwiający jednak spokojniejszą pracę w obrębie ramion i obręczy barkowej i nieobciążający nadgarstków. Ułatwia naukę prawidłowego ustawienia ramion. Bardzo efektywnie usuwa ból pleców. Aby wykonać pozycję, należy oprzeć dłonie na krawędziach bocznych krzesła

do jogi lub innego stabilnego krzesła, taboretu itp., ustawić palce całkowicie na zewnątrz i powoli odstawić nogi jedna po drugiej do tyłu. Tutaj palce stóp pozostają oparte na ziemi, a same stopy są ustawione na szerokość bioder. Pozostałe zasady wykonania asany są takie same jak w pozycji podstawowej.

CZEGO NIE ROBIĆ

- Nie napinaj pośladków.
- Nie zginaj kolan i nie kładź ud na ziemi (**fot. 5**).
- Nie odchylaj głowy do tyłu, jeśli nie wyciągnąłeś się optymalnie, ponieważ wywoła to napięcie i dyskomfort w szyi, a nawet w głowie.

DODATKOWE RADY I WSKAZÓWKI

Innym sposobem dojścia do pozycji jest wejście do niej z pozycji kija (*caturanga dandasana*) i pozycji psa z głową w dół (*adho mukha svanasana*).

Jeśli bolą cię stopy lub palce u stóp oraz jeśli miewasz skurcze w nogach lub stopach, możesz przejściowo zastosować inny wariant ustawienia stóp. Zamiast wyciągać palce stóp do tyłu, postaw palce na ziemi (**fot. 6** i **7**).

Ramiona muszą być zawsze prostopadłe do ziemi. Jeśli w pozycji wyjściowej dłonie znajdują się za blisko głowy, gdy wstaniesz do pozycji, ramiona nie będą pionowo i będziesz bardzo obciążał kręgosłup krzyżowo-lędźwiowy, wywołując ból.

Aby pogodzić wszystkie ruchy składające się na poprawne wykonanie tej asany, potrzebna jest długa i intensywna praca, tak więc nie zrażaj się, jeśli nie widzisz szybkich efektów.

USTRASANA

Ustra oznacza wielbłąda, a *utrasana* – pozycję wielbłąda. Otwarcie klatki piersiowej w tej pozycji powinno przypominać garb wielbłąda. Wykonywanie tej pozycji w znacznym stopniu usuwa sztywność pleców i ramion i przywraca pełen wyprost kręgosłupa.

KORELACJA

To intensywniejsza pozycja niż wcześniejsze asany z wyprostem kręgosłupa, ale wciąż stosunkowo łatwa do wykonania. Pozwala lepiej przygotować kręgosłup do *urdhva dhanurasany.* Zatem mostek (*urdhva dhanurasana*) dobrze jest poprzedzić wielbłądem. Adept uczy się otwierać klatkę piersiową, co pozwala na wykonywanie trudniejszych asan z wyprostem kręgosłupa w sposób stosunkowo bezbolesny. Wyobraź sobie, że wykonujesz *ustrasanę* podczas praktyki *virabhadrasany I.* Ruch w obrębie tułowia i przedniej strony ud odbywa się w tej pozycji stojącej na podobnej zasadzie jak w wielbłądzie. To pomoże ci utrwalić odpowiednią technikę.

KORZYŚCI

- *Ustrasana* rozszerza klatkę piersiową, zwiększając pojemność płuc, poprawia krążenia we wszystkich organach wewnętrznych, tonizuje mięśnie kręgosłupa i pleców, koryguje niewłaściwą postawę.
- Usuwa sztywność w obrębie stawów obręczy barkowej i kręgosłupa szyjnego, jest zatem użyteczna dla osób ze zwyrodnieniami kręgów szyjnych.
- Reguluje menstruację, ale nie należy jej wykonywać podczas menstruacji.
- Działa korzystnie na narządy płciowe.
- Wraz z innymi asanami z cyklu skłonów do tyłu leczy oziębłość seksualną.

OSTRZEŻENIA

Większość ludzi uczących się wielbłąda narzeka na ból w odcinku lędźwiowym w pozycji i bezpośrednio po jej wykonaniu. Dzieje się tak z dwóch powodów:

- mięśnie pleców są bardzo sztywne i potrzeba czasu, aby się rozluźniły,
- adept nie opanował dobrze techniki otwierania klatki piersiowej.

Kręgosłup piersiowy u większości osób jest bardzo sztywny. Dotyczy to zwłaszcza wyprostu. Ten ruch na co dzień po prostu nie jest przez nas wykonywany, a niewłaściwa postawa stojąca oraz pozycja pracy przy biurku dodatkowo przyczyniają się do ograniczenia i zablokowania tego ruchu w pozycjach. W związku z tym praktycznie cały ruch oddziałuje na najbardziej ruchomą część kręgosłupa, a mianowicie na lędźwia. To jest bezpośrednią przyczyną bólu, ucisku i dyskomfortu w tej części pleców.

- Nie wykonuj pozycji, jeśli cierpisz na stany zapalne stawów kolanowych i skokowych.
- Zrezygnuj z pozycji, jeśli masz migrenę, ból głowy, ostre zatwardzenie i nadciśnienie.
- Jeśli masz dyskopatię i silną skoliozę, skonsultuj się najpierw z doświadczonym nauczycielem jogi.

ODDZIAŁYWANIE NA DOSZE

Ustrasana łagodzi vata i pitta, stymuluje kapha, poprawiając krążenie górnej części klatki piersiowej.

PODSTAWOWA POZYCJA

Uklęknij na złożonej macie lub kocu (**fot. 1**). Ważne jest, abyś miał pod kolanami coś miękkiego, by chronić kolana, ale niech nie będzie to zbyt miękkie, żebyś się nie zapadał. Ustaw kolana na szerokość bioder, możesz, ale nie musisz złączyć duże palce w stopach. Połóż dłonie na biodrach z tyłu ponad pośladkami (**fot. 2**). Kciuki skieruj do siebie. Teraz, opuszczając pośladki w stronę podłogi, ustaw miednicę tak, aby była jak najbardziej pionowo i „podwiń" kość ogonową. Nie napinaj pośladków za mocno, ponieważ wtedy wewnętrzna strona ud będzie rotować się na zewnątrz. Odczuwaj te obszary nóg i staraj się utrzymywać pracę ud do wewnątrz. Świadomość ustawienia miednicy i wewnętrznej strony ud ma kluczowe znaczenie dla prawidłowego wykonania całej asany. Teraz dociśnij jak najmocniej przednią stronę goleni oraz grzbiety stóp do podłoża. W tym celu wyobraź sobie, że golenie wraz z kolanami i stopami to twoje stopy. Staraj się zrównoważyć dociskanie tych dużych stóp tak, aby na całej długości i szerokości ich kontakt z podłożem był taki sam. Zrób wdech i rozciągnij boki tułowia, wyciągając się jednocześnie intensywnie z przodu i tyłu klatki piersiowej, podnosząc zdecydowanie mostek do brody. Nie ściągaj łopatek.

Zatrzymaj się na tym etapie na kilka spokojnych i głębokich od-

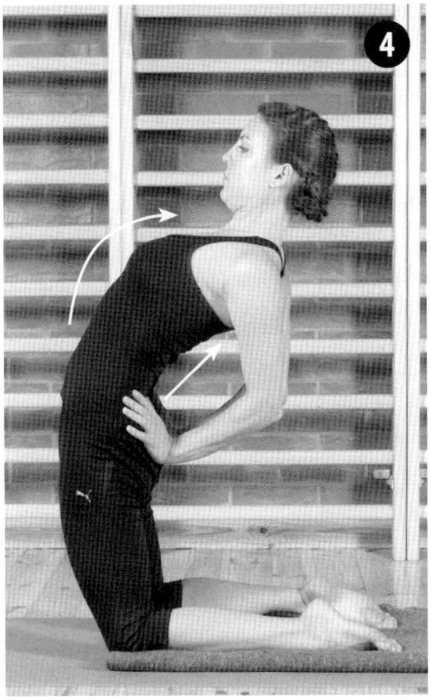

dechów. Ten moment jest bowiem decydujący. Nadaje on sens dalszej pracy w *ustrasanie*. Wiedz, że otwarcie klatki piersiowej jest najważniejsze. Zatem jeśli odczuwasz ból pleców w pełnej asanie, musisz wrócić do tego etapu i przyjrzeć się wnikliwie swojej pracy.

Kiedy utrwalisz już otwarcie klatki piersiowej, rozpocznij wyprost kręgosłupa piersiowego i opadanie do tyłu (**fot. 3, fot. 4**). Nie spiesz się. Na wdechach otwieraj klatkę piersiową i wyciągaj kręgosłup, a na wydechach powoli opadaj. Cały czas trzymaj głowę prosto i obserwuj unoszenie się mostka, który jest jakby uchem od wiadra, za które unosisz klatkę piersiową. W tym czasie twoje biodra nie mogą się cofnąć, zamiast tego wysuń je 10–15 centymetrów do przodu. W związku z tym otwieranie klatki piersiowej i rozciąganie przodu tułowia będzie powiązane z rozciąganiem w przedniej części ud, co świadczy o prawidłowym wykonaniu pozycji. W trakcie tej pracy myśl o jak największym wyproście w obszarze kręgosłupa piersiowego, starając się pozostawić kręgosłup lędźwiowy rozciągnięty. To potrzebne, ponieważ lordoza lędźwiowa i tak będzie się w tej pozycji pogłębiać, co jest związane z naturalną znaczną ruchomością wyprostną tego odcinka kręgosłupa. Technika ta ma więc na celu odciążenie go i skierowanie większej pracy na sztywny z natury podczas wyprostu kręgosłup piersiowy. Kiedy poczujesz, że osiągnąłeś już pełne otwarcie klatki piersiowej i maksymalny wyprost kręgosłupa piersiowego, powoli opuść dłonie jedna po drugiej i oprzyj

końce palców na piętach (**fot. 5**). Teraz skręć ramiona do wewnątrz i odchyl całkowicie głowę do tyłu (**fot. 6**). Rozluźnij twarz i oddychaj spokojnie. Wytrwaj w pozycji około 30 sekund i z wdechem podnieś się powoli, odrywając od pięt jedną dłoń po drugiej.

Odpocznij przez kilka oddechów i powtórz asanę.

Kiedy już opanujesz podstawową pozycję, postaraj się dociskać całe dłonie do podeszew stóp, co zwiększy intensywność asany (**fot. 7**, **fot. 8**).

WARIANTY

- ***Ustrasana* przodem do ściany**

  Zasadniczo jest to ta sama pozycja, jednak sposób jej wykonania sprawia, że staje się ona bardziej intensywna, ponieważ zmusza praktykującego do większej uważności podczas jej wykonywania.

  Aby wykonać ten wariant, uklęknij przed ścianą, tak aby twoje kolana znalazły się w odległości około 10–15 centymetrów od płaszczyzny ściany. Dociśnij przednią stronę miednicy mocno do ściany i otwórz klatkę piersiową (**fot. 9**). Następnie postępuj zgodnie ze wskazówkami dotyczącymi podstawowej pozycji. W trakcie dochodzenia do pełnej pozycji nie wolno ci oderwać nawet na chwilę przednich górnych kolców biodrowych od ściany. Na tym właśnie polega prawidłowe wykonanie *ustrasany* przy ścianie (**fot. 10**).

8

9

10

CZEGO NIE ROBIĆ

Nie cofaj miednicy, aby za wszelką ceną dotknąć dłońmi do stóp. Jeśli mimowolnie to robisz, wykonuj wariant przy ścianie (**fot. 11**).

ŹLE

11

DODATKOWE RADY I WSKAZÓWKI

Ustrasanę wykonasz łatwiej, jeśli rozgrzejesz ciało w pozycjach stojących, rozciągniesz ramiona, wykonując regularnie rozciąganie barków w *tadasanie* oraz przygotujesz mięśnie pleców i kręgosłupa w łatwiejszych pozycjach z wyprostem kręgosłupa, takich jak *salabhasana, bhujangasana, dhanurasana, urdhva mukha svanasana.*

Osoby z bardzo sztywnym kręgosłupem powinny przystępować do pełnej pozycji w zasadzie dopiero po odblokowaniu klatki piersiowej w *viparita dandasanie* na krześle.

URDHVA DHANURASANA

Urdhva oznacza do góry, *dhanur* to łuk. Jest to pozycja wzniesionego łuku, którą przyjęło się nazywać mostkiem. W tej pięknej asanie klatka piersiowa rozciąga się całkowicie, co wywołuje u praktykującego głęboki spokój, stabilność mentalną i poczucie lekkości. Na początku jest to męcząca asana, ale dzięki regularnej praktyce pokonuje się ograniczenia. Rośnie odporność człowieka na niekorzystne sytuacje życiowe i stres. Mostek niezwykle poprawia wydolność organizmu.

KORELACJA

Ta asana przygotowuje do zaawansowanych pozycji z wyprostem kręgosłupa. Jest też na tyle przystępna, że większość ludzi jest w stanie stosunkowo szybko nauczyć się prawidłowo ją wykonywać. Jeśli jesteś początkujący, wykonuj *urdhva dhanura-*

sanę w sesji dopiero po asanach stojących i kilku asanach z wyprostem kręgosłupa, przede wszystkim zaś po *ustrasanie*.

KORZYŚCI

- Zwiększa pojemność płuc.
- Uelastycznia i tonizuje kręgosłup.
- Stymuluje gruczoły wewnątrzwydzielnicze, reguluje menstruację, tonizuje nerki i reguluje pracę układu moczowo-płciowego.
- Zapobiega zmianom degeneracyjnym w arteriach serca i reguluje ciśnienie krwi, poprawia krążenie w całym ciele.
- Zwalcza zaburzenia seksualne.
- Jeśli jest wykonywana regularnie, pozwala zachować wysoki poziom energii niezależnie od okoliczności.

OSTRZEŻENIA

Jeśli masz problemy z ciśnieniem, nie wykonuj tej pozycji, dopóki nie przygotujesz organizmu w innych asanach, skonsultuj ten problem z nauczycielem. Jeśli cierpisz na dyskopatię, nie wykonuj pozycji, gdy masz stan zapalny, jakkolwiek prawidłowa praktyka tej pozycji przynosi najczęściej rozwiązanie tego problemu. Skonsultuj tę sprawę z nauczycielem.

Nie wykonuj pozycji, jeśli masz migrenę, ból głowy, podczas menstruacji, gdy masz przewlekłe zatwardzenie lub biegunkę. Przy problemach z sercem lepiej jest wykonywać *viparita dandasanę* na krześle.

Kiedy masz uszkodzony nadgarstek, wykonuj pozycję w sposób zmodyfikowany, np. z dłońmi na klocku, drabince, a najlepiej skonsultuj to z nauczycielem.

ODDZIAŁYWANIE NA DOSZE

Urdhva dhanurasana stanowi prawdziwe wybawienie dla typów kapha dzięki stymulacji energii w całym ciele, a zwłaszcza w obrębie klatki piersiowej. Osoby typu vata również bardzo korzystają z pozycji dzięki jej uspokajającemu i wzmacniającemu oddziaływaniu. Jednak wymaga to dużej wprawy i wielu ćwiczeń, ponieważ w tej asanie łatwo jest się rozregulować i za bardzo pobudzić, co nie jest już dobre dla vata. Typy pitta muszą zwrócić szczególną uwagę, aby nie forsować pozycji i wykonywać ją z chłodną głową, a kiedy czują się przegrzane, w ogóle jej nie wykonywać.

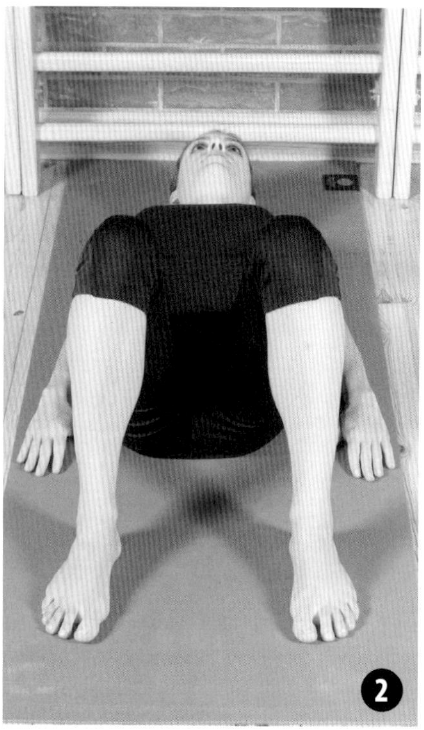

PODSTAWOWA POZYCJA

Połóż się tyłem płasko na macie. Zegnij kolana i postaw pięty jak najbliżej pośladków, z pionowymi goleniami (**fot. 1**). Możesz sobie pomóc dłońmi i przyciągnąć stopy jeszcze bliżej. Nie łącz kolan, trzymaj stopy i kolana na szerokość bioder. Ustaw zewnętrzne krawędzie stóp równolegle do siebie (**fot. 2**). Odczuj kontakt podeszew stóp z podłożem. Teraz wsuń dłonie pod barki, rozszerz całkowicie palce i ustaw łokcie na szerokość barków (**fot. 3**). Zwróć teraz większą uwagę na miednicę. Odczuj swoją kość krzyżową. Zrób wdech i powoli unieś miednicę do góry, starając się utrzymywać w trakcie tego ruchu kość krzyżową równolegle do

ziemi, a kość ogonową „podwiniętą". Postaw czubek głowy na ziemi, dociśnij mocniej pięty do ziemi, unieś miednicę jak najwyżej i trzymając cały czas łokcie na szerokość ramion, otwórz klatkę piersiową (**fot. 4**). Staraj się jak najbardziej rozciągnąć kręgosłup piersiowy, co zapobiegnie nadmiernemu napięciu w części lędźwiowej. W tym przejściowym etapie wykonaj kilka spokojnych oddechów, utrwalając powyższą pracę. Następnie zrób zdecydowany wydech i dźwignij się do góry, znowu unosząc miednicę wysoko (**fot. 5**). W trakcie tej czynności rozluźnij całkowicie głowę. Otwórz klatkę piersiową, prostując łokcie. Aby pogłębić tę pracę, zrotuj ramiona na zewnątrz i wciągnij łopatki głębiej, jednocześnie odsuwając je od siebie. Doły pachowe powinny stać się wypukłe. W tej (pełnej) pozycji staraj się jak najbardziej zaangażować nogi. Utrzymuj stopy równolegle do siebie i nie pozwalaj, aby kolana poruszały się na zewnątrz. Dociśnij pięty do podłoża i staraj się utrzymywać pozycję przez pracę tylnej strony nóg. W tym celu napnij mięśnie łydek. Staraj się rotować uda do wewnątrz (**fot. 6**). Siła nóg powinna dosłownie unosić cię w górę. Ta technika chroni kręgosłup lędźwiowy. Jest to ważne, ponieważ nieprawidłowo wykonywany mostek niszczy lędźwia. Utrzymując cały czas twarz i głowę pasywną, wytrzymaj w pozycji kilkanaście sekund i z wydechem połóż plecy na ziemi. W tym czasie możesz przejść przez etap pośredni. Nie prostuj nóg. Odpocznij przez kilka oddechów i powtórz pozycję kilka razy. Za każdym razem staraj się wytrwać dłużej i wykonać pozycję bardziej precyzyjnie, dlatego zaczynaj od krótkiego czasu w asanie. Aby odczuć pozycję głębiej i zyskać kontrolę nad subtelnymi ruchami, potrzebna jest długa i intensywna praktyka. Jednak nie zniechęcaj się. Pamiętaj, że im więcej razy powtórzysz pozycję, tym bliżej będziesz sukcesu.

WARIANTY

- ***Urdhva dhanurasana* z dłońmi na klockach (fot. 7, fot. 8)**
  Jest to wariant łatwiejszy od podstawowej pozycji. Dodatkowo (oprócz klocków pod dłońmi) możesz położyć się na wałku. Jest to odpowiednie rozwiąza-

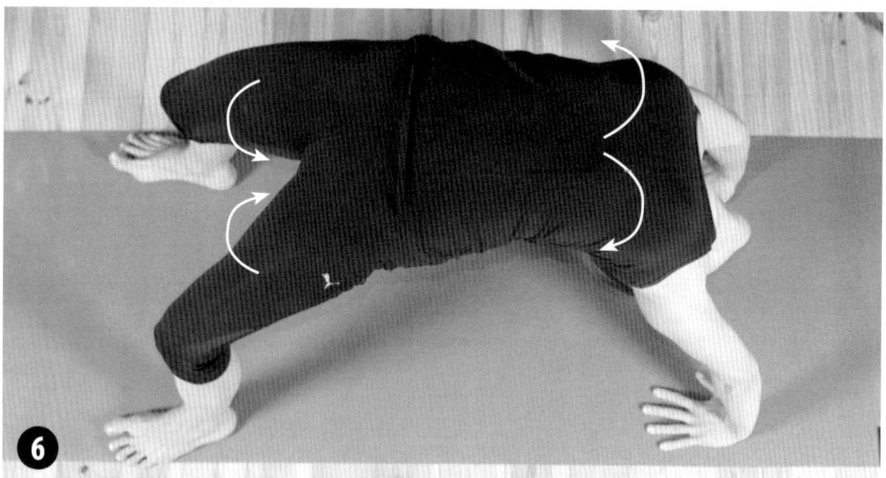

nie, jeśli masz jeszcze słabe ramiona i nie jesteś w stanie wstać od razu do pozycji. W tym wariancie pomija się etap pośredni, tylko od razu z wydechem wstaje do góry. Poza tym technika wykonania jest taka sama jak w pozycji podstawowej.

CZEGO NIE ROBIĆ

- Nie napinaj twarzy i głowy.
- Nie wstrzymuj oddechu.
- Nie przenoś ciężaru na ramiona i nadgarstki oraz nie staraj się prostować kolan.
- Nie odrywaj nasad palców dłoni z ziemi, ponieważ wywołuje to ból w nadgarstku nawet u zdrowych osób.
- Nie pozwalaj, aby stopy odkręcały się zanadto na zewnątrz.

DODATKOWE RADY I WSKAZÓWKI

Aby lepiej otworzyć się w tej pozycji, możesz podnieść pięty wysoko do góry. To ułatwi ci otwarcie klatki piersiowej i podniesienie wyżej miednicy. Następnie utrzymując biodra jak najwyżej, a klatkę piersiową jak najszerzej otwartą, powoli opuść pięty i dociśnij je do ziemi.

Staraj się rozciągać skórę na brzuchu równomiernie we wszystkich kierunkach. Skóra pleców powinna się rozciągać równolegle do skóry przedniej strony klatki piersiowej.

VIPARITA DANDASANA

Viparita oznacza odwróconą, *danda* laskę. Jest to prosty i bardzo użyteczny wariant klasycznej pozycji (na zdjęciu powyżej) wykonywanej bez dodatkowych przyrządów. Większość osób cierpi z powodu sztywnego kręgosłupa, wykonując pozycje z wyprostem kręgosłupa. Ten wariant na krześle wychodzi naprzeciw potrzebom tych osób, ale nie tylko. Użycie krzesła sprawia, że otwarcie klatki piersiowej przychodzi stosunkowo łatwo, dzięki czemu można głęboko się odprężyć w pozycji i zasmakować relaksacyjnej strony praktyki asan.

KORELACJA

Viparita dandasana znakomicie zmiękcza kręgosłup przed wykonaniem *urdhva dhanurasany* i innych trudniejszych asan z wyprostem kręgosłupa.

KORZYŚCI

- Relaksuje i odpręża mózg.
- Stymuluje większość gruczołów wewnątrzwydzielniczych.

- Masuje i wzmacnia serce, zapobiegając odkładaniu się złogów w naczyniach wieńcowych.
- Rozciąga klatkę piersiową i zwiększa pojemność płuc.
- Niweluje bóle pleców oraz uelastycznia kręgosłup.
- Pomaga korygować przemieszczenia macicy.
- Przynosi ulgę w bolesnym miesiączkowaniu – można ją wykonywać w czasie okresu.
- Znosi negatywne symptomy menopauzy.
- Poprawia trawienie i przyswajanie składników odżywczych z pożywienia.
- Przynosi szybką ulgę w depresji i stanach lękowych, budując emocjonalną stabilność i zwiększając zaufanie do siebie.

OSTRZEŻENIA

- Nie wykonuj pozycji, jeśli masz ból głowy lub migrenę, przewlekłe zatwardzenie lub biegunkę, a także jaskrę.
- Jeśli cierpisz na zwyrodnienia kręgosłupa szyjnego, wykonuj wariant z głową podpartą, zwłaszcza w początkowym etapie praktyki.
- Jeśli masz ból pleców związany z dyskopatią lędźwiową, wykonuj wariant z nogami równolegle do ziemi, dopóki mięśnie nie staną się elastyczne i nie ustąpi stan zapalny.

ODDZIAŁYWANIE NA DOSZE

Asana tonizuje wszystkie trzy dosze.

PODSTAWOWA POZYCJA

Ustaw krzesło do jogi (może też być zwykłe, stabilne krzesło z niepełnym oparciem), połóż na nim złożoną matę lub koc. Wejdź w krzesło. Usiądź na krawędzi siedziska, nogi zegnij w kolanach, stopy ustaw na szerokość bioder (**fot. 1**). Teraz trzymając się siedziska, powoli połóż się z wydechem na krześle. Na krawędzi krzesła bliższej głowie powinny znaleźć się okolice dolnych kątów łopatek, czyli miejsce tuż pod łopatkami. Na początku możesz nie mieć wyczucia, w którym miejscu musisz usiąść, aby kładąc się na krześle, ułożyć dobrze plecy. Wyprostuj nogi, dopiero gdy właściwie ułożysz plecy (**fot. 2**). Kiedy już leżysz na krześle, włóż ramiona między nogi krzesła i mocno chwyć za nie, skręcając ramiona do wewnątrz (tak jak w rozciąganiu barków w *tadasanie*), odsuń barki od uszu, aby uwol-

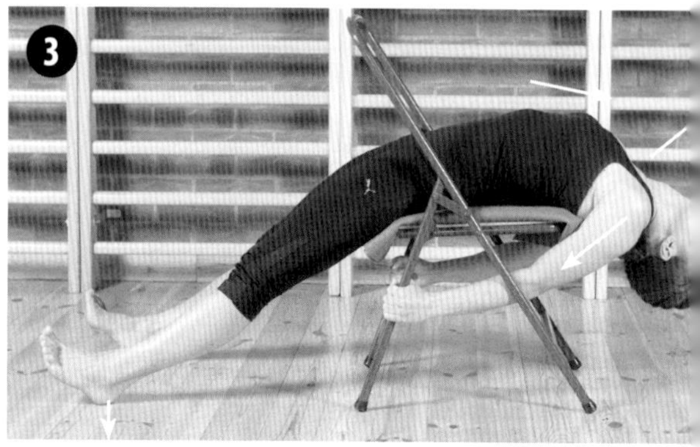

nić szyję (**fot. 3**). Rozluźnij ją całkowicie, pozwalając, aby głowa opadła w dół pod wpływem swojego ciężaru. Otwieraj klatkę piersiową i prostując cały czas nogi (mięśnie przedniej strony ud są zaciśnięte), skręcaj uda do wewnątrz. Trwaj około minuty, oddychając spokojnie i głęboko. Wraz z postępem wydłużaj czas trwania w pozycji do pięciu minut i dłużej. Aby zakończyć asanę, zegnij kolana, wyjmij ramiona z krzesła, chwyć za oparcie i stanowczym ruchem z wydechem usiądź, podnosząc w tym samym czasie lewą i prawą stronę tułowia.

WARIANTY

- ***Viparita dandasana* z nogami równolegle do ziemi (fot. 4)**

  Jest to wariant doskonały do praktyki w czasie menstruacji oraz w przypadku bolesnej dyskopatii lędźwiowej, stosowany również w zwyrodnieniach kręgów szyjnych, gdy to dodatkowo pod głowę wkłada się wałek.

  Technika wykonania pozycji jest podobna. Różnica polega na tym, że musisz ustawić krzesło w odpowiedniej odległości od ściany. Niestety, tej odległości musisz poszukać metodą prób i błędów. Włóż nogi do drabinki lub oprzyj stopy na innym krześle czy taborecie. Jeśli masz zwyrodnienia kręgów szyjnych, dodatkowo podłóż pod głowę wałek. Zrób to również, gdy masz zawroty głowy.

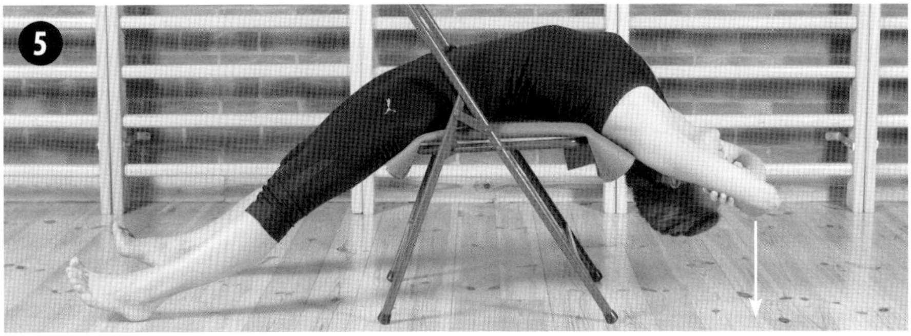

- ***Viparita dandasana* z łokciami poza krzesłem (fot. 5)**
  W tym wariancie przednia strona ciała rozciąga się najintensywniej, co przynosi więcej korzyści mięśniom oddechowym, uwalniając oddech. Odczujesz to wyraźnie po wyjściu z pozycji. Technika wykonania jest taka sama jak pozycji podstawowej, z tą różnicą, że nie wkłada się ramion w krzesło, tylko układa się dłonie w zgięciach łokci.

CZEGO NIE ROBIĆ

Fot. 16, fot. 7

- Nie kładź całych stóp na ziemi i nie zginaj kolan w pozycji.
- Nie zsuwaj głowy za nisko, aby krawędź siedziska nie przesunęła się w stronę kręgosłupa lędźwiowego.

DODATKOWE RADY I WSKAZÓWKI

Osoby początkujące mają często problem z pracą nóg w pozycji (kolana się zginają, a uda rotują na zewnątrz). W takim wypadku wykonuj podstawową pozycję z podeszwami stóp dociśniętymi do ściany, nogami całkowicie złączonymi i udami ściśniętymi paskiem w najszerszym ich miejscu.

ŹLE

6

ŹLE

7

Jeśli miewasz bóle pleców przed pozycją i po niej, skręć się kilka razy w takich pozycjach jak *bharadvajasana* na krześle lub *marichyasana*.

Dość często zdarza się, że w pozycji pojawiają się mdłości. Najczęściej wiąże się to z pracą wątroby i jest to przejściowe. Jeśli jednak nudności są intensywne, przerwij asanę.

Jeśli znasz już dobrze pozycję, możesz zamknąć w niej oczy.

SETUBANDHA SARVANGASANA

Setu oznacza most, *bandha* oznacza tworzenie, a *sarvanga* to całe ciało. Jest to wariant *salamba sarvangasany.* Można go jednak wykonywać całkowicie niezależnie od *sarvangasany*, a na dodatek – w przeciwieństwie do niej – jest to bardzo dobra pozycja do praktyki w czasie menstruacji. W ogóle jest to tak doskonała i użyteczna asana, że powstało wiele jej wariantów, aby można ją było praktykować niezależnie od kondycji.

KORELACJA

To wariant *sarvangasany.* Doskonale się z nią uzupełnia. Jeśli nie opanowałeś jeszcze dojścia do *setu bandha sarvangasany* z *salamba sarvangasany*, możesz wykonywać tę pierwszą bezpośrednio przed drugą lub po niej, co wzmocni działanie *sarvangasany* – jej efekt wyciszający, uspokajający i regenerujący. *Setu bandha* jako taka jest zaliczana do pozycji z wyprostem kręgosłupa, jednak ze względu na to, że występuje w niej *jalandhara bandha* (ustawienie głowy, w którym broda zbliża się do wcięcia między obojczykami), jest to bardzo tonizująca asana.

KORZYŚCI

- Reguluje ciśnienie krwi.
- Zapobiega blokadom w arteriach serca, regeneruje serce i mózg.
- Rozszerza klatkę piersiową i przynosi ulgę w stanach lękowych i depresji.
- Przynosi ulgę z zaburzeniach układu nerwowego, bezsenności, migrenach, bólach głowy wywołanych stresem, wyczerpaniu nerwowym.
- Pomaga leczyć schorzenia oczu i uszu.
- Wzmacnia organy jamy brzusznej i poprawia trawienie.
- Usuwa ból pleców i napięcie w obrębie szyi.
- Pomaga zregenerować nogi i zapobiega żylakom (warianty z nogami równolegle do ziemi).

OSTRZEŻENIA

Osoby ze zwyrodnieniami kręgów szyjnych oraz z dyskopatią lędźwiową powinny wykonywać łagodne warianty z nogami równolegle do ziemi, zwłaszcza w początkowym okresie praktyki. Wykonywanie tej pozycji w pełnym zakresie wymaga kontroli nauczyciela.

ODDZIAŁYWANIE NA DOSZE

Jest to wspaniała asana tonizująca wszystkie trzy dosze.

PODSTAWOWA POZYCJA

Poniższa technika dotyczy wykonania pozycji niezależnie od *sarvangasany*, jako że jest to bardziej praktyczne dla większości osób.

Połóż się płasko na macie. Zegnij kolana i zbliż pięty do pośladków (**fot. 1**). Ustaw stopy na szerokość bioder tak, aby ich zewnętrzne krawędzie były do siebie równoległe. Nie łącz kolan. Ułóż ramiona wzdłuż tułowia, a wnętrza dłoni skieruj do ziemi. Ustaw kość krzyżową jak najbardziej równolegle do ziemi, odsuwając jednocześnie pośladki jak najdalej od głowy i z wdechem unieś biodra do góry, starając się zachować tę pracę (**fot. 2**). Nie napinaj twarzy. Skieruj wzrok w okolicę mostka. Teraz połóż dłonie na plecach jak w *sarvangasanie* i dobrze je podeprzyj, dociskając całe dłonie jak najbliżej łopatek (**fot. 3**). To otwiera klatkę piersiową, dlatego jeśli poczujesz, że tracisz tę pozycję, znowu popraw dłonie. Łokcie nie powinny być zbyt szeroko rozstawione, ale mogą być rozstawione szerzej niż barki. Oddychaj spokojnie i głęboko. Cały czas dociskaj pięty i nasady palców stóp do ziemi.

1

2

3

4

Utrzymuj aktywne stopy oraz mięśnie tylnej strony nóg, przenosząc pracę właśnie na nie i odciążając przednią stronę ud. Nie dopuszczaj do tego, aby miednica opadała. Pamiętaj, aby starać się cały czas utrzymywać kość krzyżową jak najbardziej równolegle do ziemi, co zapobiegnie nadmiernej pracy w kręgosłupie lędźwiowym. Wytrwaj w pozycji około jednej minuty.

Kiedy opanujesz już podstawową pozycję, możesz postarać się wyprostować kolana (**fot. 4**), co sprawi, że kręgosłup będzie intensywniej pracował. Odstawiaj nogi powoli. Na zakończenie podejdź stopami w stronę głowy. Chwyć za kostki i kilka razy, z kolejnymi wydechami, jak najwyżej unieś miednicę (**fot. 5**) – to pozwala pokonać sztywność pleców. Połóż się i odpocznij. Raczej nie powtarzaj pozycji, chyba że jesteś początkujący i wykonujesz pozycję bardzo krótko.

WARIANTY

- ***Setu bandha sarvangasana* na klocku (fot. 6)**

  Stopy na ziemi

  Wariant na klocku odznacza się większą intensywnością od podstawowej pozycji. Jest on odpowiedni dla sztywniejszych osób oraz w czasie, kiedy masz mniej energii, a chcesz dłużej trwać w pozycji.

  Rozpocznij tak jak podstawowy wariant, a następnie zamiast dłoni, wsuń pod kość krzyżową klocek. Wyciągnij ramiona wzdłuż tułowia i spleć palce rąk, dociskając je do ziemi. Możesz też pozostawić ramiona wyciągnięte swobodnie wzdłuż ciała. Z czasem, jeśli nie odczuwasz napięcia w obszarze lędźwiowym, możesz postarać się wyprostować nogi, opierając na ziemi wyłącznie pięty. To spowoduje, że klatka piersiowa bardziej się otworzy. Zakończ pozycję, zginając kolana i unosząc kilka razy z wydechami miednicę do góry, a następnie wyciągnij klocek i połóż plecy płasko na ziemi. Pozostań, leżąc ze zgiętymi kolanami przez kilkadziesiąt sekund.

  Nogi równolegle do ziemi (fot. 7)

  To wariant korzystny w czasie menstruacji, zwłaszcza jeśli odczuwasz skurcze brzucha. Jest też dobry dla osób odczuwających ból w okolicy lędźwiowej i osób z żylakami nóg.

- ***Setu bandha sarvangasana* na dwóch wałkach (fot. 8)**

  To bardzo wyciszający wariant. Dwa wałki ułożone jeden na drugim podpierają wygodnie ciało i otwierają klatkę piersiową. Usiądź na krawędzi wałków ze zgiętymi kolanami. Powoli odchyl się do tyłu i oprzyj dłonie na ziemi. Zginając łokcie stopniowo, połóż się na ziemi, zbliżając łopatki do wałków.

5

6

7

8

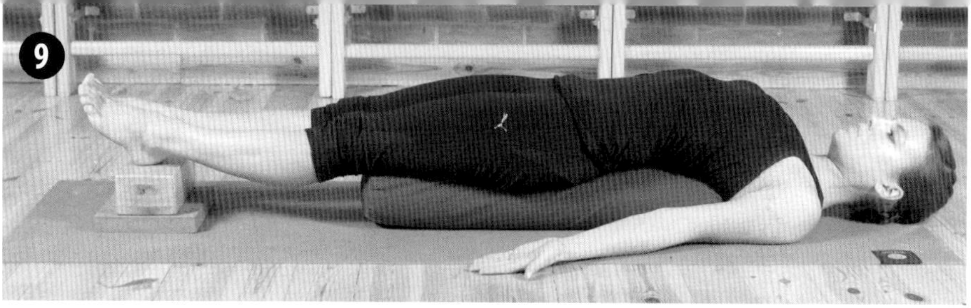

Oprzyj barki i szyję na ziemi. Wyciągnij ramiona wzdłuż wałków i zrotuj je na zewnątrz, zwracając dłonie do sufitu. Wytrwaj dwie–trzy minuty lub tak długo, jak potrzebujesz, po czym powoli zsuń się w dół i pozostań przez około jedną minutę ze zgiętymi kolanami i plecami płasko na ziemi.

- ***Setu bandha sarvangasana* na jednym wałku (fot. 9)**
  To najłagodniejszy wariant, bardzo odpowiedni dla osób z dyskopatią lędźwiową, zwyrodnieniami kręgów szyjnych i ogólnie sztywnym kręgosłupem. Dojście do pozycji jest podobne jak w wariancie na dwóch wałkach. Różnica polega na tym, że nogi są proste, a stopy oparte na klocku. Pozostań w pozycji dwie–trzy minuty i zakończ tak jak poprzedni wariant.

CZEGO NIE ROBIĆ

W żadnym wypadku nie odrywaj barków i szyi od ziemi. To bardzo niekorzystne. Ruch ten wytwarza napięcie w szyi, gardle i głowie. Ramiona, barki, szyja i głowa muszą swobodnie leżeć na ziemi (**fot. 10**).

DODATKOWE RADY I WSKAZÓWKI

Jeśli podczas wykonywania podstawowej pozycji odczuwasz ból w nadgarstkach, układaj dłonie na kości krzyżowej, zamiast na plecach, kierując kciuki do wewnątrz.

SAVASANA

Podstawową formą relaksu w hatha-jodze jest *savasana*. *Sava* oznacza nieboszczyka.

To najlepsza pozycja sprzyjająca głębokiemu relaksowi. Uważa się, że jest to w efekcie najważniejsza asana, jako że pozwala wyciszać poruszenia umysłu i u doświadczonego sadhaki wyzwala głęboki stan medytacji. Wykonuje się ją zawsze na zakończenie praktyki asan, pranajamy i medytacji siedzącej, ponieważ pozwala usunąć nagromadzone napięcie i zmęczenie.

W *savasanie* najpierw wycisza się ciało przez całkowite usunięcie z niego napięcia na poziomie stawowym, mięśniowym i narządów wewnętrznych, później wycisza się oddech, zmniejsza się jego częstotliwość i ustala charakterystyczny rytm. Następnie należy wyciszyć emocje, pracę umysłu i intelektu. Kiedy to nastąpi, można odczuć ciszę jaźni. W głębokiej *savasanie* znika poczucie ego, a człowiek doświadcza poczucia wszechogarniającej szczęśliwości.

Joga zakłada istnienie czterech stanów świadomości. Trzy pierwsze nazywane są różnie, lecz czwarty zawsze zwie się *turiya*. Zacytujmy upaniszadę *Mandukja:*

(...) dusza cztery stany w sobie zawiera

pierwszy stan to Waiświanara, stan Wspólny
Wszystkim, stan czuwania (zwany również jagrta),
Z siedmiu członów i siedemnastu twarzy się składa,
Świadomość jego skierowana jest na zewnątrz,
Odbiera niesubtelne przedmioty.

Drugi stan to Taidżasa (zwany również svapna),
Błyszczący, stan marzeń sennych,
Z siedmiu członów i siedemnastu twarzy się składa,
Świadomość jegi skierowana jest do wewnątrz,
Odbiera subtelne przedmioty.

Sen głęboki występuje wtedy, gdy śniący nie odczuwa żadnych pragnień,
Ani nie postrzega żadnych marzeń sennych,
Ten trzeci stan to Pradżnia (zwany również susupti), świadomość, stan snu głębokiego,
Jest on jednolity, w nim tylko świadomość,
To stan błogości, a skierowany jest tylko na umysł,
Odbiera to, co radosne.

I to jest Pan wszystkiego, wszystko jest mu znane,
On jest wewnętrznym strażnikiem i źródłem wszystkiego,
Zaprawdę, on jest powstawaniem i zanikaniem każdej istoty.

Czwarty stan – Turiya, ani za świadomość zewnętrzną nie jest uważany,
Nie jest nimi dwiema, nie jest też sumą świadomości,
Ani prostą świadomością lub jej brakiem,
Stan ten niepostrzegalny, niesprawdzalny, nieuchwytny,
Bez własności, nie dający się pomyśleć
ani zdefiniować,
Jest ugruntowaną wiarą w jedyną duszę,
Jest zaprzestaniem
stawania się, spokojem, pomyślnością,
Nie ma w nim dwoistości,
To jest właśnie dusza, to winno być poznane (...)

W doskonałej *savasanie* można doświadczyć właśnie tego ostatniego, najwyższego stanu świadomości, chociaż nie zdarza się to często.

PODSTAWOWA TECHNIKA W SKRÓCIE

Ubierz się tak, aby nie zmarznąć. W zimę możesz przykryć się dodatkowo kocem, ale zrób to tak, aby koc nie krępował twoich ruchów w momencie dochodzenia do pozycji. Przykrycia potrzebują często osoby o konstytucji vata i kapha.

Przygotuj koc pod głowę i zanim się położysz w pozycji, sprawdź, jak powinieneś go złożyć, by podpierał on głowę w taki sposób, aby twarz była ustawiona równolegle do ziemi. Usiądź na ziemi ze zgiętymi i połączonymi nogami (**fot. 1**). Ustaw ciało wzdłuż linii dzielącej go na pół od czubka głowy do przyśrodkowych kostek. Połóż powoli kręgosłup na macie tak, aby ułożył się równo i symetrycznie wzdłuż tej linii, połóż również głowę (**fot. 2**). Teraz rozprostuj jedną nogę po drugiej, prostując mocno kolana i wyciągając dokładnie tyły nóg (**fot. 3**). Teraz całkowicie rozluźnij nogi, pozwalając stopom opaść na boki. Zewnętrzna, tylna strona kolan powinna dotykać do ziemi. Jeśli tak nie jest, spróbuj położyć pod kolana złożony koc. Jeśli odczuwasz napięcie, trzymając nogi blisko siebie, możesz je rozszerzyć, jednak pod warunkiem zachowania doskonałej symetrii. Odsuń barki od uszu, odkręcając ramiona na zewnątrz i delikatnie rozsuwając łopatki na boki (**fot. 4**). Rozluźnij całkowicie ramiona. Wyciągnij tył szyi i głowy, układając głowę całkowicie prosto. Twarz musi być równoległa do ziemi. Teraz rozluźnij mięśnie i skórę twarzy, zwracając szczególną uwagę na rozluźnienie stawów skroniowo-żuchwowych. Powoli i delikatnie zamknij oczy (**fot. 5**). Teraz dokonaj przeglądu całego ciała i upewnij się, że jesteś całkowicie fizycznie rozluźniony. Możesz pomóc sobie oddechem. Weź trochę głębszy wdech i wydychaj powoli, ale bez napięcia, wyobrażając sobie, że wraz z wydechem rozluźniasz się coraz bardziej. Powtórz tyle razy, ile potrzebujesz, aby poczuć się całkowicie komfortowo. Trwaj w pozycji tak długo, jak potrzebujesz, lub tak długo, ile masz czasu. Jeśli zaczniesz odczuwać niepokój, po prostu zakończ *savasanę*. Aby tego dokonać, bardzo powoli otwórz oczy. Następnie zegnij jedną nogę po drugiej i połóż się na prawym boku. Kładąc lewą dłoń obok głowy, odepchnij się nią i powoli usiądź. W rzeczywistości nie jest określone, jak długo ma trwać *savasana*. Przyjęło się ją wykonywać od 5 do 15–20 minut. Są jednak takie dni, że można leżeć nawet godzinę, jeśli relaks jest bardzo głęboki, jednak nie częściej niż raz w tygodniu.

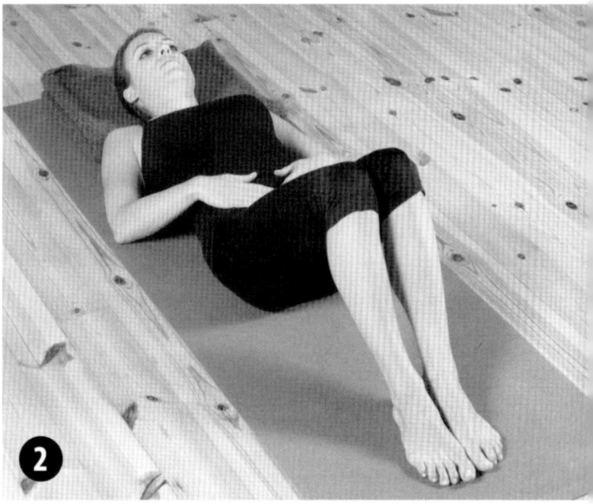

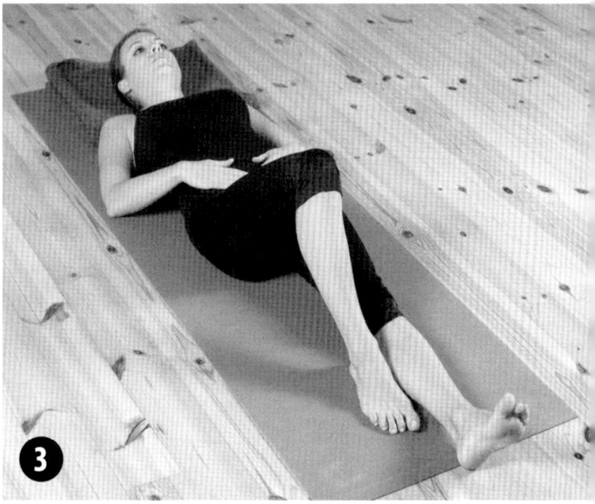

DODATKOWE WSKAZÓWKI

- Ramiona układa się najczęściej tak, aby kąt między nimi wynosił około 20 stopni, chociaż niektóre osoby muszą mieć je rozłożone znacznie szerzej, aby czuć się komfortowo.

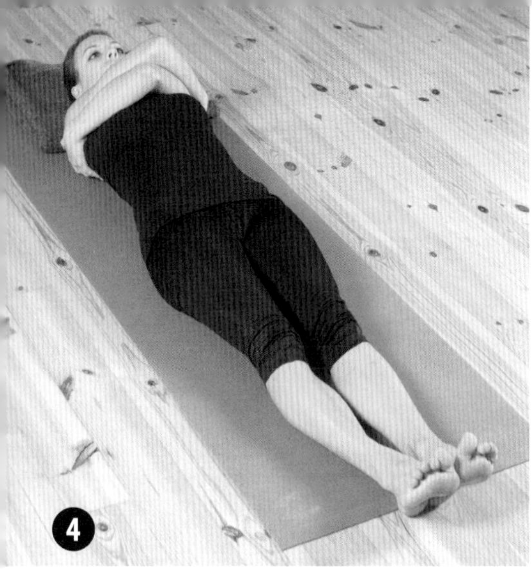

- Leżąc w prawidłowo ustawionej pozycji, powinieneś mieć wrażenie roztapiania się ciała i wtapiania w podłoże.
- Co jakiś czas sprawdzaj ciało pod kątem pojawiających się nieświadomie napięć. Jeśli odkryjesz je, rozluźniaj jak najczybciej.
- Zawsze najpierw rozluźniaj i uspokajaj ciało fizyczne. Dopiero później możesz zająć się umysłem i zmysłami. Niemożliwe jest uspokojenie umysłu bez ciszy w ciele.
- Zamykaj oczy powoli. Chodzi o to, by powieki zamykały się lekko jak płatki delikatnego kwiatu, nie wywierając nacisku na gałki oczne. Gałki oczne powinny rozluźniać się i zapadać w głąb oczodołów pod wpływem swojego ciężaru.

W savasanie sadhaka kieruje wzrok do środka i spogląda do wewnątrz siebie. Introspekcja przygotowuje go do pratyahary, piątego stopnia jogi, stanu, w którym zmysły skierowane są do wewnątrz. Wtedy rozpoczyna się jego podróż do źródła własnego bytu, atmana.

B.K.S. Iyengar, *Pranajama*

- Zwróć szczególną uwagę na rozluźnienie języka. Koniec języka nie powinien dotykać do podniebienia ani do zębów.
- Kiedy pojawia się nadmiar śliny, należy oczywiście ją przełykać. Jest to oznaką, że umysł wciąż pracuje i jest napięty. Kiedy w ustach robi się sucho, znaczy to, że umysł zaprzestał nadmiernej aktywności.
- Relaks jest stanem świadomości. Staraj się więc ją naturalnie zachować w trakcie *savasany*. Często się jednak zdarza, że relaks przeradza się w głębo-

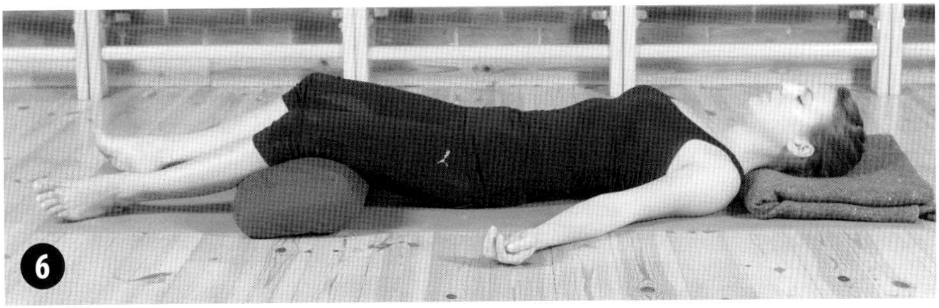
6

7

8

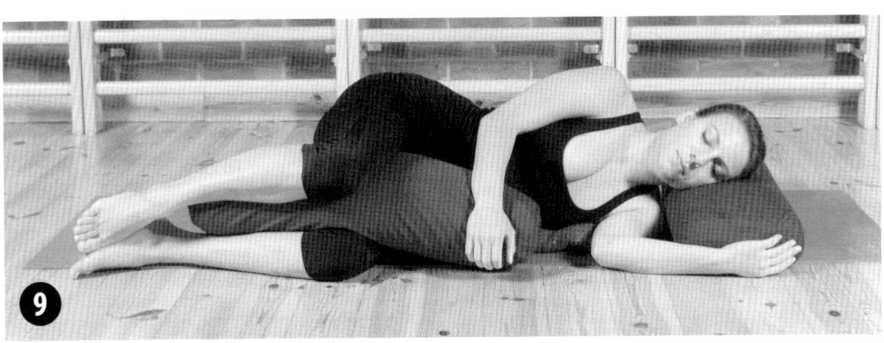
9

ki sen. To nic złego. Nie miej wyrzutów sumienia. Widocznie twój organizm potrzebował tego rodzaju regeneracji. Sen, który przychodzi ewentualnie w *savasanie*, daje bardzo głęboki wypoczynek, porównywalny ze zdrowym, długim snem, po którym człowiek budzi się rześki i wypoczęty.

- Jeśli wykonujesz *savasanę*, a masz później jeszcze jakieś obowiązki, np. spieszysz się do pracy, lepiej nastaw budzik. Nie leż dłużej niż 15 minut.
- W trakcie głębokiego relaksu znika całkowicie poczucie ciała. Jest to naturalne i wskazuje na to, że *savasana* przebiega prawidłowo.
- Po głębokiej *savasanie* nerwy, zmysły, umysł i ciało nie zawsze chcą wracać do normalnego życia. Dlatego nie spiesz się. Daj sobie czas na wyjście z tego stanu. Otwieraj oczy powoli i leż jakiś czas w ten sposób. Dopiero gdy poczujesz się gotowy, połóż się na prawym boku i zakończ.

EFEKTY

- *Savasana* usuwa nadmiar vata i łagodzi pitta.
- Reguluje ciśnienie krwi.
- Łagodzi i regeneruje system nerwowy.
- Łagodzi bóle głowy.
- Regeneruje po przebytej chorobie.
- Sprowadza sen.
- Jest doskonałym przygotowaniem do medytacji.

Poniżej podane są warianty tej pozycji, aczkolwiek w rzeczywistości można ją uzupełnić o dodatkowe elementy, posługując się potrzebnymi przyborami. Efekty tych wariantów należy traktować jako dodatkowe w stosunku do ogólnych efektów *savasany* wymienionych powyżej.

WARIANT I

- **Wałek pod kolanami (fot. 6)**
  Oprzyj na wałku tylną stronę kolan. Zwróć szczególną uwagę na to, aby oba pośladki spoczęły równo na macie i kręgosłup lędźwiowy dobrze się wyciągnął. Sposób dojścia jest taki sam jak do klasycznej *savasany*.
  Dodatkowe efekty:
  Rozluźnia napięcie nóg, stawów kolanowych i krzyżowo-lędźwiowego odcinka kręgosłupa.

WARIANT II

- **Nogi oparte na krześle (fot. 7)**
  Połóż jeden koc na krześle, a drugi na macie, aby było ci miękko pod pośladkami i kręgosłupem. Ułóż również koc pod głową. Usiądź na ziemi obok krzesła tak, aby pośladki znalazły się dokładnie przy nogach krzesła. Połóż łydki na krześle. Popraw pośladki, aby równo spoczęły na ziemi. Ustaw resztę ciała tak jak w wariancie klasycznym. Jest to szczególnie dobry wariant przy silnych bólach lędźwiowo-krzyżowych.
  Dodatkowe efekty:
  Rozluźnia napięcie nóg i krzyżowo-lędźwiowego odcinka kręgosłupa, ale głębiej niż poprzedni wariant.

WARIANT III

- **Klatka piersiowa podparta na wałku (fot. 8)**
  Połóż wałek, a na nim złożony koc pod głowę. Usiądź dokładnie przed wałkiem, tak aby pośladki dotykały do wałka. Połóż się powoli na wałku. Podczas leżenia na nim, powinieneś mieć odczucie pełnej symetrii. Dodatkowo, aby zmniejszyć ewentualne napięcie dolnego odcinka kręgosłupa, odsuń rękoma pośladki od głowy w stronę pięt.
  Dodatkowe efekty:
  Ten wariant jest szczególnie korzystny dla osób z zaburzeniami emocjonalnymi, depresją i stanami lękowymi. Jednak osoby ze stanami lękowymi nie powinny zbyt długo trwać w *savasanie.*
  Łagodzi dolegliwości układu oddechowego i ułatwia oddychanie.
  Może być wykorzystywany do prostej pranajamy.

WARIANT IV

Dla kobiet w ciąży (**fot. 9**).

PRANAJAMA

Podane w tym rozdziale techniki, co bardzo istotne, mają charakter jedynie orientacyjny. Jestem głęboko przekonany, że nauka pranajamy powinna być przekazywana wyłącznie bezpośrednio. Zasada ta dotyczy oczywiście również asan, jednak w przypadku pranajamy ma to szczególne znaczenie, gdyż ingerujemy tu w proces, który bezpośrednio oddziałuje na nasze zdrowie i życie. W czasie nauki pranajamy tylko doświadczony nauczyciel może ocenić, czy adept nie popełnia jakichś rażących błędów i czy jego ciało jest już gotowe do kontroli oddechu. Oprócz tego istotne jest jeszcze to, że zarówno joga, jak i ajurweda podkreślają, że przed rozpoczęciem praktyki pranajamy najpierw należy zbudować (lub odbudować) odżas, czyli tzw. esencję, o czym była mowa w części poświęconej ajurwedzie. Odżas działa bowiem jako płyn wiążący pranę, bez którego prana się rozproszy. Praktyka pranajamy bez zwiększenia odżas prowadzi do zaburzeń typu vata, a mianowicie niepokoju, bezsenności i wrażenia oderwania od ciała. Bez odżasu, który podtrzymuje pranę w ciele, pranajama „wysusza" układ nerwowy, zamiast go odżywiać.

Tak więc, biorąc pod uwagę wyżej omówione oraz inne znane autorowi czynniki, rozdział ten został napisany, aby uczeń mógł wstępnie zorientować się w temacie. Niektóre aspekty zostały w ogóle wykluczone (dla bezpieczeństwa), a inne jedynie zasygnalizowane.

Podstawowe znaczenie pranajamy w praktyce hatha-jogi zostało już wstępnie omówione w poprzednich rozdziałach. Przypomnijmy sobie jednak kilka założeń. W asanach akcent położony jest na ruch ciała, oddech jest jedynie pomocą. W pranajamie skupiamy się w przede wszystkim na oddechu, a najważniejszą funkcją ciała jest to, aby nie przeszkadzało w regulowaniu przepływu oddechu i skupieniu umysłu. Jednak jako że ciało fizyczne i oddech są nierozerwalnie ze sobą związane (kiedy ustaje oddech, życie opuszcza ciało), trudno powiedzieć, że asany to tylko praca z ciałem, a pranajama to praca tylko z oddechem. Łatwo to dostrzec przy dłuższej praktyce. Okazuje się wtedy, że nawet w asanach można pogłębiać oddech, z kolei oddech potrzebuje dobrze dostrojonego, silnego i elastycznego ciała.

Podczas praktyki pranajamy musi nastąpić mentalna stabilność niezbędna dla pełnej kontroli przepływu oddechu. Podstawowym narzędziem jest tu bowiem aktywna regulacja oddechu, a ciało pełni funkcję wspierającą ten proces, dostarczając odpowiedniej pozycji dla techniki oddechowej.

Aktywna regulacja oddechu polega na świadomej zmianie sposobu oddychania i ingerencji w długość oraz jakość wdechu (*puraka*) i wydechu (*recaka*), a także przerw pomiędzy nimi. Każdy z tych etapów wywiera określony wpływ na umysł i ciało. Ten związek jest wykorzystywany w kontroli energii oraz celach leczniczych i prewencyjnych.

Oprócz aktywnej regulacji oddechu stosuje się jeszcze, zwłaszcza w początkowym etapie nauki pranajamy, tak zwaną pasywną regulację oddechu. Polega ona na świadomym skupianiu się na jakości i naturze naszego oddechu (wdechu, wydechu i przerw między nimi). Obserwuje się długość, miękkość i podobne cechy związane z tym procesem. W porównaniu jednak z aktywną regulacją nie stosuje się tutaj celowej ingerencji w sposób oddychania. Technika polega wyłącznie na obserwacji. To z kolei prowadzi do spontanicznej zmiany sposobu oddychania. Oddech zmienia się, bo zmienia się świadomość. Umysł i oddech stapiają się i pojawia się stan medytacji.

CYKL ODDECHOWY

- **Wydech – recaka – ruch oddechu na zewnątrz**

  Poprzez utrzymanie stanu kontemplacji w trakcie miękkiego i stabilnego wydechu oraz pasywnego zatrzymania po wydechu pranajama jest środkiem dla redukowania poruszeń umysłu.

  Jogasutry, rozdz. I, sutra 34

  Wydłużony wydech ma moc zmniejszenia nadaktywności mentalnej, czyli radżasu, co wycisza umysł. Przynosi także lekkość w ciele fizycznym. Czas trwania i jakość wydechu jest ważna dla dobrania odpowiednich proporcji pomiędzy poszczególnymi składnikami oddechu. **Dobrze wykonany wydech pomaga pogłębić wdech.**

- **Wdech – puraka – ruch oddechu do wewnątrz**

  Jest to proces poboru, który jednak nie powinien przebiegać kosztem wydechu (eliminacji). Osoby początkujące często za wszelką cenę forsują wdech, co w konsekwencji prowadzi do zaburzenia wydechu i całego procesu pranajamy. Można to porównać do przejedzenia się. Podstawowa zasada mówi, że nie powinno się wydłużać i pogłębiać wdechu, jeśli odbywa się to kosztem miękkości i stabilności wydechu. Forsowanie wdechu zwiększa gunę radżasu. A więc tak jak przy wydechu, to jego stopniowe wydłużanie doprowadza do wydłużenia wdechu, a nie odwrotnie.

- **Zatrzymanie po wdechu – *antara kumbhaka***

  Uznaje się, że kiedy zatrzymujemy wdech, jest to w istocie kontynuacja wdechu. Jest to potężne narzędzie dla ekspansji (ayama) siły życiowej, czyli prany.

Jednak powinno być stosowane z dużą ostrożnością i wyczuciem. Dzięki zatrzymaniu oddechu po wdechu efekty pranajamy znacznie się pogłębiają. Osoby z nadciśnieniem nie powinny go w ogóle stosować.

- **Zatrzymanie po wydechu – *bahya kumbhaka***
  Bardziej odpowiednim określeniem tej funkcji jest zawieszenie oddechu, ponieważ następuje to w zasadzie bezwysiłkowo w przeciwieństwie do zatrzymania po wdechu, który niesie ze sobą pewien wysiłek. Kiedy umysł jest spokojny, czas zawieszenia po wydechu – zanim nastąpi kolejny wdech – jest długi. W trakcie pranajamy należy zwrócić uwagę, aby wydłużanie wydechu nie prowadziło do gwałtownego i forsownego wdechu. Bahya kumbhaka jest szczególnie polecana osobom nadpobudliwym i cierpiącym na nadciśnienie.
  Jeżeli wszystkie cztery składowe cyklu oddechowego wykonywane są odpowiednio i w prawidłowych proporcjach, długość każdego z nich stopniowo wzrasta, jeżeli tak się nie dzieje, świadczy to o nieprawidłowej praktyce.

PROPORCJE

Odpowiednie proporcje pomiędzy wdechem, wydechem, zatrzymaniem po wdechu i wydechu mają znaczenie determinujące jakość i sposób wykonywania pranajamy. Bezpiecznie jest przyjąć, że osoby początkujące powinny zaczynać wyłącznie od wdechu i wydechu, których proporcja może wynosić 2:1 na korzyść wydechu. Stopniowo, kiedy nabierze się wprawy, dobrze jest zastosować następującą proporcję: wdech – 1, zatrzymanie po wdechu – 2, wydech – 2, zatrzymanie po wydechu – 2.

Klasyczną proporcją jest następujące zestawienie: wdech – 1, zatrzymanie po wdechu – 4, wydech – 2, zatrzymanie po wydechu – 4. Jest to jednak bardzo trudne. Wymaga długiej i regularnej praktyki oraz wysokiego poziomu energii. Przy tym wszystkim trzeba pamiętać, że w pranajamie nie ma miejsca na forsowanie.

W praktyce jednak proporcje mogą być najróżniejsze, co w głównej mierze zależy od uwarunkowań i potrzeb adepta. Trzeba zdawać sobie sprawę, że długości poszczególnych składowych wywierają określony wpływ na psychikę i fizjologię i tym należy się kierować w doborze proporcji. Na przykład osoba z niskim ciśnieniem tętniczym nie powinna raczej wydłużać wydechu, gdyż to pogorszy jej stan, tak jak osoba z nadciśnieniem nie powinna wykonywać zatrzymania po wdechu i wydłużać samego wdechu. W pranajamie tkwi ogromny potencjał terapeutyczny, który umiejętnie wykorzystany może leczyć.

POZYCJA

Jak już wiemy, praktyka pranajamy może rozpocząć się dopiero w wyniku odpowiedniego przygotowania ciała i umysłu przez asany. Ma to szczególnie duże znaczenie właśnie teraz, kiedy trzeba przyjąć konkretną pozycję do ćwiczenia pranajamy. Pomimo że *Jogasutry* nie zalecają jakiejś konkretnej pozycji, to jednak rekomenduje się (*Hatha Joga Pradipika*), aby była to jedna z następujących pozycji: *padmasana, sukhasana, virasana, siddhasana* czy też *baddha konasana*. Oprócz tego pranajamę można wykonywać na krześle, na leżąco, a w pewnych przypadkach nawet na stojąco. Jeśli chodzi o pozycję siedzącą, to ciało w niej powinno być ustawione bardzo precyzyjnie. Opis tych ustawień przekracza założenia tego opracowania, jednak poniżej znajduje się kilka praktycznych wskazówek dotyczących ustawienia w pozycji.

- Przede wszystkim należy wybrać właściwą pozycję, w której oddychanie będzie mogło przebiegać bez zakłóceń w miarę trwania pranajamy.
- Jeśli pozycja jest właściwa, to normalny oddech przebiega również bez zakłóceń, a więc należy to sprawdzić przed przystąpieniem do pranajamy.
- Upewnij się, że wewnętrzna strona ud, brzuch i klatka piersiowa jest wolna od napięcia.
- Kręgosłup powinien być wyprostowany przez cały czas pranajamy. Wszystkie jego krzywizny anatomiczne powinny być naturalnie odczuwane. Dotyczy to przede wszystkim odcinka krzyżowo-lędźwiowego.
- Ramiona powinny być rozluźnione. W pewnych przypadkach zaleca się stosowanie odpowiednich mudr (**fot. 1**).

JALANDHARA BANDHA

Bandha oznacza wiązanie, zamknięcie. Według *Hatha Joga Pradipiki* wszystkie bandhy zaliczane są do tej samej grupy co mudry. Bandha to pewne ustawienie określonych części ciała wymagające zaciśnięcia określonych mięśni. Stosuje się ją w celu zablokowania lub odseparowania pewnych części ciała, aby odpowiednio ukierunkować przepływ prany. Trzy najważniejsze bandhy używane w praktyce pranajamy to: *mula bandha, uddiyana bandha* oraz *jalandhara bandha*. W niniejszym opracowaniu omówiona jest tylko jalandhara bandha (**fot. 2**). Bandhy wykonuje się z dwóch istotnych powodów. W wyniku procesu pranajamy uwolniona zostaje energia prany, co wymaga ukierunkowania, aby nie stała się ona szkodliwa. Drugim powodem jest to, że istotną funkcją bandh jest wzmacnianie agni, czyli ognia trawienia, co – jak już wiemy – ma duże znaczenie dla utrzymania dobrego zdrowia. Istotny wydaje się fakt, że funkcjonowanie agni jest bardziej związa-

1

2

ne z oddechem niż z pozycją. Wykonywanie bandh możliwe jest bowiem również w pozycjach. Mula bandhę i uddiyana bandhę można wykonywać na przykład w *sirsasanie*, jalandhara bandhę w *sarvangasanie*, jednak aby te praktyki były naprawdę efektywne dla poprawy funkcjonowania agni, potrzebne jest ich wykonywanie podczas długiego i głębokiego oddychania.

- **Regulacja oddechu**
  Są tylko dwie drogi, którymi oddech może wnikać i opuszczać nasze ciało: nos i usta. W czasie normalnego oddychania wdychamy i wydychamy przez oba nozdrza. W czasie pranajamy możemy oddychać tylko przez jedno nozdrze, zamykając odpowiednim dociskiem drugie, na przykład wdychać przez lewe nozdrze, a wydychać przez prawe. Jednak w czasie pranajamy nigdy nie wydychamy przez usta, ponieważ prowadzi to do utraty energii.
  Sam przepływ oddechu może być regulowany albo w gardle, albo w nozdrzach, jak ma to miejsce w przypadku tak zwanych pranajam palcowych (na przykład *suryabhedany*).

- **Regulacja w głośni**
  Można regulować przepływ powietrza, zaciskając odpowiednio głośnię, czyli aparat głosowy krtani. Taki sposób oddychania nazywa się w jodze *ujjayi* (czyt. udżai), co można tłumaczyć jako zdobywcę, tego, kto kontroluje. Ten

specyficzny zacisk w gardle wytwarza charakterystyczny dźwięk (*so'ham*), który może zostać użyty w celu kontroli (przez zmysł słuchu) prawidłowego przepływu oddechu, a zwłaszcza jego miękkości. Jalandhara bandha jest w tym niezwykle pomocna. Dźwięk „so" wytwarzany jest podczas wdechu, natomiast „ham" – podczas wydechu. Joga tłumaczy to tak: *so* oznacza „On", czyli nieśmiertelny duch, *aham* oznacza „ja". W całości można to przełożyć jako: „On – nieśmiertelny duch, to ja". W trakcie ćwiczeń pranajamy powinno się słuchać tego dźwięku świadomie i ze zrozumieniem, co prowadzi do stopienia się ze swoim oddechem i głębokiej medytacji. Niektórzy jogini uważają, że dźwięk ten nie powinien być słyszany na zewnątrz, inni – że powinien. Jedno jest pewne, sam dźwięk jeszcze nie świadczy o tym, że oddech jest w stu procentach prawidłowy. Wydaje się jednak, że możliwość wsłuchania się w swój oddech ma duże znaczenie dla jakości pranajamy, zwłaszcza w początkowym okresie.

- **Regulacja w nozdrzach (pranajama palcowa)**
  Ten sposób regulacji przepływu oddechu wymaga użycia palców. W tym celu układa się odpowiednio palce prawej dłoni na nosie. Najczęściej jedno nozdrze jest zamknięte całkowicie, a drugie częściowo, chociaż stosuje się też inne techniki. Odpowiednie umieszczanie palców na nosie jest samo w sobie sztuką. Najlepiej układać palce w taki sposób, aby spoczęły one tuż poniżej kości nosowej, z dala od koniuszka nosa. W ten sposób można kontrolować zarówno wdechy, jak i wydechy, używając przemiennie prawego i lewego nozdrza (**fot. 3 – 7**).

Należy jednak wiedzieć, że w każdym wypadku regulacja oddechu wychodzi od przepony, a ściślej chodzi tu o kontrolę jej ruchu. Nozdrza są więc tylko dru-

3

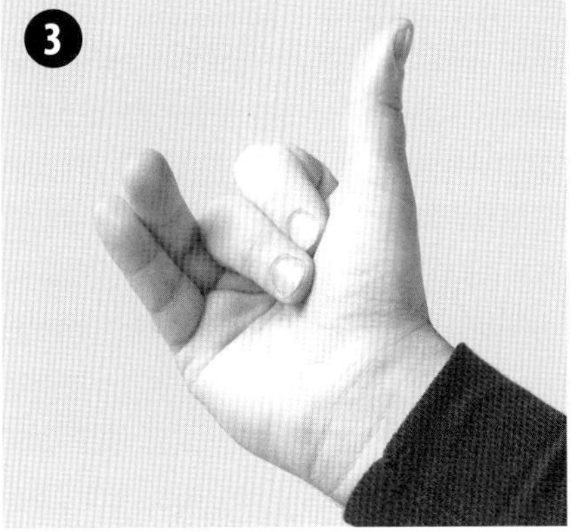

4

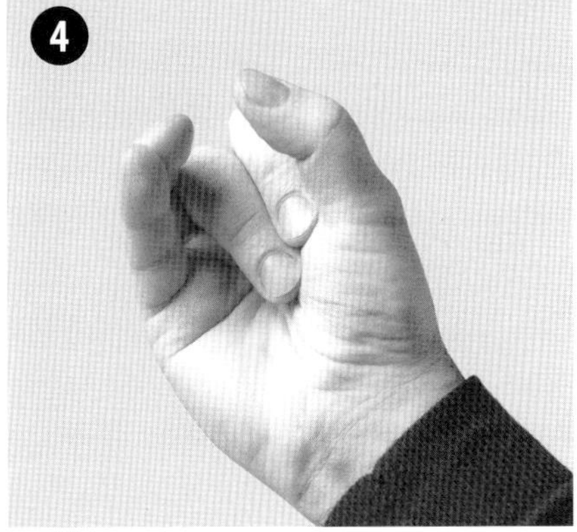

5

6

7

gorzędnym punktem kontrolnym. Jeśli nie umiemy kontrolować oddechu przez przeponę, to nie będziemy również kontrolować go w nozdrzach i głośni.

- **Wdechy przez usta**
  Wdechy przez usta wykonuje się w pewnych rodzajach pranajamy, a mianowicie w *sitali* i *sitkari*. Tutaj również rozszerzanie wdechu jest osiągane przez kontrolę ruchu przepony.

OGÓLNE TECHNIKI

Poniżej znajdują się zwięzłe opisy technik typowych pranajam. Opisy te powstały na podstawie tekstów źródłowych. W praktyce można się więc spotkać z różnymi technikami wykonania poszczególnych pranajam, co nie powinno dziwić, ponieważ nie ma jedynego, poprawnego sposobu wykonania tych klasycznych ćwiczeń. **Opisy te nie służą jednak do nauki techniki i mają jedynie informacyjny charakter.** Techniki te mogą zostać przekazane wyłącznie przez doświadczonego nauczyciela. Żadna książka nie jest w stanie zastąpić bezpośredniego przekazu.

- ***Ujjayi***
  Większość form pranajamy jest wykonywanych z oddechem ujjayi. W pranajamie tej oddycha się głęboko przez oba nozdrza, kontrolując przepływ oddechu przez odpowiedni zacisk głośni, co – jak wiemy – wywołuje odpowiedni dźwięk. Stosuje się tu najczęściej jalandhara bandhę. Ta forma pranajamy ma efekt rozgrzewający. Zmniejsza nadmiar kapha i vata, zwiększa poziom agni, stymuluje pranę w okolicy głowy, krtani i serca. Jednak dźwięk, jaki powstaje w trakcie tej pranajamy, nie powinien być wytwarzany w czasie pranajamy palcowej, w której powinniśmy się skupić na przepływie oddechu przez nozdrza.

- ***Kapalabhati***
  Jest to jedna z technik oczyszczania zatok i górnych dróg oddechowych, bardzo rozgrzewająca. Dosłownie oznacza „to, co sprawia, że głowa lśni". Najpierw wykonuje się siłowy wdech nieco głębszy niż normalnie. W tym czasie zaciska się szybko mięśnie brzucha, również używając siły. Później następuje rozluźnienie mięśni i naturalny wydech. Nie wykonuje się przy tym zatrzymania oddechu, dlatego niektóre źródła utrzymują, że nie jest to forma pranajamy. Technika ta stymuluje środkowy obszar jamy brzusznej i aktywizuje pranę, wspomaga trawienie i zwiększa agni.

- ***Bhastrika***

Tutaj zamyka się lewe nozdrze. Wdycha i wydycha się powietrze przez prawe nozdrze bez przerwy, głęboko i siłowo kilka razy – zazwyczaj około dziesięciu. Następnie wykonuje się wdech i zatrzymuje się oddech tak długo, jak to jest możliwe, po czym następuje wydech przez lewe nozdrze przy zamkniętym prawym. W drugiej rundzie zamyka się prawe nozdrze i oddycha się bez przerwy, głęboko i siłowo tyle samo razy, ile przez poprzednie nozdrze. Jest to bardzo stymulująca i rozgrzewająca pranajama. Usuwa ona nadmiar kapha (śluzu) z rejonu głowy, klatki piersiowej, zwiększa agni i stymuluje przepływ prany. Zwalcza przeziębienie i zmniejsza masę ciała. Ponieważ jest to siłowa praktyka, powinna być wykonywana ostrożnie, zwłaszcza przez osoby o słabej konstytucji, a także osoby mające w swej konstytucji sporo pitta. Zarówno kapalabhati, jak i bhastrika nie powinny być wykonywane przez:

- kobiety, ponieważ energiczne oddechy mogą spowodować przemieszczenie organów jamy brzusznej, w tym macicy,
- osoby ze schorzeniami uszu i oczu (na przykład przy ropnym zapaleniu ucha, jaskrze, odklejaniu się siatkówki),
- osoby z zaburzeniami ciśnienia tętniczego,
- osoby cierpiące na krwotoki z nosa.

- ***Suryabhedana***

To pranajama palcowa, w której po wykonaniu jalandhara bandhy wykonuje się wdech przez prawe nozdrze (gorące), następnie zatrzymuje się oddech i wykonuje wydech przez lewe (zimne). Pranajama ta działa rozgrzewająco, co można dość szybko odczuć w trakcie ćwiczenia.

- ***Chandrabhedana***

Jest to przeciwieństwo suryabhedana pranajamy, a więc pranajama chłodząca. Wdechy wykonuje się przez lewe nozdrze, a wydechy przez prawe.

- ***Sitali***

W tej pranajamie wdech wykonuje się ustami, a nie nosem i nie stosuje się jalandhara bandhy w trakcie wdechu. Zasadnicza technika polega na wykonaniu wydechu nosem, a następnie otwarciu ust i ułożeniu warg w kształt litery „o", po czym wysuwa się język i zwija go w rurkę. Wciąga się przez taką rurkę powietrze, wypełniając całkowicie płuca, a później chowa się język i zatrzymuje oddech i wydycha przez nos. Podczas wydechu można wykonać jalandhara bandhę. Chłodzący efekt tej pranajamy jest bardziej skuteczny w zwalczaniu nadmiaru ognia niż chandrabhedana. Używa się jej nawet w stanach gorączkowych. Jest doskonała dla osób cierpiących na nadciśnienie i nadkwaśność. Szczególnie zalecana dla osób typu pitta i do praktyki latem.

- ***Sitkari***

  Sitkari jest odmianą sitali, a więc jej działanie jest podobnie ochładzające. Nazwa tej pranajamy wywodzi się od tego, że w trakcie wdechu powstaje syczący dźwięk. Sitkari i sitali są bardzo podobne, z tą jednak różnicą, że podczas sitkari nie zwija się języka w trąbkę. Jego koniec jest nieznacznie wysunięty na zewnątrz i płaski. Zarówno sitali, jak i sitkari pranajama mogą być z powodzeniem wykonywane nawet wtedy, gdy nos jest zablokowany.

- ***Bhramari***

  W tej pranajamie wykonuje się głębokie wdechy (jak w ujjayi) i głębokie wydechy. Towarzyszy im dźwięk przypominający bzyczenie trzmiela lub innego owada. Nie stosuje się tu raczej zatrzymania oddechu i jalandhara bandhy.

- ***Murccha***

  Słowo to oznacza chwilową utratę świadomości. W tej pranajamie podczas oddechu ujjayi, po pełnym wdechu zatrzymuje się oddech na tak długo, aż pojawi się uczucie omdlenia. Służy to maksymalnemu wyciszeniu aktywności umysłu.

- ***Plavini***

  Plavini oznacza unoszenie się na wodzie. Podobno dzięki tej pranajamie sadhaka może unosić się na wodzie, w rzeczywistości jednak niewiele o niej wiadomo. Technika prawdopodobnie polega na łykaniu powietrza bezpośrednio do żołądka, a następnie wykonuje się bardzo głęboki wdech i zatrzymuje oddech. Potem wykonuje się powolny wydech.

  Pranajamy murccha i plavini nie są obecnie powszechnie stosowane.

- ***Viloma***

  Viloma oznacza pod włos, czyli wbrew naturze. W tej pranajamie wdechy i wydechy nie są ciągłe, ale przerywa się je świadomie, zatrzymując je na określony czas. Na przykład wdech, który normalnie trwa kilkanaście sekund, jest przerywany co kilka sekund na kilka sekund, co w efekcie sprawia, że znacznie się wydłuża. Proces kontynuuje się, aż płuca napełnią się całkowicie. Ta sama zasada dotyczy wydechu. Viloma w trakcie wdechu jest niezwykle korzystna dla osób z niskim ciśnieniem krwi, natomiast viloma w trakcie wydechu działa korzystnie w nadciśnieniu. Wykonuje się też oczywiście pełną vilomę, czyli przerywanie wdechu i wydechu w trakcie jednego cyklu oddechowego.

- ***Anuloma***
  Anuloma oznacza podążanie zgodnie lub w odpowiedniej kolejności. Tutaj palce kontrolują przepływ oddechu. Wykonuje się wdech przez oba nozdrza, a wydech albo przez oba nozdrza, które są kontrolowane przez palce, albo naprzemiennie raz jednym, raz drugim nozdrzem. W pranajamie tej nacisk kładzie się na wydech, który jest dłuższy od wdechu.

- ***Pratiloma***
  Pratiloma oznacza podobnie jak viloma pod włos. W tej pranajamie palce zwężają nozdrza i kontrolują przepływ oddechu w trakcie wdechu, a wydech wykonywany jest w pełni otwartymi nozdrzami, jak w *ujjayi*. W tej pranajmie wdech jest dłuższy niż wydech, a więc jest ona przeciwieństwem pranajamy anuloma.

- ***Nadisodhana***
  Jak wiemy, nadi są kanałami energetycznymi prany, *sodhana* oznacza oczyszczanie. Zatem ta pranajama głęboko oczyszcza nerwy. Uważa się, że jest ona najtrudniejszą i najsubtelniejszą pranajamą. Stanowi zwieńczenie praktyki pranajamy i wymaga mistrzostwa w posługiwaniu się palcami, które sterują przepływem powietrza w nozdrzach.
  Cykl tej palcowej pranajamy składa się z następujących po kolei elementów: wydechu prawym nozdrzem (przy całkowicie zablokowanym lewym), wdechu prawym nozdrzem, wydechu lewym nozdrzem, wdechu lewym nozdrzem, wydechu prawym nozdrzem, wdechu prawym nozdrzem, wydechu lewym nozdrzem, wdechu lewym nozdrzem, wydechu prawym nozdrzem i z wdechem prawym nozdrzem cykl znów się powtarza.

ODDZIAŁYWANIE PRANAJAMY NA DOSZE

W przypadku pranajamy jest podobnie jak w przypadku asan. Konstytucja człowieka nie przesądza oczywiście o tym, czy praktyka może zakończyć się spełnieniem w jodze, czy też nie, jednak stanowi istotny punkt wyjścia. Każdy, kto rozpoczyna praktykę pranajamy, powinien wziąć pod uwagę swoją budowę i to zarówno fizyczną, jak i psychiczną. Zwiększa to nie tylko świadomość, ale i nasze szanse powodzenia w tej sztuce. Na przykład osoba o konstytucji vata ma raczej wąską i płaską klatkę piersiową, a więc forsowanie za wszelką cenę wdechów jest niezgodne z jej budową anatomiczną i może siać spustoszenie w jej umyśle. Należy to wziąć pod uwagę, zwłaszcza gdy taka osoba rozpoczyna praktykę. Osoba o konstytucji pitta ma zazwyczaj lepsze warunki fizyczne, jednak jej wrodzony, ognisty temperament nastawiony na rywalizację często doprowadza do przegrzania ciała na skutek siłowego i ambitnego forsowania pranajamy. Z kolei osoby, u których dominuje kapha, będą miały naturalne skłonności do zapadania w letarg w trakcie pranajamy. Oczywiście należy to wziąć po uwagę i stosować taki rodzaj pranajamy i taką technikę, która pobudzi i rozgrzeje kapha. Są to tylko przykłady, które powinny zainspirować każdego praktykującego pranajamę lub zamierzającego to robić w przyszłości. Poniżej podano ogólne zalecenia dotyczące technik pranajamy dla poszczególnych doszy.

Vata

Ajurweda zaleca stosowanie rozgrzewających rodzajów pranajamy rano, aby pobudzić energię. Najlepsza jest suryabhedana. Z kolei wieczorem zaleca się robić wyciszające pranajamy, na przykład chandrabhedana pranajamę. Kiedy vata cierpią z powodu wychłodzenia, dobrze jest zrobić bhastrikę, jednak bardzo ostrożnie, ponieważ jest ona bardzo intensywna.

Pitta

Zaleca się stosować dużo chłodzącej pranajamy i umiar w stosowaniu innych jej rodzajów. Najlepsza jest chandrabhedana, zwłaszcza wieczorem, latem i gdy osoba pitta czuje się przegrzana. Zaleca się również sitali i sitkari, zwłaszcza gdy gorąco odczuwane jest w okolicy głowy lub przegrzanie nastąpiło w wyniku gorących emocji.

Kapha

Kapha potrzebują zazwyczaj stosunkowo silnej i gorącej stymulacji w pranajamie. Tak więc doskonałe będą te pranajamy, które działają intensywnie rozgrzewająco. Szczególnie użyteczna jest suryabhedana, bhastrika i kapalabhati. Te dwie ostatnie działają szczególnie korzystnie, gdy osoba kapha cierpi z powodu depresji, letargu, przekrwienia górnych dróg oddechowych i przeziębienia.

DHYANA

Poruszenia świadomości, które są wytwarzane przez ciężkie i subtelne smutki, muszą zostać wyciszone poprzez medytację.

Jogasutry, rozdz. II, sutra 11

Medytacja stanowi kulminacyjną praktykę hatha-jogi. Również ajurweda jako holistyczny system medyczny i sztuka życia promuje medytację jako jedną z podstawowych terapii. Jak wiemy, nie jest bowiem możliwe trwałe wyleczenie choroby bez wyciszenia i chociażby w pewnym stopniu kontrolowania umysłu. Spośród ośmiu stopni jogi trzy ostatnie, czyli dharana, dhyana oraz samadhi, mają bezpośredni związek z praktyką medytacji. Medytacja jest bardzo subtelnym stanem, który w praktyce niełatwo jest osiągnąć. Nie wystarczy zamknąć oczu, aby przywołać ten stan. Osiąga się go w wyniku intensywnej i długiej praktyki, a wynika on z prawidłowego zharmonizowania wszystkich aspektów ludzkiej natury.

Dhyana to stan całkowitej integracji osoby kontemplującej, aktu kontemplacji i kontemplowanego przedmiotu. Znika odrębność poznającego, instrumentu poznania i poznawanego przedmiotu. Sadhaka ożywia się, staje się czujny i zrównoważony. Uwalnia się od głodu, łaknienia, potrzeby snu i seksu, a także od pożądania, gniewu, chciwości, namiętności, pychy, dumy i zawiści. Nie dotyczy go dualizm ciała i umysłu, umysłu i jaźni. W obrazie takiego człowieka, jak w nieskazitelnym lustrze, odbija się jego jaźń. Jest to atma darsana, obraz duszy.

B.K.S. Iyengar, *Pranajama*

Należy podkreślić jednak, że w hatha-jodze medytacja nie sprowadza się wyłącznie do określonej techniki, którą wykonuje się, przyjmując pozycję siedzącą i zamykając oczy. Osoba, która wykonuje to prawidłowo, osiąga głęboki stan medytacji zarówno w asanie, jak i podczas pranajamy, która z założenia wycisza poruszenia umysłu. Niezależnie jednak od tego medytuje się w sposób celowy, przyjmując odpowiednią pozycję i skupiając się wyłącznie na kontemplacji. Z czasem stan medytacji rozszerza się na całe życie i można przywołać go w dowolnej chwili codziennego życia, a wtedy wszystko, co się robi, zamienia się w medytację.

Aby prawidłowo podejść do medytacji, należy rozumieć, jak działa umysł. Jak wiemy, zarówno ciało fizyczne, jak i umysł zbudowane są z pięciu elementów. Ciało zbudowane jest z bardziej „materialnych" i ciężkich elementów, przede wszystkim z elementu ziemi i wody, które są w głównej mierze odpowiedzialne za uformowanie tkanek. Elementy ognia i powietrza są pomocnicze. Ogień zarządza metabolizmem, powietrze steruje funkcjonowaniem układu nerwowego. Umysł zbudowany jest z bardziej subtelnych form elementu powietrza i eteru, które wykazują wyjątkowe właściwości ruchu i przenikania. Przez grę elementów i ich wzajemną interakcję umysł wyraża się przez ciało. Umysł ma naturę vata, ale jest od niej bardziej subtelny. Jego podstawową substancją jest eter (jego subtelna forma), który jest bezkształtny i wszystko przenika. Z kolei element powietrza odpowiedzialny za ruch sam w sobie, szybkość, zdolność penetracji i ciągłej zmiany powoduje, że umysł w gruncie rzeczy jest nieprzewidywalny.

DOSZE A DZIAŁANIE UMYSŁU

Umysł każdego człowieka jest specyficzny i niepowtarzalny. Na jego działanie wpływają nasze doświadczenia, nasze podejście do życia, aspiracje i dążenia. Jednak stosując systematykę ajurwedyjską, możemy odnaleźć pewne prawidłowości w funkcjonowaniu umysłu. Wiadomo bowiem, że oprócz konstytucji mentalnej opartej na gunach (satwa, radżas i tamas), fizyczna prakriti również ma ogromny wpływ na działanie umysłu. Skoro więc ma to na nas tak wielki wpływ, dobrze jest poznać nasze fizyczne i psychiczne uwarunkowania, aby lepiej pokierować swoją praktyką i móc zwalczyć swoje ograniczenia podyktowane wrodzoną naturą.

Osoby, u których dominuje dosza vata, mają bardzo szybkie umysły. Potrafią szybko łączyć fakty i szybko zrozumieć jakieś zagadnienie. Ich umysły są bardzo aktywne, co prowadzi często do nadaktywności na polu mentalnym. Starają się być umysłem wszędzie, w tym samym czasie i zrozumieć wszystko od razu. Tak więc osoby vata są najbliżej umysłu, ze względu na dominowanie eteru i powietrza w konstytucji. Jednak najczęściej jest to dla nich wielką przeszkodą i prowadzi do psychicznego, mentalnego cierpienia, jeśli nie starają się kontrolować umysłu.

Rozpatrując działanie umysłu, należy zaznaczyć, że ma on również swój wymiar pitta oraz kapha. Powszechnie uważa się, że moc iluminacji umysłu związana jest z ogniem, czyli właśnie pitta. Mówiąc ściślej, pitta odpowiada za percepcyjną moc umysłu, inteligencję, zdolność rozróżniania, głęboki wgląd i „trawienie" doświadczeń (na poziomie mentalnym oczywiście). Dlatego właśnie ludzie o konstytucji pitta są zazwyczaj niezwykle inteligentni, spostrzegawczy i selektywni w odbiorze świata, o najbardziej skoncentrowanych umysłach spośród wszystkich typów konstytucyjnych. Potrafią myśleć jasno i ostro.

Kiedy mówimy o wymiarze kapha w funkcjonowaniu umysłu, mamy na myśli jego wrodzoną zdolność do odczuwania emocji. Strona kapha umysłu powiązana jest w znacznym stopniu ze zmysłami. Ta strona jest również najbardziej ukierunkowana na zewnątrz i świat materialny wraz z jego atrybutami. Poza tym istnieje oczywiście wewnętrzny wymiar kapha, przejawiający się zdolnościami odczuwania miłości, która jest najwyższą formą kapha.

MEDYTACJA W ASPEKCIE DOSZY

- **Typy vata**

  Osoby, u których dominuje vata, podczas medytacji mają możliwość wyciszenia swoich wiecznie rozbieganych umysłów i opanowania wrodzonej tendencji do odczuwania lęku i niepokoju. Ich głównym życiowym problemem jest nadwrażliwość i nadaktywność, co przysparza im wielu problemów. Medytacja może być dla tych osób wybawieniem, jednak pod warunkiem, że jest prawidłowo wykonywana, inaczej może im przysporzyć dodatkowych problemów. W trakcie medytacji osoby vata mają, niestety, tendencję do „odlatywania". Tak więc w ich przypadku powinna zostać zastosowana przede wszystkim *sabija dhyana*, czyli medytacja z nasieniem. Chodzi o praktykowanie medytacji z jakimś dodatkowym narzędziem w postaci mantry, wizualizacji czy czegokolwiek, co pozwoli zająć i uziemić rozedrgany umysł vata. Dopiero z czasem można zastosować *nirbija dhyanę*, czyli medytację bez nasienia.

  Biorąc pod uwagę pewne trudności z wyciszeniem i ukierunkowaniem umysłu w przypadku osób vata, szczególnie ważne jest wzmacnianie zdolności koncentracji w asanach i pranajamie, aby słaby układ nerwowy vata był w stanie znieść obciążenie medytacji. Tak więc powiedzenie osobie vata „opróżnij umysł" na niewiele się zda, jeśli jest on już zajęty działaniem. W tym przypadku zamiast powstrzymywać umysł za wszelką cenę, lepiej zaakceptować pewne rzeczy i pozwolić mu poruszać się naturalnie, świadomie podążając za nim i obserwując go uważnie. Z pewnością doprowadzi to nawet najbardziej ruchliwą vata do odkrycia sposobów wewnętrznego wyciszenia.

- **Typy pitta**

  Osoby, u których dominuje pitta, dzięki medytacji mają możliwość rozładowania złości i agresji, a także odpuszczenia sobie w tych sprawach, które chcą za wszelką cenę kontrolować. Typy pitta zazwyczaj nie mają problemu z koncentracją i łatwiej im się medytuje niż typom vata i kapha, jednak powinny one zwrócić uwagę na to, aby nie zamienić medytacji w kolejną formę zawodów i rywalizacji (często z samym sobą). Niestety, ognisty charakter pitta często ogranicza te osoby w medytacji, w której skupiają się na kontroli za wszelką cenę. Zamiast tego należy w takich przypadkach nauczyć się rozluźniać wewnętrzne napięcie przez czakrę serca, akceptując siebie i świat takim, jakim jest. Miłość i akceptacja są tym, co pozwala typom pitta zakończyć medytację spokojnie, z uczuciem przyjemnego schłodzenia na poziomie serca i emocji.

- **Typy kapha**
  Osoby, u których dominuje kapha, dzięki medytacji mogą pokonać mentalną stagnację i wrodzoną tendencję do przywiązania emocjonalnego. Typy kapha potrzebują stymulacji na każdym poziomie, a więc również wtedy, gdy przystępują do medytacji. W ich przypadku potrzeba dużo zapału i samodyscypliny (tapas), aby rozpocząć praktykę dhyany. A nawet gdy już medytują, często długo nie widać żadnych tego efektów, co nie musi być oznaką, że coś jest nie tak. Po prostu w przypadku typów kapha zmiany trwają długo. Te osoby powinny stosować na początku sabija dhyanę, tak jak vata, jednak z innych niż vata powodów. Skupienie się na jakimś zadaniu może ułatwić im niezapadanie w letarg w trakcie medytacji, co często im się zdarza.

PODSTAWOWE ZASADY ZWIĄZANE Z PRAKTYKĄ MEDYTACJI

Istnieje wiele technik medytacji. Nawet w ramach systemu jogi praktykuje się dhyanę w różny sposób. Niezależnie od techniki rezultat powinien być zawsze taki sam, co jest miarą prawidłowości samej techniki oraz jej wykonania.

Pomimo że medytacja może być procesem zachodzącym niezależnie od okoliczności, pewne warunki zdecydowanie jej sprzyjają. Hatha-joga ma bardzo precyzyjne podejście do praktyki dhyany. Uważa się, że tylko dokładne ustawienie ciała przyczynia się do prawidłowego przebiegu medytacji. Tradycyjnie stosuje się więc odpowiednią pozycję siedzącą, najlepiej *padmasanę*, ale może to być również *sukhasana* lub jakaś inna pozycja siedząca, w której czujemy się w miarę wygodnie. Siadając na ziemi (macie lub złożonym kocu, czy też specjalnej poduszce do medytacji), należy zwrócić uwagę, aby siedzieć na kościach kulszowych, obciążając je równomiernie. W tym celu po przyjęciu pozycji powinno się wyciągnąć jeszcze dodatkowo mięśnie pośladkowe na boki. Zarówno kończyny dolne, jak i obszar dolnej części brzucha i miednicy powinny być całkowicie rozluźnione. Kości kulszowe, czyli dolna część miednicy, stanowią podstawę do wyciągnięcia kręgosłupa, który zajmuje centralne miejsce w medytacji. Niezwykle ważne jest, aby zachował on swoje fizjologiczne krzywizny. Szczególnie duże znaczenie ma krzywizna (fizjologiczna lordoza) lędźwiowa, która powinna być odczuwana podczas siedzenia. W ogóle, aby móc utrzymać tę pozycję kręgosłupa, potrzebne są mocne mięśnie w obrębie tułowia i elastyczne stawy biodrowe, a więc ciało musi najpierw zostać dobrze ukształtowane w wyniku praktyki asan. Klatka piersiowa powinna pozostawać otwarta. Jej zapadanie się wywołuje ospałość (tamas) i zakłócenia pracy umysłu. Należy więc świadomie unosić dolne żebra i mostek ku górze, co z kolei umożliwi prawidłowe ustawienie środkowej i górnej części pleców. Otwarcie klatki piersiowej wywołuje spowolnienie przepływu oddechu i zmniejsza aktywność (radżas) umysłu. Ramiona powinny być rozluźnione i pozostawać pasywne. Tak jak podczas praktyki asan w trakcie praktyki dhyany obowiązuje zasada symetrii (**fot. 1**).

Podczas medytacji mózg powinien spoczywać symetrycznie na szczycie kręgosłupa. Jakakolwiek nierówność w pozycji mózgu zaburza spokój medytacji. Energie lewej i prawej półkuli muszą być sprowadzone do środka, żeby zanikła czynność myślenia w mózgu. Aby uczynić jakąś kończynę lub część ciała bierną, trzeba wycofać z niej energię; w ten sam sposób musi być zredukowany dopływ energii do mózgu i skierowany do serca (czakry serca) – siedziby duszy. Kluczem do techniki medytacji jest utrzymywanie mózgu w roli biernego obserwatora.

Różne techniki przygotowawcze yam, niyam, asan i pranajam stapiają ciało z umysłem, uspokajają je i równoważą. W nieruchomej i stabilnej pozycji, gdy znikają fizyczne i umysłowe zakłócenia, w głowie i kręgosłupie zachowane jest równe krążenie żylne i tętnicze krwi oraz płynu limfatycznego i mózgowo-rdzeniowego. Pobudzenie jest utrzymywane na minimalnym poziomie i tak symetryczne, jak to możliwe. Ta symetria w procesach krążenia i pobudzenia pozwala mózgowi i umysłowi zjednoczyć wiedzę i doświadczenie.

B.K.S. Iyengar, *Pranajama*

Tak więc sztuka prawidłowego siedzenia ma duże znaczenie dla osiągnięcia fizjologicznej i umysłowej harmonii podczas medytacji. Gdy kręgosłup jest prawidłowo ustawiony, łatwiej utrzymać głowę prosto i osiągnąć satwiczny (zrównoważony) stan umysłu.

Oczy powinny być zamknięte, a wzrok wycofany do wewnątrz. To samo dotyczy uszu, które powinny być nastawione na odbiór wewnętrzny. W ogóle odcięcie zmysłów od tego, co dzieje się na zewnątrz, jest ważne dla procesu medytacji. Wszystkie zmysły osoby praktykującej powinny zostać skierowane do źródła w stronę poznania jaźni. To jest właśnie moment, w którym można wprowadzić mantrę lub inne narzędzie pozwalające zachować skupienie umysłu. Jeśli nie znasz żadnej mantry, możesz zamiast tego skupić swoją uwagę w obszarze czakry serca, co pozwoli zachować jasność i świadomość w medytacji. Tradycyjnie składa się dłonie jak do modlitwy, unosi je i opiera kciuki na mostku. Pozostałe palce połączone pochylają się do przodu pod kątem około 45 stopni. Delikatny docisk dłoni pozwala dodatkowo kontrolować stan umysłu. Jeśli bowiem docisk dłoni słabnie, jest to znak, że umysł odpływa. Często podczas medytacji stosuje się również różne mudry. Wtedy opiera się obie dłonie na kolanach lub wewnętrznej stronie ud.

1

Czas trwania medytacji zależy od możliwości utrzymywania pozycji. Jeśli nie można już utrzymać ciała w prawidłowej pozycji, jest to znak, że należy zakończyć. Zawsze po medytacji należy położyć się jeszcze przynajmniej na pięć minut w *savasanie*.

Najważniejsza reguła dotycząca czasu medytacji mówi, że lepiej jest praktykować krócej za jednym razem, ale regularnie i bez przerwy, niż nieregularnie, ale długo w trakcie jednej sesji. Umysł ma naturę falową, tak więc jeśli chcemy go wyciszyć i zasmakować głębokiego spokoju medytacji, musimy to robić regularnie i ciągle. Oznacza to codzienną praktykę.

DODATKOWE RADY I WSKAZÓWKI

Medytacja jest najkorzystniejsza, gdy ciało i umysł są wypoczęte – na przykład rano lub wieczorem, kiedy umysł jest spokojny.

Czasami medytuje się bezpośrednio po praktyce asan czy pranajamy, jednak jest to możliwe tylko wtedy, gdy była ona bardzo łagodna. W innym wypadku nie medytuj bezpośrednio po asanach lub pranajamie.

Zwracaj uwagę na napięcia różnych okolic ciała w trakcie medytacji, ponieważ są one wywoływane przez określone emocje i poruszenia umysłu. Świadczą o tym, że utożsamiłeś się z procesem myślenia i straciłeś dystans, co wymaga jeszcze większej uwagi i korekty w procesie obserwacji.

Dotyczy to zwłaszcza napięcia w twarzy. Nie dopuszczaj do tego, aby oczy się poruszały, zamiast tego utrzymuj cały czas wzrok skierowany do wewnątrz.

PODŁOŻE MEDYTACJI

W istocie z biegiem czasu potrzeba medytacji wyłania się sama. Jeśli praktyka asan i pranajamy przebiega prawidłowo, stany medytacji pojawiają się spontanicznie, co jest najlepszym wskazaniem do rozpoczęcia jej praktykowania.

Niezależnie jednak od praktyki asan i pranajamy, medytacja powinna mieć oparcie we właściwym stylu życia, a zwłaszcza we właściwej diecie. Chodzi o to, że tylko satwiczny tryb życia oraz dieta są w stanie zapewnić prawidłowe podłoże do medytacji. Bez tego można medytować, jednak nie osiągnie się ostatecznego celu. Dlatego właśnie ajurweda i joga zalecają zastępowanie tamasowych i radżasowych jakości satwicznymi.

Medytację należy rozpocząć od sabija dhyany, czyli medytacji z dodatkowym narzędziem, które umożliwi umysłowi wyciszenie. Jeśli bowiem usiądziemy po prostu do medytacji i nie używając żadnej techniki, spróbujemy „opróżnić" umysł z myśli, to możemy zakończyć praktykę w jeszcze gorszym stanie mentalnym, niż ją zaczęliśmy.

Dzieje się tak, ponieważ medytacja otwiera zasoby podświadomości, które najczęściej dosłownie wylewają się na praktykującego i jeśli nie jest on na to przygotowany, może się nawet solidnie przestraszyć. Zazwyczaj ludzie nie wiedzą, co czai się w podświadomości. Szczególnie niekorzystne może okazać się rozpoczynanie medytacji przy rozregulowanej i obciążanej doszy vata.

Dlatego zanim umysł rozszerzy się, musi zostać skoncentrowany. Jeśli spojrzymy jeszcze raz na kolejność stopni astanga-jogi, zauważymy, że przed dhyaną znajdują się jeszcze pratyahara i dharana, czyli koncentracja.

MUDRY

Tradycyjnie stosuje się w hatha-jodze mudry, czyli tzw. pieczęcie. Niektórzy nazywają je jogą palców. Oprócz mudr wykonywanych palcami stosuje się również specjalne mudry pomocne w budzeniu subtelnych energii, jednak te nie zostaną tutaj omówione.

Mudry wykonywane palcami kontrolujące pięć elementów

Jak już wiemy, cały wszechświat jest nieustannie stwarzany przez pięć elementów. Również nasze ciało powstaje na skutek działania tych pięciu elementów. Pięć palców naszych dłoni koresponduje z pięcioma elementami. Kciuk (pierwszy) związany jest z elementem ognia, palec drugi reprezentuje powietrze, trzeci – eter, czwarty – ziemię, a piąty związany jest z wodą (niestety, w różnych źródłach można spotkać się z innym przyporządkowaniem). Ciało jest utrzymywane w zdrowiu, gdy występuje równowaga między elementami, co bezpośrednio wiąże się z równowagą w doszach. Jeśli tej równowagi nie ma, może rozpocząć się choroba. Zgodnie z nauką ajurwedy i jogi możemy kontrolować równowagę w tych pięciu elementach, a w ten sposób kontrolować pracę gruczołów i narządów wewnętrznych w ciele, co z kolei prowadzi do rozwinięcia naszych uśpionych możliwości.

Nasze dłonie działają nieustannie, jednak przy wykonywaniu mudr działanie to staje się ściśle ukierunkowane i w pełni świadome. Mudry mogą być wykonywane zarówno podczas chodzenia, stania, jak i siedzenia, ale najlepiej działają podczas siedzenia w asanie, na przykład w *sukhasanie* czy *baddha konasanie*. Na początku można je wykonywać przez około dziesięć minut, stopniowo wydłużając czas do 30–40 minut, co daje najlepsze efekty. Jeśli z jakichś powodów nie możesz wykonać mudry tak długo za jednym razem, to można ten czas podzielić na 3–4 razy. Wtedy ważne jest to, aby wykonać ją w tym czasie w ciągu dnia.

UWAGA!

Palce niezaangażowane bezpośrednio w wykonanie mudry pozostają wyprostowane, ale bez specjalnego napięcia.

- **Dhyana mudra – mudra wiedzy (fot. 1)**

  Złącz opuszki palca drugiego i kciuka. Pozostałe palce pozostaw wyprostowane.

  KORZYŚCI
  - Ten układ pomaga rozwinąć koncentrację i wejść głębiej w stan medytacji. Zwiększa uważność i usuwa negatywne myśli.
  - Poprawia pamięć, a dzieci stają się bardziej inteligentne i sprawniej myślące dzięki praktyce tej mudry.
  - Wzmacnia się centralny układ nerwowy. Usuwane są bezsenność, ból głowy i stres.
  - Mudra ta usuwa złość i gniew. W celu lepszego efektu dobrze jest zaraz po niej wykonywać *prana mudrę*.

- **Vayu mudra – mudra wiatru (fot. 2)**

  Dotknij opuszkiem palca drugiego do nasady kciuka i lekko dociśnij paliczek środkowy (palca drugiego) kciukiem. Pozostałe trzy palce pozostają wyprostowane.

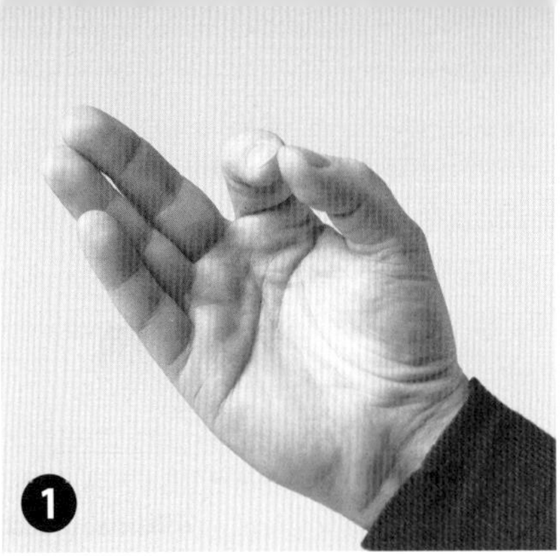

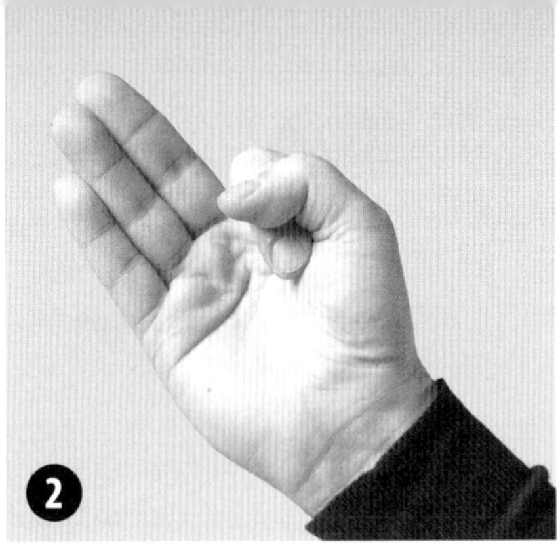

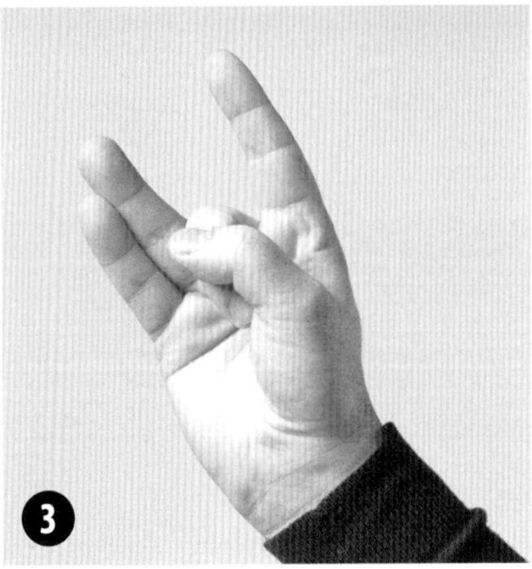

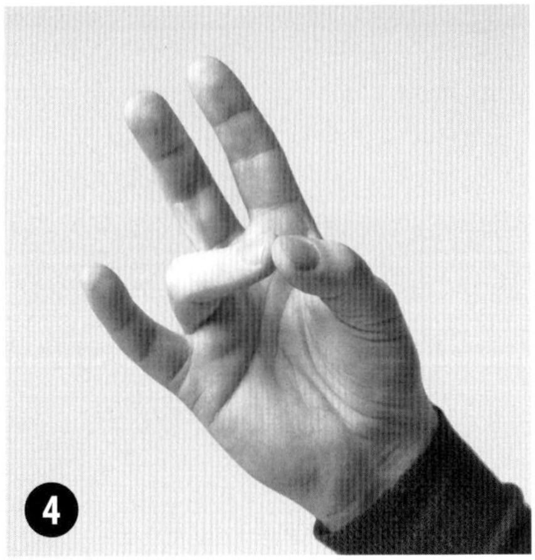

KORZYŚCI

- Regularna praktyka tej mudry usuwa wszystkie zaburzenia związane z nadmiarem elementu powietrza, takie jak artretyzm, ból w stawach, ból kręgosłupa, gościec, porażenia, zawroty głowy, wzdęcia.
- Pomaga oczyścić krew.

- **Shunya mudra – mudra nieba (fot. 3)**

  Zegnij palec trzeci, a następnie dociśnij go lekko kciukiem do wewnętrznej strony ręki. Pozostałe palce pozostają wyprostowane.

  KORZYŚCI

  - Ta mudra leczy schorzenia związane z uszami, takie jak ból ucha, głuchota (niedosłyszenie), jeśli jest wykonywana przez długi czas przynajmniej godzinę dziennie. Wzmacnia serce, kości, dziąsła, krtań i tarczycę.

    UWAGA!

    Tej mudry nie wolno wykonywać podczas chodzenia i jedzenia.

- **Prithvi mudra – mudra ziemi (fot. 4)**

  Złącz opuszki palców czwartego i kciuka.

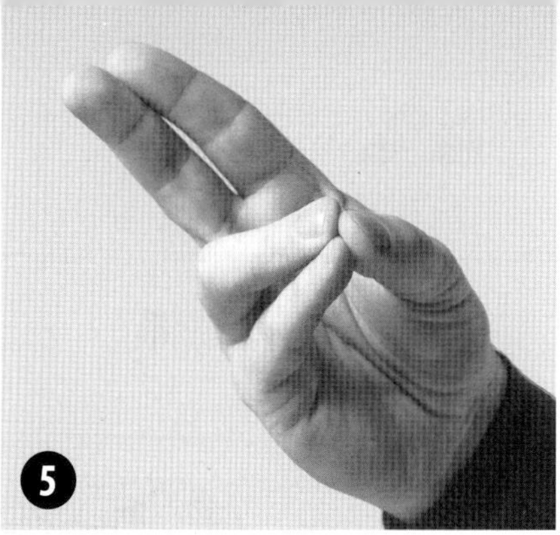
5

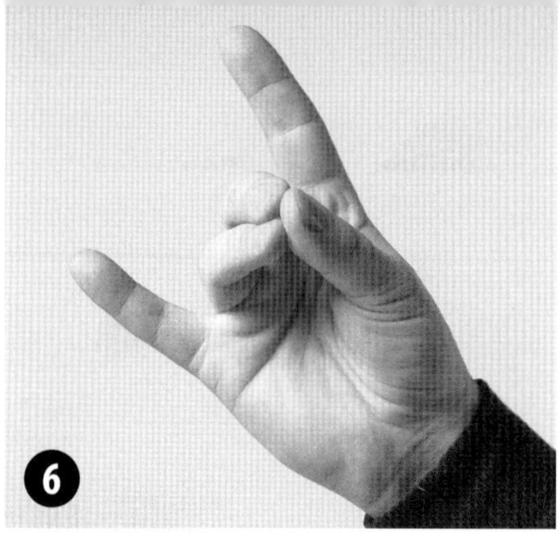
6

7

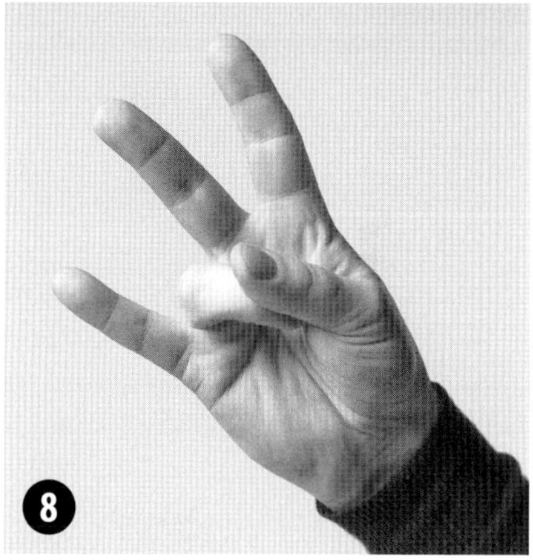
8

KORZYŚCI

- Regularna praktyka tej mudry leczy słabość ciała, niedowagę, otyłość i inne choroby. Zwiększa się siła agni (trawienie), rozwija się wola życia i wzmacniają duchowe jakości.
- Leczy niedobory witamin.
- Czyni ciało aktywnym i krzepkim.

- **Prana mudra – mudra życia (fot. 5)**
  Złącz opuszki palców czwartego i piątego oraz kciuka. Pozostałe palce pozostają wyprostowane.

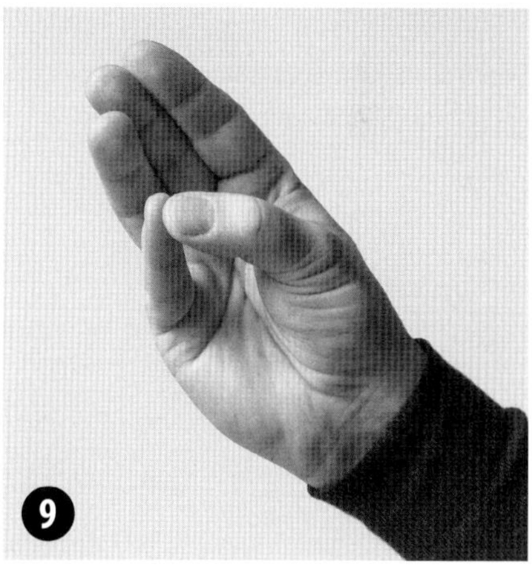
9

10

KORZYŚCI

- Uruchamiane są nieczynne dotychczas siły życiowe (rezerwy), rozwija się dobre zdrowie, aktywność i energia ciała.
- Leczy się problemy związane z oczami, wzmacnia wzrok.
- Wzmacnia się system immunologiczny, poprawia przyswajalność witamin.
- Odmładza się ciało.
- Podczas głodówki nie odczuwa się głodu ani pragnienia.
- Przy bezsenności mudra ta powinna być wykonywana razem z dyana mudrą.

- **Apana mudra – mudra energii (fot. 6)**

Złącz opuszki palców trzeciego, czwartego i kciuka.

KORZYŚCI

- Mudra ta usuwa z organizmu ciała obce (cząsteczki) i oczyszcza ciało.
- Usuwa zatwardzenia i wzdęcia.
- Pomaga leczyć cukrzycę i problemy z drogami moczowymi, również nerkami.
- Wzmacnia żołądek i zęby.
- Jest korzystna przy problemach z sercem.

UWAGA!

Mudra ta może wzmagać pocenie się i wydzielanie moczu.

- **Pana vayu mudra – mudra ratująca życie (fot. 7)**

Zegnij palec drugi i połóż go u nasady kciuka, a następnie połącz opuszki palców trzeciego, czwartego i kciuka. Palec piąty pozostaje wyprostowany.

KORZYŚCI

Mudra ta leczy serce i zaburzenia związane z nadmiarem elementu powietrza i uzdrawia ciało. Osoby o słabym sercu powinny regularnie ją wykonywać. W czasie ataku serca wykonanie tej mudry przynosi natychmiastową ulgę! Mudra usuwa gazy z dróg trawiennych.

- Działa korzystnie w czasie bólu głowy, w astmie i nadciśnieniu.
- Dobrze jest ją wykonywać przez 5–7 minut przed wejściem po schodach, jeśli masz problemy z układem krążenia.

- **Surya mudra – mudra słońca (fot. 8)**

Zegnij czwarty palec i połóż go jak najniżej w okolicy nasady kciuka, a następnie lekko dociśnij kciukiem jego środkowy paliczek. Paliczek dalszy powinien być zgięty.

KORZYŚCI

- Równoważy ciało, redukuje masę ciała, a tym samym zmniejsza otyłość.
- Podnosi element ognia i pomaga w prawidłowym trawieniu.
- Zmniejsza napięcie układu nerwowego (stres), rozwija siłę i pomaga zmniejszyć poziom cholesterolu.
- Poprawia funkcjonowanie wątroby.
- Jogini wierzą, że mudra ta jest w stanie leczyć cukrzycę.

UWAGA!

Mudra ta nie powinna być wykonywana, gdy ciało jest osłabione oraz po długim pobycie w gorącym pomieszczeniu lub na słońcu, a także nie wolno przebywać w takich warunkach bezpośrednio po wykonaniu tej mudry. Osoby o konstytucji pitta nie powinny samodzielnie wykonywać tej mudry, chyba że na zalecenie specjalisty medycyny ajurwedyjskiej.

- **Varuna mudra – związana z elementem wody (fot. 9)**

Złącz opuszki piątego palca i kciuka.

KORZYŚCI

- Ta mudra usuwa suchość ciała, czyni skórę miękką, gładką i lśniącą, a twarz piękną.
- Leczy schorzenia skóry, które są związane z niedoborem elementu wody.

UWAGA!

Ludzie o konstytucji kapha nie powinni w ogóle wykonywać tej mudry.

- **Ling mudra – mudra podnosząca (fot. 10)**

Połącz ściśle palce obu rąk tak, aby kciuk lewej ręki pozostał wyprostowany i objęty przez połączenie opuszków palców drugiego i kciuka prawej ręki.

KORZYŚCI

- Ta mudra zwiększa element ognia. Jej działanie jest bardzo silne.
- Usuwa śluz (nadmiar elementu wody i ziemi).
- Jest korzystna w przeziębieniu, astmie, kaszlu, schorzeniach zatok, porażeniach i niskim ciśnieniu.

UWAGA!

Nie wykonuj tej pozycji zbyt długo.

Jeśli chcesz szybciej i lepiej odczuć efekty praktyki tej mudry, w czasie gdy ją wykonujesz (na przykład tydzień) ogranicz w diecie element wody i ziemi. Nie spożywaj samej wody (poza gorącymi płynami), owoców, soków owocowych i warzywnych, masła, ghee, mleka.

KRĘGOSŁUP

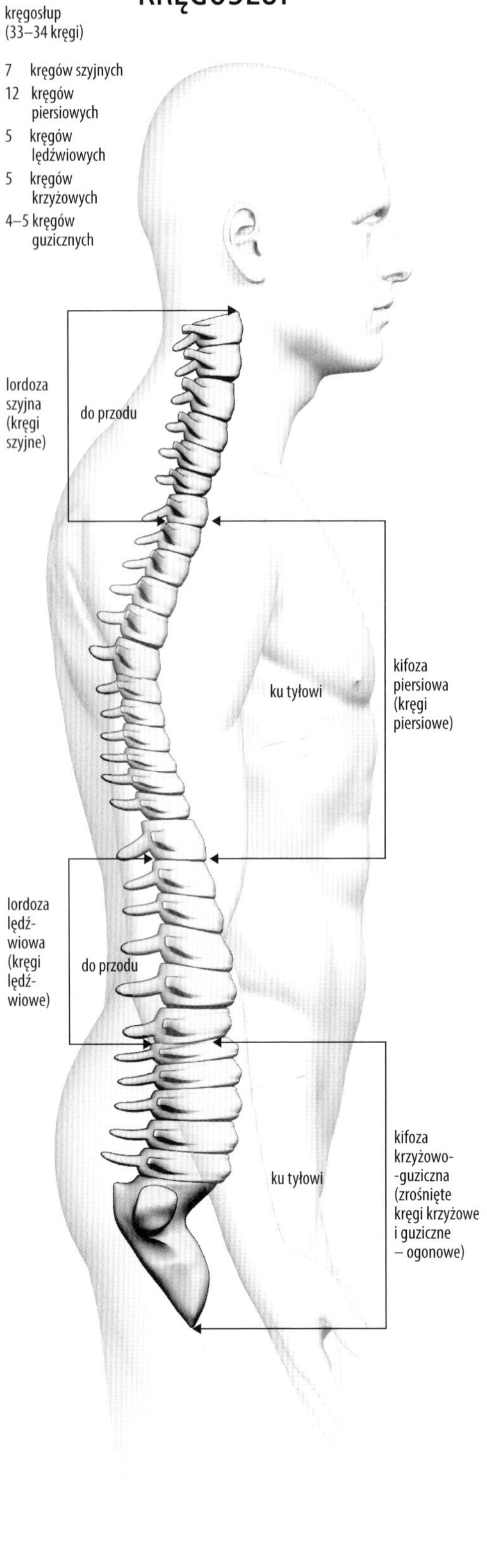

UKŁAD KOSTNY

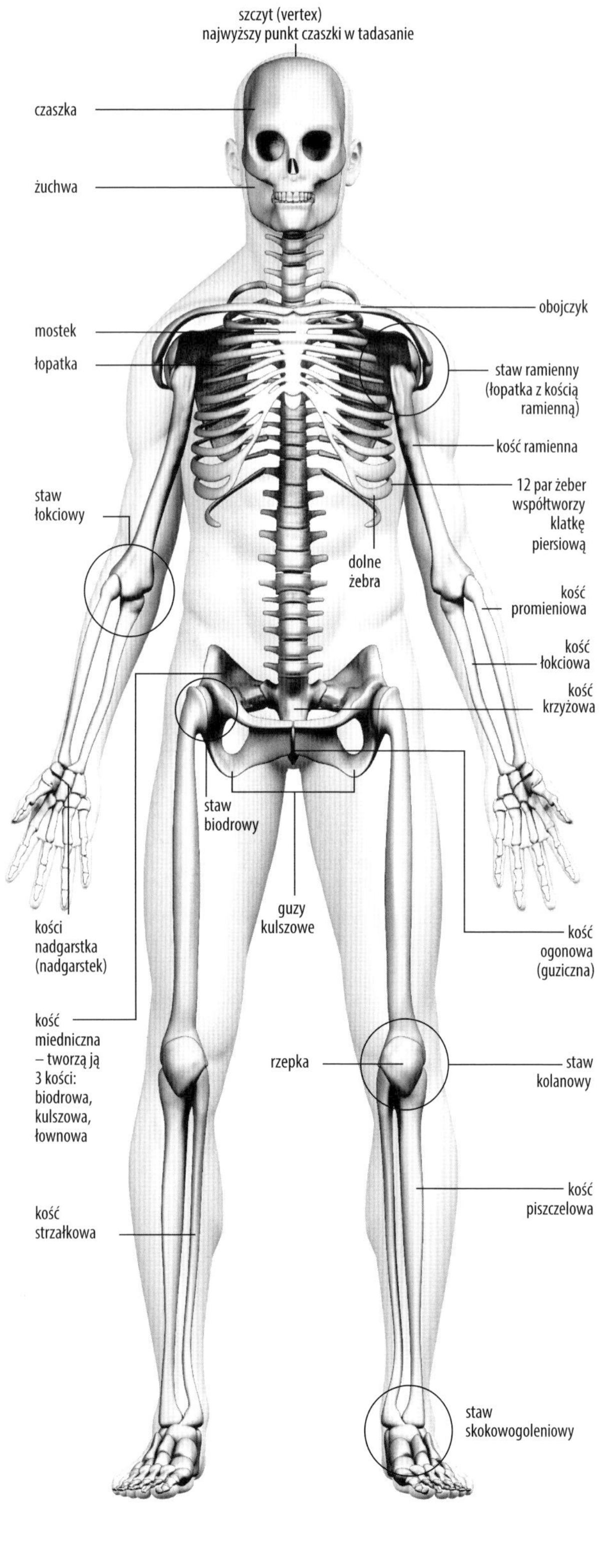

UKŁAD MIĘŚNIOWY

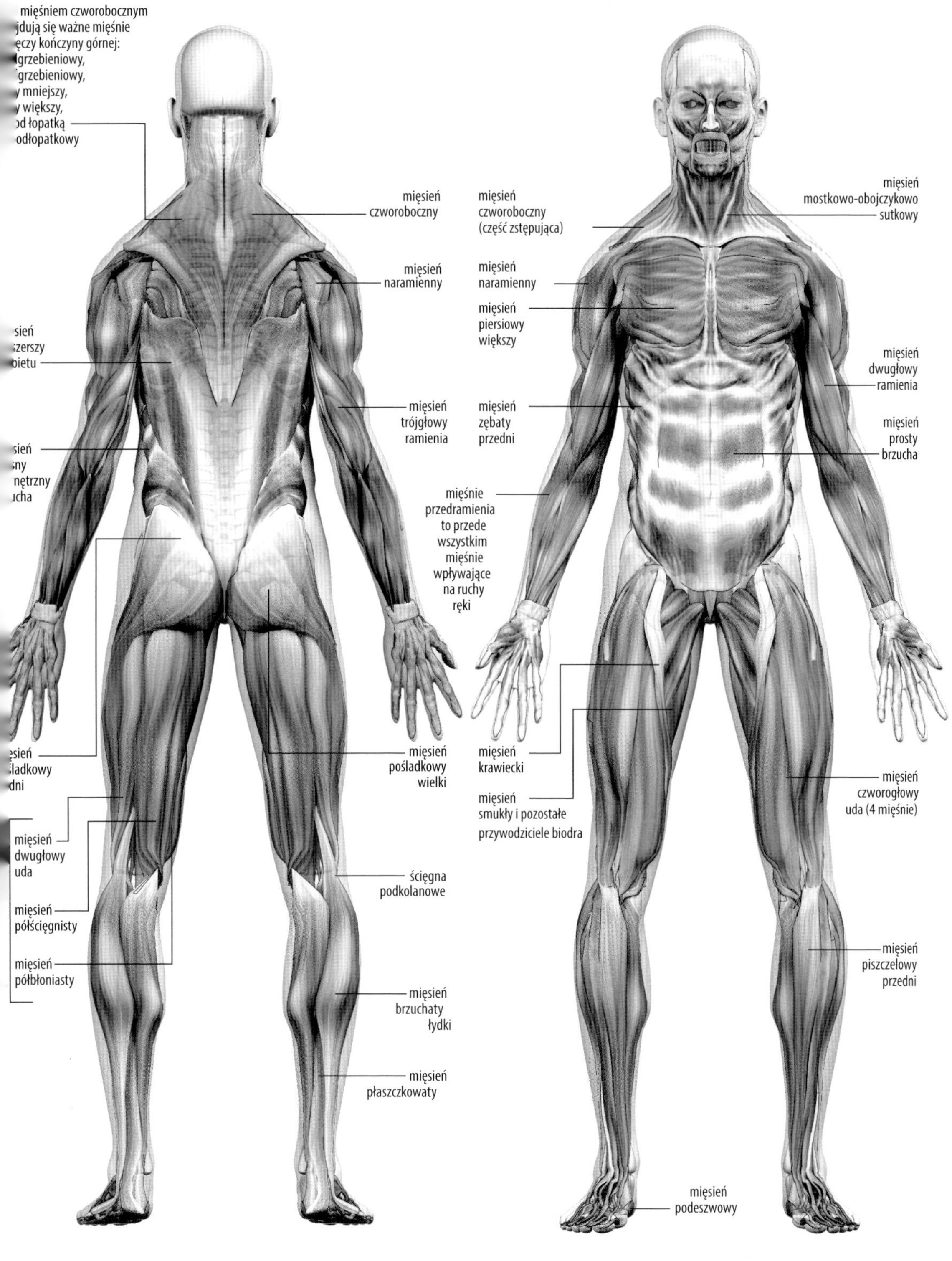

SEKWENCJE ĆWICZEŃ DO SAMODZIELNEJ PRAKTYKI W WYBRANYCH SCHORZENIACH

W tej części książki znajdują się zestawy ćwiczeń pomocne w różnych, często występujących schorzeniach cywilizacyjnych. Wybór odpowiednich pozycji został dokonany na podstawie moich doświadczeń terapeutycznych ostatnich lat. Regularne wykonywanie tych ćwiczeń może znacząco przyczynić się do poprawy zdrowia. Jednakże należy pamiętać, że sekwencje mają jedynie charakter ogólny i orientacyjny. Każdy pacjent zgłaszający się do ośrodka Yoga Medica jest traktowany indywidualnie. Przeprowadzany jest wtedy szczegółowy wywiad, badanie, a ćwiczenia dobierane są po wglądzie w badania obrazowe, takie jak RTG, USG, MRI itd. W przypadku poważniejszych schorzeń pacjent jest zawsze kierowany na konsultację lekarską (jeśli takiej jeszcze nie przeszedł). Dopiero dysponując niezbędnymi danymi diagnostycznymi, dobieramy odpowiedni model terapii. Zatem pamiętaj, proszę, żeby w kwestii własnego zdrowia być odpowiedzialnym i zawsze szukać pomocy profesjonalisty. Żaden zestaw ćwiczeń nie może zastąpić pomocy specjalisty!

ZESPOŁY BÓLOWE KRĘGOSŁUPA LĘDŹWIOWEGO

Pod tym ogólnym hasłem mogą kryć się bardzo różne problemy kręgosłupa. Dlatego sekwencja jest dobrana dość oszczędnie, tak aby w pierwszej kolejności nie zaszkodzić. Poszczególne jednostki chorobowe związane z kręgosłupem powinny być traktowane inaczej. Nie należy wykonywać tego zestawu ćwiczeń przy rwie kulszowej

Utthita trikonasana s. 170

Utthita parsva konasana s. 181

Ardha candrasana s. 190

Parsvottanasana s. 195

Utthita hasta padangusthasana s. 200

Utthita hasta padangusthasana s. 201

Prasarita padottanasana s. 207

Uttanasana s. 220

Adho mukha svanasana s. 214

Bharadvajasana s. 261

lub

Bharadvajasana s. 262

Marichyasana s. 268

lub

Marichyasana s. 267

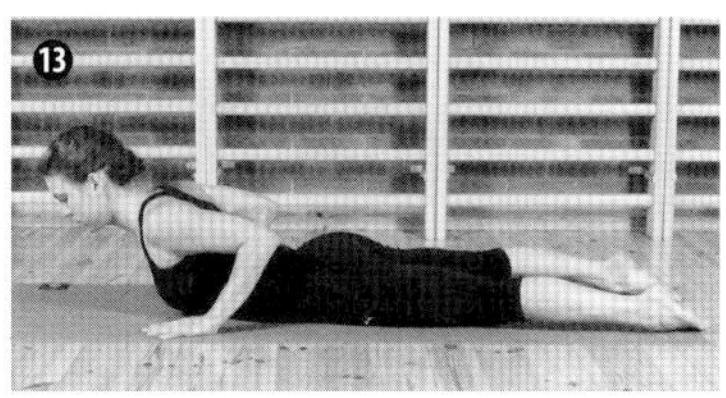
Bhujangasana s. 323

Supta padangusthasana s. 306

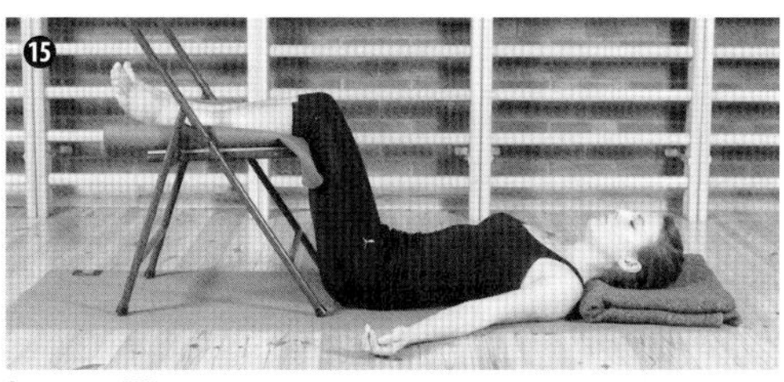
Savasana s. 357

CHOROBA SCHEUERMANNA (HYPERKIFOZA PIERSIOWA)

Utthita trikonasana s. 171

Utthita parsva konasana s. 180

Parsvottanasana s. 195

Virabhadrasana I s. 187

Uttanasana s. 220

Adho mukha svanasana s. 214

Prasarita padottanasana s. 207

Salamba sarvangasana s. 230

Supta padangusthasana s. 306

Bharadvajasana s. 261

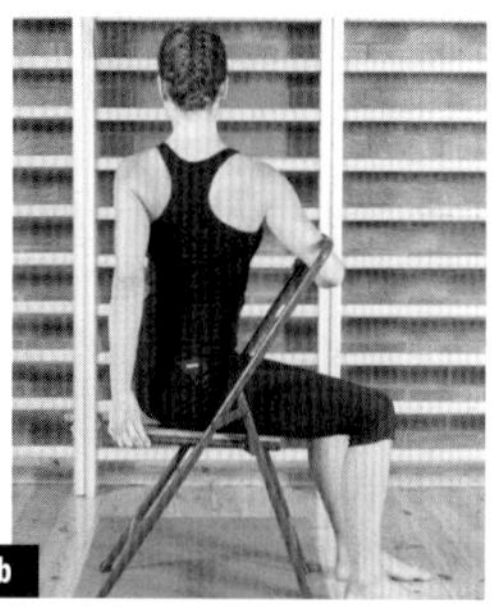
Bharadvajasana s. 262

Marichyasana s. 268

lub

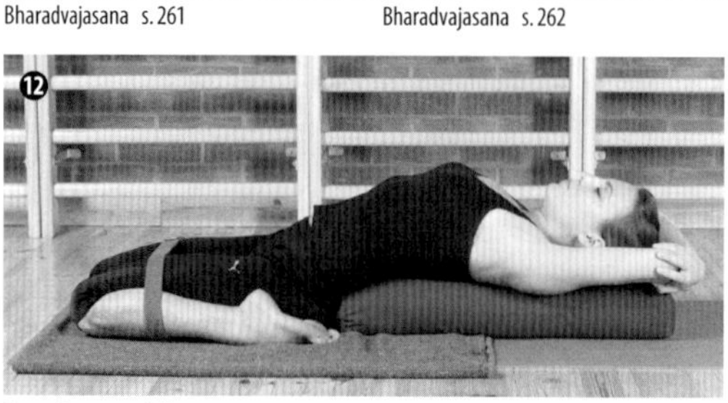

Supta virasana s. 294

Marichyasana s. 267

Upavistha konasana s. 281

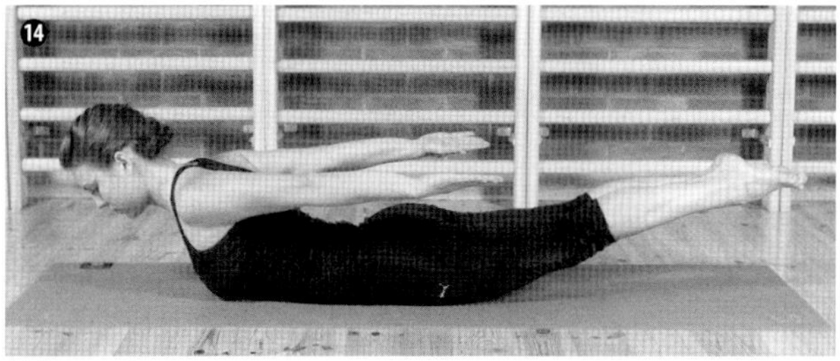

Salabhasana s. 316

Urdhva mukha svanasana s. 328

Bhujangasana s. 323

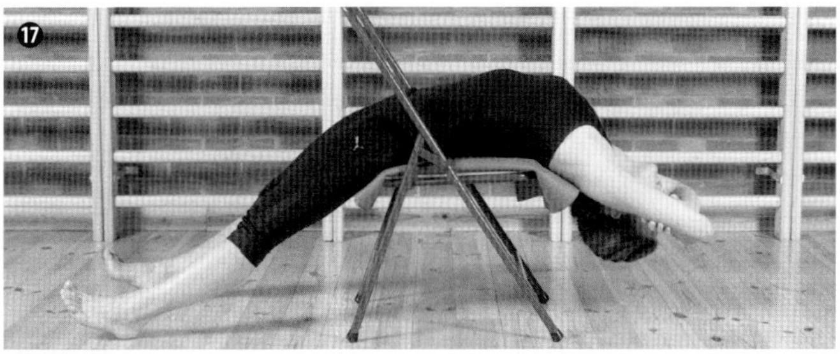

Viparita dandasana s. 345

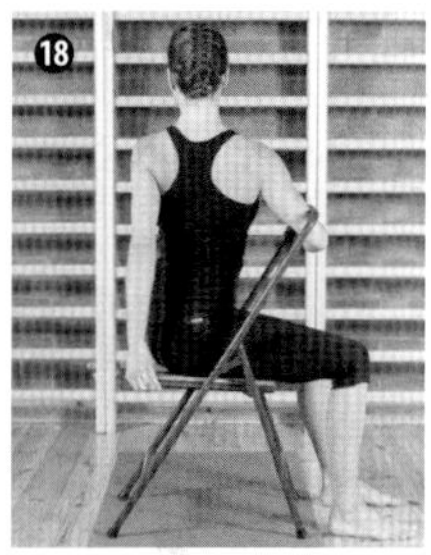

Bharadvajasana s. 262

Savasana s. 357

To schorzenie może przebiegać w różnym stopniu nasilenia. W tej sekwencji założono, że skutkiem jest pogłębiona kifoza piersiowa i tak też są dobrane ćwiczenia. Można ją również stosować z powodzeniem w hyperkifozie piersiowej nie związanej z chorobą Scheurmanna.

RWA KULSZOWA

Ta sekwencja przeznaczona jest dla osób, u których rwa kulszowa występuje z uwagi na dyskopatię lędźwiową, jednak osoby z zespołem mięśnia gruszkowatego również odniosą z niej korzyści.

Utthita trikonasana s. 169

Virabhadrasana II s. 176

Utthita parsva konasana s. 180

Ardha candrasana s. 190

Utthita hasta padangusthasana s. 201

Marichyasana s. 271

Adho mukha svanasana s. 214

Upavistha konasana s. 281

Baddha konasana s. 286

Bharadvajasana s. 261

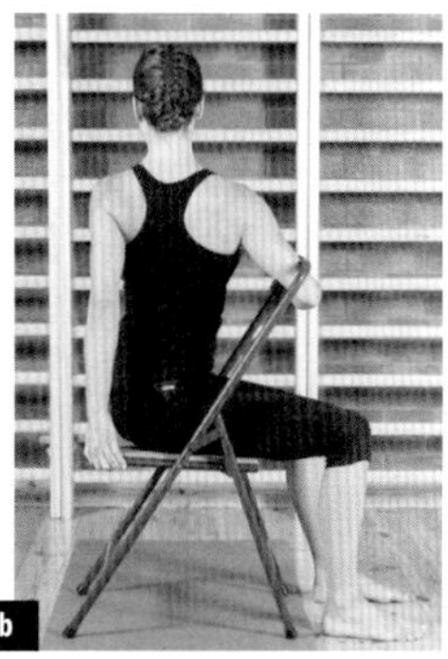

Bharadvajasana s. 262

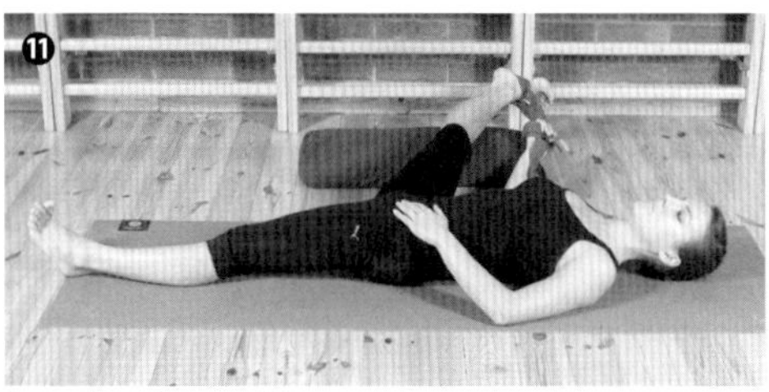

Supta padangusthasana s. 307

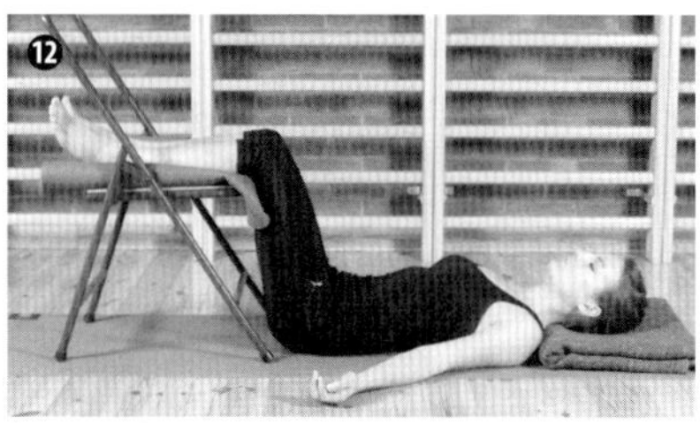

Savasana s. 357

ZMIANY ZWYRODNIENIOWE KRĘGOSŁUPA SZYJNEGO

Są to ćwiczenia do zastosowania w przypadku przewlekłych zespołów bólowych na podłożu zmian zwyrodnieniowo-wytwórczych w obrębie kręgosłupa szyjnego.

Utthita trikonasana s. 170

Utthita parsva konasana s. 180

Utthita hasta padangusthasana s. 201

Utthita hasta padangusthasana s. 200

Parsvottanasana s. 195

Uttanasana s. 220

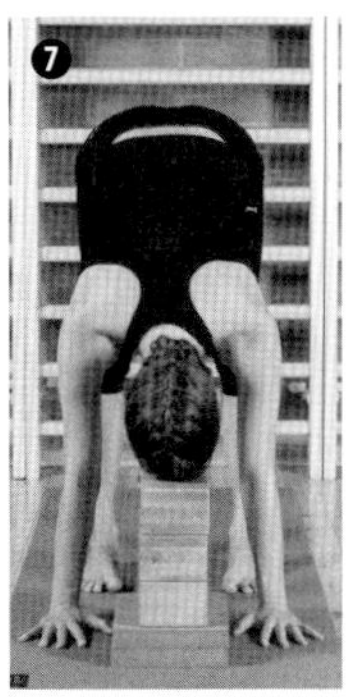

Uttanasana s. 221

Adho mukha svanasana s. 213

Adho mukha svanasana s. 214

Tadasana s. 162

Tadasana s. 163

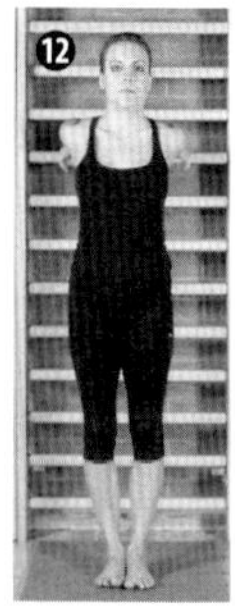

Tadasana s. 164

Marichyasana s. 271

Viparita dandasana s. 345

Bharadvajasana s. 262

Virasana s. 297

Salamba sarvangasana s. 229

Savasana s. 357

SKOLIOZA

Skolioza jest dość trudnym do leczenia schorzeniem kręgosłupa z uwagi na różne powody występowania i bardzo indywidualny przebieg. Ten ogólny zestaw jednak zawsze się sprawdzi.

Adho mukha svanasana s. 214

Utthita trikonasana s. 169

Utthita parsva konasana s. 180

Ardha candrasana s. 190

Virabhadrasana I s. 186

Utthita hasta padangusthasana s. 200

Utthita hasta padangusthasana s. 201

Parsvottanasana s. 195

Uttanasana s. 219

Adho mukha svanasana s. 214

Adho mukha svanasana s. 214

Marichyasana s. 266

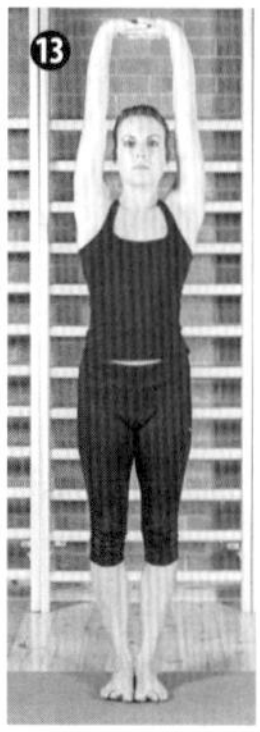

Tadasana s. 162

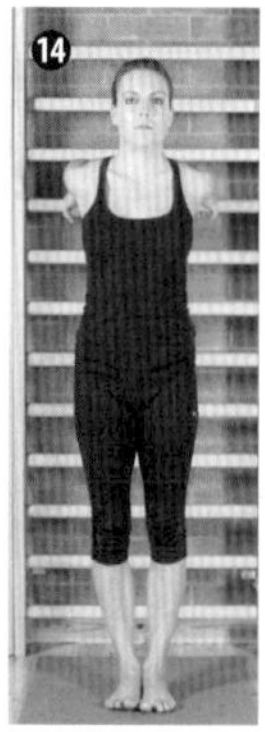

Tadasana s. 164

Tadasana s. 163

Bharadvajasana s. 260

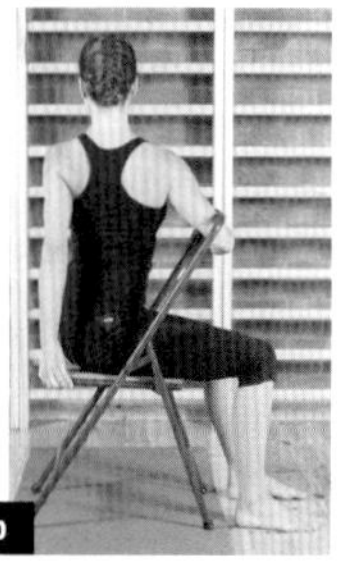
Bharadvajasana s. 262

Marichyasana s. 266

Marichyasana s. 270

Upavistha konasana s. 281

Baddha konasana s. 286

Baddha konasana s. 286

Baddha konasana s. 288

Baddha konasana s. 288

Baddha konasana s. 286

24

Janu sirsasana s. 251

lub

Janu sirsasana s. 251

25

Paschimottanasana s. 255

lub

Paschimottanasana s. 257

26

Salamba sirsasana s. 242

27

Salamba sarvangasana s. 230

28

Halasana s. 232

29

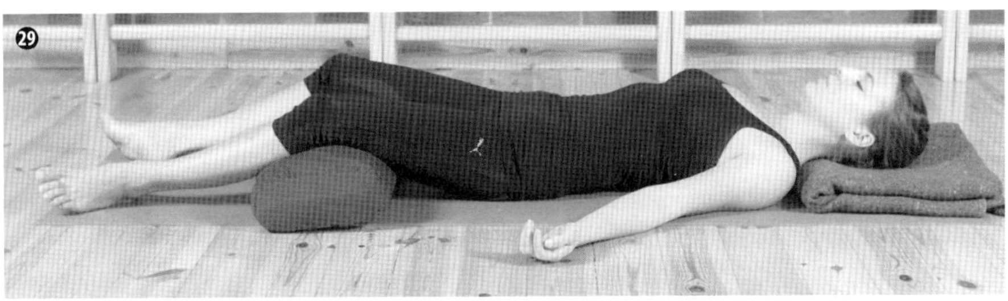

Savasana s. 357

BÓLE KOLAN

Zauważ, proszę, że termin „bóle kolan" nie jest jednostką chorobową. Kolano może boleć z bardzo wielu powodów. Jeśli jednak cierpisz na bóle kolan typu przeciążeniowego, to ten zestaw będzie pomocny.

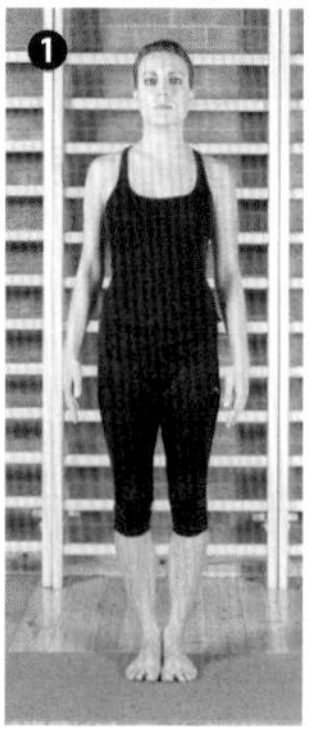

Tadasana s. 160

Utthita trikonasana s. 168

Virabhadrasana II s. 177

Utthita parsva konasana s. 180

Virabhadrasana I s. 186

Ardha candrasana s. 190

Utthita hasta padangusthasana s. 200

Utthita hasta padangusthasana s. 201

Adho mukha svanasana s. 212

Supta padangusthasana s. 306

Upavistha konasana s. 281

Baddha konasana s. 286

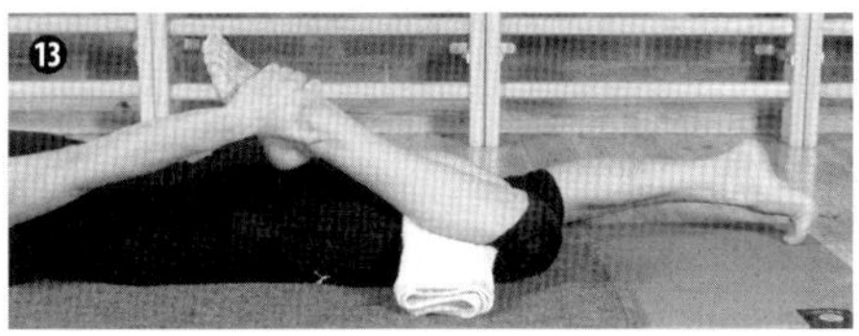

Virasana s. 298

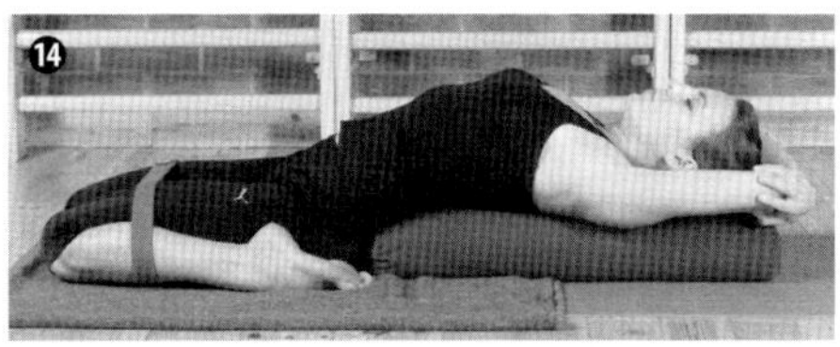

Supta virasana s. 294

Dandasana s. 274

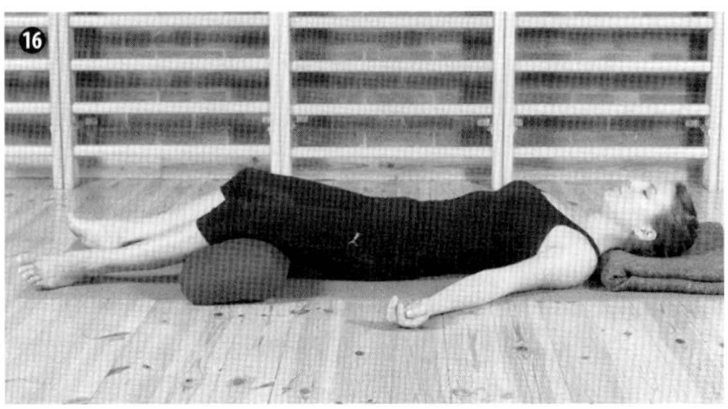

Savasana s. 357

CHOROBA ZWYRODNIENIOWA STAWU BIODROWEGO

To ciężkie schorzenie narządu ruchu ma wiele negatywnych konsekwencji dla całego układu. Niemożność swobodnego i wolnego od bólu poruszania się prowadzi często do depresji. Ten zestaw ćwiczeń okazuje się pomocny u większości pacjentów. Jeśli cierpisz z powodu tego schorzenia lub czekasz na operację, wykonuj ten zestaw codziennie.

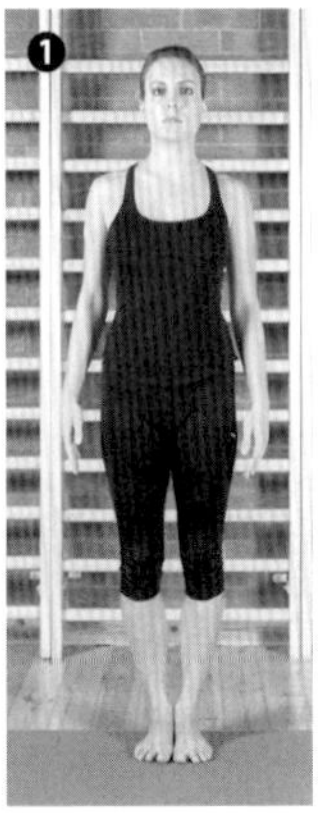

Tadasana s. 160

Utthita trikonasana s. 168

Virabhadrasana II s. 176

Utthita parsva konasana s. 180

Virabhadrasana I s. 186

Ardha candrasana s. 190

Utthita hasta padangusthasana s. 200

Utthita hasta padangusthasana s. 201

Uttanasana s. 220

Adho mukha svanasana s. 212

Adho mukha svanasana s. 214

Salamba sarvangasana s. 229

Bhujangasana s. 323

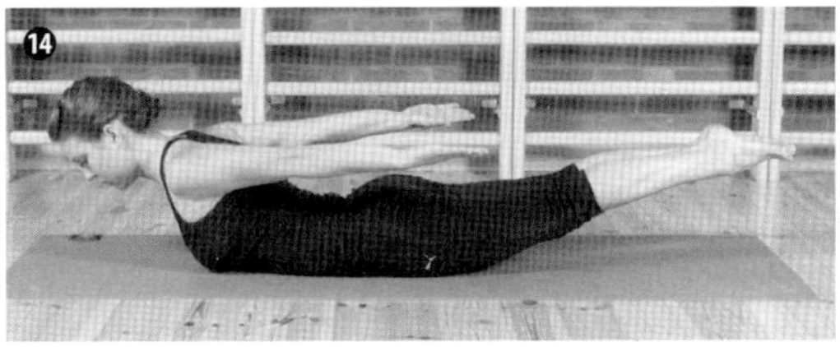

Salabhasana s. 316

Dhanurasana s. 319

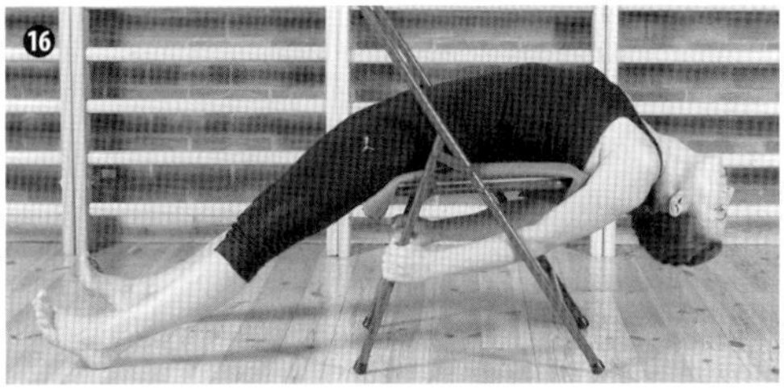

Viparita dandasana s. 344

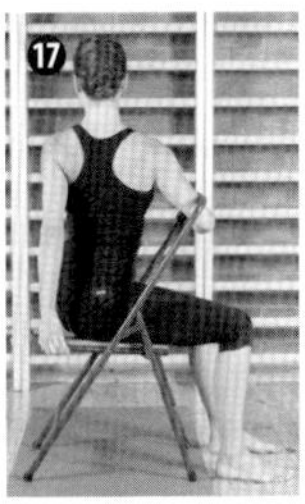

Bharadvajasana s. 262

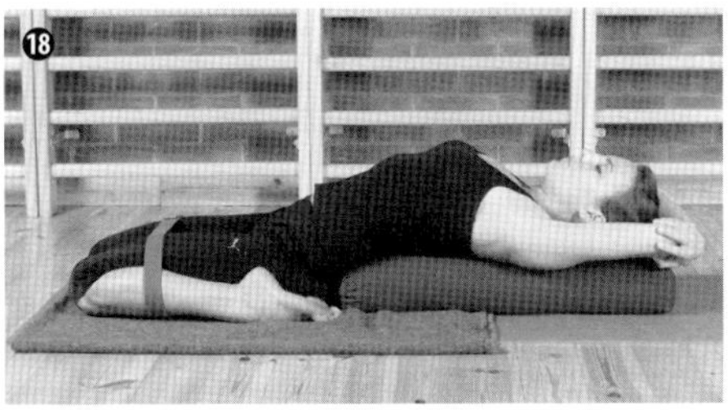

Supta virasana s. 294

Upavistha konasana s. 281

Baddha konasana s. 286

Baddha konasana s. 288

Baddha konasana s. 286

Baddha konasana s. 288

Baddha konasana s. 286

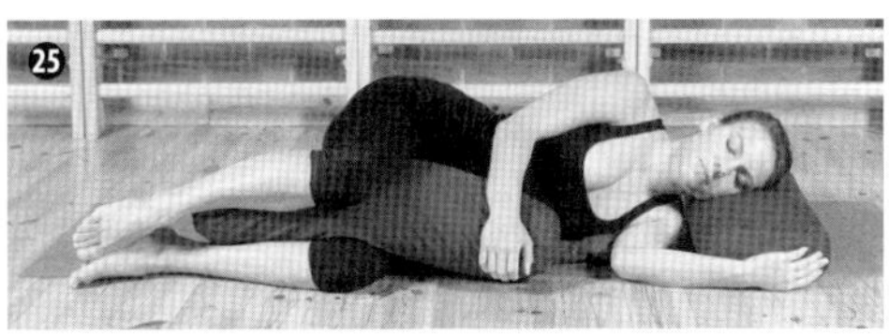

Savasana s. 357

BÓLE BARKÓW

Tak jak i w przypadku bólu kolan, tak i przy bólach barków możemy mieć do czynienia z wieloma problemami, dlatego są to ogólne ćwiczenia usprawniające, które sprawdzą się w większości przypadków.

Marichyasana s. 270

Tadasana s. 164

Parsvottanasana s. 195

Utthita hasta padangusthasana s. 200

Uttanasana s. 220

Delfin s. 241

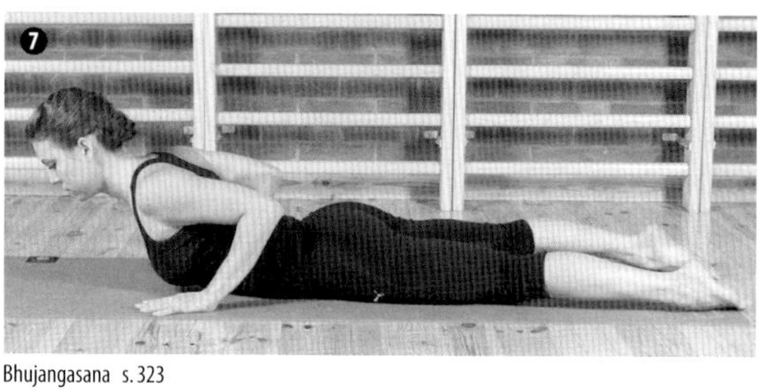

Bhujangasana s. 323

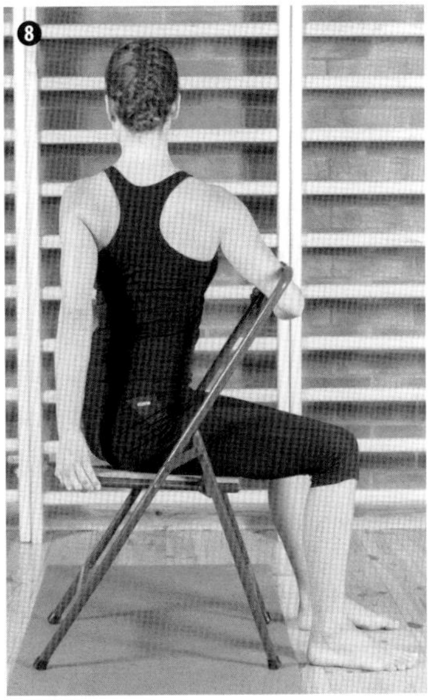

Bharadvajasana s. 262

Bharadvajasana s. 261

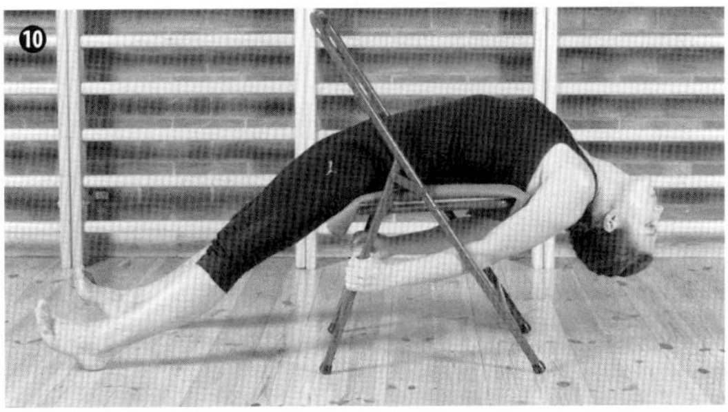

Viparita dandasana s. 344

Setubandha sarvangasana s. 351

Salamba sarvangasana s. 230

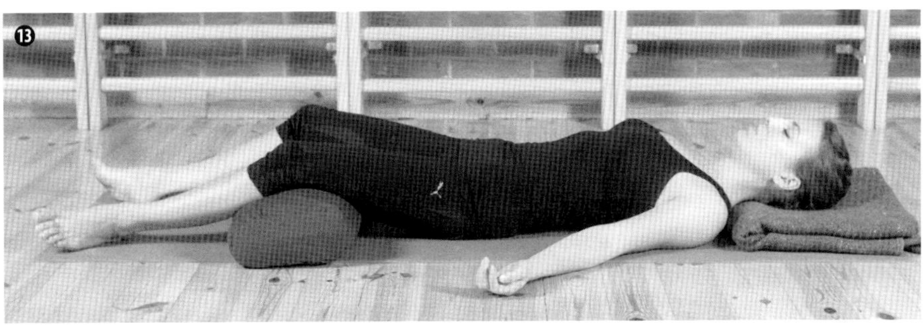

Savasana s. 357

ĆWICZENIA ODREAGOWUJĄCE SIEDZĄCĄ PRACĘ PRZY KOMPUTERZE

Te ćwiczenia możesz stosować bez żadnych ograniczeń, aby zapobiegać głębszym problemom występującym na skutek sedentaryjnego trybu życia.

Utthita trikonasana s. 167

Utthita parsva konasana s. 180

Parsvottanasana s. 195

Utthita hasta padangusthasana s. 200

Uttanasana s. 220

Adho mukha svanasana s. 212

Marichyasana s. 270

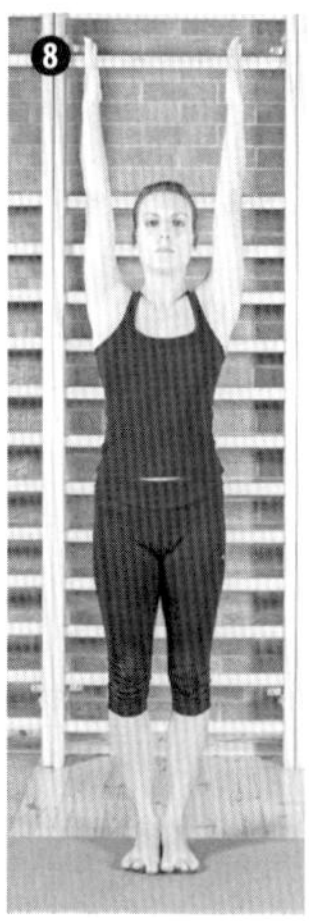

Tadasana s. 162

Tadasana s. 162

Tadasana s. 163

Tadasana s. 164

Bharadvajasana s. 262

Bhujangasana s. 323

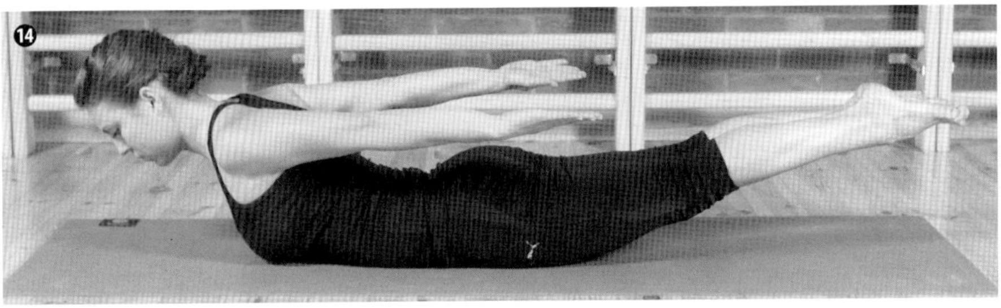

Salabhasana s. 316

Supta padangusthasana s. 306

Virasana s. 297

Viparita karani s. 246

Savasana s. 357

NADCIŚNIENIE TĘTNICZE PIERWOTNE (SEKWENCJA OBNIŻAJĄCA CIŚNIENIE I PRZYGOTOWUJĄCA DO PEŁNEJ TERAPII)

To poważny problem, który często przez lata bywa nierozpoznany. Pamiętaj, aby regularnie badać swoje ciśnienie tętnicze. Ta sekwencja potrafi znacząco je obniżyć. Jeśli cierpisz na pierwotne nadciśnienie tętnicze i jesteś pod kontrolą lekarza, te ćwiczenia mogą pomóc w obniżeniu dawki leków (może to zrobić jedynie lekarz). W terapii Yoga Medica nie jest to jednak docelowe leczenie.

Utthita trikonasana s. 170

Utthita parsva konasana s. 180

Ardha candrasana s. 190

Prasarita padottanasana s. 207

Uttanasana s. 221

Adho mukha svanasana s. 213

Adho mukha svanasana s. 214

Upavistha konasana s. 281

Upavistha konasana s. 282

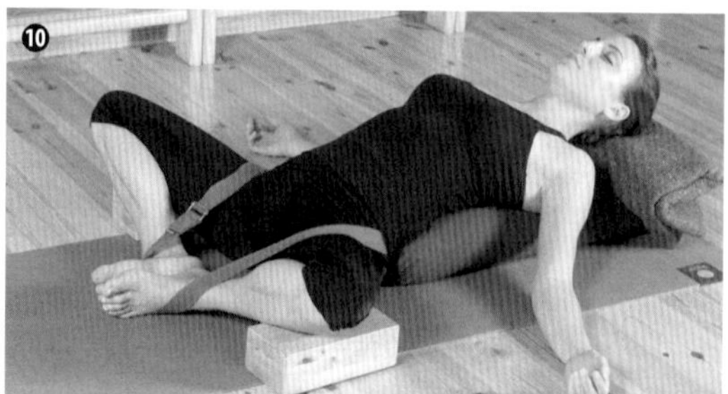

Supta baddha konasana s. 288

Virasana s. 297

Sukhasana s. 279

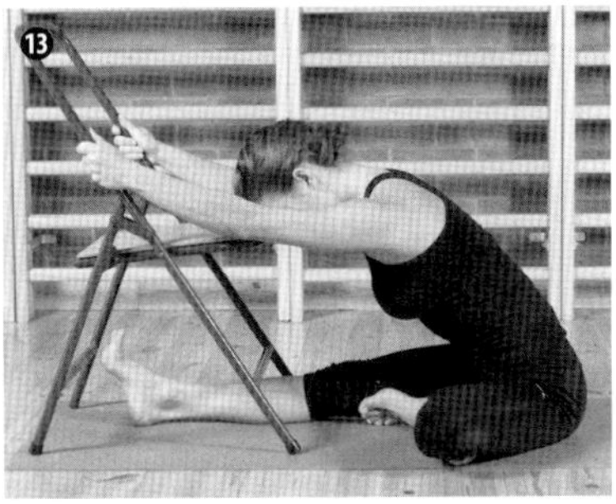

Janu sirsasana s. 251

Janu sirsasana s. 252

Paschimottanasana s. 256

Paschimottanasana s. 256

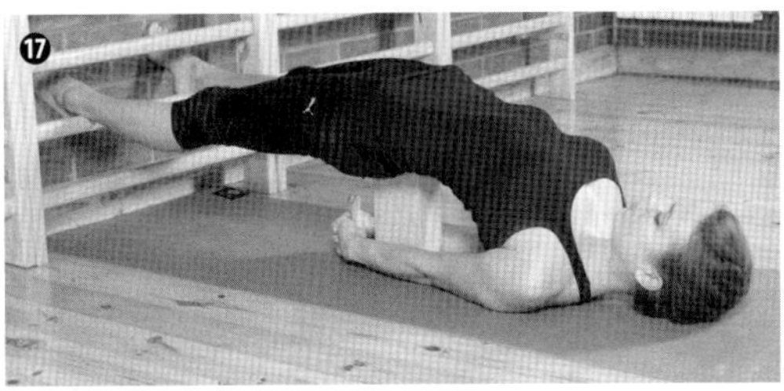

Setubandha sarvangasana s. 351

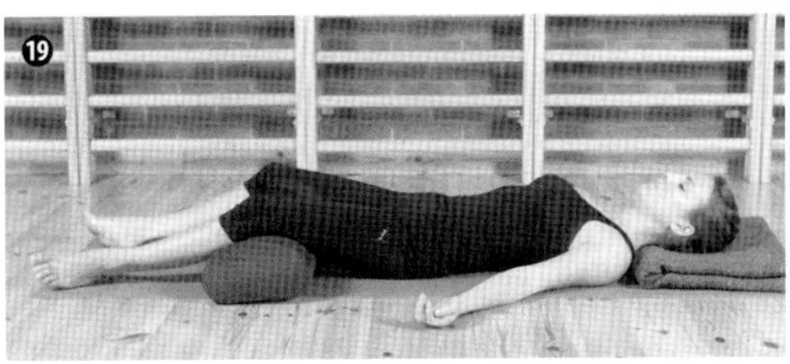

Savasana s. 357

Viparita karani s. 246

CHOROBA WIEŃCOWA (SEKWENCJA DOTLENIAJĄCA MIĘSIEŃ SERCOWY I PRZYGOTOWUJĄCA DO PEŁNEJ TERAPII)

Ta ciężka choroba bardzo dobrze poddaje się leczeniu jogą. Potrzebna jest jednak stała współpraca z lekarzem prowadzącym. Sekwencja ta pomaga przygotować się do właściwej terapii.

Utthita trikonasana s. 167

Virabhadrasana II s. 176

Utthita parsva konasana s. 180

Virabhadrasana I s. 186

Ardha candrasana s. 190

Utthita hasta padangusthasana s. 201

Upavistha konasana s. 281

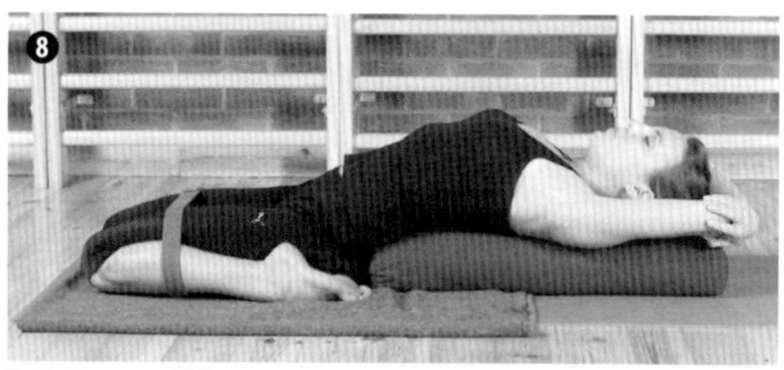
Supta virasana s. 294

Supta padangusthasana s. 306

Setubandha sarvangasana s. 351

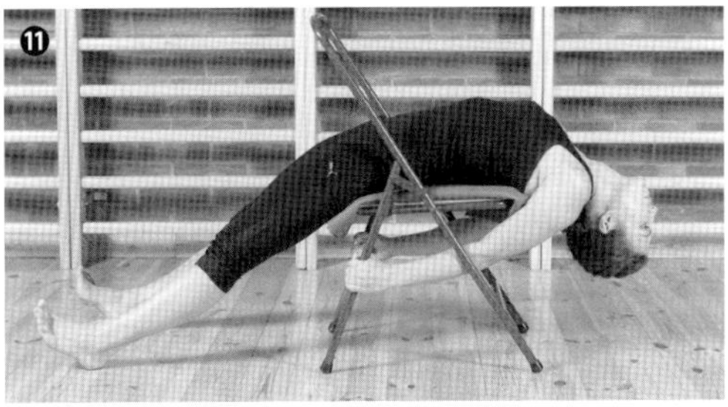

Viparita dandasana s. 344

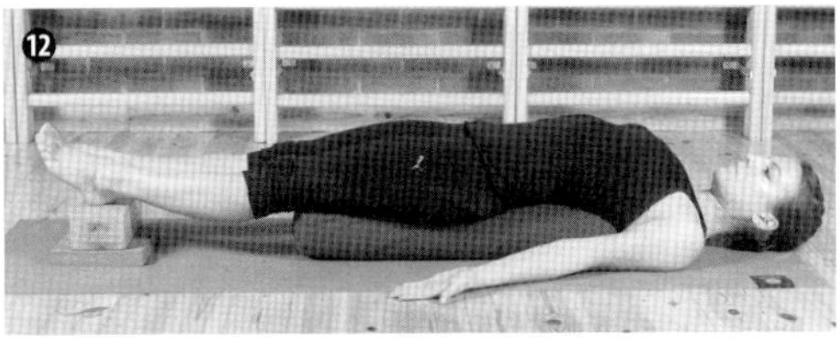

Setubandha sarvangasana s. 322

Viparita karani s. 246

Savasana s. 357

REUMATOIDALNE ZAPALENIE STAWÓW (RZS)

W tym układowym schorzeniu rola jogi może być niezastąpiona z uwagi na sposób, w jaki ćwiczony jest każdy staw naszego organizmu. Zestaw pomaga utrzymać zakres ruchu w stawach i dobre krążenie oraz usuwa metabolity stanu zapalnego.

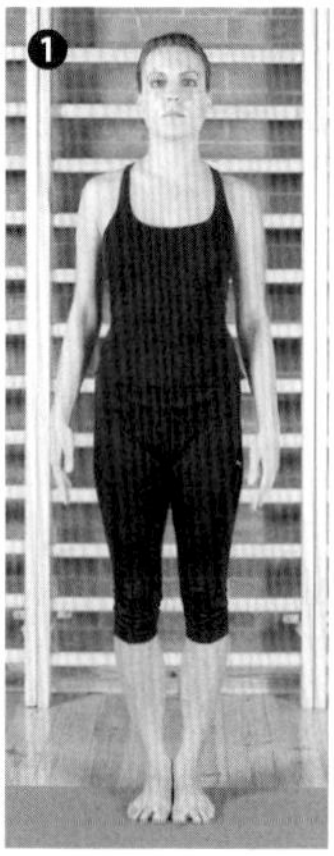

Tadasana s. 160

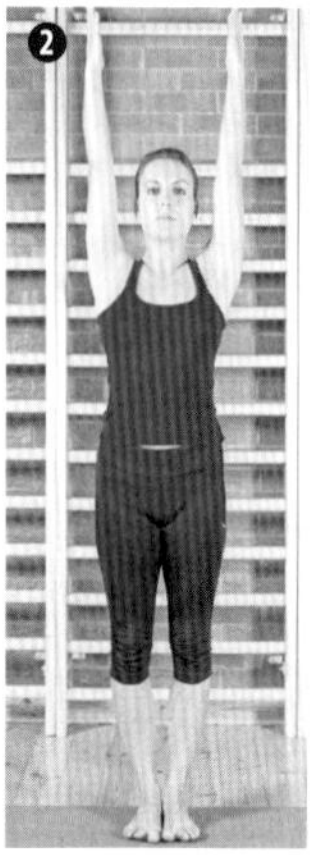

Tadasana s. 162

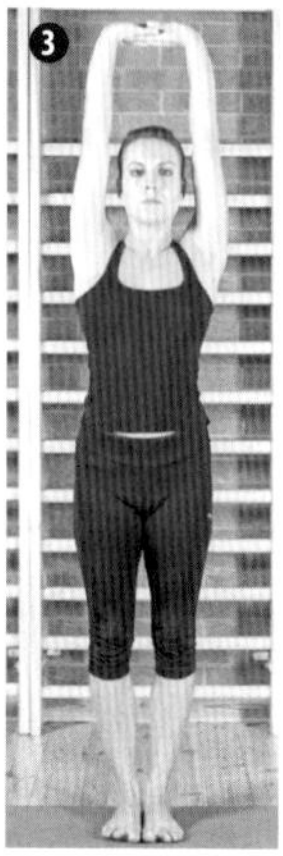

Tadasana s. 162

Tadasana s. 163

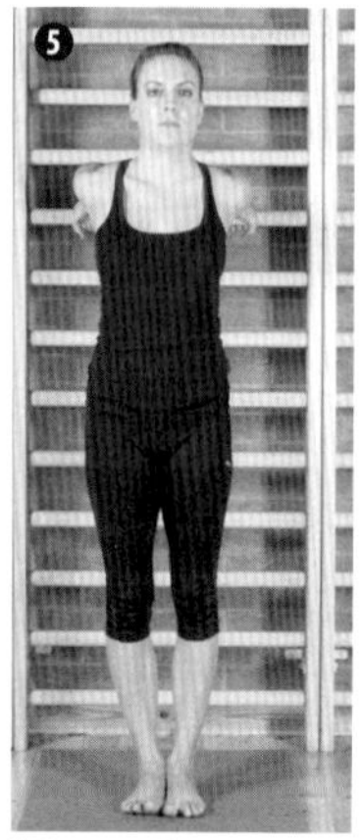

Tadasana s. 164

Utthita trikonasana s. 171

Utthita parsva konasana s. 180

Virabhadrasana I s. 186

Utthita hasta padangusthasana s. 200

Parsvottanasana s. 195

Uttanasana s. 220

Adho mukha svanasana s. 212

Adho mukha svanasana s. 214

14

Salamba sirsasana s. 242

15

Salamba sarvangasana s. 230

16

Setubandha sarvangasana s. 351

17

Bharadvajasana s. 261

lub

Bharadvajasana s. 262

18

Marichyasana s. 266

lub

Marichyasana s. 270

19

Upavistha konasana s. 281

20

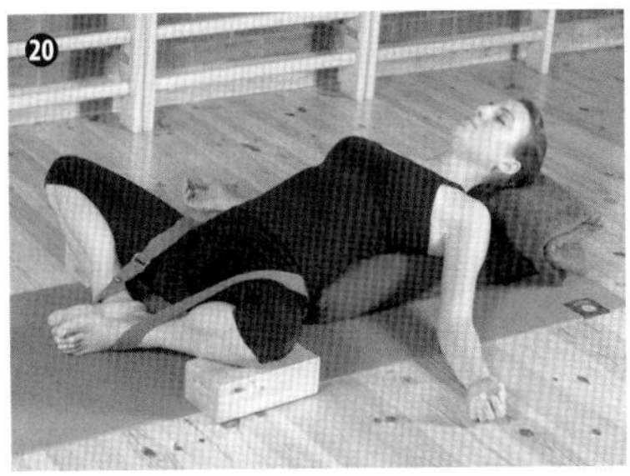

Supta baddha konasana s. 288

21

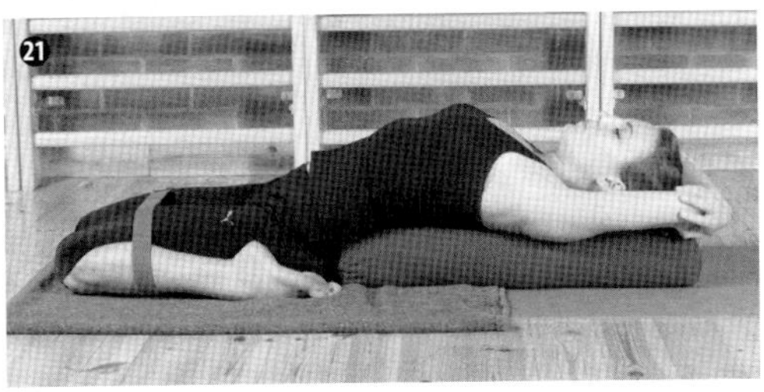

Virasana s. 294

22

Supta padangusthasana s. 306

23

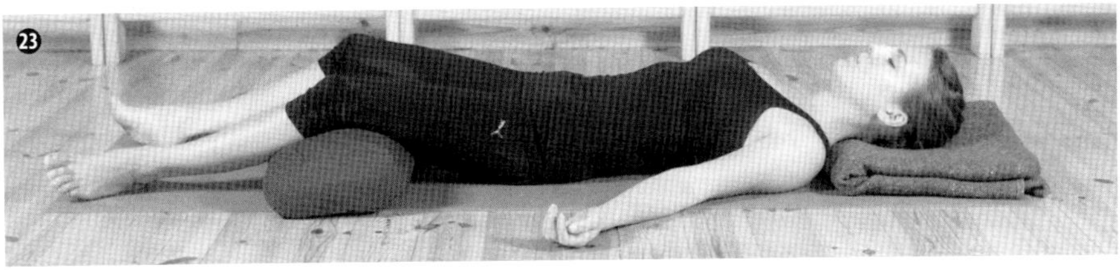

Savasana s. 357

BEZSENNOŚĆ, CHRONICZNE ZMĘCZENIE

Wykonuj codziennie, a będziesz dobrze spał i odzyskasz siły.

Utthita trikonasana s. 169

Utthita parsva konasana s. 180

Ardha candrasana s. 190

Prasarita padottanasana s. 207

lub

Prasarita padottanasana s. 206

Adho mukha svanasana s. 213

Uttanasana s. 221

Adho mukha svanasan s. 214

Virasana s. 297

Janu sirsasana s. 252

lub

Janu sirsasana s. 251

Paschimottanasana s. 256

lub

Paschimottanasana s. 255

Salamba sirsasana s. 242

Salamba sarvangasana s. 230

Setubandha sarvangasana s. 351

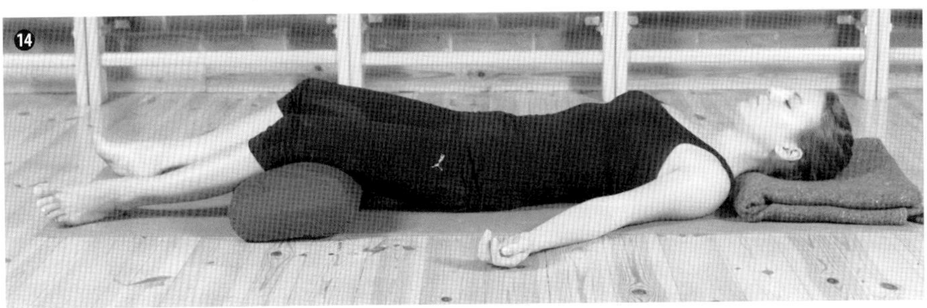

Savasana s. 357

ĆWICZENIA DLA KOBIET W TRAKCIE MENSTRUACJI

Menstruacja nie jest oczywiście schorzeniem, ale niezbędne wydaje się poinformować kobiety, że praktyka ćwiczeń jogi powinna w tym okresie przebiegać inaczej. To jest uniwersalny zestaw na czas menstruacji.

Utthita trikonasana s. 171

Virabhadrasana II s. 176

Ardha candrasana s. 190

Utthita hasta padangusthasana s. 201

lub

Utthita hasta padangusthasana s. 201

Upavistha konasana s. 281

lub

Upavistha konasana s. 282

Baddha konasana s. 286

lub Janu sirsasana s. 251

Janu sirsasana s. 252

Setubandha sarvangasana s. 351

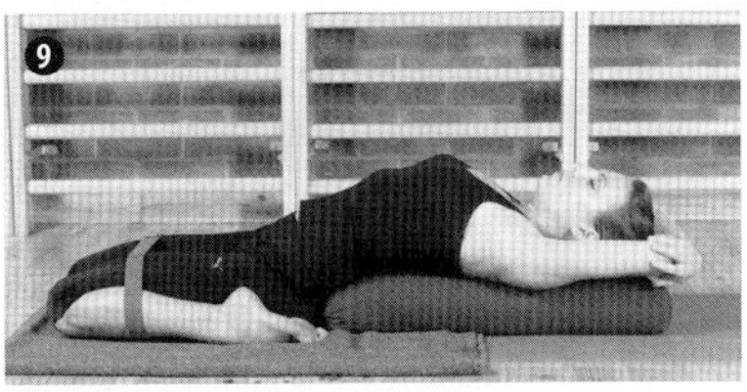

Supta virasana s. 294

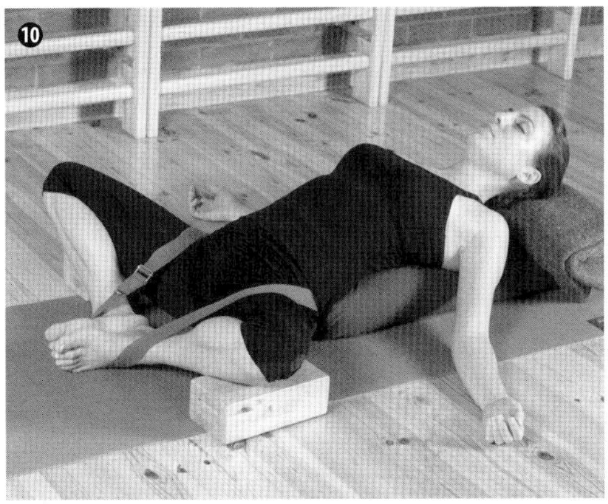

Supta baddha konasana s. 288

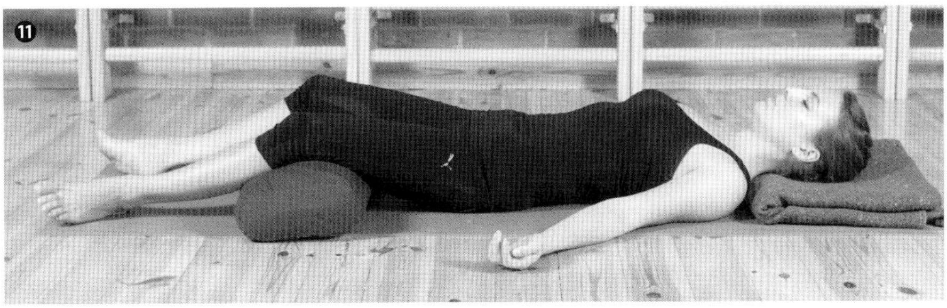

Savasana s. 357

NAPIĘCIOWY BÓL GŁOWY

Głowa może boleć z wielu powodów. Jeśli potrafisz odróżnić tzw. napięciowy ból głowy od innego, wykonaj tę sekwencję. Jeśli w trakcie ćwiczeń ból zacznie narastać, to natychmiast przerwij.

Virasana s. 297

Sukhasana s. 279

Janu sirsasana s. 251

lub

Janu sirsasana s. 252

Paschimottanasana s. 256

lub

Paschimottanasana s. 256

Setubandha sarvangasana s. 351

Viparita karani s. 246

Viparita karani s. 247

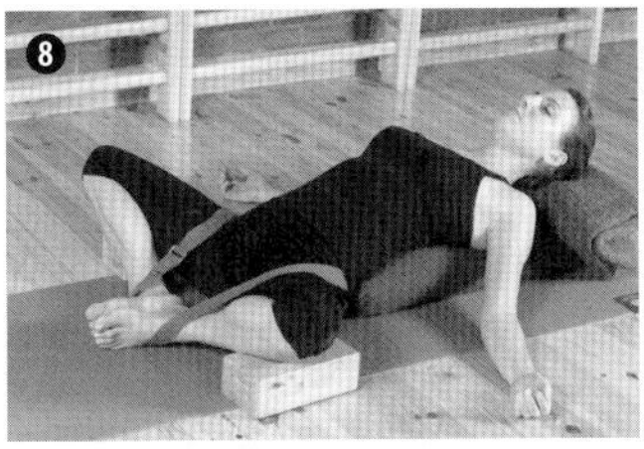
Baddha konasana s. 288

Setubandha sarvangasana s. 351

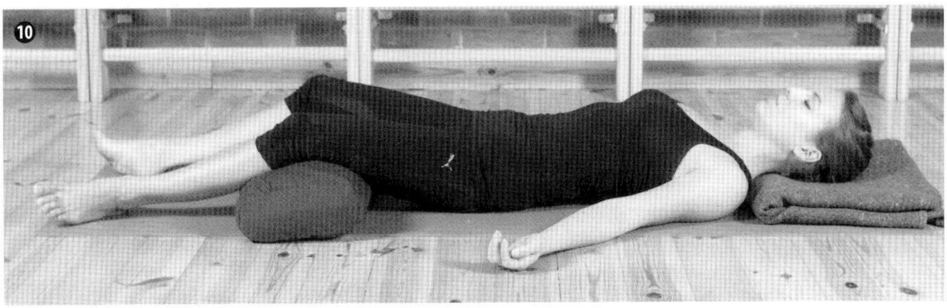
Savasana s. 357

SŁOWNICZEK

A

Abhyanga (abjanga) – masaż olejowy
Adho mukha svanasana (adho mukha śvanasana) – pozycja psa z głową w dół
Agada tantra – toksykologia, jedna z gałęzi ajurwedy
Agni – ogień, szczególnie ogień trawienny (jatharagni)
Ahamkara – ego
Ahara – pożywienie
Ahara rasa – odżywczy płyn powstający w żołądku z przyjmowanego pokarmu
Ahimsa – niekrzywdzenie, jedna z zasad yamy
Ajna chakra (adżna czakra) – czakra „trzeciego oka"
Akasha (akasza) – eter
Ama – toksyczna substancja będąca produktem ubocznym metabolizmu
Anahata chakra (anahata czakra) – czakra serca
Anandamaya kosha (anandamaja kosza) – powłoka szczęśliwości
Annamaya kosha (annamaja kosza) – powłoka anatomiczna
Antara kumbhaka (antara kumbaka) – zatrzymanie oddechu po wdechu
Anuloma – rodzaj pranajamy
Apana vayu (apana waju) – powietrze ruszające się ku dołowi (jeden z rodzajów vayus)
Aparigraha – niegromadzenie
Ardha candrasana (ardha cziandrasana) – pozycja półksiężyca
Asana – nieruchoma pozycja ciała, jeden z podstawowych elementów hatha-jogi
Astanga (asztanga) – osiem części
Asteya (aszteja) – niekradzenie
Atman – wewnętrzne Ja, jaźń
Ayama (ajama) – rozprzestrzenianie
Ayurveda (ajurweda) – duchowa wiedza o życiu, staroindyjski system leczniczy

B

Baddha konasana (badha konasana) – pozycja schwytanego kąta
Bahya kumbhaka (bahja kumbaka) – zatrzymanie oddechu po wydechu
Basti – lewatywa
Bharadvajasana (baradwadżasana) – pozycja ze skrętem nosząca imię starożytnego mędrca

Bhastrika (bastrika) – rodzaj pranajamy
Bhramari (bramari) – rodzaj pranajamy
Bhujangasana (budżangasana) – pozycja węża
Bhuta (buta) – wpływ przeszłości
Bhutavidya (butawidja) – psychologia i psychiatra, jedna z gałęzi medycyny ajurwedyjskiej
Brahma muhurta (brama muhurta) – czas przed świtem
Brahmacarya (bramaczarja) – wstrzemięźliwość
Brahman (braman) – absolutna rzeczywistość
Buddhi (buddi) – intelekt

C

Cziaturanga dandasana – pozycja kija podpartego w czterech miejscach
Chakra (czakra) – dosłownie: „koło", centrum energetyczne w ciele
Chandrabhedana (czandrabedana) – rodzaj pranajamy
Chikitsa (czikitsa) – leczenie
Citta (czita) – umysł

D

Dandasana – pozycja kija
Dhanurasana (danurasana) – pozycja łuku
Dharana (darana) – koncentracja
Dharma (darma) – prawa natury
Dhatus (datus) – tkanki
Dhyana (djana) – medytacja
Dosha (dosza) – energia biologiczna

G

Gandha tanmatra – tanmatra zapachu
Ghee (gi) – klarowane masło
Guna – jakość
Guru – przewodnik duchowy

H

Halasana – pozycja pługa

Hatha-yoga (hatha-joga) – nauka jogi oczyszczająca ciało fizyczne poprzez techniki oczyszczające, asany, pranajamy, mudry, bandhy; traktowana jako wstęp do raja-jogi i osiągnięcia samadhi

I

Ida – jeden z głównych nadi biegnący po lewej stronie kręgosłupa, kanał energii żeńskiej, lunarnej

Ishwara (iszwara) – Stworzyciel, Najwyższy Byt

Ishwara Pranidhana – oddanie się Bogu, jeden z elementów niyama

J

Jala (dżala) – woda

Jala neti (dżala neti) – płukanie nosa

Janu sirsasana (dżianu śirszasana) – głowa na kolanie

Jathar (dżathar) – żołądek

Jatharagni (dżartharagni) – ogień trawienny

K

Kapalabhati (kapalabati) – rodzaj pranajamy

Kapha (kafa) – jedna z trzech głównych energii biologicznych ciała związana z elementem ziemi i wody

Karana sharira (karana szarira) – ciało przyczynowe

Karya sharira (karja szarira) – ciało fizyczne

Kaumarabhritya (kaumarabritja) – pediatria w medycynie ajurwedyjskiej

Kayachikitsa (kajaczikitsa) – medycyna wewnętrzna, jedna z gałęzi ajurwedy

M

Mahat – kosmiczna świadomość

Mala – produkt uboczny przemiany materii

Manas – umysł rozróżniający

Mandagni – stan osłabienia agni

Manipurna chakra (manipurna czakra) – czakra usytuowana powyżej pępka

Manomaya kosha (manomaja kosza) – powłoka mentalna (psychologiczna)
Marichyasana (mariczjasana) – pozycja ze skrętem nosząca imię starożytnego mędrca
Moksha (moksza) – wyzwolenie
Mudra – dosłownie pieczęć, tu: joga palców
Muladhara chakra (muladhara czakra) – czakra podstawy
Murccha – rodzaj pranajamy

N

Nadi – kanały ciała pranicznego
Nadisodhana – oczyszczający oddech, rodzaj pranajamy
Nasya (nasja) – ajurwedyjska terapia poprzez górne drogi oddechowe (nos)
Nirbija dhyana (nirbidża djana) – medytacja bez nasienia
Niyama – zasady rządzące zachowaniem jednostki

O

Ojas (odżas) – witalność, subtelna substancja odżywcza

P

Pancha (pancza) – pięć
Pancha jnanendriyani (pancza dżnanendrijani) – pięć organów zmysłów
Pancha karma (pancza karma) – pięć działań, podstawowy proces oczyszczający, uzdrawiający w ajurwedzie
Pancha karmendriyani (pancza karmendrijani) – pięć organów działania
Pancha mahabhutas – pięć elementów
Paripurna navasana – pozycja okrętu
Parsvottanasana (parświotanasana) – intensywne rozciąganie boków
Paschimottanasana (paścimotansana) – intensywne rozciąganie tyłu ciała
Pingala – jeden z głównych nadi biegnący po prawej stronie kręgosłupa, kanał energii męskiej, słonecznej
Pitta – jedna z trzech głównych energii biologicznych ciała związana z elementem ognia i wody
Plavini (plawini) – rodzaj pranajamy
Prajnaparadha (pradżnaparada) – niepowodzenie inteligencji
Prakriti – natura, a także: wrodzona konstytucja człowieka

Prana – energia życiowa
Prana vayu (prana waju) – poruszające się do przodu powietrze (jeden z rodzajów vayus)
Pranamaya kosha (pranamaja kosza) – powłoka praniczna
Pranayama (pranajama) – rozprzestrzenianie siły życiowej, jedna z głównych praktyk hatha-jogi
Prasarita padottanasana – intensywne rozciąganie szeroko rozstawionych nóg
Pratiloma – rodzaj pranajamy
Pratyahara (pratjahara) – kontrola zmysłów
Prithvi (prithwi) – ziemia
Puraka – wdech

R

Rajas (radżas) – pobudzenie, witalność, ruch
Rakta – hemoglobina
Rakta moksana – jeden zabiegów pancha karmy, oczyszczanie krwi
Rasa – plazma
Rasayana (rasajana) – geriatria i długowieczność w medycynie ajurwedyjskiej
Recaka – wydech

S

Sabija dhyana (sabidża djana) – medytacja z nasieniem
Sacchidananda (sakczidananda) – dosłownie byt – świadomość – błogość, inaczej brahman
Sadhaka (sadaka) – adept
Sadhana (sadana) – praktyka duchowa
Sahasrara chakra (sahaszrara czakra) – czakra korony
Salabhasana (salabhasana) – pozycja świerszcza
Salamba sarvangasana (salaba sarwangsana) – pozycja świecy
Salamba sirsasana (salamba śirszasana) – stanie na głowie z podparciem
Sama dosha prakriti (sama dosza prakriti) – wyrównany typ konstytucji (vata-pitta-kapha)
Samadhi (samadi) – oświecenie
Samagni – normalny, stabilny stan agni
Samana vayu (samana waju) – równoważące powietrze, typ prany
Samhita – książka, traktat

Santosa (santosza) – zadowolenie
Sattva (satwa) – harmonia, czystość, równowaga
Satya (satja) – prawda
Sauca – czystość
Savasana (śawasana) – pozycja nieboszczyka
Setubandha sarvangasana – konstruowanie mostu
Shalakya tantra (szalakja tantra) – gałąź medycyny ajurwedyjskiej zajmująca się chorobami uszu, nosa, gardła i oka
Shalyatantra (szaljatantra) – chirurgia ogólna w medycynie ajurwedyjskiej
Sitali (sitali) – rodzaj pranajamy
Sitkari – rodzaj pranajamy
Srotas – kanały ciała fizycznego
Sukhasana – sukha oznacza radość, zachwyt, szczęście, pozycja inaczej zwana Svastikasaną, co oznacza skrzyżowane nogi
Sukshma sharira (sukszma szarira) – ciało subtelne
Suptapadangusthasana (supta padanguszthasana) – pozycja leżąca, w której chwyta się za dużego palucha stopy, prostując nogę
Suryabhedana (surjabedana) – rodzaj pranajamy
Susumna – kanał energetyczny odpowiadający rdzeniowi kręgowemu
Svadhisthana chakra (swadisthasana czakra) – czakra usytuowana poniżej pępka
Svadhyaya (swadjaja) – studiowanie
Svayambhu (swajambu) – zrealizowana dusza
Svedana (swedana) – ajurwedyjski zabieg termoterapeutyczny, parówka

T

Tadasana – pozycja góry
Tamas – ciemność, ignorancja, stagnacja
Tapas – zapał
Tattvas (tatwas) – 24 kosmiczne zasady
Tikshagni (tikszagni) – zbyt mocne działanie agni

U

Udana vayu – powietrze poruszające się do góry (jeden z rodzajów vayus)
Ujjayi (udżai) – rodzaj pranajamy
Upavistha konasana (upawiszta konasana) – pozycja posadzonego kąta

Urdhva dhanurasana (urdva danurasana) – pozycja wzniesionego łuku
Urdhva mukha svanasana (urdhva mukha śwanasana) – pozycja psa z głową w górze
Ustrasana (usztrasana) – pozycja wielbłąda
Uttanasana – intensywne rozciąganie tylnych mięśni nóg
Utthita hasta padangusthasana – pozycja stojąca, w której chwyta się duży paluch stopy, prostując nogę
Utthita parsva konasana (uthita parśwa konasana) – pozycja rozciągniętego kąta
Utthita trikonasana (uthita trikonasana) – pozycja rozciągniętego trójkąta

V

Vairagya (wairagja) – odrzucenie
Vajikarana (wadżikarana) – prokreacja i reprodukcja w medycynie ajurwedyjskiej
Vamana (wamana) – indukowane wymioty, jeden z zabiegów pancha karmy
Vata (wata) – jedna z trzech głównych energii biologicznych ciała związana z elementem powietrza i eteru
Vayu (waju) – powietrze
Vayus (wajus) – moce powietrza, podtypy prany
Veda (Weda) – wiedza
Vijnamaya kosha (widźnamaja kosza) – powłoka intelektualna
Vikriti (wikriti) – przeciwieństwo prakriti, choroba, nierównowaga
Viloma (wiloma) – dosłownie „pod włos", rodzaj pranajamy
Viparita dandasana – pozycja odwróconej laski
Viparita karani – pozycja odwróconego wodospadu
Virabhadrasana (wirabadrasana) – pozycja wojownika
Virasana (wirasana) – pozycja wojownika (bohatera)
Virecana (wireczana) – przeczyszczanie, jeden z zabiegów pancha karmy
Visamagni – niestabilny stan agni
Visshuddha chakra (wissuda czakra) – czakra położona w rejonie gardła

Y

Yama (jama) – zasady moralne rządzące jednostką i społeczeństwem

BIBLIOGRAFIA

- Atreya, *Practical Ayurveda. Secrets for Physical, Sexual & Spiritual Health,* Samuel Weiser, Inc. York Beach, Maine 1998
- Blank S.E., *Active Practice of Iyengar Yoga as an Intervention for Breast Cancer Survivors,* International Journal of Yoga Therapy. Journal of the International Association of Yoga Therapists, no. 15, IAYT, Prescott, AZ, USA 2005
- Bochenek A., Reicher M., *Anatomia człowieka*, Państwowy Zakład Wydawnictw Lekarskich, Warszawa 1969
- Chauhan P., *Eternal Health. The essence of Ayurveda,* Jiva Institute, Faridabad, Indie, 2000
- Chopra D., *Zdrowie Doskonałe. O harmonii ciała i umysłu*, Wydawnictwo W.A.B., Warszawa 1996
- Coulter H.D., *Anatomy of Hatha Yoga. A Manual for Students, Teachers and Practitioners*, Body and Breath Inc., Honesdale PA, USA
- Dash B. & Sharma R., *Caraka Samhita – Text with English translation and critical exposition based on Cakrapani Datta's Ayurveda Dipika.*vol.I (4th edn, 1995), vol.II (2nd edn, 1985) & vol.III (1st edn, 1988) Chowkhamba Sanskrit Series Office, Varanasi India 1985
- Desikachar K., *The Yoga of Healing: Exploring Yoga's Holistic Model for Health and Well-Beeing: An Introduction*, International Journal of Yoga Therapy. Journal of the International Association of Yoga Therapists, no. 15, IAYT, Prescott, AZ, USA 2005
- Grochmal St. (red.), *Teoria i metodyka ćwiczeń relaksowo-koncentrujących*, Państwowy Zakład Wydawnictw Lekarskich, Warszawa 1986
- Iyengar B.K.S., *Light on the Yoga Sutras of Patanjali*, HarperCollins Publishers, Indie 2000
- Iyengar B.K.S., *Pranajama – sztuka oddychania w jodze*, Virya, Warszawa
- Lasater J. H., Ph.D., P.T., *Yoga Abs. Moving from your core*, Rodmell Press, Berkeley, California 2005
- Maharshi R., *The Collected Works*, Sri Ramanasramam Tiruvannamalai, Madras 1996
- Mate G., *Ciało a stres*, Świat Książki, Warszawa 2004
- Mohan G., *Exploring Yoga Therapy,* International Journal of Yoga Therapy. Journal of the International Association of Yoga Therapists, no. 16, IAYT, Prescott, AZ, USA 2006
- Mohan A.G &I., *Yoga Therapy. A Guide to the Therapeutic Use of Yoga and Ayurveda for Health and Fitness*, Shambhala, Boston&London 2004
- Muktibodhananda Swami, *Hatha Yoga Pradipika*, Yoga Publications, Muger, Bihar, Indie, 2004
- Nicholson S., *The Joy of Breathing: A Foundation Program for Pranayama Practice*, Yoga Therapy in Practice. Insight, Information, and Inspiration for Yogas as Healing Practice and Profession, Volume: 2, Issue 3, IAYT, Prescott, AZ, USA 2006
- Prabhupada A.C. Bhaktivedanta Swami, *Bhagavad-Gita taka jaka jest*, The Bhaktivedanta Book Trust, 1986
- Rama-Czaraka Jogi, *Hatha-Joga. Nauka Jogów o Zdrowiu Fizycznem i o Sztuce Oddychania z Licznemi Ćwiczeniami*, Kieleckie Zakłady Graficzne, reprint książki z 1925 r.
- Raman K., *A Matter of Health. Integration of Yoga and Western Medicine for Prevention and Cure*, EastWest Books (Madras) Pvt. Ltd., Chennai, Indie 1998
- Robin M., *A Physiological Handbook for Teachers of Yogasana*, Fenestra Books, Tucson, Arizona 2002
- Sharma V., *Pranayama for the Millions*, Yoga Therapy in Practice. Insight, Information, and Inspiration for Yoga as Healing Practice and Profession, Volume: 2, Issue 3, IAYT, Prescott, AZ, USA 2006
- Spalding B.T., *Życie i Nauka Mistrzów Dalekiego Wschodu*, DYLIS AAR, Gdańsk 2003
- Tiwari M., *Ayurweda. Secrets of Healing. The complete Ayurvedic guide to healing through Pancha Karma seasonal therapies, diet, herbal remedies and memory,* Delhi 2003, 2007
- Uyterhoeven S., *Yoga and the Autonomic Nervous System: Re-educating the Mind*, Yoga Therapy in Practice. Insight, Information, and Inspiration for Yoga as Healing Practice and Profession, Volume: 2, Issue 3, IAYT, Prescott, AZ, USA 2006
- Wiwekananda Swami, *Karmajoga*, Dom Wydawniczy Rebis, Poznań 1997
- VanHowten D., *Ajurweda i Świadomość Ciała. W poszukiwaniu uzdrawiających wspomnień*, Virgo, Warszawa 2006
- Zembaty A. (red.), *Kinezyterapia*, Wydawnictwo „Kasper", Kraków 2002